Bevormundung oder Freiheitsschutz?

Europäische Hochschulschriften
Publications Universitaires Européennes
European University Studies

Reihe II
Rechtswissenschaft

Série II Series II
Droit
Law

Bd./Vol. 3656

PETER LANG
Frankfurt am Main · Berlin · Bern · Bruxelles · New York · Oxford · Wien

Paul K. Klimpel

Bevormundung oder Freiheitsschutz?

Kritik und Rechtfertigung paternalistischer Vorschriften über das Leben, den Körper und die Sexualität im deutschen Recht

PETER LANG
Europäischer Verlag der Wissenschaften

Bibliografische Information Der Deutschen Bibliothek
Die Deutsche Bibliothek verzeichnet diese Publikation in der Deutschen Nationalbibliografie; detaillierte bibliografische Daten sind im Internet über <http://dnb.ddb.de> abrufbar.

Zugl.: Berlin, Humboldt-Univ., Diss., 2003

ISSN 0531-7312
ISBN 3-631-50927-8

www.peterlang.de

Vorwort

Diese Arbeit wurde in der Rechtswissenschaftlichen Fakultät der Humblodt-Universität zu Berlin im Sommersemester 2002 als Dissertation eingereicht.

Besonders möchte ich meinem Doktorvater Prof. Dr. Bernhard Schlink für seine Anregungen danken. Seine konstruktive Kritik war und ist mir ein steter Ansporn.

Durch das Studium bei Herrn Prof. Dr. Norbert Brieskorn S.J. wurde die personale Autonomie zum Ausgangspunkt meines rechtsphilosophischen Denkens. Dafür bin ich ihm sehr verbunden.

Besonderer Dank gebührt Nicole Philipp, die das Entstehen dieser Arbeit begleitet und unterstützt hat. Gedankt sei auch Ilka Zerche und Heidemarie Meinke für ihre Mithilfe.

Schließlich möchte ich mich bei meiner Familie bedanken. Während der ganzen Arbeit an meiner Dissertation war ihr Rückhalt zu spüren.

Berlin, Januar 2003 Paul K. Klimpel

Inhaltsverzeichnis:

I. Einleitung

Soll der Mensch tun dürfen, was er will, solange er keinen anderen schädigt? Oder darf man den Menschen vor sich selbst schützen? Wenn ja, wann darf man dies tun? Darf man das Wohl eines Menschen gegen seinen Willen befördern? Ist es legitim, bestimmte Handlungen als "unmoralisch" zu verbieten, auch wenn sie keinen anderen schädigen? Welche Rolle kommt dem Staat dabei zu?

In Deutschland kommt es zu besonders heftigen politischen und gesellschaftlichen Kontroversen, wenn diese Fragen im Hintergrund stehen. Beispiele sind die Drogenpolitik, der Organhandel oder die Pornographie. Die tagespolitischen Debatten über diese Themen bleiben meist oberflächlich. Die Beteiligten argumentieren mit (fragwürdigen) Plausibilitäten oder verweisen auf mögliche Folgen, verzichten aber auf eine tiefere akademische Durchdringung des zugrundeliegenden Problems.

Die Bewahrung eines Menschen vor Schaden gegen seinen Willen wird gemeinhin als Paternalismus bezeichnet. Es waren gerade deutsche Philosophen der Aufklärung, die als erste die Berechtigung paternalistischen Staatshandelns in Frage stellten. Noch lange bevor *John Stuart Mill* seine antipaternalistische Streitschrift „Über die Freiheit" veröffentlichte, hatte *Immanuel Kant* eine „väterliche Regierung (imperium paternale)", die ihre Untertanen als unmündige Kinder behandelt, „als größten denkbaren Despotismus" gebrandmarkt.[1] Auch *Wilhelm von Humboldt* kritisierte paternalistisches Staatshandeln.[2]

Angesichts dieser geistesgeschichtlichen Tradition erstaunt es, daß diese Fragen heute im staatsrechtlichen Diskurs in Deutschland nur selten so klar und deutlich gestellt und erörtert werden wie in den angelsächsisch geprägten Ländern, in denen es eine lebhaftere akademische Auseinandersetzung über die Berechtigung paternalistischen Staatshandelns gibt.[3] Offensichtlich wird die Auseinandersetzung mit dem Paternalismus in der geltenden, als freiheitlich-liberal verstandenen Rechtsordnung für obsolet gehalten – ein Trugschluß, da es auch in Deutschland paternalistische Gesetze und Bestimmungen gibt. Juristische Erörterungen hat es vornehmlich zu einzelnen Vorschriften oder Urteilen gegeben – etwa bei der Einführung der Gurtpflicht für Autofahrer oder nach dem Urteil des Bundesverwaltungsgerichts, welches Peep-Shows als unvereinbar mit der Menschenwürde sah. Die Beiträge, die sich grundsätzlich mit

---

[1] *Kant, Immanuel*: Über den Gemeinspruch, Werke XI, 125, 145 f

[2] Vgl.: *Humboldt, Wilhelm von*: Ideen zu dem Versuch, die Grenzen der Wirksamkeit des Staates zu bestimmen

[3] Beispielhaft für eine unübersehbare Anzahl von Veröffentlichungen die Aufsatzsammlungen: *Sartorius, Rolf* (Ed.): Paternalism; *Dworkin, Gerald* (Ed.): Morality, Harm and the Law; *ders.* (Ed.): Mill's On Liberty; außerdem: *Feinberg, Joel*: Harm to Self; *VanDeVeer, Donald*: Paternalistic Intervention; *Kleinig, John*: Paternalism

paternalistischem Staatshandeln auseinandersetzten, blieben jedoch vereinzelt[4], und erst in den letzten Jahren wurden einige Monographien[5] veröffentlicht.

In dieser Abhandlung wird zunächst ein eigener Standpunkt zum Rechtspaternalismus entwickelt. Ausgangspunkt der Argumentation ist die Autonomie, die vor äußerer Verletzung ebenso geschützt werden sollte wie vor Selbstzerstörung. Dabei umschreibt der Begriff des "autonomieorientierten Paternalismus" den Schutz der Autonomie vor Selbstzerstörung. Der Staat ist danach in engen Grenzen berechtigt, Selbstschutz um der Freiheit willen zu erzwingen. Er fungiert dann als Garant für ein selbstbestimmtes Leben, der die Voraussetzungen von Freiheitsgebrauch wahrt und schützt . Dabei darf er verhindern, daß sich Menschen ihrer Autonomie irreversibel entledigen. Dieser gedankliche Ansatz grenzt sich klar gegen Versuche ab, mit Begriffen wie "Menschenwürde" oder den "guten Sitten" andere inhaltliche Kriterien an die Autonomie zu legen als die Autonomie selbst. Dem Ausweichen auf gesellschaftsbezogene Begründungen für paternalistische Regelungen soll eine an der Freiheit des Einzelnen orientierte Argumentation entgegenstellt werden.

Vor diesem Hintergrund werden die paternalistischen Bestimmungen der deutschen Rechtsordnung erörtert. Es gibt eine Vielzahl von Regelungen, mit denen sich der Staat über die Entscheidungen seiner Bürger hinwegsetzt, um ihr Leben, ihre Gesundheit, ihre wirtschaftlichen Interessen, ihre "Ehre" oder ihre "Würde" zu schützen. Inwieweit lassen sich diese Bestimmungen mit dem Schutz der Autonomie rechtfertigen und wo gehen sie über diesen Schutz hinaus?

Paternalistische Gesetze und Bestimmungen treten in verschiedenen Formen auf. Zum einen gibt es klare Regelungen, die dem Bürger um seines eigenen Wohls willen ein bestimmtes Verhalten vorschreiben oder verbieten, wie etwa die Gurt- oder Helmpflicht oder das Verbot des Organverkaufs. Zum anderen verwenden Gesetze Generalklauseln oder in ihrer Bedeutung umstrittene Begriffe, die sich als Einfallstor paternalistisch motivierter Auslegung erweisen. Der Verweis auf die „Guten Sitten“ etwa zieht sich durch die gesamte Rechtsordnung, er wird im Zivilrecht genauso gebraucht wie im Strafrecht und im Verwaltungsrecht.[6] Auch das Grundgesetz enthält Begriffe wie „Menschenwürde“ (Art. 1 I GG) oder „Sittengesetz“ (Art 2 Abs. 1 GG), die einer paternalistischen motivierten Interpretation zugänglich sind. Daher hilft es nicht viel weiter, wenn zur Auslegung einfachgesetzlicher Generalklauseln auf die Wertungen der Verfassung verwiesen wird, da eben diese Wertungen in vielen kritischen Fällen umstritten sind. Über die Stellung des Staates zu Verfügungen über das Leben, den

---

[4] *Münch, Ingo von*: Grundrechtschutz gegen sich selbst?, in: FS Peter Ipsen, 113 ff; *Valdés, Ernesto Garzón*: Kann Rechtspaternalismus ethisch gerechtfertigt werden, ZRP 18 (1987), 273 ff; *Schwabe, Jürgen*: Der Schutz des Menschen vor sich selbst, JZ 1998, 66 ff

[5] *Enderlein, Wolfgang*: Rechtspaternalismus und Vertragsrecht; *Fischer, Kai*: Die Zulässigkeit aufgedrängten staatlichen Schutzes vor Selbstschädigung; *Hillgruber, Christian*: Der Schutz des Menschen vor sich selber; *Littwin, Frank*: Grundrechtsschutz gegen sich selbst; *Singer, Reinhard*: Vertragsfreiheit, Grundrechte und der Schutz des Menschen vor sich selbst, JZ 1995, 1133; vgl. auch *Hesse, Hans Albrecht*: Der Schutzstaat

[6] Vgl. §§ 138, 817, 819, 826 BGB, Art. 30 EGBGB, §§ 328 Abs. 1 Nr. 4, 1041, 1044 ZPO, § 1 UWG, § 2 Nr. 1 PatG, § 228 StGB, § 33a Abs. 2 Nr. 1 GewO, § 4 Abs. 1 Nr. 1 GastG

Körper oder die Sexualität wird schon lange, oft seit vielen Jahrhunderten gestritten. Das Grundgesetz hat die Diskussion nicht beendet, sondern nur um eine weitere Dimension erweitert.

In dieser Arbeit werden einige paternalistische Regelungen beispielhaft untersucht, um unterschiedliche Argumentationsweisen und ihre geistesgeschichtlichen Wurzeln herauszuarbeiten und Übereinstimmungen und Widersprüche zur Theorie des autonomieorientierten Paternalismus aufzuzeigen. Die Auswahl der untersuchten Gesetze und Bestimmungen ist von diesem Ziel geleitet. Es werden auch nur solche Aspekte der Regelungen beleuchtet, die hinsichtlich der aufzuzeigenden Argumentationsstränge ergiebig sind. Probleme des Jugendschutzes und des Umgangs mit Heranwachsenden oder mit geistig Schwachen werden aus der Untersuchung ausgeklammert. Untersuchungsgegenstand sind paternalistische Regelungen, denen erwachsene Bürger unterliegen, die im Vollbesitz ihrer geistigen Kräfte sind. Diese Beschränkung soll keine ideologische Vorentscheidung für ein rationalistisches Menschenbild sein, welches die Schwächen und Zwänge ignoriert, denen Menschen unterliegen. Es wird auch nicht übersehen, daß eine saubere Trennung zwischen pathologischen und freiverantwortlichen Entscheidungen schwer ist. Außenstehende schreiben einer Selbstschädigung häufig einen pathologischen Charakter zu und begründen damit die paternalistische Intervention. Durch die Beschränkung des Untersuchungsgegenstandes soll auch nicht schwierigen Problemen – z. B. der Sterbehilfe bei Bewußtlosen – aus dem Weg gegangen werden. Vielmehr gründet sie in der Überzeugung, daß die Auseinandersetzung mit paternalistischen Regelungen "im Normalfall" eine unverzichtbare Voraussetzung dafür ist, sich mit Randbereichen zu beschäftigen.

Gegenstand starker politischer Kritik sind Regelungen, welche die wirtschaftliche Gestaltungsfreiheit um des Schutzes Schwacher willen einschränken. In den 70er Jahren sorgte die Sozialstaatskritik des Amerikaners *Robert Nozick* für Aufsehen, der in allen Schutzgesetzen und staatlichen Kompensationen für bestehende Ungleichheiten eine paternalistische Anmaßung sah.[7] Zahlreiche Schutzgesetze, besonders im Miet- und Arbeitsrecht, werden auch in Deutschland mit der Begründung kritisiert, hier würden die Betroffenen – oftmals gegen ihren Willen – vor sich selbst geschützt. Auch den sozialstaatlichen Sicherungssystemen wird vorgeworfen, paternalistisch zu bevormunden.[8] Obwohl die Diskussion um den Schutz vor wirtschaftlicher Selbstschädigung wichtig ist, soll darauf nicht weiter eingegangen werden. Eigentums-, Sozial- und Wirtschaftsordnung werden erst durch rechtliche Normen geprägt. Die Diskussion um wirtschaftliche Selbstschädigung ließe sich daher nicht losgelöst von grundsätzlichen Fragen der Wirtschaftsordnung führen. Die eigentliche Kernfrage nach der Rechtfertigung paternalistischer Rechtsnormen kann besser herausgearbeitet werden, wenn sie

---

[7] *Nozick, Robert*: Anarchie, Staat und Utopie, 128

[8] Vgl.: *Koslowski, Peter*: Versuch zu einer philosophischen Kritik des gegenwärtigen Sozialstaats, in: *ders.; Kreuzer, Philipp; Löw, Richard* (Hrsg.): Chancen und Grenzen des Sozialstaats; *Doehring, Karl*: Die Gesunderhaltung des Menschen im Spannungsverhältnis zwischen Staatsfürsorge und Individualentscheidung, in: FS Zeidler, 1553; *Denninger, Erhard*: Der Präventions-Staat, KJ 1988, 1 ff

nicht im umfassenden Kontext von Überlegungen zur richtigen oder gerechten Eigentums-, Sozial- und Wirtschaftsordnung steht. Deshalb werden nur Bestimmungen über das Leben, den Körper und die Sexualität untersucht. Denn obwohl auch hier wirtschaftliche Fragen berührt werden und bei den Organspenden oder der Sexualität gerade die Kommerzialisierung besonders umstritten ist, geht es bei diesen Regelungen nicht in erster Linie um die Wirtschaftsordnung. Daher lassen sich die typischen Argumentationsmuster zur Legitimation von Bevormundung direkter zeigen.

Mit dieser Zielsetzung werden zunächst die mit der Selbsttötung zusammenhängenden rechtlichen Regelungen untersucht. Dabei stellt sich die grundsätzliche Frage nach der Verfügbarkeit des eigenen Lebens. Die Sterbehilfe betrifft besondere Situationen von Leid und Sterben. Ergeben sich daraus Unterschiede in der Beurteilung? Bei einem Hungerstreik von Gefangenen versagen die üblichen Argumente zur Selbsttötung, weil sich die Gefangenen ja gar nicht töten, sondern etwas Bestimmtes durchsetzen wollen.

Anhand der gesetzlichen Einschränkung der einvernehmlichen Körperverletzung lassen sich rechtsmoralistische und staatsutilitaristische sowie paternalistische Argumentationsweisen darstellen. Bei Rausch- und Suchtmitteln besteht die Gefahr von Autonomieverlust durch Abhängigkeit. Hinter dem Verbot des Verkaufs eigener Organe stehen Vorbehalte gegen die Kommerzialisierung der Transplantationsmedizin. Die Gurt- und Helmpflicht wird paternalistisch, aber auch mit sozialen Folgekosten begründet.

Im Bereich der Sexualität war die Rechtsordnung traditionell besonders stark durch moralische und religiöse Wertvorstellungen geprägt, gleichzeitig ist dieser Bereich von herausgehobener Bedeutung für die individuelle Persönlichkeitsentwicklung. Die Kastration ist ein gravierender Eingriff, der für das weitere Leben des Betroffenen bestimmend ist. Inwieweit darf der Staat diesen verbieten oder an bestimmte Bedingungen knüpfen? Kommerzialisierte Sexualität wie Prostitution, Peep-Shows oder Pornographie erfordert die Auseinandersetzung mit dem Begriff der Menschenwürde. Sowohl in der Existenz als auch in dem Verbot bzw. der Reglementierung bestimmter Formen sexualitätsbezogener Handlungen und Darstellungen wurde und wird ein Verstoß gegen die Menschenwürde gesehen. Dabei ist eine Auseinandersetzung mit unterschiedlichen Strömungen feministischer Theorie nötig. Auch der Einfluß von sozialethischen Wertvorstellungen und ihr Wandel wird am Beispiel kommerzialisierter Sexualität aufgezeigt.

II. Autonomieorientierter Paternalismus

In mehreren Schritten sollen die Grenzen eines berechtigten Paternalismus in einem freiheitlichen Rechtssystem entwickelt werden. Der Ausgangspunkt für jede Auseinandersetzung mit dem Paternalismus ist die Autonomie (A.). Bei einem Menschenbild, das von Selbstverantwortung geprägt ist, verletzt eine paternalistische Intervention grundsätzlich die personale Autonomie und ist daher begründungsbedürftig (B.). Auch die zwangsweise Durchsetzung moralischer Vorstellungen durch die Staatsgewalt ist fragwürdig, denn es muß der autonomen Person zugestanden werden, eigene Vorstellungen von gutem und richtigem Leben zu entwickeln (C.). Die Orientierung an der Autonomie macht jedoch deutlich, daß es in bestimmten Fällen, etwa bei Fehlvorstellungen des Handelnden, gerechtfertigt ist, zunächst zu intervenieren, um sicherzustellen, daß die Entscheidung nochmals überdacht wird (D.). Problematisch wird das Verhältnis zwischen Autonomie und Paternalismus, wenn eine autonome Entscheidung getroffen wird, die die personale Autonomie des Betroffenen zerstört oder nachhaltig beeinträchtigt. Der autonomieorientierte Paternalismus richtet sich gegen solche selbstzerstörerischen Handlungen (F.). Sie können das Leben als Basis der Autonomie betreffen, denkbar sind jedoch auch andere Beeinträchtigungen von Grundvoraussetzungen für den späteren Freiheitsgebrauch. Dabei kann jedoch nicht jede faktische Beeinträchtigung späterer Handlungsfreiheit als Zerstörung der eigenen Autonomie gelten (G.). Zu unterscheiden ist außerdem in zielgerichtete Zerstörung und bloße Gefährdung der Autonomie (H.). Auch kann ein Zielkonflikt bestehen, wenn eine Handlung gleichzeitig Autonomie fördert und zerstört (I.). Der autonomieorientierte Paternalismus ist nicht mit anderen Ansätzen zu verwechseln, die Entscheidungen des Betroffenen um der Freiheitsförderung oder Maximierung willen zu übergehen (J.). Er ist eine rechtsphilosophische Begründung für bestimmte Interventionen, nicht jedoch eine umfassende Antwort auf alle rechtspolitischen Fragen. Er erklärt jedoch, warum paternalistische Bestimmungen auch im modernen, freiheitlichen Rechtsstaat noch bestehen und warum hierüber oft schon sehr lange gestritten wird (K.).

A. Die personale Autonomie

Der Begriff Autonomie leitet sich aus den griechischen Begriffen autos (selbst) und nomos (Gesetz) ab und bedeutet von dieser Herkunft her "Selbstgesetzgebung", "Selbstgesetzlichkeit", "Selbstbestimmung" oder "Unabhängigkeit". Im griechischen Denken war Autonomie das politische Ziel der Stadtstaaten, die selbständig bleiben und ihr Recht frei von äußeren Mächten bestimmen wollten. Schon in der Antike wurde der Begriff jedoch auch für die ethische Selbstbehauptung des Individuums gegenüber der Gruppenmoral oder der gesellschaftlichen Tradition verwandt. *Antigone*, die bewußt die staatlichen Gesetze brach, wurde von *Sophokles* als die "einzige, die autonom lebt" bezeichnet.[9] Der Begriff wird auch heute sowohl für Gruppen als auch für Individuen gebraucht. Im ersten Sinn wird er von Juristen verwendet, wenn Institutionen oder Teile eines Staates bestimmte Angelegenheiten im Wege der Selbstverwaltung regeln können, ohne daß sie dadurch die Eigenschaft eines Staates erlangen. Auch bei Vereinen oder Körperschaften beschreibt der Begriff die Befugnis, die eigenen Rechtsverhältnisse selbst regeln zu können.

In dieser Arbeit interessiert die zweite Verwendungsweise des Begriffs, die Autonomie des Individuums, die personale Autonomie. Durch *Immanuel Kant* wurde der Begriff benutzt, um die Fähigkeit des Menschen zu bezeichnen, sich als Vernunftwesen durch sich selbst zu bestimmen. *Kant* hatte die Lehre von der Selbstgesetzgebung der theoretischen Vernunft entwickelt und sich damit sowohl gegen eine naturverhaftete Deutung des Menschen als auch gegen gesellschaftliche Unterdrückung durch Fremdbestimmung gewandt. Im Anschluß an *Kant* wird unter personaler Autonomie hier die freie Selbstgesetzgebung des Willens verstanden.

Die Unterschiede in dem Verständnis von Autonomie im moralphilosophischen Diskurs[10] sollen hier nicht abschließend erörtert werden. Es ist auch eine Nachwirkung der Vorstellungen *Kants* von "sittlicher Autonomie", die in der Erkennbarkeit des allgemeinen Sittengesetzes allein durch die Vernunft wurzelte, daß vielfach nur solche Handlungen und Entscheidungen als autonom verstanden werden, die einem bestimmten Ideal von Vernünftigkeit oder Selbstvervollkommnung entsprechen. Eine solche Begrenzung der personalen Autonomie wird jedoch entschieden abgelehnt. Die Diskussion des Paternalismus wäre bei einem so eingeengten Autonomieverständnis überflüssig, da selbstschädigende Handlungen in den Augen anderer immer unvernünftig sind.

Der Mensch wird als in jeder Hinsicht frei verstanden. Die Erörterungen darüber, ob die Gedanken und Entscheidungen des Menschen tatsächlich frei oder ob sie nach festen Gesetzen vorbestimmt sind, füllen ganze Bibliotheken. Jedoch schon *John Stuart Mill* begann seine antipaternalistischen Ausführungen mit dem Hinweis, daß es nicht um Fragen des Determinismus ginge, sondern um die soziale oder bürgerliche

---

[9] *Sophokles*: Antigone, 821

[10] *Enderlein, Wolfgang*: Rechtspaternalismus und Vertragsrecht, 36; *Feinberg, Joel*: Harm to Self, 27 ff; *Hill, Thomas E.*: Gewicht und Bedeutung der Autonomie, in: *Nummer-Winkler, Gertrud*: Weibliche Moral, 271, 273

Freiheit.[11] Die Abkoppelung des (akademischen) Problems der Willensfreiheit von den Erörterungen über die Frage, welchen Gestaltungsspielraum dem Individuum im alltäglichen Leben zuzubilligen sei, ist plausibel, weil das alltägliche Leben von der Vorstellung geprägt ist, der Mensch sei in seinen Entscheidungen frei und könne daher für sein Handeln verantwortlich gemacht werden. Jede Diskussion, jeder Austausch von Meinungen beruht auf der (unausgesprochenen) Vorstellung, der andere könne auf Grund seiner Vernunft und der Möglichkeiten eigener Erkenntnis seine Einstellungen ändern, begründen oder verwerfen. Ginge man von der völligen Determination von Meinungen aus, so wäre ein Meinungsaustausch sinnlos, da die eigene (determinierte) Meinung ja genauso viel oder wenig Berechtigung hätte wie eine andere (determinierte) Meinung. Der Mensch wird allgemein verstanden als ein Lebewesen, das zur Vernunfterkenntnis befähigt ist und sein Leben nach dem als richtig Erkannten ausrichten kann. Es ist die Basis jeder zwischenmenschlichen Beziehung, den anderen als jemanden anzuerkennen, der zu Vernunfterkenntnis befähigt ist, der fähig ist, autonom Werte, Vorstellungen und Ziele seines Lebens zu bestimmen und zu ändern, genau wie jeder von dem anderen erwartet, als ein autonom Handelnder anerkannt zu werden. Der Gedanke der Autonomie des Menschen ist in dieser wechselseitigen Anerkennung manifestiert. Die personale Autonomie bedeutet damit die dem Menschen zugeschriebene Fähigkeit, selbst die Gesetze seines Handelns bestimmen zu können, seine Fähigkeit, die Ziele und Werte selbst zu bestimmen, nach denen er sein Leben ausrichtet. Diese Fähigkeit wird grundsätzlich unterstellt, sie wird nicht von Fall zu Fall überprüft oder hinterfragt. Nur in seltenen, zu begründenden Ausnahmefällen – wie bei Kindern, Geisteskranken usw. – sind Zweifel an dieser Fähigkeit zulässig oder sogar geboten. Diese Fälle sind jedoch nicht Gegenstand dieser Abhandlung.

---

[11] *Mill, John Stuart*: Über die Freiheit, 5

B. Autonomie als Grundlage des Rechts

Die personale Autonomie ist der Kern jeder Legitimation von Staatlichkeit und Recht. Weder mit religiösen Argumenten, mit denen theokratische Ordnungen begründet wurden, noch mit der Stärke und Macht des Herrschers kann Staatlichkeit gerechtfertigt werden. Denn diese Ansätze gehen von höchst umstrittenen Voraussetzungen aus; die personale Autonomie ist ein besseres Fundament. Wer Staat und Recht zu legitimieren sucht, erkennt automatisch den Grundsatz von personaler Autonomie an, da er nur darauf den Anspruch aufbauen kann, in seiner Argumentation gehört zu werden. Deshalb wird in modernen Staatstheorien auf die (idealtypische) Vorstellung eines Gesellschafts- bzw. Sozialvertrags zurückgegriffen, nach dem sich die Menschen zu einem Gemeinwesen zusammenschließen und bestimmte Regeln aufstellen, die ihr Zusammenleben regeln.[12] Geltungsgrund für die Ordnung ist die autonome Entscheidung von Menschen, sich einer bestimmten Ordnung zu unterwerfen, da dies für sie Vorteile bringt. Für den Gedanken des Gesellschaftsvertrags ist die personale Autonomie genauso unentbehrlich wie für das Prinzip der Volkssouveränität, auf dem die Demokratie aufbaut. Auch das "Volk" setzt sich aus einer Vielzahl von autonom handelnden Individuen zusammen. Würde man ihnen ihre Autonomie aberkennen, so könnte man das Volk nicht zum Souverän erheben. Selbst wenn – wie etwa durch *Jean-Jacques Rousseau* – dem Gemeinwillen eine Bedeutung zugemessen wird, die über die Addition von Einzelmeinungen hinausgeht, so ist Ausgangspunkt der Argumentation doch der autonome Wille des Einzelnen, der dann nach bestimmten Verfahrensvorgaben in den Gemeinwillen eingeht.

Indem das Grundgesetz die Menschenwürde zum obersten Verfassungswert erhebt, unterstreicht es die Stellung des einzelnen autonomen Menschen, dessen Schutz, Achtung und Förderung die Aufgabe des Staates ist. Der Staat ist um des Menschen willen da, nicht der Mensch um des Staates willen, wie es im Entwurf des Verfassungskonvents von Herrenchiemsee heißt.[13] Das autonome Subjekt geht der Staatlichkeit logisch vor. Wenn der Staat der personalen Autonomie seiner Glieder nicht mit Achtung begegnet, hebt er die Grundlage seiner eigenen Existenz auf. Er wird dann zu einer reinen Zwangsordnung der jeweils Stärkeren. Der Berliner Staatsrechtler *Hasso Hofmann* hat die Garantie der Menschenwürde treffend als die "Staatsfundamentierungsnorm" bezeichnet. Der Staat gründet auf der wechselseitigen Anerkennung als prinzipiell in gleicher Weise freie und in gleicher Weise würdige Mitglieder des Gemeinwesens – unbeschadet aller Unterschiede. Würde ist in diesem Staatsgründungsakt etwas, was die Menschen einander zusprechen, sich als Rechtsgenossen versprechen.[14]

Es ist eine mißglückte Formulierung, vom "Recht auf Autonomie" zu sprechen. Die personale Autonomie ist der Grund, weshalb in einem Staat den Menschen Rechte zu-

---

[12] Vgl. zu Tradition und Aktualität des Vertragsgedankens: *Rawls, John*: Eine Theorie der Gerechtigkeit, Vorwort, 12; *Kersting, Wolfgang*: Die politische Philosophie des Gesellschaftsvertrages

[13] Vgl.: Art. 1 Abs. 1 HChE

[14] *Hofmann, Hasso*: Die versprochene Menschenwürde, AöR 118 (1993), 353, 369

geschrieben werden. Die subjektiven Rechte, die Grund- und Freiheitsrechte beschreiben die Bereiche, in denen Menschen in ihren autonomen Entscheidungen durch den Staat geschützt sind. Personale Autonomie ist nicht ein Recht wie das Recht auf Meinungsfreiheit, Berufsfreiheit oder Vereinigungsfreiheit, sondern der Geltungsgrund dafür, daß dem Menschen Meinungsfreiheit, Berufsfreiheit oder Vereinigungsfreiheit zugebilligt wird.

C. Paternalismus als Autonomieverletzung

Der Begriff Paternalismus leitet sich vom lateinischen Wort „pater" für „Vater" ab. Grundlegend für die Bedeutung des Begriffes ist das (römisch-rechtliche) Verständnis des Familienvaters als des Inhabers der Gewalt über die Kinder und die Familie, der sich um das Wohl seines Hausstands bemüht.

Heute versteht man unter Paternalismus in der Rechtsphilosophie die mit (implizit gewaltmonopolistisch verstandenem staatlichen) Zwang verbundene Einmischung in das Verhalten einer Person, um zu verhindern, daß diese sich selbst schädigt. Der amerikanische Rechtstheoretiker *Gerald Dworkin* definiert Paternalismus als

> „[...] die Einmischung in die Handlungsfreiheit einer Person, die durch Gründe gerechtfertigt ist, welche sich ausschließlich auf die Wohlfahrt, Güter, Glück, Bedürfnisse, Interessen oder Werte der betroffenen Person beziehen."[15]

Paternalismus beinhaltet die Usurpation von Entscheidungen durch den Versuch, die von einem Menschen vorgenommene Beurteilung um seines späteren Wohles willen durch die eines anderen zu ersetzen.[16]

Wenn der einzelne als jemand begriffen wird, der autonom die Ziele und Werte selbst bestimmen kann, an denen er sein Leben ausrichtet, dann sind paternalistische Interventionen begründungsbedürftig. Ginge man von einem religiös oder naturrechtlich abgeleiteten Sinn und Ziel des Lebens aus, wäre es dagegen begründungsbedürftig, nicht zu intervenieren, wenn dieses Ziel in Gefahr geriete. Die Vorstellung eines allgemeingültigen und dogmatisch feststehenden Lebenssinns läßt sich mit der Achtung personaler Autonomie nicht vereinbaren. Denn die personale Autonomie beschreibt ja gerade die dem Menschen zugeschriebene Fähigkeit, selbst die Ziele und Werte bestimmen zu können, nach denen er sein Leben ausrichtet. Deshalb steht das Ansinnen, das Wohl gegen den Willen des Betroffenen zu befördern, im Gegensatz zum Prinzip der personalen Autonomie und der Selbstverantwortung. Der Verweis auf die Achtung der Autonomie ist folglich der Kern jeder Argumentation, die sich gegen den Paternalismus wendet.

Der Begriff Paternalismus wird häufig als ein Etikett von Gegnern der jeweiligen Freiheitsbeschränkung eingeführt, um diese zu diskreditieren.[17] Dadurch wird die begriffliche Klarheit erschwert, weil es zu euphemistischen Umschreibungen durch Begriffe wie „Interventionismus" oder „Wohlfahrtsprinzip" kommt.[18] Die Diskussion um die Berechtigung von Rechtspaternalismus wird auch dadurch unübersichtlich, daß die

---

[15] *Dworkin, Gerald*: Paternalismus, in: *Sartorius, Rolf*: Paternalismus, 19, 20

[16] *Dworkin, Gerald*: Paternalismus: Some Second Thoughts, in: *Sartorius, Rolf*: Paternalismus, 105, 107

[17] *Feinberg, Joel*: Harm to Self, 4

[18] *Garzón Valdes, Ernesto*: Kann Rechtspaternalismus ethisch gerechtfertigt werden, Rechtstheorie 18 (1987), 273

Befürworter entsprechender Regelungen oft andere als paternalistische Gründe angeben und die Gegner nicht die Autonomieverletzung, sondern andere negative Auswirkungen geißeln.

Paternalistische Interventionen werden vielfach mit nicht-paternalistischen Gründen legitimiert.[19] Für Eingriffe in die individuelle Freiheit kann meist ein ganzes Bündel an Gründen genannt werden, bei dem der Paternalismus nur einer von vielen Argumentationstopoi ist. Häufig wird die Verhinderung von Selbstschädigung damit begründet, daß andernfalls die Allgemeinheit belastet werde, da Staat, Wohlfahrtseinrichtungen oder Versicherungen für die Folgen der Selbstschädigung aufkommen müßten. Dieser, in der angelsächsischen Diskussion als "public charge argument" bezeichnete[20] Einwand ist strenggenommen nicht paternalistisch. Von einem liberalen Standpunkt kann jedoch eingewandt werden, der Betroffene habe die Folgen seines Verhaltens selbst zu tragen. Die sozialen Folgekosten sind nicht zwangsläufig.

Auch gegen den Paternalismus werden eine Reihe von Einwänden erhoben, die nicht auf die Autonomie des Einzelnen abstellen. So finden sich bereits bei *John Stuart Mill*, der vollmundig die Individualität gegen gesellschaftliche Übergriffe verteidigt, viele Argumente, die auf die gesellschaftlichen Auswirkungen der Achtung vor der Autonomie abstellen.[21] Darin zeigt sich seine Verankerung im Utilitarismus, also jener Lehre, die "das größte Glück der größten Zahl" zum Kriterium der Moral erhebt. Seine Argumentation, die von paternalistischen Interventionen ungestörte Entfaltung der Individualität befördere den Fortschritt, beruht auf einem optimistischem Fortschrittsglauben. *Mill* bemühte sich auch, die für den Paternalismus vorgebrachten Argumente zu widerlegen oder zu kritisieren. Er führt aus, der einzelne wisse selbst am besten, was ihm schade und nutze. Zwar könne er bei seinen Entscheidungen irren und sich deshalb schädigen. Weitaus größer sei jedoch die Gefahr, die von Fehleinschätzungen bei einer Bevormundung und Fremdbeurteilung ausgingen.[22]

Weder der Verweis auf die gesellschaftlichen Auswirkungen noch die Widerlegung der Argumente für den Paternalismus allein werden jedoch der Bedeutung der personalen Autonomie für Recht und Staatlichkeit gerecht. Mit ihnen kann der Paternalismus nicht generell widerlegt oder begründet werden. Er bliebe legitim, wenn er von Nutzen für die Gemeinschaft wäre oder wenn sich begründen ließe, warum im konkreten Einzelfall die Gefahr der Fehleinschätzung des Betroffenen größer ist als die der bevormundenden Gemeinschaft. Mit utilitaristischen, auf die gesellschaftlichen Folgen abstellenden Argumenten kann leicht die personale Autonomie überspielt werden. Denn der einzelne und seine Autonomie wird bei einer solchen Betrachtung dem gesamtgesellschaftlichen Nutzen untergeordnet und nicht als Wert an sich gesehen. Der Versuch einer utilitaristischen Begründung der Individualität ist daher widersprüchlich. Bei der Untersuchung konkreter paternalistischer Normen wird dies offensichtlich werden. Es kann sich deshalb bei solchen Überlegungen allenfalls um Hilfs-

---

[19] *Wolf, Jean Claude*: Paternalismus, studia philosphica 49 (1990), 51
[20] *Suber, Peter*: Paternalism, in: *Gray, Christopher B.* (Ed.): Philosophy of Law, Bd. II, 632, 633
[21] Vgl.: *Mill, John Stuart*: Über die Freiheit, 55, 97, 115
[22] *Mill, John Stuart*: Über die Freiheit, 105

argumente handeln. Entscheidend für die Widerlegung paternalistischer Argumentation ist die Achtung vor der personalen Autonomie, die jeder, der argumentiert, für sich in Anspruch nimmt. Paternalistische Gründe bieten keine ausreichende Legitimation dafür, über Lebensweise, Ziele und Ideale und die Beförderung des Wohls anderer zu entscheiden, weil die Lebensweise, die Ziele und Ideale genauso wie die Entscheidung darüber, was dem eigenen Wohl zuträglich ist, nur von dem Betroffenen selbst beurteilt werden kann.

D. Autonomie, Recht und Moral

In der Diskussion um Bestimmungen, die den Betroffenen um seines eigenen Wohls willen bevormunden, spielt der Verweis auf die Moral eine große Rolle. Dem Rechtsmoralismus im engeren Sinn geht es um die rechtliche Verbindlichkeit moralischer Normen. Ende des vorletzten Jahrhunderts argumentierte der französische Soziologe *Emile Durkheim*, das Recht müsse einen bestimmten Kernbereich der Moral durchsetzen, da eine stabile gesellschaftliche Ordnung auf eine allgemeinverbindliche Moral angewiesen sei. Diesen Gedanken nahm in den späten 50er Jahren des letzten Jahrhunderts der in Oxford lehrende englische Rechtstheoretiker *Lord Devlin* anläßlich der damaligen Debatte um eine Liberalisierung des Sexualstrafrechts in Großbritannien auf.

Begrifflich kann zwischen Rechtsmoralismus und Rechtspaternalismus unterschieden werden. Der Oxforder Jurist und Philosoph *Herbert Lionel Adolphus Hart* forderte nachdrücklich eine strenge Trennung beider Prinzipien.[23] Er sah diese Unterscheidung schon bei *John Stuart Mill* angelegt, obwohl gerade dieser oft nicht so genau unterschied. Etwa beim Alkoholkonsum wandte er sich undifferenziert gegen moralische wie paternalistische Argumente.[24] Auch *Lord Devlin,* als pointierter Vertreter des Rechtsmoralismus, zog in seiner Argumentation gegen den Liberalismus keine scharfe Trennlinie zwischen beiden Prinzipien. Im tatsächlich geführten Diskurs überschneiden sich die Argumente für und gegen den Paternalismus und den Rechtsmoralismus. Dies ist verständlich, weil auch zur moralischen Forderung erhoben werden kann, seine Fähigkeiten optimal zu entwickeln und sich nicht selbst zu schädigen. *Joel Feinberg* benutzt den Begriff des „Moralischen Rechtspaternalismus" („Moralistic Legal Paternalism"), um diese Überschneidung moralischer und paternalistischer Begründungen zu bezeichnen.[25]

Doch auch die Moral ist untauglich zur Legitimation von staatlichen Freiheitseinschränkungen, die sich allein auf den Betroffenen beziehen. Dies gilt insbesondere, wenn der Begriff Moral als Synonym für Sitte und Brauch benutzt wird, um die in der Bevölkerung vorherrschenden Werte und Verhaltenserwartungen zu beschreiben. Denn allein durch die Tatsache, daß Vorstellungen weit verbreitet sind, läßt sich nicht ihre Verbindlichkeit begründen. Die Existenz bestimmter Wertvorstellungen sagt nichts darüber aus, ob sie richtig sind. Es ist unzulässig, allein aus der Verbreitung von Einstellungen ihre Richtigkeit abzuleiten.

Das gilt jedoch auch, wenn der Begriff Moral normativ verstanden wird, als eine auf philosophischer oder religiöser Rechtfertigung beruhende Vorstellung vom guten und richtigen Leben. Moral wird dann als Synonym für Ethik benutzt oder es wird dahingehend differenziert, daß der Gegenstand der Ethik, also was durch sie philosophisch erklärt wird, die Moral sei. Doch auch dann kann die Moral keine Interventionen rechtfertigen. Die Vorstellungen über ein gelungenes Leben sind vielseitig. Der Staat muß neutral bleiben und darf keinen Lebenssinn allgemeinverbindlich vorschreiben.

---

23 *Hart, Herbert Lionel Adolphus*: Law, liberty and morality, 31
24 *Wolf, Jean-Claude*: Paternalismus, Studia Philosophica 49 (1990), 49, 51 f
25 *Feinberg, Joel*: Harm to Self, xvii

Denn die Anerkennung personaler Autonomie beinhaltet, jedem zuzugestehen, seine eigenen Vorstellungen vom guten und richtigen Leben zu entwickeln. Der amerikanische Rechtstheoretiker *Ronald Dworkin* hat dafür den Begriff der "moralischen Unabhängigkeit" geprägt.[26] Da die personale Autonomie die Grundlage von Staatlichkeit ist, würde der Staat mit der Nichtanerkennung der moralischen Unabhängigkeit sein eigenes Fundament in Frage stellen.

[26] *Dworkin, Ronald*: A Matter of Prinziple, 351

E. Weicher Paternalismus und Autonomie

In der rechtsphilosophischen Diskussion wird zwischen einem harten und einem weichen (bzw. schwachen) Paternalismus unterschieden.[27] Dem weichen Paternalismus geht es nur darum, die Freiheit des Willens zu einer selbstschädigenden Handlung zu kontrollieren, wenn die Umstände des Einzelfalls die Vermutung nahelegen, daß keine freie Wahl des Handelnden vorliegt. Dies ist insbesondere der Fall, wenn der Handelnde über die Folgen seiner Handlung nicht ausreichend informiert ist oder er sich in einer Zwangslage befindet. Letztlich wird jedoch die freie Entscheidung des informierten Betroffenen respektiert. Harter Paternalismus liegt dagegen vor, wenn auch die freie, willentlich getroffene Entscheidung des Handelnden übergangen wird.

Auch von Vertretern antipaternalistischer Positionen wird der weiche Paternalismus gemeinhin für legitim gehalten. Dahinter steht der Gedanke, daß eine paternalistische Intervention die Autonomie dann nicht verletzt, wenn die Entscheidung des Betroffenen nicht Ausfluß seiner Autonomie ist. Dies wird angenommen, wenn die Entscheidung nicht "freiwillig" zustande kommt. Als vollkommen freiwillig wird eine Entscheidung dann angesehen, wenn sie in Kenntnis aller relevanten Fakten und aller Möglichkeiten, bei vollem Bewußtsein und nicht unter dem Einfluß von Zwang gefaßt wird.[28] Zwar sind die wenigsten Entscheidungen vollkommen freiwillig, doch ist eine Intervention nur dann gerechtfertigt, wenn gravierende Einwände gegen die Freiwilligkeit bestehen. Dafür werden im wesentlichen drei Fälle genannt:

Einmal wenn ein Mensch wegen seiner geistigen Konstitution ganz allgemein nicht in der Lage ist, rationale Entscheidungen zu treffen. Beispiel hierfür sind Geisteskranke oder kleine Kinder. Auf diese Gruppe soll nicht eingegangen werden.

Zum Zweiten betrachtet man Menschen, die zwar grundsätzlich zur Vernunftserkenntnis in der Lage sind, deren Entscheidung aber wegen eines Irrtums oder fehlender Information mangelhaft ist. Bereits *John Stuart Mill* illustrierte dies mit einem Beispiel:

> „Wenn ein öffentlicher Beamter oder sonst jemand sieht, wie ein Mensch eine Brücke überschreiten will, die erwiesenermaßen unsicher ist, und keine Zeit mehr hat, ihn vor der Gefahr zu warnen, so darf er ihn - ohne seine Freiheit zu beeinträchtigen - anfassen und zurückziehen. Denn die Freiheit besteht darin, zu tun was man will, und der Betreffende will ja nicht ins Wasser fallen. Dennoch kann, wenn nicht die Gewißheit, sondern nur die Gefahr eines Unfalls gegeben ist, niemand anders als der Betreffende selbst beurteilen, ob seine Gründe ausreichen, um das Wagnis zu riskieren. Mei-

---

[27] *Feinberg, Joel*: Harm to Self, 12 ff; *ders.*: Legal Paternalism, in: *Sartorius, Rolf*: Paternalism, 9, 17; *Enderlein, Wolfgang*: Rechtspaternalismus und Vertragsrecht, 17; *Schroth, Ulrich*: Die strafrechtlichen Tatbestände des Transplantationsgesetzes, JZ 1997, 1149, 1153

[28] *Feinberg, Joel*: Legal Paternalism, in: *Sartorius, Rolf*: Paternalism, 3, 7

> nes Erachtens sollte man ihm in diesem Falle [...] daher nur vor der Gefahr warnen, nicht aber mit Gewalt hindern, sich ihr auszusetzen."[29]

Letztlich werden Situationen angeführt, in denen Menschen zwar rational urteilen können, vollumfänglich informiert sind und auch keinem Irrtum unterliegen, sich aber in einer existentiellen Zwangssituation befinden, in der andere Handlungsalternativen nicht ernsthaft in Betracht kommen. Wenn jemand einem Räuber auf die Frage "Geld oder Leben" hin seine Geldbörse ausliefert, ist diese Handlung das Ergebnis von Zwang und kein Ausdruck autonomer Lebensgestaltung. Natürlich kann nicht immer von Zwang gesprochen werden, wenn mit einer Entscheidung Nachteile verbunden sind. Jede Entscheidung ist eine Abwägung von Nachteilen und Vorteilen. Ein Zwang, der die personale Autonomie beeinträchtigt, wird jedoch angenommen, wenn die Nachteile ein solches Gewicht haben, daß sie die Möglichkeiten selbstbestimmten Lebens nachhaltig beeinträchtigen.

Mit der Anerkennung personaler Autonomie gesteht man dem Menschen zu, falsche Entscheidungen zu treffen, ja sogar falsch zu handeln, obwohl er dies erkannt hat. Doch nicht jede Entscheidung ist auch eine autonome Entscheidung. Auch wenn Autonomie nicht inhaltlich definiert wird und nicht mit Vernünftigkeit oder Moralität gleichzusetzen ist, so ist ein Mindestmaß an Freiwilligkeit doch Voraussetzung. Es ist daher gerechtfertigt, einzugreifen um sicherzustellen, daß eine Entscheidung weder auf Grund von Zwang noch irrtumsbedingt gefaßt wird. Weicher Paternalismus ist keine Verletzung der Autonomie, sondern nur eine Hilfestellung, autonome Entscheidungen zu ermöglichen.

Wenn sich liberale Theoretiker um eine Rechtfertigung paternalistischer Bestimmungen bemühen, versuchen sie meist nachzuweisen, daß es sich dabei um einen nur weichen Paternalismus handele. Dies kann sehr weitgehend geschehen, indem man die "Freiwilligkeit" von sehr strengen Bedingungen abhängig macht. Oder es wird argumentiert, eine bestimmte Regelung wirke wegen ihres abstrakt generellen Charakters in Ausnahmefällen zwar hart paternalistisch, dies sei wegen des gebotenen und durch die Mehrheit gewünschten Schutzes gegen eigene Willensschwächen jedoch hinzunehmen.[30] Dabei besteht die Gefahr, daß das Prinzip des weichen Paternalismus überdehnt und dadurch die personale Autonomie bedroht wird. Dieser Gefahr kann dadurch vorgebeugt werden, daß ein weiterer Fall legitimen Paternalismus benannt und klar umgrenzt wird: Das Eingreifen, um die Zerstörung der eigenen Autonomie zu verhindern.

---

[29] *Mill, John Stuart*: Über die Freiheit, 132

[30] Vgl.: *Carter, Rosemary*: Justifying Paternalism, Canadian Journal of Philosophy 1977, 133, 144 f

F. Selbstzerstörung der Autonomie

Die personale Autonomie kann sich auch selbst aufheben. Der Mensch kann die Voraussetzungen für den Gebrauch der eigenen Freiheit gänzlich zerstören oder erheblich einengen. Die selbstgewollte Vernichtung von Autonomie ist ein Paradoxon, dessen Beurteilung für eine an der Autonomie orientierte Argumentation Schwierigkeiten bereitet. Gebietet die Achtung vor der Autonomie nun, auch die autonome Entscheidung zur Selbstzerstörung der Autonomie zu achten? Oder gebietet umgekehrt die Achtung vor der Autonomie, immer einzugreifen, wenn diese in Gefahr ist?

Die personale Autonomie ist der Fixpunkt, auf dem jede Argumentation beruht, sie ist die unverzichtbare Basis für alle weiteren Überlegungen. Wenn dieser Fixpunkt, diese Basis wegbricht, bleibt nichts übrig. Damit bleibt auch nichts, was den Sinn einer solchen Selbstzerstörung von Autonomie rechtfertigen kann. Eine Argumentation, die ihre eigene Basis in Frage stellt, verliert ihren Geltungsgrund. Sie wird dadurch selbstwidersprüchlich. Die Selbstzerstörung der Autonomie ist daher ein Sonderfall, der sich nicht einfach als Ausdruck von personaler Autonomie begreifen läßt.

Schon die Ahnherren freiheitsorientierter und antipaternalistischer Argumentation, *Kant* und *Mill*, meinten beide, die Entscheidung zur Aufhebung der eigenen Freiheit dürfe nicht geachtet werden. *Kant* meinte, ein Vertrag, mit dem jemand "auf seine ganze Freiheit Verzicht tut", sei unzulässig.[31] Auch *Mill* argumentierte, die Selbstversklavung sei mit der Achtung vor der Freiheit als Ursache für das Prinzip der Nichteinmischung nicht vereinbar:

> „Verkauft aber [ein Mensch] sich als Sklave, so entsagt er seiner Freiheit und verzichtet damit auf allen künftigen Gebrauch außer diesen letzten. Er vernichtet also in seinem Fall den eigentlichen Zweck, der die Erlaubnis, über sich selbst zu verfügen, rechtfertigt. [...] Das Prinzip der Freiheit kann nicht fordern, daß er die Freiheit haben sollte, nicht frei zu sein. Es ist nicht Freiheit, sich seiner Freiheit entschlagen zu dürfen."[32]

Diese Argumentation ist in einem harten Sinne paternalistisch, da der Beweis, dem Selbstverkauf in die Sklaverei unter Abwägen aller Umstände freiwillig zugestimmt haben zu können, prinzipiell für unzulässig erklärt wird. Damit kommt es bei *Mill* zu einer Öffnung gegenüber dem Paternalismus[33] bzw. einem Prinzip der engumgrenzten Rechtfertigung paternalistischer Eingriffe zur Sicherung von weitergehender Freiheit.[34]

---

[31] *Kant, Immanuel*: Metaphysik der Sitten, Werke Bd. VIII, 396, 451
[32] *Mill, John Stuart*: Über die Freiheit, 141
[33] *Feinberg, Joel*: Legal Paternalism, in: *Sartorius, Rolf*: Paternalism, 3, 12
[34] *Dworkin, Gerald*: Paternalism, in: *Sartorius, Rolf*: Paternalism, 19, 27 f

Der Gedanke, die Selbstzerstörung der Autonomie müsse durch die Rechtsordnung nicht anerkannt werden, wird auch vom rechtswissenschaftlichen Schrifttum in Deutschland aufgegriffen. So differenziert der Hamburger Strafrechtslehrer *Michael Köhler* zwischen den autonomen Selbstverfügungen, die der Staat grundsätzlich zu achten hätte, und solchen Verhaltensweisen,

> "in denen die autonome Subjektivität ihr eigenes Dasein negiert, also selbstwidersprüchlich Daseinsbedingungen entgegenhandelt, auf denen moralisch, pragmatisch freie Subjektivität beruht."

Auch bei der Festlegung von "unveräußerlichen Gütern" der Person geht es um diese Abgrenzung. *Georg Friedrich Wilhelm Hegel* faßte Definition und Begründung für die Unveräußerlichkeit zusammen, als er in seiner Rechtsphilosophie schrieb

> "Unveräußerlich sind daher diejenigen Güter, [...]welche meine eigenste Person und das allgemeine Wesen meines Selbstbewußtseins ausmachen [...]."[35]

Der Gedanke, daß freiheitsorientierte Prinzipien sich nicht selbst in Frage stellen dürfen, ist tief in der neuzeitlichen abendländischen Philosophietradition verwurzelt. Das Bezweifeln der traditionellen und religiös begründeten Vorstellungen und Ordnungen bildete den Ausgangspunkt für die Emanzipation des Denkens von religiösen Dogmen. Es ist daher kein Zufall, wenn *René Descartes* zu Beginn der Neuzeit den Zweifel zum Prinzip erhob, um so eine neue, auf der eigenen Reflexion beruhende Philosophie zu begründen. *Descartes* richtete seinen methodischen Zweifel jedoch nicht gegen die Methode des Zweifeln selbst, sondern meinte im Gegenteil, das Fundament der Philosophie darin gefunden zu haben, daß das Zweifeln selbst (in Gestalt des Zweifelnden, der sich seiner selbst bewußt wird) unbestritten blieb.[36] Die Erkenntnis, daß die Selbstaufhebung eines Prinzips nicht eine Anwendung desselben sei, sondern seine Verletzung, prägt auch das politische und wirtschaftliche Denken. Die Selbstauflösung einer Demokratie wird ebenso für unzulässig gehalten wie die Selbstauflösung einer Marktwirtschaft; Toleranz soll nicht gegenüber der Intoleranz gelten.

Die Unvereinbarkeit von Paternalismus und Autonomie ist darin begründet, daß es keine allgemeinverbindlichen Richtlinien dafür gibt, was einen Menschen schädigt und was seinem Wohl dient. Denn jeder Mensch ist selbst fähig, die Werte und Ziele seines Lebens zu bestimmen. Deshalb betrachtet jeder etwas anderes als "Schaden" oder als "Wohl". "Schädigt" sich jemand, der sein gesamtes Vermögen verschenkt, weil er als Bettelmönch in Armut leben will? Mit jedem Schaden, mit jedem Nachteil sind Aus-

---

[35] *Hegel, Georg Friedrich Wilhelm*: Werke Bd. 7, Grundlinien der Philosophie des Rechts, § 66, 141
[36] Vgl. *Descartes, René*: Meditationen über die Erste Philosophie, Erste und zweite Meditation, 63 ff

wirkungen verbunden, die der Betroffene positiv bewerten kann. Den Begriff des Schadens könnte nur dann allgemeinverbindlich definiert werden, wenn es auch allgemeinverbindliche Werte und Ziele für das Leben gäbe. Diese gibt es aber nicht. Was ein Mensch als gelungenes und erfülltes Leben betrachtet, ist von seinen individuellen Vorstellungen und Präferenzen abhängig. Doch obwohl es keinen Konsens über die Werte und Ziele des Lebens gibt, so besteht doch Einigkeit darüber, daß der Autonomie selbst ein positiver Wert zuzumessen ist. Jeder, der argumentiert, egal wofür oder wogegen, manifestiert damit die Wertschätzung der personalen Autonomie. Denn diese ist der Geltungsgrund dafür, daß er in seinem Vortrag gehört wird. Diese Wertschätzung muß sich auch im Recht niederschlagen, da die Autonomie die Grundlage für Recht und Staatlichkeit ist. Jeder Versuch, die personale Autonomie als wertneutral zu klassifizieren, greift selbstwidersprüchlich sowohl das Fundament der Staatlichkeit als auch das Fundament der eigenen Argumentation an. Und weil über die Wertschätzung der Autonomie ein Grundkonsens besteht, ist es auch gerechtfertigt, die Zerstörung der Autonomie als Schaden zu klassifizieren. Dadurch wird nicht die Autonomie in eine inhaltlich definierte "positive Freiheit" zu einem bestimmten Verhalten umdefiniert. Wie jemand sein Leben gestaltet, bleibt einer allgemeinverbindlichen Bewertung entzogen, nur daß jemand sein Leben selbstverantwortlich gestalten kann, wird für wertvoll und bewahrenswert gehalten.

Man kann drei Bereiche unterscheiden, in denen die personale Autonomie beeinträchtigt wird: Mit dem Tod endet auch die personale Autonomie, das Leben ist die Basis der Autonomie (1.). Neben dem Leben ist auch die körperliche Konstitution sehr wichtig für ein selbstbestimmtes Leben (2.). Nur am Rande soll erwähnt werden, daß ein autonomes Leben auch bestimmte wirtschaftliche Voraussetzungen hat (3.).

1. Leben als Basis personaler Autonomie

Die Grundlage der personalen Autonomie ist das Leben. Ohne menschliches Leben ist Autonomie und Selbstbestimmung nicht denkbar.

Es hat über das Verhältnis von menschlichem Leben und personaler Autonomie immer wieder Diskussionen gegeben. Diese bezogen sich jedoch auf den Fall, daß zwar menschliches Leben vorhanden ist, und sei es im Stadium des Entstehens oder Erlöschens, nicht aber autonomes Bewußtsein. Hier gibt es erbitterte Debatten darum, welchen Wert menschliches Leben ohne oder mit stark gemindertem autonomen Bewußtsein hat. Beispielhaft genannt sei die Diskussion, ab welchem Stadium menschliches Leben schützenswert ist. Diese Frage prägte die Abtreibungsdebatte, die Kontroverse über die biologistischen Thesen *Peter Singers*, die Diskussion, ob der Verfassungsbegriff der Menschenwürde Bewußtsein voraussetze, oder die Auseinandersetzung über die Gentechnik.

Dem autonomieorientierten Paternalismus geht es um die Erhaltung der personalen Autonomie. Das menschliche Leben interessiert in diesem Zusammenhang nur als

Voraussetzung für die personale Autonomie. Um der personalen Autonomie willen ist das menschliche Leben zu erhalten und gegen Gefährdungen zu schützen. Damit ist nicht gesagt, daß dem menschlichen Leben nicht auch aus anderen Gründen als der Autonomie ein Wert zugewiesen werden kann. Doch diese Überlegungen, die meist religiös oder metaphysisch fundiert werden, spielen für den autonomieorientierten Paternalismus keine Rolle. Und wenn versucht wird, aus dem hier untersuchten Normalfall des erwachsenen, gesunden und bei vollem Bewußtsein handelnden Menschen den Wert von geminderter oder nur potentiell vorhandener personaler Autonomie abzuleiten, so sprengen solche Erörterungen das Thema der Arbeit.

2. Körperliche Konstitution

Die körperliche Konstitution bildet in einem gewissen Umfang die Grundlage zu späterem Freiheitsgebrauch. Deshalb billigte und billigt man dem eigenen Körper juristisch eine besondere Bedeutung zu. Bereits im römischen Recht galt die Verletzung des Körpers nicht als eine Beeinträchtigung des Eigentums, sondern als eine Verletzung der Persönlichkeit.[37]

Die Grundlagen autonomer Lebensgestaltungen werden jedoch nur durch sehr schwerwiegende, irreversible und verstümmelnde Eingriffe in den Körper verletzt. Dies sind Verletzungen, welche die sinnliche Wahrnehmung oder die Bewegungs- und Handlungsfreiheit unwiderruflich erheblich einschränken. Solche Eingriffe erschweren oder verhindern, daß Menschen einen beliebigen, autonom gefaßten und an eigenen Wertvorstellungen orientierten Lebensplan verfolgen können.

Auch die Fähigkeit zur Fortpflanzung gehört zu diesen Grundlagen späteren Freiheitsgebrauchs. Die Entscheidung für eigene Nachkommen kann zwar kein Mensch alleine verwirklichen, sondern er ist dabei auf das Zusammenwirken mit einem Menschen des anderen Geschlechts angewiesen. Doch Voraussetzung für dieses Zusammenwirken ist die eigene Fortpflanzungsfähigkeit. Eigene Kinder sind für viele Menschen in der Verwirklichung ihres Lebensplanes von überragender Bedeutung. Das beweisen die aufwendigen Methoden von künstlicher Befruchtung oder Leihmutterschaft.

Ebenso kann körperlicher Schmerz die personale Autonomie beeinträchtigen. Wenn sich das Bewußtsein gänzlich auf körperliche Leiden beschränkt, sind an eigenen Werten und eigener Vernunfterkenntnis orientierte Entscheidungen unmöglich. Auch eine körperlich wirkende Sucht, bei der Entzugserscheinungen mit Schmerzen und Leid verbunden sind, berührt deshalb die Grundlagen des Gebrauchs von Freiheit.

3. Wirtschaftliche Grundlagen des Freiheitsgebrauchs

Die Grundlagen des Freiheitsgebrauchs gehen jedoch über das reine (Über-) Leben und den Körper hinaus und betreffen auch ein Minimum an wirtschaftlicher Gestaltungsfreiheit. Da hierauf im Rahmen dieser Arbeit nicht näher eingegangen werden kann, sollen einige Andeutungen genügen. Der amerikanische Sozialphilosoph *John*

---

[37] *Forkel, Hans*: Verfügungen über Teile des menschlichen Körpers, JZ 1974, 593

Rawls bemühte sich, eine Reihe von "Grundgütern" zu bestimmen, an deren Erhalt unabhängig von den konkreten Lebensvorstellungen und Werten für alle Menschen ein Interesse bestünde.[38] Die nähere Bestimmung von solchen Grundgütern ist sehr umstritten. Vielfach wird argumentiert, daß eine völlige Einschränkung wirtschaftlicher Gestaltungsfreiheit nicht mit dem Gedanken eines umfassenden Schutzes der Freiheit vereinbar ist. Solche Überlegungen stehen hinter der neuen Insolvenzordnung, die unter bestimmten Umständen einen wirtschaftlichen Neuanfang ermöglicht. Diese Argumentation hat sich auch das Bundesverfassungsgericht in den Entscheidungen zur Unwirksamkeit von Bürgschaften mittelloser naher Familienangehöriger zu eigen gemacht.[39] Kern der Begründung war, daß eine Bürgschaft, die den Betroffenen für unabsehbaren Zeit auf die Abzahlung der Bürgschaftssumme verpflichtet und so in seiner wirtschaftlichen Gestaltungsfreiheit auf ein Minimum einschränkt, mit dem Grundrecht auf allgemeine Handlungsfreiheit aus Art. 2 Abs. 1 GG nicht vereinbar sei. Der Bürgschaftsvertrag (mittelloser Familienangehöriger) wurde also im Prinzip wie ein Vertrag zur Selbstversklavung behandelt. Denn durch einen solchen Vertrag zerstört der Bürge die wirtschaftliche Grundlage selbstverantwortlichen Handelns.

---

[38] *Rawls, John*: Eine Theorie der Gerechtigkeit, § 50, 363
[39] BVerfG NJW 1994, 36 ff; 2749 f

G. Unbeachtliche Beeinträchtigungen zukünftiger Lebensgestaltung

Nicht jede Handlung, die in der Realität zu einer Beschränkung zukünftiger Wahlmöglichkeiten führt, richtet sich gegen die eigene personale Autonomie. Die personale Autonomie ist ein Wertbegriff. Nach ihr wird jedem Menschen zugestanden, Entscheidungen über sein eigenes Leben zu fällen, ohne dabei an Vorbedingungen gebunden zu sein – deshalb wird jedoch nicht bestritten, daß es solche Vorbedingungen gibt. Doch tatsächlich existierende Vorbedingungen führen nicht zwangsläufig zu bestimmten Entscheidungen. Für die gesellschaftliche Stigmatisierung gilt ebenso wie für psychologische Evaluierung, daß diese die autonome Person nicht rechtlich festlegen dürfen.

1. Gesellschaftliche Stigmatisierung

Nicht als Selbstzerstörung personaler Autonomie darf eine mögliche oder wirkliche gesellschaftliche Stigmatisierung gelten. Gesellschaftliche Stigmatisierung hat in der Realität zur Folge, daß der Betroffene geringere Wahlmöglichkeiten hat. Bestimmte Vorstellungen oder Vorurteile sind weit verbreitet und einige Lebensweisen werden von der Mehrheit der Bevölkerung abgelehnt. Wer eine gegen herrschende Konventionen gerichtete Lebensweise wählt – und sei es auch nur für eine kurze Phase seines Lebens – dem wird dies häufig noch lange vorgeworfen. Er muß damit rechnen, später behindert zu werden, wenn er andere, anerkannte Ziele verwirklichen will. Beispielsweise wird ein ehemaliger Nackttänzer auf starke Vorbehalte stoßen, wenn er sich um ein hohes politisches Amt bemüht – selbst dann, wenn keine Zweifel an seiner Eignung bestehen. Eine Stigmatisierung belegt jedoch lediglich einen Mangel an Toleranz. Sie gründet auf dem Unwillen, einem anderen zuzugestehen, seine Einstellungen, Werte und Ziele zu ändern. Mit der Achtung vor der Autonomie läßt sich eine solche Stigmatisierung nicht vereinbaren. Denn Autonomie bedeutet ja, seine eigenen Einstellungen, Werte und Ziele ändern zu können. Das Recht ist der Achtung der personalen Autonomie verpflichtet, die ja sein Geltungsgrund ist. Würde die gesellschaftliche Stigmatisierung als Zerstörung oder Gefährdung der Grundlagen späteren Freiheitsgebrauchs gewertet, so fände die gesellschaftliche Mißachtung der Autonomie im Recht ihre Fortsetzung.

2. Psychologie und Autonomie

Genauso wenig wie die gesellschaftliche Stigmatisierung paternalistische Interventionen rechtfertigt, kann dies der Hinweis auf psychologische Gesetzmäßigkeiten. Denn mit der personalen Autonomie ist grundsätzlich die Vorstellung verbunden, daß sich der Mensch über solche Bedingungen hinwegsetzen kann.

Insoweit kann hier eine Analogie zur Entgegnung der kommunitaristischen Kritik am liberalen Menschenbild beschrieben werden. Kommunitaristen haben Recht, wenn sie darauf hinweisen, daß der Mensch kein isoliertes, von äußeren und gesellschaftlichen Einflüssen unberührtes Subjekt ist, das ganz allein Entscheidungen trifft. Natürlich ist er von gesellschaftlichen Einflüssen abhängig. Entscheidend ist jedoch, ob dem Menschen ungeachtet seiner gesellschaftlichen Prägung zugestanden wird, sich aus dieser

Prägung zu lösen und andere Wege zu gehen. Die verschiedenen psychologischen Schulen zeigen Mechanismen des Verhaltens und der Entscheidungsfindung auf. Diese Erkenntnisse sind nicht falsch. Dennoch muß jedem Menschen in letzter Konsequenz selbst zugestanden werden, sich ungeachtet solcher Gesetzmäßigkeiten autonom zu entscheiden.

Psychische Verletzungen schließen die personale Autonomie nicht aus – sie können vom Betroffenen überwunden werden. Psychologie darf nicht als eine Meta-Wissenschaft mißbraucht werden, die bei jeder Entscheidung, bei jeder Argumentation, bei jeder Handlung zu wissen vorgibt, warum sie so ausgefallen ist. Die Psychologie ist nicht geeignet, personale Autonomie, Selbstbestimmung und Selbstverantwortung zu ersetzen. Psychologische Gesetzmäßigkeiten begründen keinen absoluten Determinismus, der für das Recht verbindlich sein darf. Aus diesem Grunde wird psychischen Leiden oder Zwängen nicht das gleiche Gewicht gegeben wie den körperlichen Beschränkungen der Autonomie. Grundsätzlich wird davon ausgegangen, daß der autonom handelnde und denkende Mensch sich über psychische Einflüsse hinwegsetzen kann.

Etwas anderes gilt für klar pathologische Fälle zwanghaften Verhaltens. Diese Untersuchung beschränkt sich jedoch auf psychisch „normale“ Menschen im Vollbesitz ihrer geistigen Kräfte. Die Abgrenzung zu Verhaltensweisen, die krankhaft und zwanghaft sind, mag in vielen Fällen schwierig sein, sie ist jedoch nicht Thema dieser Arbeit.

H. Zerstörung und Gefährdung

Zu unterscheiden ist die gewollte oder zumindest bewußt herbeigeführte Zerstörung oder Beeinträchtigung der personalen Autonomie von einer ungewollten Gefährdung. Während im erstgenannten Fall eine Intervention klar durch einen Verweis auf den Schutz der Autonomie begründet werden kann, ist bei einer bloß in Kauf genommenen Gefährdung die Rechtfertigung schwerer.

Wenn die Gefährdung der personalen Autonomie, sei es durch die Gefährdung des Lebens selbst, sei es durch die Gefährdung anderer Grundvoraussetzungen eines selbstbestimmten Lebens, von dem Betroffenen um der Erreichung eines bestimmten Ziels willen in Kauf genommen wird, muß eine schwierige Abwägung vorgenommen werden. Entscheidend ist der Grad der Gefährdung und die Intensität der paternalistischen Intervention. Eine paternalistische Intervention ist dann gerechtfertigt, wenn der Betroffene sein Leben selbst oder die Grundlagen autonomer Lebensgestaltung in die signifikante Gefahr einer schweren und irreversiblen Beeinträchtigung bringt. Die Intervention darf dabei bei einer an der Autonomie des Betroffen orientierten Abwägung zwischen der Schwere der Intervention und der Gefahr nicht unverhältnismäßig sein.

Auch muß die Gefahr für die personale Autonomie hinreichend konkret sein. Das Leben ist eigentlich immer lebensgefährlich. Nahezu alles kann als eine Gefährdung der Autonomie beschrieben werden. Raucher gefährden ihre Gesundheit. Die Teilnahme am motorisierten Straßenverkehr ist mit beachtlichen Risiken für Leib und Leben verbunden. Auch ungesundes Essen gefährdet die Gesundheit. Es ist wohl offensichtlich, daß nicht jede Gefährdung von Leib und Leben, daß nicht jedes Risiko, die Voraussetzungen eines selbstbestimmten Lebens zu beeinträchtigen, eine Intervention rechtfertigen kann. Es muß über die Gefährlichkeit bestimmter Handlungen ein weitgehender Konsens bestehen. Beim genannten Beispiel des ungesunden Essen fehlt es an dieser Einigkeit, denn es ist äußerst umstritten, welche Ernährung der Gesundheit abträglich ist. Während manche meinen, Fleischverzehr sei ungesund, argumentieren andere, eine fleischfreie Ernährung sei schädlich. Es gibt eine Vielzahl von Theorien, die oft auf entsprechende „wissenschaftliche" Belege verweisen. Bevor nicht weitgehender Konsens über den Grad der Gefährdung besteht, ist eine paternalistische Intervention unzulässig.

Grundsätzlich unbeachtlich ist jedoch, welche Ziele der Betroffene mit der selbstschädigenden Handlung verfolgt. Die Ziele werden nur dann relevant, wenn eine Verbesserung der Grundvoraussetzungen späteren Freiheitsgebrauches angestrebt wird und dabei Autonomie beeinträchtigt oder gefährdet wird.

I. Zielkonflikt von Autonomiegewinn und Verlust

Es kann eine Konstellation auftreten, daß gezielt etwas zerstört werden muß, was eigentlich zu den Grundvoraussetzungen späteren Freiheitsgebrauchs gezählt wird, weil nur auf diese Weise ein autonomes Leben nach selbstgewählten Zielen und Werten möglich ist. Beispiel hierfür sind bestimmte geschlechtsverändernde Eingriffe. Hier besteht ein Zielkonflikt: Eine Handlung bewirkt zur gleichen Zeit, daß personale Autonomie beschränkt und erweitert wird.

Ein an der Autonomie orientierter Paternalismus muß diesen Zielkonflikt auflösen. Er muß zunächst prüfen, ob tatsächlich ein autonom gewähltes Leben nur auf Kosten des Verlustes von Grundvoraussetzungen späteren Freiheitsgebrauchs möglich ist. Wo es diesen Zielkonflikt gibt und an der Ernstlichkeit des Verlangens des Betroffenen kein Zweifel besteht, muß auch die gezielte Zerstörung von Grundvoraussetzungen zukünftigen Freiheitsgebrauchs zugelassen werden.

Gleiches gilt auch für die bewußt in Kauf genommene Gefährdung. Beispielsweise birgt eine risikoreiche Augenoperation die Gefahr des Erblindens und damit der Zerstörung von Grundvoraussetzungen zukünftigen Freiheitsgebrauchs. Ohne die verfolgten Ziele zu beachten, dürfte man bei einer solchen Gefährdung eingreifen. Doch wenn der Betroffene das Ziel verfolgt, durch die Behebung einer Sehschwäche die Voraussetzungen eines autonomen Lebens zu verbessern, so ist ihm die Entscheidung darüber zuzubilligen, ob und welche Gefahren er dafür in Kauf nimmt.

J. Abgrenzung zu ähnlichen Ansätzen

Es hat bereits einige Versuche gegeben, den Gegensatz von persönlicher Freiheit und Paternalismus zu überwinden und beide Prinzipien zu einer Synthese zu vereinen. Doch diese Ansätze, die zumeist sehr viel weitergehende Interventionen rechtfertigen, haben gegenüber dem autonomieorientierten Paternalismus gewichtige Nachteile.

Dies gilt insbesondere für das Paternalismuskonzept des Kanadiers *John Kleinig.* Dieser hält paternalistische Interventionen für gerechtfertigt, wenn dadurch verhindert werde, daß der Betroffene die Verwirklichung der von ihm selbst gewählten Lebenspläne und Werte gefährde.[40] Ausgangspunkt der Argumentation ist die liberale Überzeugung, der einzelne könne und solle über seine Lebenspläne autonom entscheiden. Einen Menschen bei der Verwirklichung der von ihm gewählten Lebenspläne zu unterstützen, wird jedoch als legitimes Anliegen, als eine Art "Schützenhilfe für die Freiheit" begriffen. Deshalb dürfe man auch gegen den augenblicklichen Willen des Betroffenen eingreifen, wenn dieser durch eine bestimmte Wahl die Verwirklichung seiner Lebenspläne schwer gefährde und dem Eingriff angesichts der Gefährdung nur ein geringes Gewicht zukäme. Nicht die einzelne freie Wahl als solche verdiene die Anerkennung durch die Rechtsordnung, sondern die Individualität, die sich im kontinuierlichen Streben entsprechend der autonom gewählten Werte und Lebenspläne ausdrücke.

Den Paternalismus als Schützenhilfe für die Verwirklichung von Autonomie zu begreifen, setzt voraus, daß die langfristigen Ziele und Lebenspläne als etwas Statisches oder zumindest verhältnismäßig Stabiles gesehen werden. Es ist jedoch gerade Kennzeichen der personalen Autonomie, daß der Mensch seine Meinungen, Vorstellungen, Werte, Ziele und Lebenspläne ändern kann. Außerdem ist unklar, wie bestimmt werden soll, ob und welches Gewicht der Beeinträchtigung von Wahlfreiheit in bestimmten Situationen angesichts der Lebenspläne zuzumessen ist. Wann ist eine solche Beeinträchtigung nur marginal, wie soll der Lebensplan und die Freiheitsbeeinträchtigung ins Verhältnis gesetzt werden? Der Ansatz *Kleinigs* überzeugt weder vom Grundsatz, da er Autonomie zu stabilen Lebensplänen umdeutet, noch von der praktischen Anwendung, da das Verhältnis von Freiheitsbeeinträchtigung und Lebensplan nicht hinreichend geklärt ist.

In Deutschland hat *Wolfgang Enderlein* in seiner Habitilationsschrift "Rechtspaternalismus und Vertragsrecht" die Idee eines "freiheitsmaximierenden Paternalismus" entwickelt. Er meint:

> "Die paternalistische Freiheitsbeeinträchtigung ist prima facie geboten, wenn sie dem Zweck dienlich ist, folgendes zu verhindern: Der Entscheidende soll nicht eine Alternative wählen, durch deren Wahl Freiheitsräume des Entscheidenden in zukünftigen Lebensphasen voraussichtlich in höherem Maße beeinträchtigt werden oder bei deren Wahl die Gefahr einer sol-

---

[40] *Kleinig, John*: Paternalism, 67 ff; Vgl. auch: *Cohen, Elliot*: Paternalism That Does Not Restrict Individuality, Social Theory and Practice 12 (1986), 309 ff

chen Beeinträchtigung größer ist als bei der Wahl einer anderen offenstehenden Alternative. Voraussetzung dafür ist, daß die Freiheitsräume des Entscheidenden in gegenwärtigen und in zukünftigen Lebensphasen, in ihrer Gesamtheit betrachtet, durch diese paternalistische Freiheitsbeeinträchtigung maximiert werden."[41]

Dieser Ansatz erscheint auf den ersten Blick bestechend. Angesichts der Bedeutung der Freiheit scheint es einleuchtend, dann zu intervenieren, wenn jemand durch eine Entscheidung Wahlmöglichkeiten verringert. Für die Erziehung von Kindern ist es durchaus anerkannt, sie so zu fördern und zu prägen, daß ihnen später mehr Möglichkeiten zur Verwirklichung der eigenen Lebenspläne offenstehen. Auch in zwischenmenschlichen Verhältnissen gilt es als erstrebenswert, dem anderen möglichst weitreichende Freiheitsräume zu eröffnen.

Gleichwohl ist das Prinzip des "freiheitsmaximierenden Paternalismus" für das Recht ungeeignet. Denn es beruht auf zu vielen Variablen und Prognosen. Wonach soll ermittelt werden, wie stark eine bestimmte Entscheidung spätere Wahlmöglichkeiten einschränkt? Wonach richtet sich, welches Gewicht solchen Einschränkungen zukommt? Welches Gewicht kommt der Freiheit zu, die zugunsten von Zukunftsaussichten eingeschränkt wird. Für die "Gesamtbetrachtung" der Freiheit sind einfach zu viele Faktoren maßgeblich, als daß dadurch dem Recht eine verläßliche Orientierung gegeben werden könnte. Dies gilt um so mehr, als es für die Bewertung des Gewichts von Freiheiten und Freiheitseinschränkungen keine objektiven Maßstäbe gibt. Vielmehr sind die subjektiven Vorlieben und Lebenspläne des Betroffenen auch dafür maßgeblich, wie bestimmte Entscheidungsmöglichkeiten zu bewerten sind. Es ist sicher ein sinnvoller Gesichtspunkt für die eigene Entscheidungsfindung, neben den Freiheitsräumen in der Gegenwart auch die in zukünftigen Lebensphasen zu beachten. Das Streben nach "Freiheitsmaximierung" ist auch als individualethisches Prinzip verwendbar, wenn man von einem anderen um Rat gefragt wird. Für rechtliche Regelungen mit ihrem abstrakt generellen Charakter können diese komplizierten Abwägungen jedoch nicht maßgeblich sein.

Das Konzept des autonomieorientierten Paternalismus beschränkt die Legitimation von Freiheitsbeeinträchtigungen auf wenige und klar faßbare Fälle. Eine Selbstnegation der Autonomie ist dann gegeben, wenn die Grundvoraussetzungen zukünftigen Freiheitsgebrauchs schwer und irreversibel beschädigt werden. Sicher ist es im einzelnen umstritten, was als Grundvoraussetzung von Freiheit zu gelten hat. Es gibt Abgrenzungsschwierigkeiten, wann die Ausübung von Autonomie in Selbstnegation der eigenen Freiheit umschlägt. Im Vergleich zu den vielfältigen Faktoren, die in die Abwägung des freiheitsmaximierenden Paternalismus einfließen, sind diese Probleme jedoch gering.

---

[41] *Enderlein Wolfgang*: Rechtspaternalismus und Vertragsrecht, 52

K. Anspruch und Bescheidung

Der autonomieorientierte Paternalismus ist das Ergebnis rechtsphilosophischer Überlegungen. Durch ihn soll die Reichweite paternalistischer Legitimation abschließend geklärt werden, er taugt jedoch nicht als Patentlösung, durch die alle anderen rechtspolitischen Erwägungen hinfällig würden.

Der autonomieorientierte Paternalismus erhebt den Anspruch, die Reichweite paternalistischer Rechtfertigung klar und stimmig abzugrenzen. Er geht weiter, als dies ein dogmatischer, allein auf die Unterscheidung in Fremd- und Selbstschädigung abstellender Antipaternalismus zulassen würde. Er geht auch über den „weichen“ Paternalismus hinaus. Damit verbunden ist jedoch die Vorstellung, daß Interventionen, die vorrangig dem Schutz vor Selbstschädigung dienen, nicht zu rechtfertigen sind, wenn sie sich nicht als autonomieorientierter Paternalismus begreifen lassen – auch nicht durch den Verweis auf indirekte gesellschaftliche Auswirkungen. Damit kann der autonomieorientierte Paternalismus auch den Gefahren vorbeugen, die dadurch entstehen, daß zur Begründung paternalistischer Regelungen gesellschaftliche Auswirkungen herangezogen oder vorgeschützt werden, die dann eine sehr weitgehende Unterordnung des Einzelnen unter Gemeinschaftsbelange bewirken. Der einzelne und seine Autonomie bleiben Mittelpunkt der Betrachtung.

Die Orientierung an der Autonomie macht auch erklärlich, warum über viele paternalistische Regelungen schon lange gestritten wurde und immer noch gestritten wird. In den letzten Jahrhunderten stand das Streben nach Freiheit im Mittelpunkt der politischen und gesellschaftlichen Entwicklung, insbesondere in Europa und Nordamerika. Immer weitergehender wurde den Individuen zugestanden, ihre Angelegenheiten selbstverantwortlich und unabhängig von staatlichen, religiösen oder gesellschaftlichen Vorgaben zu gestalten. Doch bei diesem Streben schreckte man überall dort davor zurück, dem Menschen uneingeschränkte Freiheit zuzugestehen, wo die Autonomie vom eigenen Handeln bedroht ist oder sein könnte. Insbesondere das Leben, der Körper und die Sexualität sind für die personale Autonomie von herausragender Bedeutung. Durch rechtliche Regelungen sollte auch der Selbstaufhebung der Autonomie vorgebeugt werden. Dieser Gedanke spielte bei der Auseinandersetzung um die entsprechenden Vorschriften eine entscheidende Rolle – selbst wenn dies den Beteiligten nicht immer bewußt war.

Bei einem an Autonomie und Eigenverantwortung orientierten Rechtsverständnis bedürfen paternalistische Bestimmungen einer besonderen Legitimation. Diese Legitimation kann der autonomieorientierte Paternalismus leisten. Er sagt aber nichts darüber aus, ob die jeweiligen Bestimmungen auch zweckmäßig sind. Auch untersucht er nicht, ob andere Gründen als die Verletzung der Autonomie gegen solche Gesetze sprechen. Der Verweis auf den autonomieorientierten Paternalismus ist eine notwendige Bedingung, ohne die eine Vorschrift unzulässig wäre. Ob es auch eine hinreichende Bedingung ist, ist von zahlreichen anderen Gesichtspunkten und pragmatischen Überlegungen der Rechtspolitik abhängig. Insbesondere gibt es keine zwingende Notwendigkeit, zu einem bestimmten gesetzgeberischen Mittel zu greifen. Ob nun das Straf-, Verwaltungs- oder Zivilrecht bemüht wird, um einer Gefährdung der Autonomie vorzubeugen, oder ob zur Vermeidung ungewollter Nebenfolgen ganz auf eine gesetzliche Regelung verzichtet wird, ergibt sich aus dem autonomieorientierten Paternalismus nicht.

III. Leben

Das Leben als vitale Basis ist die Grundvoraussetzung zur Verwirklichung aller übrigen menschlichen Werte. Es ist der unverzichtbare Anfangspunkt für jedes weitere Nachdenken über Rechte und Pflichten des Menschen. Bei der Frage nach Leben und Tod, nach Sein oder Nichtsein, geht es noch nicht um die konkrete Verwirklichung eines bestimmten Lebensentwurfs. Denn Überlegungen zum "Wie" des Lebens setzen das "Ob" voraus.

Im rechtswissenschaftlichen Schrifttum und in Urteilen wird in formelhafter Gleichmäßigkeit der vom BVerfG[42] geprägte Ausdruck wiederholt, das Leben stelle innerhalb der grundgesetzlichen Ordnung einen Höchstwert dar. Der Schutz des Lebens vor äußerer Gefährdung gehört zu den Grundfunktionen der Staatlichkeit. Dies spiegelt sich in der Rechtsordnung heute insbesondere im grundrechtlich gesicherten "Recht auf Leben" wieder (Art. 2 Abs. 2 GG). Die naturgegebene physische Existenz ist vor der Vernichtung zu schützen.

Eindeutig und einleuchtend ist jedoch nur, daß der Staat das Leben vor äußerer Bedrohung schützen muß. Den Boden gesicherter und gefestigter Rechtsprinzipien verläßt man, sobald man danach fragt, ob dem Menschen auch ein Verfügungsrecht über sein Leben zusteht; ob und inwieweit er das Ende seines Lebens selbst bestimmen soll, darf oder kann. Die Haltung der Rechtsordnung hierzu ist keinesfalls eindeutig, die damit zusammenhängenden Fragen sind immer wieder Gegenstand sehr heftiger öffentlicher Debatten und werden es wohl bleiben. Dies hängt damit zusammen, daß Fragen nach Leben und Tod und den Grenzen des Lebens Gegenstand sehr grundsätzlicher Überlegungen in der Philosophie, den Religionen und der Soziologie sind.

In der praktischen Konfrontation mit dem Thema zeigt sich eine gewisse Zerrissenheit. Da gibt es einerseits oft Unbehagen, wenn andere ihr Leben beenden oder aufs Spiel setzen. Andererseits existiert auch die Furcht vor einer "Pflicht zum Leben", Furcht davor, daß Dauer und Ende des Lebens gänzlich von anderen bestimmt werden könnten.

In dem folgenden Kapitel kann es nicht darum gehen, eine letzte Begründung für den Sinn des Lebens oder die sittliche Bewertung von Verfügungen über das eigene Leben zu geben. Es geht vielmehr darum, wie sich der Staat verhalten darf, wenn Menschen ihren Tod wünschen, in Kauf nehmen oder riskieren.

Die Rechtsordnung nimmt zu Verfügungen über das eigene Leben eine sehr ambivalente Haltung ein. Ansatzpunkt rechtlicher Regelungen ist meist nicht das Verhalten von Suizidenten, sondern das Dritter, die dies Ansinnen verhindern, unterstützen oder geschehenlassen (A.). Ein Unterfall der Frage nach der Verfügbarkeit über das eigene Leben ist die Sterbehilfe. Sie betrifft nur einen kleinen Teil möglicher Konstellationen, in denen Menschen den Tod anstreben. Im Gegensatz zum Suizid, wo sich ein Mensch eigenhändig tötet, geht es bei der Sterbehilfe um die Ursächlichkeit eines anderen für den Tod. Wegen dieser Besonderheiten soll dieses Thema extra untersucht werden

---

[42] BVerfG 39, 1, 42; 46, 160, 164; 49, 24, 53

(B.). Ein Sonderfall sind schließlich Gefangene, die sich durch einen Hungerstreik in Lebensgefahr bringen. Sie wollen nicht sterben, riskieren jedoch ihren Tod, um andere Ziele zu erreichen (C.). Einige Schlußbemerkungen zum Schutz des Lebens vor selbstgewollter Zerstörung oder Gefährdung beenden den Abschnitt (D.).

A. Selbsttötung

Für *Albert Camus* gibt es "nur ein wirklich ernstes philosophisches Problem: den Selbstmord".[43] Die Fähigkeit der eigenen Existenzvernichtung unterscheidet den Menschen vom Tier. In der Diskussion um die eigenhändige Tötung werden alle Fragen nach dem Sinn des Lebens wie durch ein Brennglas konzentriert. Sie verlieren ihren akademisch-theoretischen Charakter und erhalten eine direkt faßbare, "lebenswichtige" Bedeutung.

Die Beurteilung der Selbsttötung war im Laufe der Geistes- und Sozialgeschichte erheblichen Schwankungen unterworfen. Dabei sind völlig konträre Vorstellungen bestimmend, die allenfalls in Grenzbereichen ausgeglichen werden können. Auf der einen Seite wird die Selbsttötung als Verstoß gegen Gott, die Gemeinschaft oder die Vernunft strikt abgelehnt. Sie sei Frevel und Fluch, verwerfliche Feigheit, schweres Verbrechen oder Todsünde. Auf der anderen Seite wird sie als höchster Ausdruck menschlicher Selbstbestimmung gesehen. In der eigenhändigen Beendigung des Lebens zeige sich Mut, Seelengröße und Todesverachtung. Teilweise wird sogar von einer unausweichlichen Pflicht zur Selbsttötung ausgegangen, da nur dadurch die "Ehre" gerettet werden könne.[44]

Die Abhängigkeit des Rechts von den wandelnden Auffassungen zum Suizid wird nicht nur in der Geschichte deutlich, sondern zeigt sich bis heute in ambivalenten Regelungen. Diese waren und sind unter Juristen äußerst umstritten. In einer groben Aufteilung sind drei Positionen zum Suizid denkbar: Entweder er wird als rechtmäßig, als Ausdruck eines Rechts zur Verfügung über das eigene Leben angesehen. Oder die Selbsttöung gilt als rechtswidriges, als der Rechtsordnung widersprechendes Verhalten. Oder drittens, sie wird als ein weder befugtes noch verbotenes, als "unverbotenes" Verhalten gesehen.[45] Alle drei Positionen werden seit über 200 Jahren im rechtswissenschaftlichen Diskurs in Deutschland vertreten. Von allen Positionen wurde und wird behauptet, sie befänden sich mit den geltenden Gesetzen im Einklang. Mit der Verabschiedung des Grundgesetzes wurde die Diskussion keineswegs beendet, sie wurde nur um eine neue Ebene erweitert.

Das Phänomen, daß ein Mensch eigenhändig seinem Leben ein Ende setzt, wird im allgemeinen Sprachgebrauch, aber auch im rechtswissenschaftlichen Schrifttum oft als "Selbstmord" bezeichnet. Damit wird wegen des Wortbestandteils "Mord" eine klar negative Wertung ausgedrückt. Eine eindeutig positive Wertung enthält dagegen die Umschreibung der Selbsttötung als "Freitod". Durch diesen Begriff wird suggeriert, die Selbsttötung sei ein Ausdruck menschlicher Freiheit und deshalb ethisch wie rechtlich zu achten. Wegen der wertenden Bezüge dieser Bezeichnungen wird im folgenden am neutralen Begriff "Selbsttötung" festgehalten. Alternativ wird der ebenfalls im juristischen Sprachgebrauch nicht wertend gebrauchte Begriff "Suizid" verwendet. Er ist besonders in der Medizin, Psychologie und Soziologie verbreitet. Eine Verbin-

---

[43] *Camus, Albert*: Der Mythos des Sisyphos,

[44] *Simson, Gerhard*: Die Suizidtat, 11 f

[45] *Otto, Harro*: Recht auf den eigenen Tod?, D 11; *Gallas, Wilhelm*: Strafbares Unterlassen im Fall einer Selbsttötung, JZ 1960, 649 ff

dung mit bestimmten psychologischen Vorstellungen, welche die Neigung zur Selbsttötung als einen spezifischen Krankheitswert auffassen, soll dadurch nicht erfolgen.[46]

Auf Grund des großen Einflusses, den die religiöse und philosophische Bewertung der Selbsttötung auf die Rechtsordnung hatte und hat, soll zunächst die geistesgeschichtliche Entwicklung nachgezeichnet werden (1.). Dem folgt eine Darstellung der Bewertung der Selbsttötung in der deutschen Rechtsordnung (2.). Das Recht bezieht zur Selbsttötung nur indirekt Stellung. Für den Betroffenen selbst hat eine gelungene Selbsttötung natürlich keine rechtlichen Folgen, da er als Adressat des Rechts ja weggefallen ist. Auch der Versuch der Selbsttötung ist straflos. Das Recht hat vornehmlich nicht den zur Selbsttötung Entschlossenen im Blickwinkel, sondern Dritte, welche in einem wie auch immer gearteten Verhältnis zum Betroffenen stehen. Dabei ist gleichwohl von großer Bedeutung, ob und welche Bewertungen der Selbsttötung aus der Verfassung abgeleitet werden. Im Mittelpunkt der Diskussion um die rechtlichen Befugnisse und Pflichten Dritter zur Suizidverhinderung steht häufig die Frage nach einem "Recht auf Selbsttötung", das durch die Rechtsordnung zu respektieren sei. Das gilt für das Strafrecht wie für das Polizeirecht. In einer Stellungnahme wird abschließend eine eigene Position dargelegt (3).

1. Geistesgeschichtliche Entwicklung

Jede Rechtsordnung ist ein Spiegelbild der unterschiedlichen religiösen, ethischen, weltanschaulichen und sozialen Denkweisen. Dies gilt für die Stellung des Rechts zur Selbsttötung in besonders augenfälliger Weise. In nur wenigen Bereichen ist die weltliche Gesetzgebung und Rechtsprechung so stark von der Haltung der Religion beeinflußt wie hier.[47] Auch gehört die Beurteilung der Selbsttötung zu den Fragen, welche in der Geschichte der philosophischen Ethik am heftigsten umstritten waren.[48] Deshalb wäre es vorschnell, in Übereinstimmungen von rechtlichen und religiösen Bewertungen Relikte aus einer kirchlich dominierten Zeit zu sehen, die im säkularen Rechtsstaat keine Berechtigung mehr hätten. Zum Verständnis der rechtlichen Bewertung ist vielmehr unerläßlich, in einem kurzen Überblick die Entwicklung der religiösen, philosophischen und sozialen Beurteilungen von Selbsttötungen nachzuzeichnen.

In der klassischen griechischen Philosophie begegnete man der Selbsttötung mit Vorbehalten. Am radikalsten in ihrer Ablehnung waren *Pythagoras* und seine Anhänger, die in der Selbstentleibung ein Auflehnen gegen die Götter und das Schicksal sahen, welche wegen der Seelenwanderung sinnlos sei. Grundsätzlich begründeten auch *Platon* und *Aristoteles* ein Verbot der Selbsttötung, wenn auch nicht in solch unbedingter Konsequenz. Vielmehr wurde bei beiden nach dem Motiv für das Ausscheiden aus dem Leben unterschieden. *Platon* leitete aus der Verpflichtung des Menschen ge-

---

[46] Vgl. zur Terminologie: *Fink, Udo*: Selbstbestimmung und Selbsttötung, 3; *Weis, Kurt*: Freitod in Unfreiheit, ZRP 1975, 83; *Niestroj, Christa*: Die rechtliche Bewertung der Selbsttötung und die Strafbarkeit der Suizidbeteiligung, 6

[47] *Simson, Gerhard*: Die Suizidtat, 29

[48] *Birnbacher, Dieter*: Selbstmord und Selbstmordverhütung aus ethischer Sicht, in: *Leist, Anton*: Um Leben und Tod, 395

genüber den Göttern ein grundsätzliches Verbot des Suizids ab. Er prägte das in der Geistesgeschichte immer wieder aufgegriffene Bild des Wächters, der seinen Posten nicht vorzeitig verlassen dürfe.[49] *Platon* gestand dem Menschen jedoch zu, bei tragischen Schicksalsschlägen, großer Schande oder verbrecherischer Triebhaftigkeit Hand an sich zu legen.[50] *Aristoteles* hob die Verpflichtung des Einzelnen gegenüber der Gemeinschaft (Polis) hervor, der man sich nicht entziehen dürfe.[51] Die Selbsttötung sei dann zulässig, wenn der Betroffene keinen Beitrag zur Gemeinschaft leisten könne, sondern nur eine Last sei.

Sowohl bei Sophisten als auch später bei den griechischen Epikureern und römischen Stoikern wurde die Selbsttötung dagegen positiv als Ausdruck höchster Betätigung innerer Freiheit gewertet. Aus der antiken Welt sind die Berichte vieler Selbsttötungen überliefert, die als heroische oder doch zumindest achtenswerte Taten gesehen wurden. Darunter waren Politiker wie der spartanische Gesetzgeber *Lykurg* oder in Rom *Cato* d. J., *Brutus, Cassius* und *Marcus Antonius*, die Königin *Kleopatra* von Ägypten oder der punische Feldherr *Hannibal*, Philosophen wie die Stoiker *Zeno, Kleanthes* und *Seneca* oder der Kyniker *Diogenes*.[52]

Von besonderer Bedeutung für die Bewertung der Selbsttötung in der abendländischen Geistesgeschichte war das Christentum. In der Bibel gibt es keine tadelnde Bewertung des Suizids.[53] Im alten Testament werden einige Selbsttötungen sogar ausdrücklich gebilligt.[54] Der einzige Bericht über eine Selbsttötung im Neuen Testament, der über *Judas Ischarioth*,[55] enthält ebenfalls keine Verurteilung des Suizids als solchen, sondern verurteilt nur den Verrat an Christus, der schließlich zu der Selbsttötung geführt hat. *Paulus* rühmt *Simson*[56] trotz seines Suizids als einen vorbildlichen Glaubenshelden.[57] Auch die Kirchenväter des frühen Christentums wie *Tertullian, Hieronymus, Chrysostomus* und *Ambrosius* hatten keine strikt ablehnende Haltung zur Selbsttötung. Im Konzil von Anzyra (314) wurde der Suizid bei drohender Vergewaltigung und die Herbeiführung des eigenen Märtyrertods ausdrücklich gebilligt. Wirkmächtig hat jedoch *Augustinus* die Selbsttötung als Sünde und Verstoß gegen das fünfte Gebot verurteilt.[58] Er verwarf auch die Selbsttötung zu Ehren Gottes oder zur Rettung der Keuschheit. Auf ihn aufbauend hat die christliche Morallehre die Selbsttötung bis heute grundsätzlich verurteilt. Zur biblischen Argumentation kam eine naturrechtliche

---

[49] *Platon*: Werke Bd. II, Phaidon, 6. Kap. 35, 7. Kap 62c
[50] *Platon*: Werke Bd VII, Die Gesetze, IX. Kap. 873 c; 854 b-e
[51] *Aristoteles*: Werke Bd. III, Nikomachische Ethik, 5. Buch, 15. Kap., 1138a; Bd. IV, Politik, 1. Buch, 1. u. 2. Kap., 1252a, 1253a
[52] *Simson, Gerhard*: Die Suizidtat, 27, der noch zahlreiche andere Beispiele nennt
[53] *Stoeckle, Bernhard*: Selbsttötung, Moraltheologische Beurteilung, in: Görres-Gesellschaft (Hrsg.): Staatslexikon, Bd. 4, 1159; *Simson, Gerhard*: Die Suizidtat, 29
[54] 2. Sam 17, 23; heroisiert werden Suizide in: 1. Sam 31, 4; Chron. 19, 4 f; 1. Makk. 6, 43-46; Richter 16, 30; 2. Makk 14, 41-46
[55] Matth 27, 3 ff
[56] Richter 16, 30
[57] Hebr. 11, 32-34
[58] *Augustinus, Aurelius*: Vom Gottesstaat, Buch 1, Kap. 26, 45 ff

Herleitung des Selbsttötungsverbot. *Thomas von Aquin*[59] und später *John Locke*[60] argumentierten, das Leben sei ein von Gott empfangenes Geschenk, welches weiter seiner Gewalt unterworfen bleibe. Der Mensch sei nur hinsichtlich der Inhalte seines Lebens frei, eine Entscheidung über das Leben selbst sei dagegen eine Anmaßung gegenüber Gott. Dabei begreifen *Locke* wie später auch *Immanuel Kant* den Menschen als Eigentum bzw. Leibeigenen Gottes. Glaubensethisch wird argumentiert, der gläubige Mensch brauche sich um seinen Tod keine Sorge zu machen und könne ihn getrost Gott anheimstellen. Das Leben und Sterben stünde für den Christen ohnehin in der Obhut wie unter der Verfügung Gottes.[61] Im letzten Jahrhundert wurden jedoch sowohl in der katholischen als auch in der evangelischen Kirche Stimmen laut, die sich gegen eine pauschale Verurteilung des Suizidenten richteten.[62] Im allgemeinen wird Suizidenten heute ein kirchliches Begräbnis nicht mehr verweigert. Gerade von evangelischer Seite wird betont, daß das Evangelium mit seinem Ja zum Menschen auch den einzelnen zu Verantwortung und Autonomie auffordere. Deshalb stünde keinem ein Urteil über einen Suizidenten zu. Es sei jedoch seelsorgerische Aufgabe, den Gefährdeten durch liebende und begleitende Zuwendung das Evangelium und damit den Wert des Lebens nahezubringen.[63]

Die strikte Verurteilung der Selbsttötung durch die traditionelle christliche Morallehre stieß in der Aufklärung vor allen in Frankreich auf Widerspruch. Die "Freiheit zum Tode" wurde vielfach als Aspekt der Mündigkeit des Menschen begriffen.[64] *Montesquieu, Voltaire, Rousseau, d'Holbach* und *Hume* argumentierten, weder die Gemeinschaft noch der absolute Herrscher habe ein Recht auf das Leben des einzelnen; dieser dürfe vielmehr jederzeit sein Leben beenden, wenn es ihm keinen Vorteil mehr brächte.

In Deutschland dagegen wurde zur gleichen Zeit der Suizid von der Philosophie der *Wolff*schen Schule wie auch später von *Kant, Fichte* und *Hegel* und dem gesamten deutschen Idealismus abgelehnt. *Immanuel Kant* formulierte Vorbehalte gegen die Selbsttötung, welche über die christlich-religiöse Argumentation hinausgehen, gleichwohl aber einen metaphysischen Kern behielten. Für ihn beinhaltet das Individuum als sittliche Person etwas schlechthin Achtunggebietendes, das seiner eigenen Verfügung entzogen sei. Er argumentierte:

> "Die Menschheit hat eine Unverletzlichkeit in seiner Person, es ist was Heiliges, was uns anvertraut ist, dem Menschen ist alles unterworfen, nur sich selbst muß er nicht angreifen. [...] Nach der Regel der Klugheit würde es oft das beste Mittel, sich selbst aus dem Wege zu räumen, aber nach der

---

[59] *Thomas von Aquin*: Summa theologica II-II, Recht und Gerechtigkeit, Frage 64, Art. 5

[60] *Locke, John*: Zwei Abhandlungen über die Regierung, II, 2. Kapitel § 6, 203

[61] *Stoeckle, Bernhard*: Selbsttötung, Moraltheologische Beurteilung, in: Görres-Gesellschaft (Hrsg.): Staatslexikon, Bd. 4, 1159, 1160

[62] *Wagner, Joachim*: Selbstmord und Selbstmordverhinderung, 100 ff

[63] *Schlippe, Gunnar von*: Selbstmord, Theologische Betrachtung, in: *Kunst, Hermann; Herzog, Roman; Schneemelcher, Wilhelm* (Hrsg.): Evangelisches Soziallexikon, 2287, 2289

[64] *Hobbing, Peter*: Strafwürdigkeit der Selbstverletzung, 31

Regel der Sittlichkeit ist es unter keiner Bedingung erlaubt, weil es die Destruktion der Menschheit ist."[65]

Kant meint, der Mensch entzöge sich unbefugt seinen gesamten Pflichten als einer unter dem Naturgesetz stehenden Persönlichkeit. Indem er das Subjekt der Sittlichkeit in seiner eigenen Person vernichte, würdige er die ganz Menschheit herab.[66] Er sieht in der Selbsttötung vor allem ein selbstwidersprüchliches Verhalten, da durch sie etwas gewollt werde, was die Bedingungen dieses Wollens aufhebe. Da die Freiheit die Bedingung des Lebens sei, dürfe sie nicht dazu dienen, das Leben aufzuheben, da sie sich sonst selbst aufhebe und zerstöre.

Georg Friedrich Wilhelm Hegel sieht in der Möglichkeit der Selbstaufgabe und Selbstentleibung einen Beleg dafür, daß der Mensch nie in seinem inneren Willen gebrochen werden könne.[67] Diese innere, subjektive Freiheit ist jedoch nur die erste Stufe seines Freiheitsverständnisses. Sofern Freiheit mehr als subjektives Erleben ist und ins Verhältnis zu anderen tritt, lehnt er die Selbsttötung ab. Das Individuum – von ihm als Akzidenz zu einer objektiv zu verstehenden Freiheit bezeichnet – dürfe sich nicht über sich selbst stellen.[68]

In der modernen Philosophie war es besonders die Existenzphilosophie, welche sich um eine Begründung des Lebens und der Widerlegung der Selbsttötung bemühte. Bei *Jean-Paul Sartre* steht die Freiheit im Mittelpunkt seiner Argumentation. Freiheit sei auf die Zukunft gerichtet, der Augenblick allein genüge nicht, um Freiheit sinnvoll zu realisieren. Sie verleugne sich daher selbst, wenn sie Zukunftslosigkeit will.[69] Auch *Albert Camus* argumentiert vom Individuum aus. Zwar könne kein objektiver Lebenssinn vorgegeben werden, der einzelne empfinde das Leben als absurd, doch gerade das Bewußtsein der Absurdität und Sinnlosigkeit verleihe dem Leben Würde. Die diesseitige Freiheit und Existenz werde so wertvoll, ohne daß es eines Gottes bedürfe.[70]

Seit dem vorletzten Jahrhundert ist die Selbsttötung auch Gegenstand der Psychologie. Dabei steht nicht die bewußte Gewissensentscheidung im Vordergrund, welche in der Literatur und in den antiken Berichten über die eigenhändige Tötung als heroisches Opfer eine wichtige Rolle spielt, sondern die Selbsttötung wird als psychopathologisches Verhalten begriffen. Der Suizident sei nicht in der Lage, Konflikte im Leben zu lösen oder zu verarbeiten. Die Selbsttötung wird als Endpunkt einer "Krankheit zum Selbsttode hin" gesehen. Dem liegt die Erkenntnis zugrunde, daß vor einer Selbstentleibung die als "präsuizidales Syndrom" bezeichneten Veränderungen eintreten: Die

---

[65] *Kant, Immanuel*: Eine Vorlesung über Ethik, 189 f
[66] *Kant, Immanuel*: Metaphysik der Sitten, Werke Bd. X, 554
[67] *Hegel, Georg Friedrich Wilhelm*: Werke Bd. VII, Grundlinien der Philosophie des Rechts, § 5, insb. Zusatz, 45 ff; § 91, 178 f
[68] *Hegel, Georg Friedrich Wilhelm*: Werke Bd. VII, Grundlinien der Philosophie des Rechts, § 70, 151
[69] *Sartre, Jean-Paul*: Das Sein und das Nichts, 680
[70] *Camus, Albert*: Der Mythos des Sisyphos, 11 ff, 29 ff; *ders.*: Der Mensch in der Revolte, 12

affektive Einengung nimmt zu, Fremdaggressivität schlägt in Autoaggression um und der Betroffene wird von Selbsttötungsphantasien gequält.[71]

2. Rechtslage

Die Darstellung der rechtlichen Regelungen zur Selbsttötung stößt auf das Problem, daß es keine ausdrückliche Aussage in der Verfassung gibt und auch die Bewertung durch das einfache Recht nicht eindeutig ist. Es gibt zu Verfügungen über das eigene Leben nur wenige Bestimmungen im Straf- und Verwaltungsrecht. Wichtiger ist die umstrittene Auslegung allgemeiner Vorschriften. Hier nun stößt die oft unklare einfachgesetzliche Rechtslage mit den strittigen Verfassungsvorgaben zusammen. Wer aus den grundrechtlichen Freiheiten ein "Recht auf Selbsttötung" ableitet, kommt zu anderen Ergebnissen, als wer die staatliche Schutzpflicht für das Leben absolut setzt. Umgekehrt werden einfachgesetzliche Bestimmungen – insbesondere das Verbot der Tötung auf Verlangen – als Indiz dafür genommen, daß das eigene Leben grundsätzlich nicht der Verfügungsmacht des Betroffenen unterliegt. Die Diskussion um die Verfügungsmacht über das eigene Leben ist wesentlich älter als das Grundgesetz und wurde vor seiner Verabschiedung besonders im Strafrecht geführt. Das Verfassungsrecht und das einfache Recht stehen insoweit in einer Wechselbeziehung.

a. Selbsttötung und rechtsfreier Raum

Im rechtswissenschaftlichen Schrifttum wird vertreten, daß die Selbsttötung nicht mit juristischen Kategorien erfaßt werden könne, sondern einem "rechtsfreien Raum" zuzuordnen sei.[72] Denn in tragischen Not- und Konfliktsituationen sei eine sichere, objektiv richtige oder zumindest intersubjektiv konsensfähige Wertung des Betroffenen nicht möglich, weil ein rationales Kriterium für die Entscheidung nicht sichtbar sei. Die Rechtsordnung müsse daher einen Freiraum lassen, innerhalb dessen jeder einzelne aufgerufen sei, eine freie, sittliche, allein vor dem eigenen Gewissen zu verantwortende Entscheidung zu treffen.[73] Diese Entscheidung sei dann nicht als Ausübung eines Rechts zu begreifen, aber auch nicht als Rechtsverletzung, sie sei einfach "unverboten". Ein Lebensmüder sei zwar nicht zum Leben verpflichtet, er könne aber auch nicht seiner Rettung ein Recht auf Selbsttötung entgegensetzen.[74]

Gegen die Figur des rechtsfreien Raums wird vorgebracht, daß bereits die Grundrechte, insbesondere Art. 2 Abs. 1 und Art. 1 Abs. 1 GG, dem einzelnen den Freiraum zuwiesen, autonome und freie Entscheidungen zu treffen. Hinter dem rechtsfreien Raum verberge sich die Idee, dem Bürger über einzelne anerkannte Freiheiten hinaus

---

[71] *Ringel, Erwin*: Neue Gesichtspunkte zum präsuizidalen Syndrom, in: *ders.* (Hrsg.): Selbstmordverhütung, 1969, 51 ff

[72] Vgl. *Müller, Thomas*: Die Lehre vom rechtsfreien Raum im Lichte des Suizids

[73] *Kaufmann, Arthur*: Rechtsfreier Raum und eigenverantwortliche Entscheidung, FS Maurach, 327, 337 ff

[74] *Gallas, Wilhelm*: Strafbares Unterlassen im Fall einer Selbsttötung, JZ 1960, 849, 654 f; *Lorenz, Dieter*: Recht auf Leben und körperliche Unversehrtheit, in: HbdStR, § 128, Rn 62, 35 f; *Schild, Wolfgang*.: Die strafrechtsdogmatischen Konsequenzen des rechtsfreien Raums, JA 1978, 630, 632

eine Sphäre zu sichern, in der er vor willkürlichen Sanktionen geschützt sei. Diese Funktion übernehme nach der Verfassung der umfassende Grundrechtsschutz, der jeden Freiheitseingriff des Staates begründungsbedürftig mache. Die Lehre vom rechtsfreien Raum habe mit der Geltung des Grundgesetzes ihren Sinn verloren.[75]

Die Zuordnung des Suizids zu einem rechtsfreien Raum ist insofern bedenkenswert, als daß die Versagung eines "Rechts auf Suizid" nicht durch eine wie auch immer geartete Pflicht zum Leben begründet wird. Gleichwohl wäre es zu weitgehend, die Rechtsordnung zu einer völligen Neutralität hinsichtlich Selbsttötungen zu verpflichten. Denn das Recht darf entscheiden, ob der Entschluß zum Suizid von anderen zu achten ist oder ob zum Schutz des Betroffenen eingriffen werden soll.

b. Verfassungsrecht

Das Grundgesetz bezieht zur Selbsttötung nicht ausdrücklich Stellung. Es ist daher äußerst umstritten, ob die Verfassung dem Menschen ein Verfügungsrecht über sein eigenes Leben zubilligt. Während die wohl vorherrschende Auffassung ein solches Verfügungsrecht ablehnt, wird vielfach vertreten, daß sich aus den Freiheitsrechten des Grundgesetzes auch ein "Recht auf Selbsttötung" ableiten ließe. Ein solches Recht hätte weitreichende Konsequenzen für die rechtliche Beurteilung aller an einer Selbsttötung Beteiligten und könnte jedem entgegengehalten werden, der einen fremden Suizid verhindern will.[76]

Sowohl die Befürworter wie auch die Gegner eines "Rechts auf Selbsttötung" meinen ihre Position durch die gleichen Normen des Grundgesetzes belegen zu können. Besonders aus dem Recht auf Leben (Art. 2 Abs. 2 GG), der allgemeinen Handlungsfreiheit (Art. 2 Abs. 1 GG) und dem Schutz der Menschenwürde (Art. 1 Abs. 1 GG) wird sowohl ein Verfügungsrecht des einzelnen über sein Leben abgeleitet, als auch eine unbedingte staatliche Schutzpflicht für das Leben, welche auch bei entgegengesetztem Willen des Betroffenen bestehe.

aa. Recht auf Leben

Eine Verfügungsbefugnis über das eigene Leben wird vielfach aus dem in Art. 2 Abs. 2 GG normierten Grundrecht auf Leben (und körperliche Unversehrtheit) abgeleitet.[77] Als höchstpersönliches Rechtsgut müsse das Leben allein dem Rechtsgutträger zur Disposition stehen. Die Funktion von Grundrechten sei, einen bestimmten Bereich dem Grundrechtsträger zuzuweisen und vor dem Zugriff Dritter zu schützen. Beim Grundrecht auf körperliche Unversehrtheit sei unbestritten, daß dies als Recht zur Ver-

---

[75] *Fischer, Kai*: Die Zulässigkeit aufgedrängten staatlichen Schutzes vor Selbstschädigung, 99; *Bottke, Wilfried*: Suizid und Strafrecht, 43; *ders.*: Das Recht auf Suizid und Suizidverhütung, GA 1982, 346, 349

[76] *Schittek, Lothar*: Das "Recht" auf Selbsttötung, BayVBl 1990, 137; *Wagner, Joachim*: Selbstmord und Selbstmordverhinderung,130 f, 136; *Niestroj, Christa*: Die rechtliche Bewertung der Selbsttötung und die Strafbarkeit der Suizidbeteiligung, 5

[77] *Hamann, Andreas; Lenz, Helmut*: Art. 2, Anm. B 8; *Fink, Udo*: Selbstbestimmung und Selbsttötung, 72 ff; *Kaufmann, Arthur*: Euthanasie – Selbsttötung – Tötung auf Verlangen, MedR 1983, 121, 124

fügung über die körperliche Unversehrtheit zu verstehen sei. Art. 2 Abs. 2 GG weise neben der körperlichen Unversehrtheit aber auch die Entscheidungsbefugnis über das Leben dem Grundrechtsträger zu. Es sei widersinnig, das Leben nicht in gleicher Weise wie die körperliche Integrität dem Betroffenen zur Disposition zu stellen.

Der Interpretation des Art. 2 Abs. 2 als einem Recht der unbeschränkten Verfügung über das eigene Leben widerspricht die Mehrheit im rechtswissenschaftlichen Schrifttum.[78] Bereits aus dem Wortlaut des Art. 2 Abs. 2 GG ergebe sich, daß zwar ein Recht auf Leben, aber kein Recht über das Leben gewährt werde. Die Vorschrift müsse als subjektives Abwehrrecht gegen Angriffe auf das Leben verstanden werden. Der Staat solle daran gehindert werden zu töten. Darüber hinaus solle er verpflichtet werden, das Leben gegen Angriffe von Seiten Dritter zu schützen. Nähme man das Verfügungsrecht über das eigene Leben in den Schutzbereich auf, deute das die Schutzrichtung des Art. 2 Abs. 2 GG um.[79] Eine Pflicht, individuelle Entscheidungen des einzelnen über die Beendigung seines Lebens zu dulden, begründe das Grundrecht nicht. Hervorgehoben wird der prinzipielle Unterschied von Leben zu anderen Rechtsgütern. Beim Grundrecht auf Leben sei das Recht nicht vom Rechtsgutträger ablösbar. Das Leben als Rechtsgut könne nicht trotz der physischen Vernichtung des Betroffenen weiterbestehen.[80]

Die grundrechtliche Verbürgung des Rechts auf Leben ist auch Ausgangspunkt für die Konstruktion einer staatlichen Schutzpflicht für das Leben, die sich sogar gegenüber den Betroffenen selbst durchsetzt. Das VG Karlsruhe formulierte in ihrer Entscheidung zum Verbot des Einsatzes einer Selbsttötungsmaschine,

> "[...] daß die umfassende Schutzpflicht des Staates für das menschliche Leben nicht davon abhängen kann, ob derjenige, um dessen Schutz es geht, diesen Schutz will [...]"[81]

Es wird hervorgehoben, daß das Leben die "vitale Basis" für die Betätigung grundrechtlicher Freiheiten sei. Weiter wird argumentiert, die Verfassung stünde zum Leben nicht neutral, sondern habe es als positiven Wert, bzw. als Höchstwert anerkannt. Art.

---

[78] vMünchKunig/*Kunig*, Art. 2 Rn 50; MaunzDüring/*Düring* Rt. 2 II, Rn 12; *Martens, W*: Schutz des einzelnen im Polizei- und Ordnungsrecht, DÖV 1976, 457, 459; *Lorenz, Dieter*: Das Recht auf Leben und körperliche Unversehrtheit, in: HbdStR, § 128 Rn 62, 35; *Otto, Harro*: Recht auf den eigenen Tod?, D 12; *Czinczoll, Robert*: Solidaritätspflichten bei der Selbsttötung, 127; *Beckert, Frauke*: Strafrechtliche Probleme der Suizidbeteiligung und Sterbehilfe unter der besonderen Berücksichtigung historischer und ethischer Aspekte, 133; *Schwabe, Jürgen*: Der Schutz des Menschen vor sich selbst, JZ 1998, 66, 69; *Stern, Klaus*: Das Staatsrecht der Bundesrepublik Deutschland, Bd. III/1, § 70 IV 4, 1055; *Uhlenbruck, Wilhelm*: Recht auf den eigenen Tod?, ZRP 1986, 209, 214

[79] *Otto, Harro*: Recht auf den eigenen Tod?, D 12

[80] *Czinczoll, Robert*: Solidaritätspflichten bei der Selbsttötung, 127; *Beckert, Frauke*: Strafrechtliche Probleme der Suizidbeteiligung und Sterbehilfe unter der besonderen Berücksichtigung historischer und ethischer Aspekte, 133

[81] VG Karlsruhe, JZ 1988, 208, 209

2 Abs. 2 GG sei hinsichtlich des Lebens die abschließende grundgesetzliche Bestimmung. Darin sei die staatliche Pflicht verankert, Leben zu schützen. Deshalb könne kein Recht auf Selbsttötung aus den Freiheitsrechten gefolgert werden. Vielmehr sei das Leben der menschlichen Verfügung gänzlich entzogen. Auch der Betroffene selbst dürfe nicht über sein Leben verfügen.[82]

Die Diskussion um die Bedeutung des Art. 2 Abs. 2 GG für die Bewertung des Suizids veranschaulicht, wie sehr die grundrechtsdogmatische Argumentation vom (nichtjuristischen) Vorverständnis bestimmt wird. Letztlich läßt sich aus dem Wortlaut der Verfassung nicht ableiten, ob das in den Freiheitsrechten geschützte Recht auf Autonomie auch die Selbstzerstörung der Autonomie umfaßt oder ob es eben dort seine Grenze findet.

bb. Allgemeine Handlungsfreiheit

Vielfach wird im rechtswissenschaftlichen Schrifttum die Auffassung vertreten, daß das Recht auf freie Entfaltung der Persönlichkeit des Art. 2 Abs. 1 GG auch das Recht des Einzelnen umfasse, sein Leben selbst zu beenden.[83] Die Selbsttötung gehöre zu dem Kernbereich, innerhalb dessen sich jeder Mensch frei entfalten dürfe. Dies gelte, obwohl die Ausübung des Selbstbestimmungsrechts zur Vernichtung des Menschen und damit zur Vernichtung seiner Möglichkeit der Freiheitsentfaltung führe. Denn die Verfassung garantiere nicht nur die aktive Ausübung eines Grundrechts, sondern auch die bewußte Nichtausübung und den Verzicht. In welcher Weise der Mensch von seiner Autonomie Gebrauch zu machen habe, wäre durch das Grundgesetz nicht vorgegeben. Die autonome freie, vor dem eigenen Gewissen zu verantwortende Suizidentscheidung des einzelnen sei daher zu respektieren.

Verbreitet ist auch die Gegenmeinung, daß sich die Selbsttötung erst gar nicht auf das Grundrecht der allgemeinen Handlungsfreiheit berufen könne.[84] So wird argumentiert, die in Art. 2 Abs. 2 GG normierte staatliche Schutzpflicht sei für das Leben die abschließende Bestimmung und sperre den Rückgriff auf die allgemeine Handlungsfrei-

---

[82] MaunzDüring/*Düring*: Art. 2 II, Rn 12

[83] *Beckert, Frauke*: Strafrechtliche Probleme der Suizidbeteiligung und Sterbehilfe unter der besonderen Berücksichtigung historischer und ethischer Aspekte, 136; *Bottke, Wilfried*: Suizid und Strafrecht, 55; *ders.*: Das Recht auf Suizid und Suizidverhütung, GA 1982, 346, 349 ff, *Köhler, Michael*: Freiheitliches Rechtsprinzip und Betäubungsmittelstrafrecht, ZStW 104 (1992), 3, 19; *Möllering, Jürgen*: Schutz des Lebens, Recht auf Sterben; *Niestroj, Christa*: Die rechtliche Beurteilung der Selbsttötung und die Strafbarkeit der Suizidbeteiligung, 70 f; *Ostendorf, Heribert*: Das Recht zum Hungerstreik, GA 1984, 308, 324; *Schittek, Lothar*: Das "Recht" auf Selbsttötung, BayVBl 1990, 137; *Wagner, Joachim*: Selbstmord und Selbstmordverhinderung, 90 ff; *Wassermann, Herbert*: Das Recht auf den eigenen Tod, DRiZ 1986, 291, 293; *Wilms, Heiner; Jäger, York*: Menschwürde und Tötung auf Verlangen, ZRP 1988, 41, 45

[84] *Lorenz, Dieter*: Das Recht auf Leben und körperliche Unversehrtheit, in: HbdStR, Bd IV, § 18, Rz 62, 35; *Sonnen, B. R.*.: Zwangsernährung bei Hungerstreik von Gefangenen, JA 1977, 483, 484; Leipziger Kommentar/*Jähnke*, Vor §§ 211 Rn 22; *Köhler, Michael*: Freiheitliches Rechtsprinzip und Betäubungsmittelstrafrecht, ZStW 194 (1992), 3, 20

heit.[85] Andere meinen, die Selbsttötung könne sich nicht auf die in Art. 2 Abs. 1 GG verbürgte allgemeine Handlungsfreiheit berufen, da sie eben keine "Entfaltung der Persönlichkeit" sei.[86] Weil die freie Entfaltung der Persönlichkeit gerade die Existenz der Persönlichkeit voraussetze, falle die Zerstörung nicht in den grundrechtlich geschützten Bereich. Freie Entfaltung und Vernichtung der Persönlichkeit schlössen sich aus.[87] Die Selbsttötung beinhalte den irreversiblen Verzicht auf jede Möglichkeit, das Grundrecht auf allgemeine Handlungsfreiheit ausüben zu können. Art. 2 Abs. 1 GG sei jedoch ein unverzichtbares Grundrecht.[88] Die Autonomie des Subjekts dürfe nicht zerstört werden.[89] Da die gesamte Rechtsordnung an der freien Subjektivität ausgerichtet sei, könne es kein "Recht" geben, welches die Subjektstellung des Menschen und damit seine grundsätzliche Freiheit zur Disposition stellt.[90] Denn wenn das autonome Subjekt sein eigenes Dasein negiere, handele es selbstwidersprüchlich. Ein anderer Ansatz geht davon aus, daß der Selbsttötungswille nicht frei sei. Der Suizid sei kein zu respektierender Ausdruck von Selbstbestimmung, sondern das Anzeichen für eine psychopathologische, krankhafte Fehlmotivation. Die Vorstellung einer freiverantwortlichen Entscheidung zur Selbsttötung sei aus medizinisch-empirischer Perspektive eine unhaltbare Fiktion.[91]

Andere sehen die Selbsttötung zwar vom Schutzbereich des Grundrechts auf allgemeine Handlungsfreiheit gedeckt, meinen aber, die Grundrechtsschranken des Art. 2 Abs. 1 GG stünden einem "Recht auf Selbsttötung" entgegen. Denn die allgemeine Handlungsfreiheit dürfe dort eingeschränkt werden, wo sonst die Rechte anderer, die verfassungsmäßige Ordnung oder das Sittengesetz verletzt würden.

Teilweise wird vertreten, durch die Selbsttötung würden die Rechte anderer verletzt. Es bestünde eine Pflicht des einzelnen gegenüber der Gemeinschaft weiterzuleben. Die Gesellschaft sei für ihre Existenz darauf angewiesen, daß ihre einzelnen Mitglieder physisch vorhanden sind. Ein Gemeinwesen, das sich selbst ernst nehme, könne seine Existenz daher nicht in das Belieben aller einzelnen stellen.[92] Auch der BGH ging in

---

[85] *Lorenz, Dieter*: Das Recht auf Leben und körperliche Unversehrtheit, in: HbdStR, Bd IV, § 18, Rz 62, 35

[86] *Sonnen, B. R.*.: Zwangsernährung bei Hungerstreik von Gefangenen, JA 1977, 483, 484; Leipziger Kommentar/*Jähnke*, Vor §§ 211 Rn 22; *Köhler, Michael*: Freiheitliches Rechtsprinzip und Betäubungsmittelstrafrecht, ZStW 194 (1992), 3, 20

[87] *Sonnen, B. R.*.: Zwangsernährung bei Hungerstreik von Gefangenen, JA 1977, 483, 484

[88] *Beckert, Frauke*: Strafrechtliche Probleme der Suizidbeteiligung und Sterbehilfe unter der besonderen Berücksichtigung historischer und ethischer Aspekte, 136; *Niestroj, Christa*: Die rechtliche Beurteilung der Selbsttötung und die Strafbarkeit der Suizidbeteiligung, 70 f

[89] Mit unterschiedlichen Schwerpunkten in der Argumentation: *Köhler, Michael*: Freiheitliches Rechtsprinzip und Betäubungsmittelstrafrecht, ZStW 104 (1992), 3, 19; *Schittek, Lothar*: Das "Recht" auf Selbsttötung, BayVBl 1990, 137; *Wilms, Heiner; Jäger, York*: Menschenwürde und Tötung auf Verlangen, ZRP 1988, 41, 45

[90] *Schittek, Lothar*: Das "Recht" auf Selbsttötung, BayVBl 1990, 137, 138

[91] *Bringewat, Peter*: Strafbarkeit der Beteiligung an fremder Selbsttötung, ZStW 87 (1975), 622, 632 ff; *Hirsch, Hans Joachim*: Einwilligung und Selbstbestimmung, in: FS Welzel, 775, 791

[92] *Weigend, Thomas*: Über die Begründung der Straflosigkeit bei Einwilligung des Betroffenen, ZStW 98 (1986), 44, 66; *Schmidhäuser, Eberhard*: Selbstmord und Beteiligung am Selbstmord in

einem frühen Urteil aus dem Jahre 1953 davon aus, daß die Vernichtung eines Menschenlebens nicht zuletzt zum Schutze der Allgemeinheit mit Strafe bedroht werde.[93] Danach wäre das menschliche Leben zumindest auch ein Rechtsgut der Allgemeinheit. Diese Vorstellung kann auf eine lange geistesgeschichtliche Tradition zurückblicken. Nicht nur im an der Polis orientierten antiken Denken ist diese Argumentation zu finden, sie spielte auch während der Auseinandersetzung um die gesetzliche Regelung des Suizids im 19. Jahrhundert eine entscheidende Rolle. Selbst *Paul Johann Anselm Feuerbach*, der als maßgebliche Kraft bei der Schaffung des bayrischen Strafgesetzbuchs von 1813 dafür sorgte, daß die Selbsttötung straflos wurde, hielt die Tötung eines Menschen wegen seiner Auswirkung auf die Gemeinschaft für ein schweres Verbrechen.[94]

Diese Auffassung ist scharf kritisiert worden. Sie enthalte eine unannehmbare Umkehrung des Verhältnisses von Staat und Gemeinschaft auf der einen und dem Individuum auf der anderen Seite. Nicht der einzelne sei um der Existenz des Staates willen da, sondern umgekehrt der Staat für die einzelnen Menschen. Selbst wenn sich ein Mensch durch Selbsttötung der Erfüllung zahlreicher Rechtspflichten entzöge, könne daraus keine Rechtspflicht zum Weiterleben abgeleitet werden.[95]

Auch wird vertreten, die Selbsttötung verstoße gegen die verfassungsmäßige Ordnung. Dazu wird auf § 216 StGB verwiesen, dem zu entnehmen sei, daß der Mensch nicht über sein Leben verfügen dürfe.[96] Eine solche Deutung der Vorschrift ist jedoch umstritten.[97] Ein anderer Ansatz will den Begriff der verfassungsmäßigen Ordnung durch die wertprägende Funktion der Menschenwürde inhaltlich füllen. Dabei wird argumentiert, die Rechtsordnung erkenne die Würde des Menschen als einen Wert an sich an, der dem Menschen schlechthin als Person zukomme und der deshalb unantastbar sei. Diese Wertentscheidung in Art. 1 Abs. 1 GG sei für die verfassungsmäßige Ordnung bestimmend.[98] Die Menschenwürde und die Grundrechte werden als Elemente einer "objektiven Wertordnung" verstanden, die sich auch gegen den Willen des jeweiligen Inhabers behaupten müßten. Wenn das Individuum auf die bestehende Wertordnung verwiesen werde, so geschehe dies in seinem eigenen Interesse. Dadurch werde ihm der Weg zum "rechten", sinnvollen Gebrauch der Freiheit gewiesen.[99] Noch

---

strafrechtlicher Sicht, FS Welzel, 801, 817; ihm folgend: *Klinkenberg, Henning*: Die Rechtspflicht zum Weiterleben und ihre Grenzen, JR 1978, 441, 444 ff

93 BGHSt 4, 88 f (Leitsatz), 93

94 *Feuerbach, Paul Johann Anselm*: Lehrbuch des gemeinen in Deutschland geltenden Peinlichen Rechts, § 281, 187 f

95 *Kaufmann, Arthur*: Euthanasie – Selbsttötung – Tötung auf Verlangen, MedR 1983, 121, 124; ebenfalls *Otto, Harro*: Recht auf den eigenen Tod?, D 13, der gleichwohl ein "Recht auf Selbsttötung" verneint; *Wellmann, Karl-Georg*: Die Rechtspflicht zum Weiterleben, JR 1979, 182 f

96 Vgl. *Laber, Jörg*: Der Schutz des Lebens im Strafrecht, 121 f

97 Vgl. II A 2 c dd

98 *Otto, Harro*: Recht auf den eigenen Tod?, D 18

99 *Häberle, Peter*: Die Wesensgehaltgarantie des Art. 19 Abs. 2 Grundgesetz, 28

weitergehend meint der Strafrechtslehrer *Eberhard Schmidt*, die Grundrechte enthielten gegenüber dem Staat die höchste Verpflichtung zu ihrem sinnvollen Gebrauch.[100]

Das Ansinnen, die in den Grundrechten enthaltene "objektive Wertordnung" gegen den liberal-rechtstaatlichen Gehalt der Grundrechte als Abwehrrechte auszuspielen, ist im rechtswissenschaftlichen Schrifttum auf entschiedene Kritik gestoßen.[101] Es sei gerade die Funktion der Grundrechte, dem Bürger seine Freiheit zu sichern. Dies dürfe nicht dadurch konterkariert werden, daß mit an einer objektiven Wertordnung orientierten Kriterien der Gebrauch dieser Freiheiten beschränkt werde.

Zuletzt wird auch das Sittengesetz als Schranke der allgemeinen Handlungsfreiheit ins Feld geführt. Dabei ist zu unterscheiden, ob das Sittengesetz in einem material-naturrechtlichen, normativen Sinn verstanden wird, oder als Bezug auf die sozialethischen Wertvorstellungen. Der BGH ging in einer vielkritisierten Entscheidung aus dem Jahr 1952 von dem erstgenannten Verständnis aus.[102]

Dem wird entgegengehalten, die Vorstellung der Unvereinbarkeit von Selbsttötung und Naturrecht basiere auf einer inakzeptablen Interpretation des Art. 2 Abs. 1 GG. Das Sittengesetz werde als Verweis auf ein inhaltsfixiertes Naturrecht verstanden, welches Gott als den alleinigen Herrn über Leben und Tod voraussetze. Dies entspräche zwar den Vorstellungen der katholischen Moraltheologie. Angesichts der weltanschaulichen Neutralität des Grundgesetzes sei aber eine Bindung an diese Lehren nicht angebracht.[103]

Die Beschränkung der allgemeinen Handlungsfreiheit bei Selbsttötungen wird auch durch den Hinweis auf die sozialethischen Wertvorstellungen begründet. "Sittengesetz" wird nicht als zeitlos gültiges Naturrecht, sondern als Inbegriff der sozialethisch relevanten Normen verstanden, die neben dem positiven Recht das soziale Leben grundlegend prägen. Zur Erkenntnis dieser Normen seien die öffentlichen Religionsgesellschaften, insbesondere die beiden christlichen Konfessionen, von besonderem Gewicht. Wenn auch die Selbsttötung inzwischen nicht mehr kategorisch moralisch verurteilt werde, so bestehe Einigkeit darüber, daß es kein "Recht auf Selbsttötung" gäbe. Diese Haltung der Kirchen decke sich damit, daß die große Mehrzahl der Bevölkerung es bei der Konfrontation mit einer Selbsttötung als sittliche und sozialethische Pflicht ansähe, lebensrettend einzugreifen.[104]

Dieser Argumentation wurde entgegengehalten, daß über die Bewertung der Selbsttötung eben gerade kein Konsens bestehe, sondern in der philosophischen Ethik, Religion, Psychologie, Soziologie und Politik äußerst kontrovers gestritten werde.[105]

---

[100] *Schmidt, Eberhard*: Strafrechtspflege in Gefahr, Freiheitsrechte und staatliche Ordnung, Betrachtungen zur Lage, ZStW 80 (1968), 567, 572

[101] *Fischer, Kai*: Die Zulässigkeit aufgedrängten staatlichen Schutzes vor Selbstschädigung, 177 ff m. w. N.

[102] BGHSt 6, 147, 153 ff; Vgl. hierzu III A 2 c cc

[103] *Bottke, Wilfried*: Das Recht auf Suizid und Suizidverhütung, GA 1982, 346, 352 f

[104] *Otto, Harro*: Recht auf den eigenen Tod?, D 16 f

[105] *Wagner, Joachim*: Selbstmord und Selbstmordverhinderung, 104

Auch für die Frage, ob das Grundrecht auf allgemeine Handlungsfreiheit ein "Recht auf Suizid" enthält, ist das Verständnis von Autonomie entscheidend: Entweder sieht man in der Möglichkeit der Selbstzerstörung einen notwendigen Bestandteil des Selbstbestimmungsrechts, oder man versucht die Autonomie dort zu begrenzen, wo sie sich aufhebt. Doch in der Diskussion um die Bedeutung von Art. 2 Abs. 1 GG für den Suizid sind auch Argumente aufgetaucht, die sich nicht an der Autonomie und ihrer Selbstzerstörung orientieren. Die Vorstellung einer Pflicht zu leben gegenüber der Gemeinschaft orientiert sich nicht an den Betroffenen selbst, sondern an den Notwendigkeiten der Sozietät. Gleiches gilt für den Verweis auf die religiöse oder gesellschaftliche Bewertung des Suizids. Der Bedeutung der Autonomie als Fundament des Rechts werden solche Argumente nicht gerecht.

cc. Menschenwürde

Ein weiterer Ansatz, mit Hilfe des Grundgesetzes zu belegen, daß die Selbsttötung eine durch das Recht zu akzeptierende Entscheidung des einzelnen sei, ist der Verweis auf die Menschenwürde (Art. 1 Abs. 1 GG). So wird argumentiert, es widerspräche der menschlichen Würde, wenn die autonome Entscheidung des einzelnen über sein Lebensende nicht respektiert werde. Das Leben habe einen individuellen Eigenwert und müsse daher auch zur Disposition des Individuums stehen. Der Staat habe den freiverantwortlich gefaßten Entschluß des einzelnen, sterben zu wollen, zu respektieren. Das Sterben sei ein Akt der Persönlichkeit, ein Freiraum der Privatheit. Der Staat dürfe sich hier nicht einmischen, andernfalls verletze er die menschliche Würde.[106]

Die Vorstellung, aus Art. 1 Abs. 1 GG ergebe sich ein Recht auf Selbsttötung, ist auf Widerspruch gestoßen.[107] Da für die Menschenwürde die Existenz des Menschen der grundsätzliche Bezugspunkt sei, könne die Vernichtung des Menschen nicht Ausdruck einer Achtung vor der Menschenwürde sein. Menschenwürde setze den Menschen voraus.[108] Wo die Voraussetzung der Willensfreiheit selbst aufgehoben werden soll, müßte die Grenze der subjektiven Verfügbarkeit der eigenen Würde gezogen werden.[109] Art. 1 Abs. 1 GG liege die Anerkennung des Wertes eines Menschen als Person zugrunde. Wenn die Rechtsordnung die menschliche Würde als einen Wert anerkenne, der dem Menschen als Person schlechthin zukomme und der deshalb unantastbar sei, dann könne auch dem Träger dieses Wertes nicht das Recht zustehen, willkürlich über diesen Wert durch Vernichtung zu verfügen. In der Anerkennung des Eigenwertes der Person komme ein christlich geprägtes Kultur- und Menschenverständnis zum Aus-

---

[106] *Laber, Jörg*: Der Schutz des Lebens im Strafrecht, 128 f

[107] vMünchKunig/*Kunig*, Art. 1 Rn 36; *Beckert, Frauke*: Strafrechtliche Probleme um Suizidbeteiligung und Sterbehilfe unter besonderer Berücksichtigung historischer und ethischer Aspekte, 140; *Otto, Harro*: Recht auf den eigenen Tod?, D 17 f; *Schittek, Lothar*: Das "Recht" auf Selbsttötung, BayVBl 1990, 137, 148; *Geddert-Steinacher, Tatjana*: Menschenwürde als Verfassungsbegriff, 90

[108] *Beckert, Frauke*: Strafrechtliche Probleme um Suizidbeteiligung und Sterbehilfe unter besonderer Berücksichtigung historischer und ethischer Aspekte, 140; *Niestroj, Christa*: Die rechtliche Bewertung der Selbsttötung und die Strafbarkeit der Suizidbeteiligung, 75

[109] *Geddert-Steinacher, Tatjana*: Menschenwürde als Verfassungsbegriff, 90

druck. Die Vorstellung der Unverfügbarkeit dieses Eigenwertes habe aber durch die Formulierung von der Unantastbarkeit menschlicher Würde Eingang in das säkulare Recht erhalten.[110] Weitergehend wird aus der Menschenwürde sogar die Pflicht zur Achtung des eigenen Lebens abgeleitet. Wenn der Staat jeden zwinge, die Menschenwürde des einzelnen Menschen zu achten, so läge darin zugleich für den Staatsbürger die Verpflichtung, auch seinerseits im Verhalten zu seinem eigenen Körper die Menschenwürde zu wahren.[111]

Teilweise wurde sogar umgekehrt aus der Pflicht des Staates, die Menschenwürde zu schützen, eine Pflicht zur Verhinderung von Selbsttötung abgeleitet. Das BVerfG hat in zahlreichen Urteilen aus der Verpflichtung zum Schutz der Menschenwürde die Notwendigkeit des Schutzes vor existenziellen Gefahren abgeleitet und damit Würde mit Leben gleichgesetzt.[112] Hinsichtlich des Suizids wird dann argumentiert, die Verpflichtung zur Achtung der Menschenwürde bedeute die Verpflichtung zum Schutz der Subjektstellung des Menschen. Die Subjektstellung des Menschen sei oberstes Konstitutionsprinzip des Staates, sie dürfe daher niemandem zur Disposition stehen.[113]

dd. Gewissensfreiheit

Im rechtswissenschaftlichen Schrifttum herrscht Zurückhaltung, das Grundrecht auf Gewissensfreiheit aus Art. 4 GG zur Bewertung der Selbsttötung heranzuziehen.[114] Besonders nachdrücklich hat jedoch der Soziologe *Niklas Luhmann* die Entscheidung zum Suizid als eine solche des Gewissens gewertet. Nach *Luhmann* kann ein Gewissen nur haben, wer sich selbst töten kann. Die Gewissensfreiheit müsse daher auch die Freiheit zum Tode beinhalten.[115]

Gegen das Verständnis einer dem Schutz des Art. 4 Abs. 1 GG unterstehenden Gewissensentscheidung wird vorgebracht, daß die Selbsttötung nicht das Ergebnis einer an den Kategorien von "Gut" und "Böse" oder "Recht und Unrecht" orientierten Entscheidung, sondern Ende der Entwicklung einer psychologischen Krisensituation sei. Die Überlegungen, die vor der Selbsttötung angestellt werden, mögen zwar ernsthaft sein, doch sie seien nicht sittlicher Natur und häufig sehr oberflächlich. Angesichts der verschiedenen Aspekte der Suizidentscheidung handele es sich um kein rein ethisches Problem. Vielmehr seien biologische, soziologische und psychologische Faktoren bestimmend. Deshalb werde der Schutzbereich des Art. 4 Abs. 1 GG der Selbsttötung

---

[110] *Otto, Harro*: Recht auf den eigenen Tod?, D 17 f
[111] *Lindemann*: Körper und Name des Menschen, DVBl 1957, 37, 40
[112] Vgl. BVerfG 39, 1, 41; 49, 89, 132
[113] *Schittek, Lothar*: Das "Recht" auf Selbsttötung, BayVBl 1990, 137, 148; Vgl auch: VG Karlsruhe, JZ 1988, 208, 209
[114] *Nußbaum*, Anja: The Right to Die, 49; Fink, *Udo*: Selbstbestimmung und Tötung, 61 ff;
[115] *Luhmann, Niklas*: Die Gewissensfreiheit und das Gewissen, AöR 90 (1956), 257 ff

nicht gerecht.[116] Weiter wurde vorgebracht, daß es nicht Aufgabe der Grundrechte sei, Rechte zu verleihen, die zu ihrer eigenen Abschaffung führten.[117]

In der Literatur und in historischen Überlieferungen spielen Selbsttötungen als bewußte Gewissensentscheidungen eine große Rolle. Doch diese Entscheidungen betreffen Zwangssitutionen, für die in einem freiheitlichen Rechtsstaat kein Platz ist. Typisches Beispiel ist der Gefangene, der sich selbst tötet, weil er befürchtet, sonst unter der Folter seine Mitstreiter zu verraten. Oder die Entscheidung *Jochen Kleppers*, der sich im Dezember 1942 angesichts der bevorstehenden Deportation seiner Adoptivtochter jüdischer Herkunft das Leben nahm. Der Rechtsstaat muß Zwangssituationen entgegenwirken, in denen der Tod als einziger Ausweg bleibt, um nicht gegen die eigenen moralischen Überzeugungen handeln zu müssen. Denn jeder ist zu einem Leben in Übereinstimmung mit seinen Werten und Zielen berechtigt.

c. Strafrecht

Die versuchte Selbsttötung ist in Deutschland straflos. Darüber herrscht bereits seit Mitte des 19. Jahrhunderts im Ergebnis Einigkeit.[118] Die Beurteilung des Verhaltens Dritter, welche die Selbsttötung fördern oder geschehen lassen, wurde und wird in der Rechtswissenschaft jedoch kontrovers diskutiert. Hier ist die Bewertung nicht so eindeutig, wie man angesichts der Straflosigkeit des Suizids denken könnte. Es hat sich gerade in der Rechtsprechung eine sehr umfangreiche und äußerst umstrittene Kasuistik gebildet, deren Uneinheitlichkeit und fehlende dogmatische Fundierung scharf kritisiert wird. Der BGH räumte in einem Urteil aus dem Jahre 1984 ausdrücklich ein:

> "Die Rechtsprechung hat bisher kein in sich geschlossenes rechtliches System, nach dem die strafrechtliche Beurteilung der unterschiedlichen Fallgruppen, die sich bei aktiver oder passiver Beteiligung Dritter an den verschiedenen Stadien eines frei verantwortlich ins Werk gesetzten Selbstmordes ergeben, stets sachgerecht und in sich widerspruchsfrei vorgenommen werden kann."[119]

An dieser Bewertung hat sich bis heute nicht viel geändert.[120]

---

[116] *Bottke, Wilfried*: Suizid und Strafrecht, 29 f; *Wagner, Joachim*: Selbstmord und Selbstmordverhinderung, 87; *Niestroj, Christa*: Die rechtliche Beurteilung der Selbsttötung und die Strafbarkeit der Suizidbeteiligung, 66

[117] *Beckert, Frauke*: Strafrechtliche Probleme der Suizidbeteiligung und Sterbehilfe unter der besonderen Berücksichtigung historischer und ethischer Aspekte, 139

[118] *Czinczoll, Rupert*: Solidaritätspflichten bei der Selbsttötung, 40

[119] BGHSt 32, 367, 371

[120] *Wessels, Johannes; Hettinger, Michael*: Strafrecht BT/1, Rn 46, 12

aa. Gesetzesentwicklung

Seit Ende des 18. Jahrhunderts setzte sich der Gedanke durch, die Selbsttötung müsse vor weltlichen Gerichten straflos sein. Doch im gleichen Maße, wie der Zweifel an der kriminalrechtlichen Verfolgung des Lebensmüden um sich griff, richtete sich die Aufmerksamkeit auf solche Personen, die in irgendeiner Weise in die Selbsttötung verstrickt sind.[121] So legten auch die Gesetzgeber, nachdem Anfang des 19. Jahrhunderts die Straffreiheit des Suizids in den Rechtsordnungen der verschiedenen Staaten Deutschlands verankert worden war, ihr Augenmerk auf die Beteiligung an der Selbstentleibung. Im Preußischen Allgemeinen Landrecht von 1794 wurde die Suizidbeteiligung mit der Tötung auf Verlangen gleichgestellt und mit Freiheitsstrafe belegt. Die Bestimmung, die für andere deutsche Staaten Vorbildfunktion hatte, lautete:

> "Wer einem Andern auf dessen Verlangen tödted, oder ihn zum Selbstmorde behülflich ist, hat sechs- bis zehnjährige, und bey einem überwiegenden Verdachte, den Wunsch nach dem Tode bey dem Getödteten selbst veranlaßt zu haben, lebenswierige Festungs- oder Zuchthaushaft verwirkt."[122]

Diese Sonderbestimmungen hielten sich jedoch nicht lange und wurden zumeist schon vor dem Inkrafttreten des einheitlichen Strafgesetzbuchs des Deutschen Reichs von 1871 aufgehoben. In diesem wurde dann endgültig auf die Kodifizierung der Strafbarkeit einer Beteiligung an Selbsttötungen verzichtet. Diese Entscheidung war jedoch umstritten, und es hat in der Folgezeit immer wieder Reformvorschläge gegeben, die auf eine Bestrafung der Suizidbeteiligung oder zumindest bestimmter Formen der Suizidbeteiligung abzielten. So sah der Entwurf von 1927 in § 248 die Strafbarkeit einer Verleitung zur Selbsttötung vor. Auch nach dem zweiten Weltkrieg blieb das Thema auf der rechtspolitischen Tagesordnung.[123] Der E 62 enthielt jedoch keine Sondernorm. 1958 hatte die große Strafrechtskommission die vom Ausschuß empfohlene Pönalisierung der Beteiligung an fremder Selbsttötung abgelehnt. Dabei bestanden keine grundsätzlichen Zweifel an der Strafwürdigkeit der Verleitung zum Suizid. Die Entscheidung wurde mit pragmatischen, strafrechtsökonomischen Erwägungen begründet. Genannt wurden Beweisschwierigkeiten und die Notwendigkeit, gegebenenfalls das gesamte Privat- und Familienleben des Lebensmüden durchforschen zu müssen.[124]

bb. Anstiftung und Beihilfe zur Selbsttötung

Die Anstiftung und Beihilfe zur Selbsttötung ist in Deutschland nach der ganz herrschenden Meinung in der Rechtsprechung und im rechtswissenschaftlichen Schrifttum

---

[121] *Czinczoll,Rupert*: Solidaritätspflichten bei der Selbsttötung, 35
[122] PrALR, 2. Teil, 20. Titel, 11. Abschnitt, § 834
[123] Vgl.: *Friebe, D.*: Soll im kommenden Strafgesetzbuch Unterstützung des Selbstmordes unter Strafe gestellt werden?, GA 1959, 163 ff
[124] Niederschrift über die Sitzungen der Gr. Strafrechtskomm, Bd. 7, 87 ff

straflos.[125] Dieses Ergebnis wird rein formal damit begründet, daß es an der Tatbestandsmäßigkeit einer entsprechenden Haupttat fehle.[126] Nach dem Akzessorietätsgrundsatz könne nur die Beteiligung an einer tatbestandlichen und rechtswidrigen Haupttat bestraft werden. Die bloß formale Argumentation wird auch inhaltlich abgestützt. So wird vertreten, das Prinzip der Eigenverantwortlichkeit des Suizidenten stehe einer Bestrafung der Beteiligung daran entgegen.[127] Oder es wird auf die fehlende Verletzung eines Rechtsgutes abgestellt. Das Strafrecht diene dem Rechtsgüterschutz. Das Leben sei allein ein Rechtsgut des betroffenen Individuums als Rechtsgutträger. Der Schutz von Rechtsgütern setze voraus, daß der Rechtsgutträger diesen Schutz wolle.[128]

Gegen die Auffassung, die Beteiligung an einer Selbsttötung sei straflos, weil die strafrechtlichen Tötungsdelikte diese nicht erfassen würden, hat sich insbesondere der Strafrechtslehrer *Eberhard Schmidhäuser* in einem vielbeachteten Aufsatz[129] gewandt. Er meint, auch die Selbsttötung sei rechtswidrig. Grundsätzlich sei der Unrechtsgehalt der Fremd- und Selbsttötung der gleiche. Jedes Individuum sei gegenüber der Rechtsgemeinschaft zum Weiterleben verpflichtet, da es sich andernfalls über das Sittengesetz hinwegsetze. Auch der Wortlaut des § 212 StGB stütze diese Auslegung. Denn dort sei von der Tötung eines Menschen die Rede, eine Einschränkung auf die Tötung eines anderen Menschen gebe es nicht. Die Straflosigkeit der Selbsttötung begründet *Schmidhäuser* damit, daß der Täter durch das subjektive Erlebnis der völligen Sinnlosigkeit des eigenen Leben entschuldigt sei. Eine ganz ähnliche Deutung des Suizids hatte bereits Anfang des letzten Jahrhunderts *Josef Kohler* vorgenommen, der als Grund für die Straflosigkeit "Menschlichkeit im psychologischen Sinn" anführte.[130] Folge der Bewertung des Suizids als tatbestandliche, rechtswidrige und lediglich entschuldigte Tötung ist, daß der Akzessoritätsgrundsatz einer Bestrafung des Teilnehmers nicht im Wege steht.[131] Diese Wertung hat im rechtswissenschaftlichen Schrifttum nur vereinzelt Zustimmung gefunden[132] und wird überwiegend abgelehnt.[133]

Wie im historischen Rückblick gezeigt, ist die Vorstellung, aus der Verpflichtung gegenüber der Gemeinschaft erwachse eine Pflicht zu leben, im Verlauf der Geistesge-

---

[125] SchönkeSchröder/*Eser* Vorbem. §§ 211 ff, 35, BGHSt 32, 264, 371 m. w. N.

[126] BGHSt 2, 152; 32, 264, 371; TröndleFischer/*Tröndle*: Strafgesetzbuch, Vor 211 Rn 4

[127] *Neumann, Ulfried*: Die Strafbarkeit der Suizidbeteiligung als Problem der Eigenverantwortlichkeit des "Opfers", JA 1987, 244, 245

[128] *Sax*, Walter: Zur rechtlichen Problematik der Sterbehilfe durch vorzeitigen Abbruch einer Intensivbehandlung, JZ 1975, 137, 146

[129] *Schmidhäuser, Eberhard*: Selbstmord und Beteiligung am Selbstmord in strafrechtlicher Sicht, FS Welzel, 801 ff

[130] *Kohler, Josef*: Thatbestandsmerkmal und Strafbarkeitsbedingung, GA 49 (1903), 1, 6

[131] *Schmidhäuser, Eberhard*: Selbstmord und Beteiligung am Selbstmord in strafrechtlicher Sicht, FS Welzel, 801, 814 ff

[132] *Bringewat, Peter*: Die Strafbarkeit der Beteiligung an fremder Selbsttötung als Grenzproblem der Strafrechtsdogmatik, ZStW 87 (1975), 623 ff; *Klingenberg, Henning*: Die Rechtspflicht zum Weiterleben und ihre Grenzen, JR 1978, 442, 443

[133] SchönkeSchröder/*Eser* Vorbem §§ 211 ff, Rn 33; Systematischer Kommentar/*Horn* § 212 Rn 8; LacknerKühl/*Kühl* Vor § 211 Rn 10, jeweils m. w. N.

schichte immer wieder gegen die Selbsttötung eingewandt worden sind. Bereits in der verfassungsrechtlichen Diskussion wurden die entscheidenden Einwände nachgezeichnet, die gegen eine staatsutilitaristisch begründete Verpflichtung zum Leben aufgeführt werden.[134] Diese Vorstellung widerspricht einer Staatsvorstellung, nach der der Staat um des Menschen willen besteht, und nicht der Mensch um des Staates willen. In der spezifisch strafrechtlichen Diskussion um die Einordnung des Suizids als Tötungsdelikt wird darauf verwiesen, daß der historische Gesetzgeber die Selbsttötung nicht als Delikt verstanden habe. Es ergäbe sich aus dem systematischen Gesamtzusammenhang, daß mit Tötung stets die Tötung eines anderen gemeint wäre. Andernfalls müsse es für die Beteiligung an einer Selbsttötung angesichts des Todeswunsches des Suizidenten eine Privilegierung geben, wie bei der Tötung auf Verlangen (§ 216 StGB). Die Einbeziehung des Suizids in die Tötungsdelikte wäre eine vom Gesetz nicht gedeckte und damit verfassungswidrige Erweiterung der Strafbarkeit.[135]

Ein anderer Ansatz, auch die Anstiftung zur Selbsttötung zu bestrafen, ist die Umdeutung der Teilnahme in eine täterschaftliche Verursachung. Die Abgrenzung von strafbarer und strafloser Mitwirkung an einem Suizid könne nicht durch die allgemeine Teilnahmelehre erfolgen. Vielmehr wäre die Mitwirkung an einer Selbsttötung grundsätzlich strafbar, da sie ja die täterschaftliche Verursachung eines fremden Todes sei. Es gäbe keine 'Täterschaft an sich', sondern nur Täterschaft hinsichtlich bestimmter Taten. Mit der Selbstentleibung verwirkliche der Suizident keinen Tatbestand. Folge des tatbestandslosen und unvorsätzlichen Handelns des Suizidenten sei, daß allein dem Mitwirkenden Tatherrschaft zukäme. Die freie Selbsttötungshandlung des Opfers sei in Hinblick auf die Fremdtötung durch den Dritten ein Beitrag mit bloßer Werkzeugqualität.[136]

Diese Argumentation konnte weder im rechtswissenschaftlichen Schrifttum noch in der Rechtsprechung Anhänger finden. Ihr wird vorgeworfen, sie basiere auf einer unzulässigen doppelten Deutung ein und desselben Verhaltens. Wenn ein Verhalten als Teilnahme straflos sei, könne es nicht willkürlich in ein täterschaftliches Verhalten umgedeutet werden. Eine solche Umdeutung der Selbsttötung in eine Fremdtötung sei auch mit dem Bestimmtheitsgebot des Art. 103 Abs. 2 GG nicht vereinbar.[137]

cc. Nichtverhinderung einer Selbsttötung

Nach Verabschiedung des Strafgesetzbuches für das Deutsche Reich wurden Selbsttötungen und das Verhalten Dritter dabei rund 80 Jahre lang weder von Strafgerichten

---

[134] III A 2 b bb

[135] *Simson, Gerhard*: Die Suizidtat, 73; *Roxin, Claus*: Die Mitwirkung beim Suizid, in: FS Dreher, 330, 336; *Niestroj, Christa*: Die Rechtfertigung der Selbsttötung und die Strafbarkeit der Suizidbeteiligung, 19 m. w. N.

[136] *Schilling, Georg*: Abschied vom Teilnahmeargument bei der Mitwirkung zur Selbsttötunt, JZ 1979, 159, 163 ff; ähnlich bereits: *Binding, Karl*: Handbuch des Strafrechts, 701

[137] *Schmitt, Rudolf*: Euthanasie aus Sicht des Juristen, JZ 1979, 462, 465 Fn 15; *Niestroy, Christa*: Die rechtliche Bewertung der Selbsttötung und die Strafbarkeit der Suizidbeteiligung, 95 f m. w. N.

noch durch die Rechtswissenschaft als Problem gesehen. Wegen der Straflosigkeit von Selbsttötung schien dieser Bereich keine Relevanz zu haben.[138]

Zwischen 1952 und 1958 begann der BGH in seiner Rechtsprechung dann, aus der sittlichen Verwerflichkeit einer unterlassenen Selbstmordverhütung im Einzelfall auch einen rechtlichen Vorwurf zu folgern.[139] Als der BGH 1952 erstmalig die Nichtverhinderung einer Selbsttötung für strafbar erklärte, begründete er dies mit der Garantenpflicht des Täters. Im zugrunde liegenden Fall hatte sich ein Mann durch Erhängen getötet. Als er bereits bewußtlos war, aber sein Leben noch zu retten gewesen wäre, ließ ihn seine Ehefrau hängen. Das Gericht argumentierte, die Ehefrau sei ihrem Mann wegen der gemeinsamen Ehe besonders verpflichtet gewesen. Daraus ergebe sich die Rechtspflicht, jede Lebensgefahr von ihm abzuwenden. Der Selbsttötungswille schlösse diese Pflicht zur Lebensrettung nicht aus.[140] Die Pflicht des Garanten zur Verhinderung einer Selbsttötung hat der BGH auch später in zahlreichen Urteilen hervorgehoben.[141]

War das Gericht in diesem Urteil noch davon ausgegangen, daß nur für Garanten eine Pflicht zur Verhinderung der Selbsttötung bestünde, argumentierte es zwei Jahre später noch weitgehender:

> „Wenn durch einen Selbstmord eine ernste Gefahrenlage für den Selbstmörder entstanden ist, so muß jeder, der hinzukommt, von Gewissens wegen und von Rechts wegen schon um deswillen helfen, weil hier eine schwere Notlage besteht, die nicht dauern darf und der abzuhelfen ist. [...] Da das Sittengesetz jeden Selbstmord – von äußersten Ausnahmefällen abgesehen – streng mißbilligt, da niemand selbstherrlich über sein eigenes Leben verfügen und sich den Tod geben darf, kann das Recht nicht anerkennen, daß die Hilfspflicht des Dritten hinter dem sittlich mißbilligten Willen des Selbstmörders zu seinem Tode zurückzustehen habe. [...Jeder habe] dem gefühlsmäßigen Anruf seines Gewissens zu folgen und dort zu helfen, wo er eine schwere Notlage vorfindet."[142]

Mit dem Verweis auf das Sittengesetz bediente sich das Gesetz einer naturrechtlichen Argumentation, wie sie dem juristischen Zeitgeist der 50er und 60er Jahre entsprach. Naturrechtliche Argumente fanden auch in der Literatur Zustimmung.[143] Unter Naturrecht wird im Unterschied zum positiven Recht, welches auf menschlicher Setzung

---

[138] *Schmidhäuser, Eberhard*: Selbstmord und Beteiligung am Selbstmord in strafrechtlicher Sicht, FS Welzel, 801; Die wenigen reichsgerichtlichen Entscheidungen befaßten sich mit dem Suizid Geisteskranker, RGSt 7, 332 und mit Abgrenzungsfragen, RGSt JW 1921, 579; RGSt 70, 313

[139] *Wagner, Joachim*: Selbstmord und Selbstmordverhinderung, 26

[140] BGHSt 2, 151, 153 f

[141] BGH 7, 268; 13, 166; JR 55, 104; NJW 1988, 1532

[142] BGHSt 6, 147, 153 ff

[143] *Weinkauf, Hermann*: Der Naturrechtsgedanke in der Rechtsprechung des Bundesgerichtshofes, NJW 1960, 1689 ff

beruht, ein sich aus der Natur abgeleitetes Recht verstanden, was durch die Menschen nur erkannt und nicht geschaffen wird. Nach den Erfahrungen des Nationalsozialismus wurde vielfach vertreten, der Rückgriff auf naturrechtliche Begründungen sei als Gegengewicht zu legislativer Willkür unverzichtbar. Der BGH eröffnete sich im Strafrecht den Rückgriff auf naturrechtliche Argumentation, indem er feststellte:

> „Die Behauptung, einer richterlichen Entscheidung dürften ‚grundsätzlich' keine ethischen Wertungen zugrunde gelegt werden, ist beklagenswert falsch; die innere Verbindlichkeit des Rechts beruht gerade auf seiner Übereinstimmung mit dem Sittengebot."[144]

Das Gericht meinte, die allgemeine Pflicht zu Verhinderung von Selbsttötungen bestünde unabhängig davon, ob der Suizident noch bei Bewußtsein sei oder nicht. Zwar sei die Teilnahme an einer Selbsttötung nicht mit Strafe bedroht, doch diese formalrechtliche Folgerung aus dem Akzessoritätsgrundsatz habe hinter der allgemeinen Hilfspflicht zurückzutreten. Auch die Annahme, ein Selbsttötungsversuch begründe als Unglücksfall eine Rettungspflicht für jedermann i. S. d. § 323 StGB wurde in zahlreichen Urteilen bestätigt.[145]

Später bemühte sich die Rechtsprechung um eine dogmatische Klärung des Verhältnisses zwischen der anerkannten Straflosigkeit der Beteiligung an einem Suizid und der postulierten Strafbarkeit der Nichtverhinderung einer Selbsttötung. Solange ein freiverantwortlich handelnder Suizident das Tatgeschehen beherrsche, sei ein Beitrag Dritter nur straflose Beihilfe.[146] Auch die Verursachung einer freiverantwortlichen Selbsttötung, gleich ob vorsätzlich oder fahrlässig, sei straflos.[147] Die Hilfspflicht setze erst bei Handlungsunfähigkeit des Suizidenten ein.[148] Dann werde aus der straflosen Teilnahme strafbare (Unterlassens-) Täterschaft. Auch hier besteht nach Auffassung des BGH jedoch keine Pflicht, das biologische Leben um jeden Preis zu erhalten. Im Einzelfall, wenn eine Intervention nur ein schwer beeinträchtigtes, von medizinischen Geräten abhängiges Leben ermöglichen würde, könne ein Arzt in Respekt vor der Persönlichkeit des sterbenden Suizidenten auf eine Behandlung verzichten.[149] Hierbei handelt es sich eigentlich um einen Fall "passiver Sterbehilfe", da das biologische Leben des Suizidenten nicht ohne medizinisch-technische Dauerbetreuung hätte bewahrt werden können. Derartige Eingriffe in seine körperliche Integrität hatte die Betroffene nicht gewollt.

Der Ansatz der Rechtsprechung, die Nichtverhinderung einer Selbsttötung als strafbare Tötung (des Garanten) oder zumindest als strafbares Unterlassen in einem Unglücksfall zu werten, ist im rechtswissenschaftlichen Schrifttum vereinzelt auf Zustimmung

---

[144] BGHSt 6, 52
[145] BGHSt 7, 268; 32, 381
[146] BGHSt 13, 166 f
[147] BGHSt 24, 342
[148] BGH NJW 1960, 1821, Bay NJW 1972, 73
[149] BGH 32, 367

gestoßen.[150] Für Garanten wurde sogar eine noch weitergehende Interventionspflicht gefordert, die nicht erst greift, wenn der Suizident die Handlungsfähigkeit verliert. Der Strafrechtslehrer *Rolf-Dietrich Herzberg* illustriert die Plausibilität der Garantenpflicht und die Schutzbedürftigkeit des zur Selbsttötung Entschlossenen mit einem Beispiel:

> "Ist [...] die Mutter straflos, die ihre erwachsene Tochter von der Einnahme tödlicher Tabletten nicht abhält, wozu diese sich in freier Willensbestimmung entschlossen hat, weil ihr geliebter Freund verstorben ist? Ohne sogleich auf die juristisch-konstruktiven Schwierigkeiten des Falles einzugehen, spüren wir die Dringlichkeit des Schutzes der Lebensmüden. Ihr Selbstmordentschluß mag als freiverantwortlich zu werten sein, aber er ist in einer Lebenslage gefaßt, die nicht hoffnungs- und ausweglos ist. Der Grund des Todesbegehrens, so schwer er wiegt, wird nach aller Erfahrung mit der Zeit an Bedeutung verlieren, so daß abzusehen ist, daß die Lebensmüde für ihre Rettung später dankbar wäre. Rein vom Schutzbedürfnis her betrachtet, erscheint deshalb eine der Garantin auferlegte, rechtlich abgesicherte Lebenserhaltungspflicht genauso sinnvoll und wichtig wie in dem Fall, daß der Schutzbefohlene Opfer eines Mordanschlages oder einer unfreien Suizidneigung zu werden droht."[151]

Kern dieser Argumentation ist der paternalistische Gedanke, daß die Tötungsabsicht zwar dem augenblicklichen Willen des Suizidenten entspricht, nicht aber seinen langfristigen Interessen, die zu schützen der Garant verpflichtet ist. Strafrechtsdogmatisch argumentiert *Herzberg*, es mache für einen Beschützergaranten keinen Unterschied, auf welche Weise ein Verhängnis eintrete. Der Vater, der sein Kind verhungern läßt, werde auf Grund seiner Beschützergarantenstellung zum Täter. Wenn es aber nicht von Bedeutung ist, auf welche Weise das Leben des Schützlings bedroht ist, dann müsse ein Beschützergarant dieses gegen Fremdeinwirkung genauso schützen wie gegen eigenhändige Tötungsversuche. Deshalb sei auch eine Anstiftung zur Tötung zwar nicht als solche strafbar, wohl aber wegen der damit zugleich bewirkten unterlassungstäterschaftlichen Tötung.[152] Diese Argumentation beschränkt sich zwar auf den Garanten und zieht nicht die Berechtigung der Teilnahmelehre für die Beurteilung der Selbsttötung generell in Frage, ähnelt aber gleichwohl der bereits dargestellten Umdeutung von Teilnahme am Suizid in Täterschaft an einer Fremdtötung.[153] Die hiergegen erhobenen Einwände gelten auch gegen den Gedankengang *Herzbergs*.

Überwiegend wird im rechtswissenschaftlichen Schrifttum die Strafbarkeit der Nichthinderung einer Selbsttötung als Unterminierung der gesetzgeberischen Entscheidung

---

[150] *Geilen, Gerd*: Suizid und Mitverantwortung, JZ 1974, 145, 153 f

[151] *Herzberg, Dietrich*: Zur Strafbarkeit der Beteiligung am frei gewählten Selbstmord, ZStW 91 (1979), 557, 565

[152] *Herzberg, Dietrich*: Zur Strafbarkeit der Beteiligung am frei gewählten Selbstmord, ZStW 91, (1979) 557, 566 ff

[153] III A 2 c bb

für die Straflosigkeit der Suizidbeteiligung scharf kritisiert. Dies gilt sowohl für die Strafbarkeit des Garanten wegen Tötung durch Unterlassen als auch für die Strafbarkeit des Nichtgaranten wegen unterlassener Hilfeleistung.[154] Dazu wird ausgeführt, sofern eine Selbsttötung auf einer freiverantwortlichen Willensentscheidung beruhe, dürfe es nicht strafbar sein, diese geschehen zu lassen. Es sei widersinnig, zunächst zu erlauben, dem Suizidenten einen Strick zu reichen, damit dieser sich erhängen kann, den Gehilfen aber dann zu verpflichten, den Hängenden abzuschneiden, sobald er das Bewußtsein verliert.[155] Auch in der Rechtsprechung gibt es Abweichungen von der vom BGH vertretenen Linie. Das OLG Düsseldorf argumentierte, daß sich der grundsätzliche Respekt, den die Rechtsordnung dem Suizidenten durch die Straflosstellung entgegenbrächte, auch gegenüber dem Garanten auswirken müsse, der den freiwillig-ernsthaften Selbsttötungswillen seines Schutzbefohlenen achtet und sich diesem Willen unterordnet.[156]

Sofern der Suizid nicht auf einem freiverantwortlichen Entschluß beruht, wird jedoch allgemein an der Strafbarkeit der Nichthinderung festgehalten. Wer eine nicht freiverantwortliche Selbsttötung veranlaßt, soll sogar wegen eines in mittelbarer Täterschaft begangenen Tötungsdelikts strafbar sein. Kernfrage der Selbsttötungsproblematik ist im strafrechtswissenschaftlichen Schrifttum, wann ein auf eigenverantwortlicher Willensbildung beruhender Selbsttötungsentschluß vorliegt.[157] Dies ist insofern von besonderer Bedeutung, als viele Suizide als sogenannte "Appellsuizide" nicht vom ernsthaften Willen zum Tod getragen, sondern nur verübt werden, um auf bestimmte Probleme aufmerksam zu machen, die der Betroffene zu lösen sich außerstande sieht. Dabei wird je nach Bewertungsmaßstab davon ausgegangen, daß zwischen 60 und 95 % der Suizidhandlungen nicht von einem freien Willen getragen werden.

Die Verhinderung eines nicht freiverantwortlichen oder nicht wohlüberlegten Suizids ist als weicher Paternalismus zu werten. Dem Betroffenen wird nicht generell verwehrt, sein Leben zu beenden, er soll jedoch aufgehalten werden, wenn sein Handeln unüberlegt oder unfreiwillig erscheint. Wenn die Rechtsordnung den mit Strafe bedroht, der einen nicht freiverantwortlichen Suizid geschehen lässt, erzwingt sie einen weichen Paternalismus. Bei der strafrechtlichen Diskussion geht es letztlich um Kriterien für den weichen Paternalismus. Diese Frage wird jedoch in mehrfacher Hinsicht indirekt behandelt: Es geht nicht darum, wann jemand eingreifen darf, sondern wann er eingreifen muß, um sich nicht strafbar zu machen. Auch besteht im Strafrecht wegen Art. 103 Abs. 2 GG eine besonders starke Orientierung am Wortlaut des Gesetzes.

---

[154] *Arzt, Gunther; Weber, Ulrich*: Strafrecht BT LH 1, 68 ff; *Baumann, Jürgen*: Zwangsweise Lebenserhaltung im Strafvollzug, ZRP 1978, 35; *Wessels, Johannes; Hettinger, Michael*: Strafrecht BT1, Rn 44, 11; *Blei, Hermann*: Strafrecht BT II, 15, 149; Leipziger Kommentar/*Jähnke,* Vor § 211 Rn 24; *Wagner, Joachim*: Selbstmord und Selbstmordverhinderung, 25 ff, 46 f; SchönkeSchröder/*Eser* Vorbem 211 ff Rn 41 m. w. N

[155] *Wessels, Johannes; Hettinger, Michael*: Strafrecht BT1, Rn 44, 11; *SchönkeSchröder/Eser* Vorbem 211 ff Rn 43

[156] OLG Düsseldorf, NJW 1973, 2215 f

[157] Leipziger Kommentar/*Jähnke* Vor § 211 Rn 24; *Niestroj, Christa*: Die rechtliche Bewertung der Selbsttötung und die Strafbarkeit der Suizidbeteiligung, 117

In der rechtswissenschaftlichen Literatur wird vielfach vertreten, der Entschluß zum Suizid müsse so lange als freiverantwortlich gelten, als sich der Betroffene nicht in einem psychischen Ausnahmezustand befinde, der seine strafrechtliche Verantwortung ausschlösse. Zur Bestimmung der Freiverantwortlichkeit werden die §§ 20, 21, 35 StGB, § 3 JGG herangezogen.[158] In ihnen sei geregelt, wann ein Täter für sein Handeln strafrechtlich nicht mehr (voll) verantwortlich sei. Damit ziehe das Gesetz eine klare Grenze für die Eigenverantwortung. Jede andere Grenzziehung sei der Versuch, die Entscheidung für die Straflosigkeit der Suizidteilnahme anzugreifen, zu umgehen oder abzuschwächen.[159] Das Recht verlöre seine Existenzberechtigung, wenn nicht von der Fähigkeit zur Selbstbestimmung solange ausgegangen würde, bis handfeste Abweichungen vom Normalen entgegenstünden.[160]

Andere wollen die Freiverantwortlichkeit nach den Maßstäben der Einwilligungslehre sowie den für die Ernstlichkeit des Verlangens bei § 216 StGB entwickelten Kriterien bestimmen.[161] Eine freie und eigenverantwortliche Selbsttötung sei nur dann gegeben, wenn die ihr zugrundeliegende Entscheidung frei sei von Zwang, Täuschung oder anderen wesentlichen Willensmängeln und wenn der Lebensmüde nach seiner geistigen Reife wie nach seinem psychischen Zustand instande sei, die Tragweite seines Entschlusses sachgerecht zu erfassen und nach dieser Einsicht zu handeln. Angesichts der Bedeutung des Lebens dürften die rechtlichen Anforderungen an die Fehlerfreiheit des Willens nicht geringer sein als bei Verfügungen über die körperliche Unversehrtheit. Die moderne Suizidforschung zeige, daß Suizidenten nicht nur hilfsbedürftig seien, wenn ihre psychische Belastung das Gewicht einer "schweren seelischen Abartigkeit" oder "tiefgreifenden Bewußtseinsstörung" erreiche.[162]

dd. Tötung auf Verlangen

Dem Verbot der Tötung auf Verlangen kommt für die strafrechtliche Bewertung des Verhaltens Dritter bei einer Selbsttötung eine besondere Bedeutung zu. Denn aus dieser ausdrücklichen Strafbestimmung wird gefolgert, daß der Mensch keine Verfügungsbefugnis über das eigene Lebens habe.[163] Davon ging auch der historische Gesetzgeber aus. Bereits in den Motiven des Entwurfs eines Strafgesetzbuches für den Norddeutschen Bund kommt der dem § 216 StGB zugrunde liegende Gedanke zum Ausdruck:

---

[158] *Bottke, Winfried*: Suizid und Strafrecht, 248 ff; *Roxin, Claus*: Die Mitwirkung beim Suizid – ein Tötungsdelikt?, in: FS Dreher, 330, 347; *Simson, Gerhard*: Die Suizidtat, 80 f

[159] *Bottke, Winfried*: Probleme der Suizidbeteiligung, GA 1983, 22, 37

[160] *Sax, Walter*: "Tatbestand" und Rechtsgutverletzung, JZ 1976, 80, 81, Fn. 64

[161] *Geilen, Gerd*: Suizid und Mitverantwortung, JZ 1974, 145, 151; Systematischer Kommentar/*Jähnke* Vor § 211 Rn 26; *Krey, Volker*: Strafrecht BT Bd 1, Rn 87 ff, 47 ff; *Wessels, Horst; Hettinger, Michael*: Strafrecht BT/1, Rn 48, 13 f; *Neumann, Ulfried*: Abgrenzung von Teilnahme am Selbstmord und Tötung in mittelbarer Täterschaft, JuS 1985, 677, 679; LacknerKühl/*Kühl* Vor § 211 Rn 13a; *Niestroj, Christa*: Die rechtliche Bewertung der Selbsttötung und die Strafbarkeit der Suizidbeteiligung, 197 ff

[162] *Krey, Volker*: Strafrecht BT Bd 1, Rn 87 ff, 47 ff; *Niestroj, Christa*: Die rechtliche Bewertung der Selbsttötung und die Strafbarkeit der Suizidbeteiligung, 197 ff

[163] *Kioupis, Dimitrios*: Notwehr und Einwilligung, 134

> "Es entspricht dem Rechtsgefühl, daß die Tötung eines Einwilligenden, wie sie der Entwurf näher charakterisiert, nicht mit der Strafe belegt wird, wie die gegen den Willen des Getöteten erfolgte Tötung. Aber das unbestrittene Sittengesetz, daß das Leben ein unveräußerliches Gut sei, läßt weder Straflosigkeit noch eine niedrig bemessene Strafe zu."[164]

Traditionell stand hinter der Vorstellung von der Unverfügbarkeit die religiöse Überzeugung, nur Gott und nicht der Mensch selbst dürfe über Dauer und Ende des Lebens entscheiden. Doch daneben gibt es auch zahlreiche Versuche, diese Meinung säkular zu begründen. Dazu gehörten jene Stimmen, die – insoweit an eine lange Tradition in der Philosophiegeschichte anknüpfend – eine Verpflichtung des einzelnen gegenüber der Gemeinschaft behaupten, die der Beendigung des eigenen Lebens im Wege stände. Diese Überlegungen und ihre Entgegnungen sind im Strafrecht die gleichen wie im verfassungsrechtlichen Diskurs.[165]

Neben diesen Argumentationsweisen gibt es gerade in der Strafrechtsdogmatik den Versuch, die Einschränkung der Verfügungsbefugnis über das eigene Leben mit den Interessen der betroffenen Todeswilligen zu begründen. § 216 StGB bezwecke den Schutz des konkreten Opfers. Dabei wird paternalistisch argumentiert, die Erhaltung des Lebens läge im langfristigen Interesse des Betroffenen.[166] Eine andere individualistisch orientierte Argumentation stellt die Autonomie in den Vordergrund. Ausgangspunkt ist das Paradoxon, daß die gewollte Beendigung des Lebens zugleich Ausdruck wie auch Vernichtung der Autonomie sei. Dem § 216 StGB läge ein Autonomiekonzept zugrunde, nach dem jede autonome Entscheidung an das Autonomieprinzip selbst gebunden und durch seinen Selbstbezug begrenzt sei. Danach werde die Selbstbestimmung zwar grundsätzlich (und ohne inhaltliche Vorgaben) anerkannt, nicht jedoch, wenn sie auf Vernichtung der Autonomie ziele.[167]

Es gibt jedoch auch zahlreiche Versuche, § 216 StGB so zu deuten, daß er dem Betroffenen das Verfügungsrecht über das eigene Leben erhalten will. Hierzu wird aufgezeigt, daß diese Vorschrift nicht dem Betroffenen Lebensmüden, sondern dem Schutz anderer vor ungewollter Lebensbeendigung diene.[168] So wird argumentiert, die Tötung auf Verlangen sei verboten, da sich andernfalls Täter immer damit rechtfertigen könnten, ihr Opfer habe in die Tötung eingewilligt.[169] Durch die generelle Strafbarkeit der Fremdtötung werde Beweisschwierigkeiten vorgebeugt. Dieser Argumentation ist jedoch entgegengehalten worden, daß der Verweis auf Beweisschwierigkeiten keine Bestrafung rechtfertigen könne. Eine reine "Verdachtsstrafe" wäre mit dem grundgesetzlich verankerten Schuldprinzip nicht vereinbar und daher unzulässig. Andere

---

[164] zitiert nach: *Koch, Hans-Georg*: Landesbericht Bundesrepublik Deutschland, in: *ders.; Eser, Albin* (Hrsg.) Materialien zur Sterbehilfe, 31, 36

[165] Vgl. III A 2 b bb

[166] *Dölling, Dieter*: Fahrlässige Tötung bei Selbstgefährdung des Opfers, GA 1984, 71, 86; *Stratenwerth, Günther*: Strafrecht AT, 125

[167] *Kioupis, Dimitrios*: Notwehr und Einwilligung, 134 f

[168] *Sternberg-Lieben, Detlev*: Die objektiven Schranken der Einwilligung im Strafrecht, 120

[169] *Arzt, Gunther*: Die Delikte gegen das Leben, ZStW 83 (1971), 1, 36 f

argumentieren mit der sozialen Notwendigkeit, die Fremdtötung zu tabuisieren. Würde man die Fremdtötung auf Verlangen erlauben, so hätte dies negative Auswirkungen auf die Achtung vor fremdem Leben in der Gesellschaft. § 216 StGB diene der Bekräftigung der prinzipiellen Unantastbarkeit fremden Lebens.[170]

ee. Verhinderung einer Selbsttötung

Es ist nicht nur umstritten, ob sich aus dem Geschehenlassen einer fremden Selbsttötung ein strafrechtlicher Vorwurf ergeben kann, sondern es gibt auch umgekehrt eine Auseinandersetzung darüber, ob die (gewaltsame) Verhinderung einer (freiverantwortlichen) Selbsttötung strafbar sei.

Wer mit Gewalt einen Suizid verhindert, verwirklicht dabei den Tatbestand der Nötigung (§ 240 StGB). Soweit es dabei um die Verhinderung einer nicht frei verantwortlichen Selbsttötung geht, besteht Einigkeit darüber, daß dies Verhalten nicht strafbar ist. Zur Begründung wird angeführt, daß der Zweck der Handlung die Erhaltung des Lebens sei. Dieser Zweck könne nicht als verwerflich i. S. d. § 240 StGB angesehen werden.[171] Ebenfalls unstrittig ist, daß die zur Verhinderung eines nicht freiverantwortlichen Suizids notwendigen Verletzungen der körperlichen Integrität (§§ 223 ff StGB) nicht strafbar sind, wobei zur Begründung auf die mutmaßliche Einwilligung des Suizidenten[172] oder das Vorliegen eines rechtfertigenden Notstands nach § 34 StGB[173] abgestellt wird.

Umstritten ist jedoch, ob freiverantwortlich Handelnde bei ihrem Selbsttötungsbestreben durch die Strafvorschriften § 240 und §§ 223ff StGB vor dem Eingreifen Dritter geschützt sind. Dies wird im rechtswissenschaftlichen Schrifttum mit der Begründung vertreten, daß sonst das Selbstbestimmungsrecht verletzt werde, welches auch die Entscheidung zur Selbsttötung umfasse.[174] Eine mutwillige Einwilligung käme bei einem freiverantwortlichen Handeln schon von der Definition dieses Instituts her nicht in Betracht. Sie sei ein Wahrscheinlichkeitsurteil über den nicht einholbaren wahren Willen eines an sich entscheidungsfähigen Betroffenen. Beim eigenverantwortlich handelnden Suizidenten stünde sein Wille jedoch fest. Es sei unzulässig, unter dem Deckmantel der mutmaßlichen Einwilligung das "wahre Wohl" des Betroffenen fremd zu bestimmen.[175] Auch ein Notstand i. S. d. § 34 StGB läge nicht vor. Ange-

---

[170] *Sternberg-Lieben, Detlev*: Die objektiven Schranken der Einwilligung im Strafrecht, 117 f; SchönkeSchröder/*Eser* § 216 Rn 1; *Hirsch, Hans Joachim*: Einwilligung und Selbstbestimmung, in: FS Welzel, 775, 779

[171] LacknerKühl/*Kühl* § 240 Rn 20; SchönkeSchröder/*Eser* § 240 Rn 32, zu weitgehend: LG Zweibrücken, GA 91, 232

[172] *Bringewat, Peter*: "Tötung auf Verlangen" und der sog. "erweiterte Selbstmord", JuS 1975, 155, 158

[173] SchönkeSchröder/*Eser*, § 240 Rn 32; *Wagner, Joachim*: Selbstmord und Selbstmordverhinderung, 130

[174] *Wagner, Joachim*: Selbstmord und Selbstmordverhinderung, 130; *Kaufmann, Arthur*: Die eigenmächtige Heilbehandlung, ZStW 73 (1961), 241, 268; *Bar, Ludwig von*: Gesetz und Schuld im Strafrecht, Bd II, § 17, 36

[175] *Bottke, Wilfried*: Suizid und Strafrecht, 85 f

sichts des hohen Wertes des Selbstbestimmungsrechtes des Suizidenten und seiner Verfügungsmacht über das eigene Leben sei ein überwiegendes Interesse an der Erhaltung seines Lebens, das er selbst nicht mehr wolle, nicht ersichtlich.

Andere gehen sehr wohl davon aus, daß auch bei einem freiverantwortlichen Selbsttötungsversuch ein Notstand i. S. d. § 34 StGB angenommen werden müsse. Das abzuwendende Risiko sei bei Selbsttötungsbestrebungen die Gefahr für das Leben, welche nur durch unverzüglich zu ergreifende Abwehrmaßnahmen gebannt werden könne. Zwar sei beim Leben als Individualrechtsgut bei der Abwägung zu beachten, daß dieses nicht als bloßer Rechnungsposten im Güterhaushalt der Allgemeinheit, sondern gerade in ihrer Zuordnung zum Individuum geschützt ist. Doch sei eine Beeinträchtigung von Freiheit und körperlicher Integrität gerechtfertigt, wenn auf Grund der objektiven Gegebenheiten Hoffnung auf einen erfolgreichen Zuspruch besteht und die Lebensmüdigkeit durch einen Zeitgewinn überwunden werden kann.[176]

d. Verwaltungsrecht

Die Unterbindung einer Selbsttötung wird in Deutschland als polizeiliche Aufgabe begriffen.[177] Die Befugnis zum Eingreifen ergibt sich einmal aus den Generalklauseln der landesrechtlichen Polizeigesetze. Zum anderen enthalten diese Gesetze auch Bestimmungen, nach denen Suizidenten in Gewahrsam genommen werden können.

Die Generalklauseln sehen ein Eingreifen bei Gefahren für die öffentliche Sicherheit vor. Im Suizid wird eine Gefährdung der öffentlichen Sicherheit gesehen. Dabei wurde zunächst der Schwerpunkt auf die Sozietät gelegt, die durch den Suizid betroffen sei.[178] Heute wird meist betont, daß die Polizei immer zugunsten des Suizidenten eingreife.[179]

Die landesrechtlichen Polizeigesetze sehen weiter vor, eine Person in Gewahrsam zu nehmen, wenn dies zur Abwendung einer Gefahr für Leib oder Leben dieser Person erforderlich ist, insbesondere weil sich die Person erkennbar in einem die freie Willensbestimmung ausschließenden Zustand oder in sonst einer hilflosen Lage befindet.[180] Die Bestimmungen werden auf die Gefahr der Selbsttötung angewendet, wobei diese teilweise ausdrücklich im Gesetzeswortlaut erwähnt wird.[181]

Es ist in der rechtswissenschaftlichen Literatur jedoch umstritten, an welche Voraussetzungen ein polizeiliches Einschreiten zur Verhinderung einer Selbsttötung gebunden ist. Die überwiegende Meinung folgert ein Recht des Staates zum Eingreifen aus dem fehlenden Verfügungsrecht über das eigene Leben. Jeder Versuch einer Selbst-

---

[176] SchönkeSchröder/*Lenckner; Person*, § 34 Rn 33

[177] *Götz, Volkmar*: Allgemeines Polizei- und Ordnungsrecht, 48 Rn 109; *Denninger, Erhard*: Polizeiaufgaben, in: *ders.; Lisken, Hans*: Handbuch des Polizeirechts, E 22, 139; *Vogel, Klaus* u.a.: Gefahrenabwehr, 197; VG Karlsruhe, JZ 1988, 208

[178] VG Karlsruhe, JZ 1988, 208, 209 m. w. N.; *Berner, Georg; Köhler, Gerd Michael*: Polizeiaufgabengesetz, Art. 11 Rn 9, 100

[179] *Knemeyer, Franz-Ludwig*: Polizei- und Ordnungsrecht, Rn 154, 109

[180] z.B. Art. 17 Abs. 1 ByPAG, § 35 Abs. 1 Nr. 1 NWPolG

[181] z. B. § 28 Abs. 1 Nr. 2 c BWPolG

tötung sei zu unterbinden – unabhängig davon, ob und in welchem geistigen Zustand sich der Suizident befinde.[182] Zur Begründung wird auch auf die im Wortlaut einiger Polizeigesetze vorgenommene Wertung verwiesen. Das Baden-Württembergische Polizeigesetz nennt die Absicht, "Selbstmord" zu begehen in § 28 Abs. 1 Nr. 2 c) als selbstständiges Beispiel einer Gefahr für das eigene Leben. Als weitere Situationen, welche die Ingewahrsamnahme rechtfertigen, werden der "erkennbar die freie Willensbestimmung ausschließende Zustand" oder der des "Befindens in einer sonst hilflosen Lage" in § 28 Abs. 1 Nr. 2 b) BWPolG genannt. Der Gesetzgeber habe damit zum Ausdruck gebracht, daß Suizidversuche immer unterbunden werden sollten.

Dies wird jedoch vielfach als zu weitgehend kritisiert. Es könne nicht in jedem Fall davon ausgegangen werden, daß sich der zur Selbsttötung Entschlossene in einem die freie Willensbestimmung ausschließenden Zustand befinde. Präventives polizeiliches Einschreiten gegen eine freiverantwortliche Selbsttötung sei unzulässig, es verletze das Selbstbestimmungsrecht des Betroffenen. Auch die Kritiker einer unbeschränkten polizeilichen Befugnis zur Verhinderung von Selbsttötungen gehen jedoch davon aus, daß die Polizei in der konkreten Situation der Entscheidung kaum von der Freiverantwortlichkeit ausgehen könne und wegen der überragenden Bedeutung des Lebens auch in Zweifelsfällen einschreiten dürfe.[183]

Weil auch die Vertreter eines "Rechts" auf eine freiverantwortliche Selbsttötung der Polizei einen sehr weitgehenden Handlungsspielraum zubilligen, ist die Diskussion um mögliche Schranken für polizeiliches Handeln als unergiebig kritisiert worden. Solange Rettung und Hilfe für einen Lebensmüden möglich seien, wären sie in einer menschlichen Gemeinschaft zulässig und notwendig. Die so zu verstehenden polizeilichen Eingriffsermächtigungen könnten die menschliche Grenzentscheidung für oder gegen das eigene Leben schließlich nicht endgültig beeinträchtigen. Denn wer wirklich zur Selbsttötung entschlossen sei, könne davon ohnehin nicht abgehalten werden.[184]

3. Stellungnahme

Die Fähigkeit des Menschen, sich selbst zu töten, war und ist Thema philosophischer, religiöser, psychologischer und soziologischer Erörterungen und wird es auch in Zukunft sein. Dabei geht es darum, wie ein Suizid "an sich" zu beurteilen ist, ob er als etwas intrinsisch Schlechtes moralisch zu verurteilen oder im Gegenteil als Ausdruck menschlicher Selbstbestimmung zu rühmen ist. Die Bewertung der Selbsttötung an sich kann aber nicht Gegenstand des Rechtes sein. Denn das Recht regelt das Verhältnis zwischen Menschen. Die Selbsttötung als solche hat keinen Bezug auf andere.

Trotzdem wäre es zu weitgehend, den Suizid einem "rechtsfreien Raum" zuzuordnen und zu fordern, das Recht solle sich der Bewertung von allem enthalten, was im Zusammenhang mit einer Selbsttötung steht. Denn der zur Selbsttötung Entschlossene ist nicht isoliert. Er wird nur in den seltensten Fällen seinen Todeswunsch allein verwirk-

---

[182] *Belz, Reiner; Mußmann, Eike*: Polizeigesetz für Baden-Württemberg, § 1 Rn 51

[183] *Gusy, Christoph*: Polizeirecht, 50 f, Rn 90; *Hillgruber, Christian*: Der Schutz des Menschen vor sich selbst, 86

[184] *Götz, Volkmar*: Allgemeines Polizei- und Ordnungsrecht, Rn 109, 48

lichen, ohne daß andere dies mitbekommen. Wie andere Menschen auf das Ansinnen oder den Versuch, sich selbst zu töten, reagieren dürfen, sollen oder müssen, betrifft das Verhältnis von Menschen zueinander und ist damit eine Frage des Rechts.

Im Zentrum der rechtlichen Betrachtung muß der Mensch als autonome Person stehen. Seine Selbstbestimmung zu schützen ist die zentrale Aufgabe des Staates. Zweck der Rechtsordnung ist, den Menschen ein Maximum an Freiheit zu ermöglichen.

Der Suizid ist das wohl offensichtlichste Beispiel dafür, daß sich die personale Autonomie durch eine autonome Entscheidung aufheben läßt. Die Selbsttötung widerspricht dabei meist den langfristigen Interessen des Betroffenen, auch wenn der augenblickliche freie Willen gegen ein Weiterleben gerichtet sei. Die Notwendigkeit paternalistischen Eingreifens ist oft mit diesem Auseinanderfallen von augenblicklichen und langfristigen Interessen begründet worden. Das Beispiel der nach dem Zerbrechen einer Partnerschaft lebensmüde gewordenen Frau[185] illustriert diesen Gedanken anschaulich. Es ist verständlich, nach einem einschneidenden Verlust den Lebensmut zu verlieren. Ein solches Verhalten ist auch nicht notwendig als psychisch krank zu bewerten. Gleichwohl meinen wir, es läge im Interesse der Betroffenen, weiter zu leben. Dahinter steht die Hoffnung, sie werde ihre Verzweiflung überwinden und neuen Lebensmut erhalten. Diese ruht auf einer klaren Wertschätzung menschlicher Selbstbestimmung und Autonomie. Es ist nicht die Wahrscheinlichkeit oder Gewissheit einer sich positiv entwickelnden Zukunft, die hinter dem Unbehagen steht, diese Zukunft gänzlich zu zerstören. Genauso wenig wie die Grundlegung des Rechts in der Autonomie darin begründet ist, daß dadurch für jeden Betroffenen eine positiven Zukunft garantiert wird. Der eigentliche Grund ist die Wertentscheidung für die Autonomie. Es geht nicht darum, dem Menschen das "bestmögliche" Leben zu ermöglichen, sondern es geht darum, ihm ein Leben zu ermöglichen, in dem er seine Prioritäten und Ziele selbst wählen kann. Autonomie als die Freiheit, sein Leben zu gestalten, wird als ein Wert betrachtet, unabhängig davon, ob und wie diese Lebensgestaltung gelingt.

Die Sicherung und Verteidigung der Autonomie ist Aufgabe des Rechts. Würde das Recht die Autonomie zur beliebigen Disposition stellen, würde es selbstwidersprüchlich seine eigene Grundlage zerstören. Denn das Recht baut auf dem Grundsatz der Autonomie auf. Das selbstbestimmte Individuum ist das logische Fundament einer freiheitlichen Rechtsordnung. Die aus dem individualethischen philosophischen Diskurs bekannte Argumentation, die Selbsttötung sei widersprüchlich, läßt sich also auf das Recht übertragen. Die Verhinderung eines Suizids ist als ein an der Autonomie orientierter Paternalismus gerechtfertigt.

Im Zentrum bleibt das Individuum. Eine solche Betrachtungsweise wendet sich gegen alle Versuche, eine Verpflichtung des einzelnen zum Leben von der Gemeinschaft her zu begründen. Eine sozialutilitaristische Betrachtungsweise ist schon deshalb zweifelhaft, weil ja im einzelnen höchst fraglich sein kann, ob ein Mensch durch sein Leben der Gemeinschaft nutzt oder schadet. Es ist aber auch mit der Achtung vor der Auto-

---

[185] Vgl III A c cc

nomie und dem Eigenwert des einzelnen unvereinbar, ihn nur als Funktionselement einer Gemeinschaft zu betrachten. Deshalb korrespondiert mit der Schutzpflicht des Staates für die Autonomie auch keine "Pflicht zu leben" - insoweit ist dem Konstrukt eines "rechtsfreien Raums" zuzustimmen. Auch des Rückgriffs auf die (christliche) Religion bedarf es nicht.

Die Achtung vor dem Einzelnen und seiner Autonomie bewirkt damit eine Grundentscheidung für das Leben als die Grundlage dieser Autonomie. Ein "Recht" auf Selbsttötung kann es daher nicht geben. Das Recht darf die Autonomie vor ihrer Vernichtung, auch vor der Vernichtung durch Selbsttötung, schützen.

Die Intervention zur Rettung des Lebens ist immer zulässig, unabhängig davon, in welchem Geisteszustand sich der Suizident befindet. Auch die Pönalisierung der Teilnahme an einer Selbsttötung wäre legitim. Bei der Anstiftung bzw. Verleitung zum Suizid ist eine entsprechende gesetzliche Regelung ja auch diskutiert worden. Doch auch wenn die Verhinderung einer Selbsttötung als gerechtfertigter, autonomieorientierter Paternalismus charakterisiert werden kann, heißt dies nicht, daß es auch zweckmäßig ist, sie durch das Recht, insbesondere durch das Strafrecht, zu erzwingen. Dies gilt um so mehr, als der Adressat der Strafdrohung nicht der Betroffene selbst ist. Die Wahl der rechtlichen Mittel ist eine Frage der Rechtspolitik, die zahlreiche andere Gesichtspunkte berücksichtigen muß.

B. Sterbehilfe

Es gibt sehr viele unterschiedliche und völlig individuelle Auslöser und Gründe, warum Menschen ihr Leben beenden wollen und dabei um Hilfe bitten. Sterbehilfe steht im Zusammenhang mit Krankheit und Leiden am Lebensende. Diskutiert wird, ob und wann in solchen typischen Situationen die Entscheidung zum Sterben zu respektieren ist. Paternalistisches Denken spielt dabei eine große Rolle, weil Befürworter wie Gegner der Sterbehilfe für sich reklamieren, sich am Wohl des Betroffenen zu orientieren.[186]

Der Begriff "Sterbehilfe" ist eine in Deutschland ganz bewußt gewählte Wortschöpfung, welche an Stelle der international gebräuchlichen Bezeichnung "Euthanasie" benutzt wird. Der Grund dafür ist, daß die unter der Bezeichnung "Euthanasie" veranstalteten weitreichenden Tötungsprogramme von "lebensunwertem Leben" während der nationalsozialistischen Diktatur die Verwendung dieses Begriffs belasten. Der Begriff "Euthanasie" stammt aus dem Griechischen. Zusammengesetzt aus den Wortbestandteilen "eu" für gut oder schön und "thanatos" für Tod, bedeutet er wörtlich übersetzt "guter, schöner Tod". Bereits in der Antike verstand man darunter die Erleichterung des Sterbens bei einem Menschen, der unheilbar krank oder dessen Leben bereits im Erlöschen begriffen war. Der Begriff "Sterbehilfe" wird meist schlicht als Synonym für "Euthanasie" gebraucht. Vereinzelt wird zwischen den Begriffen dahingehend unterschieden, daß unter Euthanasie die Tötung eines Kranken aus Mitleid ohne oder gegen dessen aktuellen Willen verstanden wird, während Sterbehilfe das Einverständnis des Kranken voraussetze.[187] Oder unter "Euthanasie" wird eingeschränkt nur die gezielt durchgeführte Tötung eines Menschen zum Zwecke der Beendigung seiner Leiden verstanden.[188] Da der Begriff "Euthanasie" nicht nur historisch belastet ist, sondern ihm im deutschen Sprachraum oft nur eine eingeschränkte Bedeutung zuerkannt wird, soll im weiteren der Begriff "Sterbehilfe" verwendet werden.

Der Fortschritt in der Medizin hat dazu geführt, daß bei immer mehr Erkrankungen der tödliche Ausgang verhindert oder zumindest über geraume Zeit hinausgezögert werden kann. Man ist heute in der Lage, einzelne Körperfunktionen sehr lange künstlich aufrecht zu erhalten. Neben den großen Hoffnungen, die den "Wundern der Medizin" entgegengebracht werden, wachsen zunehmend auch die Befürchtungen, dadurch werde das Leiden am Lebensende nur noch sinnlos verlängert. Die Intensivmedizin, welche in der Lage ist, Menschen über Jahre hinweg biologisch-physisch am Leben zu erhalten, wird von manchen als Bedrohung empfunden. Der "würdige" Tod wird dem "unwürdigen" Am-Leben-Erhalten vorgezogen. Groß ist die Angst, zum Objekt eines ärztlichen Strebens zu werden, das den Tod nicht mehr als natürlichen Abschluß des Lebens, sondern als eine Niederlage begreift. Gerade im heutigen Krankenhausbetrieb scheint vielen der Patient nicht mehr Subjekt in einem persönlichen und partnerschaft-

---

[186] *VanDeVeer, Donald*: Paternalistic Intervention, 225

[187] *Arzt, Gunther*: Recht auf den eigenen Tod?, JR 1986, 309, 310

[188] So *Engisch, Karl*: Euthanasie und die Vernichtung lebensunwerten Lebens in strafrechtlicher Beleuchtung, 12

lichen Arzt-Patienten-Verhältnis zu sein, sondern nur noch Objekt einer Behandlungsmaschinerie.[189] Auch wird befürchtet, das biologisch-physische Leben könnte aufrecht erhalten werden, um als Versuchsobjekt für medizinische Experimente zu dienen; oder weil die Erben finanzielle Interessen an einer hohen Pension haben; oder weil Einrichtungen des Gesundheitswesens für den Einsatz der Apparatemedizin gut entlohnt werden. Triebfeder von Ängsten ist auch und gerade die Befürchtung, bei schwerer Krankheit am Ende des Lebens in einen Zustand zu geraten, in dem man seinen Willen nicht mehr äußern kann. Diese Untersuchung der Sterbehilfe beschränkt sich aber auf die Bedeutung der Entscheidung des voll verantwortlichen Menschen. Nicht behandelt werden die schwierigen Fälle, in denen die Betroffenen keinen eigenen rechtlich beachtlichen Willen haben oder äußern können – z. B. Neugeborene mit unheilbaren Leiden oder Bewußtlose.[190] Dort geht es darum, ob bzw. wann ein Dritter darüber entscheiden darf, ob das Leben weiter erhalten oder beendet wird. Diese in der Öffentlichkeit kontrovers diskutierten Fälle von fremdbestimmter Tötung liegen jedoch außerhalb des Themas dieser Arbeit, die lediglich untersucht, wo und warum die Rechtsordnung den klar geäußerten Willen von frei verantwortlichen, erwachsenen Menschen übergeht.

Es gibt in Deutschland keine ausdrücklichen gesetzlichen Regelungen, welche genau festlegen, wie weit bei schwerer Krankheit bzw. am Ende des Lebens die Rechte und Pflichten bei der Ermöglichung oder Erleichterung des Todes gehen. Die bestehenden Vorschriften, die Mord- und Totschlagsparagraphen des StGB und das Verbot der Tötung auf Verlangen, sind nicht auf die Sterbehilfe zugeschnitten.[191] Hinzu kommt, daß die existenziellen Probleme einer Entscheidung über Leben und Tod nur schwer einer rechtlichen Abstraktion zugänglich sind, die notwendigerweise eine verallgemeinernde Typisierung vornehmen muß. Außerdem kann die Sterbehilfe als rechtliches Problem nicht gänzlich unabhängig von medizinischen, philosophischen, theologischen und soziologischen Überlegungen behandelt werden.[192] Die rechtliche Beurteilung der unterschiedlichen Formen der Sterbehilfe ist daher vielfach umstritten. Gerade die Rechtsprechung ist durch eine verwirrende Kasuistik gekennzeichnet, bei denen die dogmatische Begründung nicht immer klar ist.

Über die Sterbehilfe, insbesondere über die Zulässigkeit einer direkten Tötung auf Wunsch eines Kranken wurde in Deutschland ebenso wie in anderen westlichen Industriestaaten immer wieder eine lebhafte und engagierte, wenn auch nicht immer sachliche, öffentliche Diskussion geführt. Die Erinnerung an die von den Nationalsozialisten unter dem Begriff "Euthanasie" durchgeführten Tötungsprogramme verstärkt eine emotionale Polarisierung. Häufig wird in jeder Lockerung des Verbots von

---

[189] *Eser, Albin*: Sterbehilfe und Euthanasie in rechtlicher Sicht, in: *Eid, Volker* (Hrsg.): Euthanasie oder Soll man auf Verlangen töten?, 45, 46; *Dworkin, Ronald*: Die Grenzen des Lebens, 248

[190] Vgl. zur Unterscheidung in freiwillige (voluntary), unfreiwillige (involuntary) und nicht freiwillige (nonvoluntary) Sterbehilfe *Gießen, Dieter*: Ethische und rechtliche Probleme am Ende des Lebens, JZ 1990, 929, 933; *VanDeVeer, Donald*: Paternalistic Intervention, 227

[191] *Hoerster, Norbert*: Sterbehilfe im säkularen Staat, 8

[192] *Roxin, Claus*: Zur strafrechtlichen Beurteilung der Sterbehilfe, in: *Roxin, Claus; Schroth, Ulrich* (Hrsg.): Medizinstrafrecht, 87, 88

(aktiver) Sterbehilfe eine Relativierung des Lebensrechts und des Lebenswerts alter, kranker oder behinderter Menschen gesehen. Damit werde ein entscheidender Schritt in Richtung einer Welt gegangen, in der nur noch das junge und gesunde Leben Achtung fände und alles Alte und Kranke als sinnlos und gesellschaftlich unnütz einer sozialdarwinistisch motivierten Selektion zum Opfer fiele.

Im weiteren soll die aktuelle Diskussion vor dem Hintergrund der historischen Entwicklung aufgezeigt werden (1.). Dem folgt eine Auseinandersetzung mit den verschiedenen Formen der Sterbehilfe, mit der Sterbebegleitung (2.), der passiven Sterbehilfe (3.), der indirekten Sterbehilfe (4.) und der aktiven Sterbehilfe (5.). Eine eigene Stellungnahme schließt das Kapitel ab (6.).

1. Historische Entwicklung und aktuelle Diskussion

Für die Beurteilung der Sterbehilfe in der europäisch-abendländischen Kulturgeschichte ist zunächst die antike, besonders in der Stoa vertretene Auffassung einflußreich, welche den bewußten Tod als heroisch-konsequente Alternative zu einem als belastend oder sinnlos empfundenen Leben begriff. Hierin zeigte sich deutlich die Billigung der Sterbehilfe als eine bewußte und direkt herbeigeführte Tötung.[193]

Dagegen war dem jüdisch-christlichen Denken die direkte Tötung von Leidenden auf dessen Verlangen hin fremd. Das im Mittelalter vorherrschende, religiös begründete absolute Selbsttötungsverbot ließ auch für die direkte Sterbehilfe keinen Raum. Dies änderte sich erst mit der Rückbesinnung auf antike (stoische) Ideale in der Renaissance und den liberalen Plädoyers für die Verfügungsmacht über das eigene Leben in der Aufklärung. Der englische Philosoph *Thomas Morus* entwickelte in seinem 1516 veröffentlichten Buch über eine ideale Staatsverfassung auf der fiktiven Insel "Utopia" erstmals Prinzipien für eine aktive Sterbehilfe. *Francis Bacon* forderte eine "Euthanasia medica", für die nicht Heilung, sondern Schmerzbehandlung des Sterbenden ärztlicher Auftrag sei. Ihm ging es dabei sowohl um die Erleichterung als auch um die Beschleunigung des Sterbens.

Nachdem die religiös begründete Verurteilung der Selbsttötung infolge der Aufklärung zweifelhaft wurde, begriff man Ende des vorletzten Jahrhundert die Sterbehilfe zunehmend als Teil eines "Rechts auf den Tod" – so der Titel eines 1895 erschienenen einflußreichen Buches von *Adolf Jost*. Seitdem gibt es immer wieder Bemühungen, die Sterbehilfe in Deutschland gesetzlich zu regeln. Anfang des letzten Jahrhunderts wurden zahlreiche private Regelungsentwürfe publiziert, welche die Tötung auf Verlangen eines Kranken unter bestimmten Umständen freigeben wollten. Dabei sollten Genehmigungsverfahren oder bestimmte inhaltliche Kriterien Mißbräuchen vorbeugen. Im Vordergrund stand bei diesen Überlegungen zunächst der Respekt vor dem Selbstbestimmungsrecht des Betroffenen. Zunehmend wurden auch utilitaristische und sozialdarwinistische Gedanken zur Begründung herangezogen, die dem damaligen Zeitgeist

[193] *Eid, Volker*: Geschichtliche Aspekte des Euthanasieproblems, in: *ders.* (Hrsg.) Euthanasie oder Soll man auf Verlangen töten?, 12, 14 f

entsprachen und den Forderungen eine zusätzliche Plausibilität verschaffen sollten.[194] *Friedrich Nietzsche*, der selbst die letzten elf Jahre seines Lebens wegen körperlicher und geistiger Krankheiten auf die Pflege von Freunden und Verwandten angewiesen war, hatte Ende des 19. Jahrhunderts den Kranken als Parasiten der Gesellschaft bezeichnet und die Ärzte aufgefordert, das schwache und absterbende Leben rücksichtslos niederzudrängen.[195] Auch die berühmt gewordene Schrift "Die Freigabe der Vernichtung lebensunwerten Lebens" von *Karl Binding* und *Alfred Hoche* aus dem Jahre 1920 enthielt sozialdarwinistisches Denken, das zunehmend die Euthanasiedebatte dominierte. Das Selbstbestimmungrecht des sterbewilligen Kranken wurde verdrängt durch die Diskussion um objektive Kriterien dafür, ob ein Leben "lebenswert" sei.

Im Nationalsozialismus mündeten solche sozialdarwinistischen, am "objektiv" zu bestimmenden Wert oder Unwert des Lebens orientierten Euthanasievorstellungen in konkrete Tötungsprogramme. Dabei ging es nicht mehr um eine wie auch immer verstandene Erleichterung des Sterbens, sondern um die staatlich angeordnete Ausmerzung von "lebensunwürdigen" Menschen (Geistesgestörte, Erbgeschädigte, schwerkranke, alte Menschen). Die Selbstbestimmung der Opfer spielte keine Rolle, weder die Betroffenen noch ihre Angehörigen wurden gefragt, und viele wurden gegen ihren ausdrücklichen Willen getötet.[196] Anders als bei der Judenvernichtung stießen die Nationalsozialisten bei den "Euthanasieprogrammen" auf erbitterten Widerstand, insbesondere der katholischen Kirche. Dies hatte zur Folge, daß die Tötungsprogramme eingeschränkt bzw. nur noch heimlich weitergeführt wurden. Die Erinnerung an den Widerstand gegen die als "Euthanasie" bezeichneten Tötungen bestärkt bis heute die christlichen Kirchen in ihrer Ablehnung der aktiven Sterbehilfe.

In Deutschland wurde in Reaktion auf das Bekanntwerden des Ausmaßes von "rassisch" motivierter Massenvernichtung und "Euthanasie" im 3. Reich die "Unantastbarkeit des Lebens" nach dem zweiten Weltkrieg mit besonderer Eindringlichkeit beschworen. Dabei spielten auch christliche Vorstellungen von der "Heiligkeit" des Lebens eine Rolle. Die Todesstrafe wurde durch das Grundgesetz abgeschafft. In der Rechtswissenschaft setzte sich die Auffassung durch, daß jede Form der Abwägung von Leben gegen Leben unzulässig sei. Diese Tabuisierung führte dazu, daß über Sterbehilfe nicht oder nur wenig diskutiert wurde.

Die Diskussion um Sterbehilfe erfuhr erst in den 70er Jahren eine erneute Belebung. Denn mit der Zeit schwand die Erinnerung an die verbrecherische Euthanasiepraxis während des zweiten Weltkriegs mehr und mehr aus dem allgemeinen Bewußtsein.[197] Hinzu kam, daß mit zunehmendem medizinischen Fortschritt Leben und Tod immer stärker manipulierbar wurden und so ihre naturhafte Bedeutung verloren. Die Mög-

---

[194] *Koch, Hans-Georg*: Landesbericht Bundesrepublik Deutschland, in: *ders; Albin Eser* (Hrsg.): Materialien zur Sterbehilfe, 58

[195] *Nietzsche, Friedrich*: Götzen-Dämmerung, 90 f

[196] *Eid, Volker*: Geschichtliche Aspekte des Euthanasieproblems, in: *ders.* (Hrsg.) Euthanasie oder Soll man auf Verlangen töten, 12, 21

[197] *Eid, Volker*: Vorwort, in: *ders.* (Hrsg.) Euthanasie oder Soll man auf Verlangen töten, 9

lichkeiten der Intensivmedizin, Menschen auch nach dem Verlust ihres Bewußtseins und wesentlicher Körperfunktionen durch entsprechende technische Vorrichtungen als "lebende Biomasse" lange Zeit künstlich am Leben zu erhalten, erzeugten neue Ängste vor einem hilflosen Ausgeliefertsein an die "Apparatemedizin". Dazu kam die gestiegene Lebenserwartung. Immer mehr Menschen befürchteten, im Alter hilfs- oder pflegebedürftig zu werden. Damit verbunden waren (und sind) Ängste vor Abhängigkeit und Bevormundung. Auch verlagerte sich der Vorgang des Sterbens aus der privaten Umgebung, wo er der Öffentlichkeit weitgehend verborgen blieb, in Krankenhäuser und Pflegeeinrichungen. Dort sind immer mehr Menschen an der Betreuung unheilbar Kranker beteiligt, die wiederum im Blickpunkt öffentlicher Kontrolle stehen.[198]

Seit Anfang der 80er Jahre werden Fragen der Sterbehilfe verstärkt in der Öffentlichkeit diskutiert. Mit der "Deutschen Gesellschaft für Humanes Sterben" (DGHS) und der "Humanistischen Union" wurden zwei Vereinigungen gegründet, die sich für das Selbstbestimmungsrecht von Patienten einsetzen und eine Legalisierung der aktiven Sterbehilfe fordern. Die DGHS, die unter bestimmten Umständen ihren Mitgliedern auch Hilfe zur Selbsttötung leistet, hat mit ihren Aktivitäten und rechtspolitischen Vorschlägen[199] zur weiteren Polarisierung der Öffentlichkeit beigetragen. Insbesondere aus den Reihen der ärztlichen Standesvertretungen wurde die Vereinigung starf kritisiert. Auch die immer stärker werdende Hospiz-Bewegung setzt bei ihrem Engagement für Sterbende, deren Interessen sie sich verpflichtet fühlt, einen anderen Schwerpunkt. Kerngedanke der Hospiz-Bewegung ist die Sterbebegleitung. Eine gezielte und beabsichtigte Beendigung des Lebens wird dagegen entschieden abgelehnt.

Die öffentliche Diskussion wurde auch durch einige spektakuläre Fälle von Sterbehilfe belebt, über die in den Medien sehr ausführlich berichtet wurde. Große Aufmerksamkeit erregte der Chirurg *Julius Hackethal*, der sich dafür einsetzte, todkranken und leidenden Menschen eine Beendigung des Lebens zu ermöglichen.[200]

1985 beschäftigte sich der Rechtsausschuß des Deutschen Bundestages mit Fragen der Sterbehilfe. Eine spezialgesetzliche Regelung dieses Bereichs wurde nach einer öffentlichen Anhörung von Sachverständigen[201] jedoch nicht für dringlich befunden. Auch die strafrechtliche Abteilung des 56. Deutschen Juristentages 1986 in Berlin befaßte sich mit der Sterbehilfe. Neben den Fachreferaten stand der "Alternativentwurf eines Gesetzes über Sterbehilfe" (AE Sterbehilfe) im Mittelpunkt der Diskussion. Dieser war von Professoren des Strafrechts und der Medizin und ihren Mitarbeitern ausgearbeitet und anläßlich des Juristentages veröffentlicht worden. Er sah im wesentlichen eine deklaratorische Kodifikation der bestehenden Rechtslage zur Sterbehilfe vor, um dadurch bestehende Unsicherheiten zu beseitigen. Auf dem Juristentag lehnte die Mehrheit jedoch eine besondere gesetzliche Regelung der Sterbehilfe ab, da diese

---

198 *Gießen, Dieter*: Ethische und rechtliche Probleme am Ende des Lebens, JZ 1990, 929, 945

199 Vgl.: *Detering, Jutta*: Forum: § 216 StGB und die aktuelle Diskussion um die Sterbehilfe, JuS 1983, 418, 420 ff

200 OLG München, NJW 1987, 2940 ff; *Herzberg, Dietrich*: Der Fall Hackethal, NJW 1986, 1635

201 Sten. Prot. 10/51; DRiZ 1985, 386 f

nur neue Zweifelsfragen aufwerfe und eine Bürokratisierung des Sterbens begünstige. Der Arztberuf solle nicht weiter verrechtlicht werden. Mit großer Mehrheit wurden auch alle Tendenzen abgelehnt, die aktive Sterbehilfe gesetzlich zuzulassen bzw. zu regeln.[202]

Im Jahre 2001 verabschiedeten die Niederlande und 2002 Belgien Gesetze, welche Ärzten unter Einhaltung bestimmter Verfahrensvorschriften gestatten, Patienten auf ihren Wunsch hin zu töten. Diese Neuregelungen haben der öffentlichen Diskussion um Sterbehilfe in Deutschland neuen Auftrieb gegeben. Während in der Bevölkerung seit längerem die überwiegende Mehrheit eine Legalisierung aktiver Sterbehilfe befürwortet,[203] stoßen entsprechende Forderungen bei den (rechts-) politisch Verantwortlichen ganz überwiegend auf Ablehnung.

2. Sterbebegleitung

Als Sterbebegleitung bezeichnet man die Hilfe im Sterben.[204] Eine spezialgesetzliche Regelung der Betreuungspflichten am Lebensende gibt es in Deutschland nicht. An der Legitimität von Sterbebegleitung wird gleichwohl nicht gezweifelt, nahezu einmütig ist auch die Forderung nach Verbesserungen bei der Betreuung und Schmerzbehandlung Sterbender. Anders als die medizinische und pflegerische Versorgung ist Sterbebegleitung im Sinne menschlicher Zuwendung im Sterben jedoch letztlich nicht rechtlich faßbar, es ist vielmehr eine moralische und humanitäre Grundpflicht.[205]

a. Rechtliche Regelung

Bestimmungen zur Sterbebegleitung finden sich indirekt in einigen landesrechtlichen Krankenhausgesetzen.[206] In Vorschriften mit weitgehend programmatischem Charakter wird dort Patienten ein Anspruch auf würdevolles Sterben zuerkannt.

Sonst steht für das Recht die Schmerzlinderung des Sterbenden im Vordergrund, da sich hier konkrete Handlungspflichten formulieren lassen. Schmerzlinderung im Todeskampf ist rechtlich nicht nur zulässig, sondern für den behandelnden Arzt sogar geboten. Die Linderung von Schmerzen gehört zur ärztlichen Pflicht. Vernachlässigt der behandelnde Arzt diese Pflicht, macht er sich wegen (fahrlässiger oder vorsätzlicher) Körperverletzung durch Unterlassen gem. §§ 223, 230, 13 StGB oder wegen unterlassener Hilfeleistung nach § 323c StGB strafbar.[207] Die Schmerzlinderung wird auch nicht dadurch unzulässig, daß das Bewußtsein des Sterbenden beeinträchtigt werden kann und der bewußte Todeskampf in ein sanftes "Hinüberschlummern" ver-

---

[202] vgl. Deutscher Juristentag: Der Tagungsverlauf, NJW 1986, 3086, 3065 f, 3073 f

[203] *Koch, Hans-Georg*: Landesbericht Bundesrepublik Deutschland, in: *Eser, Albin; Koch, Hans-Georg*: Materialien zur Sterbehilfe, 31, 71 m. w. N

[204] Vgl. *Beckert, Frauke*: Strafrechtliche Probleme der Suizidbeteiligung und Sterbehilfe, 19 f; *Chong, Hyon-Mi*: Sterbehilfe und Strafrecht, 7

[205] *Hirsch, Günter*: Der sterbende Mensch, ZRP 1986, 239

[206] Vgl. § 6 Abs. 4 Hessisches Krankenhausgesetz; § Abs. 1 Krankenhausgesetz NRW; § 25 Abs. 7 saarländisches Krankenhausgesetz

[207] *Pelzl, Stephan*: An der Grenze von Leben und Tod, KJ 1994, 179, 181

wandelt wird.[208] Strafbar ist aber, einem Kranken oder Sterbenden, der seinen Tod bei möglichst klarem Bewußtsein erleben will, gegen seinen Willen schmerzstillende oder beruhigende Mittel zu verabreichen.[209]

Die Schmerzlinderung von Kranken und Sterbenden ist in Deutschland durch rechtliche Vorgaben erheblich erschwert. Die Vergabe wirksamer Schmerzmedikamente richtet sich nach den Vorschriften der Betäubungsmittel-Verschreibungs-Verordnung (BtMVV). Schmerzmittel dürfen nur eingeschränkt bis zu bestimmten Höchstmengen auf speziellen BtM-Rezepten verschrieben werden, und über den Verbleib der Substanzen ist ein genauer Nachweis zu führen. Erst seit einer Lockerung der BtMVV 1993 dürfen Ärzte Schmerzmittel bis zur Menge eines Zweiwochenbedarfs verschreiben, wodurch die Schmerzbehandlung in der häuslichen Umgebung leichter möglich wurde.

b. Rechtfertigung

Die Pflicht zur Linderung von Schmerzen gründet in der Vorstellung, daß es nicht nur rechtlich zu mißbilligen sei, wenn Schmerzen aktiv zugefügt würden, sondern auch, wenn Schmerzen nicht gelindert würden, obwohl dies möglich und gewollt ist. Jedem Menschen wird ein rechtlich schützenswertes Interesse an Schmerzfreiheit zugeschrieben. Dies richtet sich gegen aktive Angriffe auf die körperliche Integrität genau so wie gegen ein Nichteingreifen oder Nichthandeln. Ein staatlich garantiertes Recht von Leidenden zur Linderung von Schmerzen wird dabei aus der Verpflichtung zum Schutz der Menschenwürde abgeleitet. Schmerz könne so weit gehen, daß er die elementare personale Funktion der Menschenwürde beeinträchtige.[210]

c. Kritik

Kritik entzündet sich vor allem daran, daß in Deutschland die reine Schmerztherapie wenig entwickelt ist. Häufig wird die Formulierung gebraucht, die Bundesrepublik sei auf dem Gebiete der Palliativmedizin, also der reinen Schmerzbehandlung, die nicht der Heilung dient, ein Entwicklungsland.[211] Ein Vorwurf lautet, die Schmerzbekämpfung unheilbar Kranker werde von Medizinern vernachlässigt und in den Krankenhäusern oft unerfahrenen Stationsärzten und dem Pflegepersonal überlassen.[212]

Für die Mängel bei der Schmerztherapie, besonders im häuslichen Bereich, wird auch das bürokratische Regelungsgeflecht der BtMVV verantwortlich gemacht, welches Ärzte oft von wirksamen Schmerztherapien abhält. Der Vorsitzende der Gesellschaft

---

[208] SchönkeSchröder/*Eser*: Vorbem. §§ 211 ff Rn 23 m.w. N.

[209] *Roxin, Claus*: Zur strafrechtlichen Beurteilung der Sterbehilfe, in: *Roxin, Claus; Schroth, Ulrich* (Hrsg.): Medizinstrafrecht, 87, 89

[210] *Hufen, Friedhelm*: In dubio pro dignitate, NJW 2001, 849, 851; LG Karlsruhe, NJW 1992, 756

[211] *Kutzer, Klaus*: Rechtliche und rechtspolitische Aspekte einer verbesserten Schmerzbekämpfung, in: FS Hannskarl Salger, 663, 670 ff m. w. N.

[212] *Brändel, Oliver*: Über das Recht, den Zeitpunkt des eigenen Todes selbst zu bestimmen, ZRP 95, 85, 89 f

zum Studium des Schmerzes in Deutschland, Österreich und der Schweiz, Prof. *Manfrd Zimmermann* aus Heidelberg, meinte dazu im Jahre 1985

> "Das bürokratische Verfahren beim Umgang mit Betäubungsmittelrezepten und die Strafandrohung für Übertretungen und Vergehen gegen das Betäubungsmittelgesetz führen zu einer Kriminalisierung des Umgangs mit Opiaten. Es ist deshalb verständlich, daß viele Ärzte diesen Bereich aus ihrer ärztlichen Tätigkeit ausklammern und überhaupt keine Betäubungsmittelrezepte anfordern. Sie können deshalb auch nicht in solchen Fällen helfen, wo der Einsatz von Opiaten unumgänglich notwendig ist, vor allem bei tumorbedingten schweren Schmerzzuständen."[213]

Zwar wurden die restriktiven Bestimmungen des BtMVV inzwischen gelockert, doch den Regelungen wird weiter vorgeworfen, bei Ärzten eine Scheu vor einer reinen Schmerzbehandlungen zu verursachen. Insbesondere im häuslichen Bereich erschwere die Verordnung weiterhin eine wirksame Schmerztherapie. Spezielle Rezepte seien immer noch vorgeschrieben. Auch wirke es psychologisch hinderlich, daß Ärzte bei der Anwendung von Opiaten rechtlich in die Nähe krimineller Rauschgiftdealer gerückt werden. Die übertriebene Furcht vor Suchterkrankungen, die bei leidenden Menschen im Abschnitt ihres verlöschenden Lebens eigentlich keine Rolle mehr spielen sollte, verursache eine Vernachlässigung der Schmerzbehandlung.[214]

3. Passive Sterbehilfe

Als passive Sterbehilfe (oder passive Euthanasie) bezeichnet man das Unterlassen lebensverlängernder medizinischer Behandlung. In einer ersten groben Aufteilung ist die Nichtaufnahme einer Behandlung, die Nichtbehandlung einer nach Therapieaufnahme auftretenden Krankheit und der Verzicht auf die Fortführung einer bereits begonnenen Behandlung zu unterscheiden.[215]

Der passiven Sterbehilfe kommt in der öffentlichen Diskussion besonderes Gewicht zu, weil in der Bevölkerung eine weit verbreitete Angst besteht, als Sterbender auch gegen seinen Willen weiterbehandelt zu werden und so zum Objekt einer an den medizinisch-technischen Möglichkeiten orientierten "Lebensverlängerung um jeden Preis" zu werden.

---

[213] MünchmedWochenschr. 1985, 17, zitiert nach *Uhlenbruck, Wilhelm*: Recht auf den eigenen Tod?, ZRP 1986, 209, 216

[214] *Kutzer, Klaus*: Rechtliche und rechtspolitische Aspekte einer verbesserten Schmerzbekämpfung, in: FS Hannskarl Salger, 663, 670, 672 ff; *Uhlenbruck, Wilhelm*: Recht auf den eigenen Tod?, ZRP 1986, 209, 216, m. w. N.

[215] *Pelzl, Stephan*: An der Grenze von Leben und Tod, KJ 1994, 179, 181

a. Rechtslage

Es besteht weitestgehende Einigkeit darüber, daß passive Sterbehilfe nicht nur zulässig, sondern sogar rechtlich geboten ist. Dies gilt unabhängig davon, ob es um die Nichtaufnahme einer Behandlung oder den Verzicht auf die Fortführung einer bereits begonnenen Behandlung geht.[216] Auch im Fall passiver Sterbehilfe ist der Arzt zur Schmerzlinderung verpflichtet.[217] Einem Patienten, der eine lebensverlängernde Intensivbehandlung ablehnt, darf deshalb nicht die Schmerzbehandlung versagt werden.

b. Rechtfertigung

Soweit es um das Absehen von einer medizinischen Behandlung auf ausdrücklichen Wunsch des Patienten geht, ist die rechtliche Beurteilung unproblematisch. Bei einem solchen einverständlichen Behandlungsverzicht ist der Arzt verpflichtet, nichts für eine medizinisch mögliche Lebensverlängerung zu tun. Denn er hat das Recht des Patienten auf seine körperliche Unversehrtheit zu achten. Es besteht keine Befugnis zu einer zwangsweisen Behandlung. Dies gilt selbst dann, wenn die Behandlungsverweigerung unvernünftig ist und dadurch das Leben des Patienten gefährdet wird.[218] Bereits Ende des vorletzten Jahrhunderts hatte das Reichsgericht den Vorrang der Selbstbestimmung über die körperliche Integrität auch bei ärztlich zwingend gebotenen Eingriffen herausgestellt.[219] Diese grundsätzliche Wertentscheidung behielt auch in der Bundesrepublik seine Gültigkeit und wurde durch zahlreiche Urteile bestätigt.[220] 1957 formulierte dar BGH

> "Niemand darf sich zum Richter in der Frage aufwerfen, unter welchen Umständen ein anderer vernünftigerweise bereit sein sollte, seine körperliche Unversehrtheit zu opfern, um dadurch wieder gesund zu werden; [...] selbst ein lebensgefährlich Kranker kann triftige und sowohl menschlich wie sittlich achtenswerte Gründe haben, eine Operation abzulehnen, auch wenn er durch sie und nur durch sie von seinem Leiden befreit werden könnte."[221]

Auch das BVerfG betonte, daß die Entscheidung eines Kranken über seine Behandlung zu respektieren sei. Es gäbe insoweit eine "Freiheit zur Krankheit".[222] Eine medizinisch indizierte Zwangsbehandlung gegen den Willen des Beteiligten ließe sich nicht

---

[216] TröndleFischer/*Tröndle*: StGB, Vor 211 Rn. 18 ff m. w. N.; Sitzungsbericht 56. DJT M 191 f

[217] *Eser, Albin*: Sterbehilfe und Euthanasie in rechtlicher Sicht, in: *Eid, Volker* (Hrsg.): Euthanasie oder Soll man auf Verlangen töten?, 45, 54

[218] *Gropp, Walter*: Zur Freiverantwortlichkeit des Suizids aus juristischer Sicht, in: *Pohlmeier, H; Schöch, H.; Venzlaff, U.*: Suizid, 13, 30

[219] RGSt 25, 375

[220] Grundlegend BGHSt 11, 111

[221] BGHSt 11, 111, 114

[222] BVerfG 32, ; BVerfG NJW 1998, 1774, 1775

mit den grundrechtlich garantierten Freiheiten vereinbaren.[223] Art. 2 Abs. 2 GG begründe keine staatliche Schutzpflicht für das "Leben im biologischen Sinne", sondern schütze die körperliche und seelische Integrität vor ungewollten ärztlichen Eingriffen.[224]

Die umstrittene,[225] aber gefestigte Rechtsprechung in Deutschland wertet die Einwirkung auf die körperliche Integrität bei einer medizinischen Behandlung als Körperverletzung, deren Strafbarkeit nur durch die wirksame Einwilligung des Patienten entfällt.[226] Danach macht sich jeder Arzt strafbar, der eigenmächtig einen Patienten gegen seinen Willen behandelt. Dies gilt auch für jede lebensverlängernde medizinische Maßnahme, der der Patient widerspricht.

Im Ergebnis besteht auch Einigkeit darüber, daß der Abbruch einer lebenserhaltenden medizinischen Maßnahme straffrei bleiben soll – und zwar auch dann, wenn zu diesem Abbruch ein aktives Tun wie etwa das Ausschalten eines Beatmungsgeräts erforderlich ist. Dabei entsteht jedoch ein strafrechtliches Problem, weil das Leben, auch das erlöschende Leben, grundsätzlich davor geschützt ist, durch Handlungen anderer verkürzt zu werden. In der juristischen Fachliteratur wird die Straflosigkeit des "technischen Behandlungsabbruchs" mit unterschiedlichen Argumenten begründet, wobei sich zwei Grundmuster unterscheiden lassen:

Nach dem ersten Ansatz wird der "technische Behandlungsabbruch" einfach rechtlich als Unterlassen gewertet.[227] Denn das "Tun", also das Betätigen eines Schalters, welcher die technische Behandlungsapparatur ausschaltet, stünde nicht im Vordergrund. Vielmehr komme es darauf an, daß die technische Behandlung nicht weiter vorgenommen, also unterlassen werde. Entscheidend sei die Beziehung des Arztes zum Körper des Patienten. Durch das Abstellen eines Behandlungsgeräts werde nicht auf den Körper eingewirkt, vielmehr werde gerade ein Einwirken unterlassen. Der geringfügige Energieeinsatz beim Abschalten des technischen Behandlungsgeräts habe nur die Bedeutung, den Übergang von der aktiven Fürsorge zum passiven Geschehenlassen (Sterbenlassen) einzuleiten.[228] Tötung durch Tun sei die Verursachung einer Lebensverkürzung, Tötung durch Unterlassen dagegen die Nichtverursachung einer

---

[223] BVerfG 32,98, 106 ff

[224] *Hufen, Friedhelm*: In dubio pro dignitate, NJW 2001, 849, 852

[225] SchönkeSchröder/*Eser*: § 223 Rn. 29 ff m. w. N.

[226] st. Rspr. RG 25, 375; BGHSt 11, 111; 12, 379

[227] TröndleFischer/*Tröndle* Vor § 211 Rn 13; *Engisch, Karl*: Konflikte, Aporien und Paradoxien bei der rechtlichen Beurteilung der ärztlichen Sterbehilfe, in: FS Dreher, 309, 326; *Geilen, Gerd*: Neue juristisch-medizinische Grenzprobleme, JZ 1968, 145, 151; *Krey, Volker*: Strafrecht BT 1, *Wessels, Johannes; Hettinger, Michael*: Strafrecht BT, § 1 III 3; BGH NJW 1995, 204, 206; Philosophische Begründung: *Foot, Philippa*: Euthanasie, in: *Leist, Anton* (Hrsg.:) Um Leben und Tod, 285, 303 f; *Birnbacher, Dieter*: Tun und Unterlassen, 344

[228] *Engisch, Karl*: Konflikte, Aporien und Paradoxien bei der rechtlichen Beurteilung der ärztlichen Sterbehilfe, in: FS Dreher, 309, 326

Lebensverlängerung. Die ursächlichen Beziehungen zum Erfolg seien insofern verschieden.[229]

Ein anderer Ansatz sieht den "technischen Behandlungsabbruch" nicht durch den Sinngehalt der Tötungsdelikte gedeckt. Passive Sterbehilfe sei uneingeschränkt zulässig, weil der Patient durch seinen Willen andere – seien es Ärzte, seien es Angehörige – von ihrer Pflicht entbindet, sein Leben zu erhalten.[230] Das LG Ravensburg begründete in einem Urteil aus dem Jahre 1986, warum trotz allgemeinen Tötungsverbots passive Sterbehilfe zulässig sei:

> "Sinn des Tötungsverbotes ist es, das Leben zu erhalten. Die Verwirklichung dieses Zieles gebietet aber nicht, den sich im Todeskampf befindlichen Menschen gewaltsam und gegen seinen Willen am Sterben zu hindern. Gerade dies wäre mit dem Gebot der Achtung fremden Lebens, das stets mit dem Tode endet, nicht vereinbar. Der Tod gehört zum Leben ebenso wie die Geburt. Beim sterbenden Menschen, der nicht mehr gerettet werden kann, ist der Tod nichts Unnatürliches, das gleichsam wie eine Krankheit mit allen Mitteln bekämpft werden muß."[231]

Auch die evangelische und katholische Kirche in Deutschland haben in verschiedenen Stellungnahmen die Zulässigkeit der passiven Sterbehilfe betont und sich gegen eine zwangsweise Behandlung ausgesprochen, um das Leben "um jeden Preis" zu erhalten.[232] Dazu wird ausgeführt, zwischen aktiver und passiver Sterbehilfe bestünden inhaltliche Unterschiede. Die aktive Tötung beende das Leben definitiv, während der Behandlungsabbruch der Natur die Möglichkeit ihrer eigenen Wirksamkeit belasse.[233]

c. Kritik

Nur vereinzelt wird vertreten, es sei die Pflicht des Arztes, die Lebensfunktionen des Patienten so lange wie möglich aufrecht zu erhalten. Dabei wird argumentiert, das Leben sei vor jeder ernsten Gefährdung zu schützen. Deshalb dürfe sich der Arzt nicht dem Willen des Patienten unterordnen, wenn dies unvernünftig sei und eine Verschlimmerung der Krankheit oder den Tod zur Folge habe.[234]

Überwiegend richtet sich die Kritik nicht gegen die rechtliche Bewertung der Sterbehilfe, wie sie in Rechtsprechung und durch die rechtswissenschaftliche Fachliteratur

---

[229] *Sax, Walter*: Zur rechtlichen Problematik der Sterbehilfe durch vorzeitigen Abbruch einer Intensivbehandlung, JZ 1975, 137, 149

[230] *Otto, Harro*: Recht auf den eigenen Tod?, D 45 f

[231] LG Ravensburg, NStZ 1987, 229 f

[232] Deutsche Bischofskonferenz: Das Lebensrecht des Menschen und die Euthanasie, in: *Koch, Hans-Georg*: Landesbericht Bundesrepublik Deutschland, in: *ders; Albin Eser* (Hrsg.) Materialien zur Sterbehilfe, 160, 165; Kirchenamt der Evangelischen Kirche in Deutschland; Sekretariat der Deutschen Bischofskonferenz (Hrsg.): Gott ist ein Freund des Lebens, 105 ff

[233] *Matouschek, Erich*: Gewandelte Auffassungen über Sterben und Tod, 31

[234] *Bockelmann, Paul*: Strafrecht des Arztes, 112 f

vorgenommen wird. Vielmehr wird angeprangert, daß die fehlende gesetzliche Regelung dieses Bereichs in der Praxis häufig zu Unsicherheiten und Ungewissheit führt.[235] Die Grenzen zwischen der erlaubten passiven und der verbotenen aktiven Sterbehilfe seien oft verschwommen. Die Diskussion um die strafrechtsdogmatische Begründung der Zulässigkeit eines "technischen Behandlungsabbruchs" führe zu großen Unsicherheiten der behandelnden Ärzte. Mediziner ergriffen aus der (unbegründeten) Furcht, sich sonst strafbar zu machen, in manchen Fällen gegen den Willen der Betroffenen objektiv sinnlose leidens- oder lebensverlängernde Maßnahmen.[236]

Der AE-Sterbehilfe schlägt eine gesetzgeberische Regelung vor, die in der Formulierung klar macht, daß der technische Behandlungsabbruch genauso zulässig ist wie die Nichtbehandlung, sofern dies dem Willen des Betroffenen entspricht. Die in dem Entwurf ausformulierten sachlichen Voraussetzungen der passiven Sterbehilfe entsprechen der bestehenden Rechtslage.[237]

4. Indirekte Sterbehilfe

Als indirekte Sterbehilfe (indirekte Euthanasie) wird eine Lebensverkürzung bezeichnet, die zwar nicht angestrebt, aber um der Schmerzlinderung willen in Kauf genommen wird. Dies ist der Fall, wenn Medikamente zur Schmerzlinderung verabreicht werden, die als unbeabsichtigte Nebenfolge den Eintritt des Todes beschleunigen bzw. bei denen man das Risiko einer Lebensverkürzung in Kauf nimmt.

Die rechtliche Bewertung der indirekten Sterbehilfe ist kein rein akademisches Scheinproblem, sondern hat ganz erhebliche praktische Auswirkungen, da es bisher keine wirksamen Schmerzmittel gibt, die frei von Nebenwirkungen sind.[238]

a. Rechtslage

Die indirekte Sterbehilfe ist gesetzlich nicht geregelt. Ganz überwiegend wird die indirekte Sterbehilfe heute für straflos gehalten.[239] Der BGH hat diese, in der rechtswissenschaftlichen Literatur mit unterschiedlicher Begründung vertretene Bewertung 1996 in einer Grundsatzentscheidung ausdrücklich bestätigt. Im Leitsatz des Urteils heißt es:

> "Eine ärztlich gebotene schmerzlindernde Medikation entsprechend dem erklärten oder mutmaßlichen Patientenwillen wird bei einem Sterbenden

---

[235] *Eser, Albin*: Freiheit zum Sterben – Kein Recht auf Tötung, JZ 1986, 786, 792

[236] *Brändel, Oliver C.*: Über das Recht, den Zeitpunkt des eigenen Todes selbst zu bestimmen, ZRP 1985, 85, 92

[237] TröndleFischer/*Tröndle* Vor 211 Rn 21

[238] *Krey, Volker*: Strafrecht BT, Bd. 1, 12

[239] TröndleFischer/*Tröndle* Vor § 211 Rn 15 m. w. N.

> nicht dadurch unzulässig, daß sie als unbeabsichtigte, aber in Kauf genommene Nebenfolge den Todeseintritt beschleunigen kann."[240]

Auch die Bundesärztekammer hat in ihren Grundsätzen zur "ärztlichen Sterbebegleitung" gebilligt, eine Lebensverkürzung hinzunehmen, wenn die Linderung des Leidens klar im Vordergrund steht.[241]

b. Begründung

Über die Begründung für die Straflosigkeit herrscht in der Rechtswissenschaft keineswegs Einigkeit. Auch der BGH hat dies in dem erwähnten Urteil ausdrücklich offengelassen.[242] Diskutiert wird, das Verhalten schon tatbestandlich nicht als Tötung zu sehen, den Vorsatz zu verneinen, von einem erlaubten Risiko oder einer Rechtfertigung nach § 34 StGB auszugehen oder schließlich dem Sterbehelfer keine Schuld im strafrechtlichen Sinne vorzuwerfen.

Vielfach wird bereits ein auf Schmerzlinderung ausgerichtetes Verhalten nicht mehr als Tötung gesehen.[243] Die indirekte Sterbehilfe sei ein Akt der Hilfeleistung zur Erleichterung der Qualen, der, wenn er sich innerhalb der Grenzen der ärztlichen Kunst bewege, nicht als Tötung betrachtet werden könne. Eine ausschließlich auf die Kausalität abstellende Betrachtungsweise werde dem sozialen Sinn- und Bedeutungsgehalt des Geschehens in seinem Gesamtzusammenhang nicht gerecht.[244] Die indirekte Sterbehilfe wäre durch ein Sich-Fügen in das Sterben als unabänderliches Geschehen des Sterbens gekennzeichnet und könne dadurch klar von einem Herbeiführen des Todes unterschieden werden.[245] Der Schutzbereich der Tötungsdelikte umfasse solche Maßnahmen nicht.[246]

Andere meinen, bei der indirekten Sterbehilfe fehle es am Tötungsvorsatz. Dies wird damit begründet, daß der Täter die Lebensverkürzung ja nicht wolle oder anstrebe.[247] Dagegen wurde eingewandt, daß eine solche Wertung nicht mit der strafrechtlichen

---

[240] BGHSt 42, 301

[241] Grundsätze der Bundesärztekammer zur ärztlichen Sterbebegleitung vom 11.09.1998, NJW 1998, 3406

[242] BGHSt 42, 301, 305

[243] *Krey, Volker*: Strafrecht BT 1, Rn 14; *Herzberg, Dietrich*: Sterbehilfe als gerchtfertigte Tötung im Notstand?, NJW 1996, 3043, 3048, der seine zuvor vertretene Auffassung ausdrücklich aufgibt; *Hirsch, Günter*: Der sterbende Mensch, ZRP 1986, 239, 240; Leipziger Kommentar/*Jähnke*, Vor §§ 211 ff Rn 26; *Wessels, Johannes; Hettinger, Michael*: Strafrecht BT/1, Rn 31 ff; *Roxin, Claus*: Zur strafrechtliche Beurteilung der Sterbehilfe, in: *Roxin, Claus; Schroth, Ulrich* (Hrsg.) Medizinstrafrecht, 87, 90; *Tröndle, Herbert*: Sterbehilfe als rechtliches Problem, ZStW 99 (1987), 25, 29 ff;

[244] *Wessels, Johannes; Hettinger, Michael*: Strafrecht BT/1, Rn 31 ff

[245] *Tröndle, Herbert*: Sterbehilfe als rechtliches Problem, ZStW 99 (1987), 25, 32

[246] *Roxin, Claus*: Zur strafrechtlichen Beurteilung der Sterbehilfe, in: *Roxin, Claus; Schroth, Ulrich* (Hrsg.) Medizinstrafrecht, 87, 90; *Krey, Volker*: Strafrecht BT 1, Rn 14; *Hirsch, Günter*: Der sterbende Mensch, ZRP 1986, 239, 240

[247] *Schmitt, Rudolf*: Euthanasie aus der Sicht des Juristen, JZ 1979, 462

Vorsatzlehre in Einklang zu bringen sei.[248] Wer einen bestimmten Erfolg – hier die Tötung – mit vollem Wissen herbeiführe, handele auch dann vorsätzlich (dolus directus 2. Grades), wenn er den Erfolg nicht wolle. Wer beispielsweise ein Haus in Brand stecke, obwohl er wisse, daß sich dort ein bettlägeriger Mensch im oberen Geschoß befände, sei, wenn dieser Mensch verbrennt, wegen einer vorsätzlichen Tötung strafbar – auch dann, wenn es ihm nur um die Erlangung der Brandversicherung ginge und er den Tod zutiefst bedauert. Sei die Lebensverkürzung nicht sicher vorhersehbar, sondern nur wahrscheinlich, so begründe das billigende "Inkaufnehmen" dieses Risikos einen bedingten Vorsatz (dolus eventualis).

Andere bewerten die Vergabe schmerzlindernder, aber lebensverkürzender Medikamente als "erlaubtes Risiko". Eine Strafbarkeit wegen Tötung auf Verlangen scheide aus, weil das in der Medikamentenvergabe liegende Risiko durch die Rechtsordnung gebilligt werde.[249]

Vielfach wird jedoch auch versucht, die indirekte Sterbehilfe durch Annahme eines Notstands i.s.d. § 34 StGB zu rechtfertigen. Das Interesse an der Schmerzlinderung überwiege das Lebensinteresse. In Grenzsituationen menschlicher Existenz könne die Achtung menschlicher Würde erfordern, daß alles zur Schmerzlinderung Notwendige zu tun ist, um den Menschen als Person sterben zu lassen. Denn sonst wäre der Mensch nur noch ein vom Schmerz beherrschtes Wesen, das seiner selbst nicht mehr bewußt werden kann.[250]

Schließlich wird die Straflosigkeit der indirekten Sterbehilfe auch damit begründet, daß dem Täter kein Schuldvorwurf im strafrechtlichen Sinne gemacht werden könne.[251] Die Vorstellung, daß es an der subjektiven Vorwerfbarkeit fehle, wenn der Täter zur Leidenserleichterung eine Lebensverkürzung in Kauf nimmt, liegt auch der in der katholischen Ethik bekannten Lehre der Doppelwirkung zugrunde, auf welche in verschiedenen kirchlichen Verlautbarungen des Vatikans zur indirekten Sterbehilfe verwiesen wurde.[252] Damit wird das Dilemma bezeichnet, welches besteht, wenn man mit einer Handlung gleichzeitig etwas Gutes und etwas Schlechtes bewirkt. Dann soll sich die ethische Beurteilung nach der Intention des Handelnden richten. Auch von deutschen Juristen wurde die Straflosigkeit der indirekten Sterbehilfe mit der Lehre von der Doppelwirkung begründet.[253]

---

[248] *Chatzikostas, Konstantionos*: Die Disponibilität des Rechtsgutes Leben in ihrer Bedeutung für die Probleme von Suizid und Euthanasie, 76, m. w. N.

[249] SchönkeSchröder/*Eser* Vorbem. §§ 211 ff, Rn 26

[250] *Otto, Harro*: Recht auf den eigenen Tod?, D 56; *Beckert, Frauke*: Strafrechtliche Probleme um Suizidbeteiligung und Sterbehilfe, 318 ff

[251] *Laufs, Adolf*: Arztrecht, 162 f

[252] Kongregation für Glaubenslehre: Deklaratio de Euthanasia, Acta Apostolicae Sedis 72 (1980), 542 ff

[253] *Eser, Albin*: Sterbehilfe und Euthanasie in rechtlicher Sicht, in: *Eid, Volker* (Hrsg.): Euthanasie oder Soll man auf Verlangen töten?, 62; *Schöch, Heinz*: Menschenwürdiges Sterben und Strafrecht, ZRP 1986, 236, 238

c. Kritik

Da auch bei der indirekten Sterbehilfe aktiv (und vorhersehbar) Leben verkürzt wird, handelt es sich im Grunde um einen Unterfall der aktiven Sterbehilfe. Vereinzelt wird daher vertreten, die Strafbarkeit aller Handlungen, die den Tod eines Menschen herbeiführen oder beschleunigen, erstrecke sich auch auf die indirekte Sterbehilfe. Auch hier handele der Arzt mit zumindest bedingtem Tötungsvorsatz. Das Leben als Höchstwert der verfassungsrechtlichen Ordnung dürfe nie Gegenstand einer Abwägung sein. Die Rechtsordnung müsse einen konsequenten und lückenlosen Schutz des Lebens gerade auch in Grenzbereichen gewähren.[254]

Doch auch von Befürwortern der indirekten Sterbehilfe wird die Rechtslage in Deutschland wegen ihrer Unklarheit kritisiert. Ärzte seien bei der Grenzziehung zwischen erlaubter, lebensverkürzender Leidensminderung und bereits verbotener Lebensverkürzung häufig überfordert. Dies habe eine unangebrachte Zurückhaltung bei der Schmerzbekämpfung zur Folge. Von der Notwendigkeit, durch eine gesetzliche Regelung Ärzte vor strafrechtlichen Vorwürfen zu schützen, ging auch der AE-Sterbehilfe aus, der einen § 214a über leidensmindernde Maßnahmen im StGB vorsieht.

5. Aktive Sterbehilfe

Unter aktiver Sterbehilfe (oder aktiver Euthanasie) versteht man die aktive und gezielte Beschleunigung des Todeseintritts. Dies kann beispielsweise durch die Verabreichung einer tödlich wirkenden Injektion geschehen. Der Bezeichnung Sterbehilfe für eine gezielte Tötung ist mit dem Argument widersprochen worden, daß unter "Hilfe" das unterstützende Fördern einer Person verstanden werde. Eine gegen die Existenz der Person gerichtete Handlung könne deshalb nicht als "Hilfe" bezeichnet werden.[255] Ungeachtet der Frage, wie die in der Begriffskritik liegende normative Wertung zu beurteilen ist, soll an dem allgemein üblichen Begriff der "aktiven Sterbehilfe" festgehalten werden. Der Begriff der Hilfe wird im juristischen, besonders im strafrechtlichen Sprachgebrauch wertneutral gebraucht, ohne dabei Billigung oder Mißbilligung der unterstützenden Handlung auszudrücken. Er ist insoweit bedeutsam, als daß die Tötung der Verwirklichung eines objektiv vorhandenen Todeswunschs dient, um dessen Existenz der Handelnde weiß. Weiter muß eine Grundkrankheit vorliegen, welche tatsächlich oder zumindest wahrscheinlich einen tödlichen Verlauf nehmen wird. Ein bereits eingesetzter Sterbeprozeß oder gar Todeskampf ist jedoch nicht erforderlich, da selbst bei schweren Krankheiten häufig ein langes Weiterleben möglich und kaum abzugrenzen ist, wann der Sterbeprozeß begonnen hat.[256]

---

[254] *Gössel, Karl Heinz*: Strafrecht BT, Bd. 1, 31 f

[255] Deutsche Bischofskonferenz: Das Lebensrecht des Menschen und die Euthanasie, in: *Koch, Hans-Georg*: Landesbericht Bundesrepublik Deutschland, in: *ders; Albin Eser* (Hrsg.) Materialien zur Sterbehilfe, 160, 162; *Schöttler, Rudolf*: Von der Abtreibung zur Sterbehilfe, 132, 133; Begriffskritik und Vorschlag der Bezeichnung "Leidhilfe" auch auf dem 56 Dt. Juristentag, NJW 1986, 3063, 3065 f

[256] *Beckert, Frauke*: Strafrechtliche Probleme um Suizidbeteiligung und Sterbehilfe, 21 ff

Es gibt im Jahr nur eine Handvoll Verurteilungen wegen Tötung auf Verlangen.[257] Davon sind nur ein kleiner Teil als aktive Sterbehilfe zu klassifizieren. Gleichwohl gibt es hierüber eine lebhafte und engagierte Diskussion. Weit stärker und kompromißloser als bei Sterbebegleitung oder passiver und indirekter Sterbehilfe prallen in der öffentlichen Auseinandersetzung um die aktive Sterbehilfe die gegensätzlichen Positionen aufeinander. Auf der einen Seite steht das Verbot der Fremdtötung, dessen Geltung die Gegner aktiver Sterbehilfe nicht aufweichen wollen. Auf der anderen Seite das Selbstbestimmungsrecht, welches nach Meinung der Befürworter aktiver Sterbehilfe (zumindest im Falle schwerer Leiden) auch die Verfügung über das eigene Leben einschließt.

a. Rechtslage

Bei der juristischen Beurteilung der aktiven Sterbehilfe sind sich Rechtsprechung und Lehre weitgehend einig. Da § 216 StGB die Tötung auf ernstliches Verlangen ausdrücklich unter Strafe stellt, macht sich jeder strafbar, der einen Kranken oder Leidenden auf dessen ausdrücklichen Wunsch hin tötet. Daran ändert weder die Art der Leiden oder Schmerzen noch das flehendliche Bitten des Sterbenden etwas. Auch ist es ohne Bedeutung, ob der Tod ohnehin bald eintritt. Schon eine nur geringfügige Lebensverkürzung begründet die Strafe. De lege lata ist aktive Sterbehilfe daher nach ganz überwiegender Ansicht sowohl in der Rechtsprechung als auch im rechtswissenschaftlichen Schrifttum strafbar.[258]

Der Versuch, die Zulässigkeit aktiver Sterbehilfe gewohnheitsrechtlich zu begründen, ist auf keine Zustimmung gestoßen. *August Wimmer* hatte argumentiert, der Arzt habe neben seiner Rechtspflicht, fremdes Leben zu erhalten, auch Berufs- und Standespflichten zur Leidenserleichterung. Gewöhnlich sei die Rechtspflicht vorrangig. Sie könne aber durch besondere Umstände in den Hintergrund treten und von den Berufspflichten überspielt werden. Dies sei der Fall, wenn ein unerträgliches Leiden nur durch ein tödliches Medikament beendet werden könne. Dann läge eine gewohnheitsrechtlich anerkannte strafbefreiende Pflichtenkollision vor.[259]

Das Verbot aktiver Sterbehilfe entspricht auch dem berufsethischen Selbstverständnis der Ärzteschaft, wie es in ihren Berufsorganisationen formuliert wird. In den Grundsätzen der Bundesärztekammer heißt es unmißverständlich, daß gezielte Lebensverkürzung durch Maßnahmen, die den Tod herbeiführen oder das Sterben beschleunigen sollen, unzulässig und strafbar sind.[260] Aktive Sterbehilfe wird strikt abgelehnt. Bei Verstößen empfiehlt die Ärztekammer den Verwaltungsbehörden, die Zulassung als Arzt zu entziehen.

---

[257] *Arzt, Gunther; Weber, Ulrich*: Strafrecht BT, LH 1, Rn 78

[258] SchönkeSchröder/*Eser*, Vorbem. §§ 211 ff; TröndleFischer/*Tröndle* Vor § 211 Rn 14 m. w. N.; BGHSt 37, 376, 379;

[259] *Wimmer, August*: Das Recht auf den eigenen Tod? FamRZ 1975, 438 f

[260] Grundsätze der Bundesärztekammer zur ärztlichen Sterbebegleitung vom 11.09.1998, I, Abs. 2 Satz 3, NJW 1998, 3406

Im rechtswissenschaftlichen Schrifttum wird darüber gestritten, ob in Ausnahmefällen auch nach der geltenden Rechtslage bei aktiver Sterbehilfe die Strafbarkeit entfallen könnte. Diskutiert wird die Rechtfertigung des Täters nach § 34 StGB oder eine Entschuldigung nach § 35 StGB bzw. durch einen übergesetzlichen entschuldigenden Notstand.

Vielfach ist vertreten worden, daß in bestimmten Fällen aktiver Sterbehilfe der Täter wegen Notstands nach § 34 StGB gerechtfertigt sei.[261] Dabei wird argumentiert, aus § 216 StGB ergebe sich lediglich, daß eine Tötung nicht allein auf Grund des ernsthaften Verlangens des Betroffenen gerechtfertigt sei. Sie könne aber aus anderen Gründen gerechtfertigt sein. Dies sei der Fall, wenn der Lebensmüde furchtbare körperliche und seelische Qualen erleide, die nur noch der Tod beenden könne. Dann läge eine Notstandslage im Sinne des § 34 StGB vor, bei der der Wert der Erlösung von Schmerzen den Wert des nur noch als Last empfundenen Lebens überwiege.[262] Meist wird eine solche Rechtfertigung auf extreme Ausnahmesituationen begrenzt, in welchen der Sterbeprozeß in ein Stadium gelangt ist, in dem der Schmerz jeden anderen Bewußtseinsinhalt verdrängt und es nur noch eine Frage der Zeit ist, wann der Betroffenen der Unerträglichkeit der Schmerzen erliegt. Dann müsse die Achtung der menschlichen Würde der Achtung des Lebens vorgehen.[263]

Die wohl herrschende Auffassung im rechtswissenschaftlichen Schrifttum lehnt jedoch eine Rechtfertigung aktiver Sterbehife wegen Notstands ab.[264] Das Rechtsgut Leben sei unverfügbar und angesichts seines hohen Rangs auch nicht einer Abwägung zugänglich.

Auch wird für extreme Ausnahmen vertreten, die Straflosigkeit aktiver Sterbehilfe könne mit einem entschuldigenden Notstand i. S. d. § 35 StGB oder in einer schuldausschließenden Pflichtenkollision begründet werden.[265] Da es sich bei dem Arzt-Patienten-Verhältnis in der Regel nicht um ein Näheverhältnis i. S. d. § 35 StGB handelt, ist die direkte Anwendung dieser Vorschrift vielfach nicht möglich. Nur Angehörige und nahestehende Personen können sich auf einen entschuldigenden Notstand berufen. Zugunsten von nicht nahestehenden Personen wird auf eine – nicht gesetzlich verankerte – entschuldigende Pflichtenkollision verwiesen, die ebenfalls den Täter entschuldigen solle.

---

261 *Herzberg, Dietrich*: Der Fall Hackethal: Strafbare Tötung auf Verlangen?, NJW 1986, 1635, 1639; Nomos/*Neumann*, I.2, § 34, Rn 85; *Merkel, Reinhard:* Tödlicher Behandlungsabbruch und mutmaßliche Einwilligung bei Patienten im apallischen Syndrom, ZStW 107, 545, 572; *Kutzer, Klaus*: Wir brauchen keine neuen Gesetze zur Sterbehilfe, ZRP 1997, 117, 119

262 *Herzberg, Dietrich*: Der Fall Hackethal: Strafbare Tötung auf Verlangen?, NJW 1986, 1635, 1639; Nomos/*Neumann*, I.2, § 34, Rn 85; zustimmend Systematischer Kommentar/*Horn* § 212 Rn 26 e

263 *Otto, Harro*: Grundkurs Strafrecht, § 6 Rn 35, 36

264 TröndleFischer/*Tröndle* Vor § 211 Rn 14 m. w. N.

265 *Hirsch, Joachim*: Behandlungsabbruch und Sterbehilfe, in: FS Lackner, 597, 618 f; *Tröndle, Herbert*: Sterbehilfe als rechtliches Problem?, ZStW 99 (1987), 25, 41 ff

b. Begründung

Für das Verbot der aktiven Sterbehilfe werden ganz unterschiedliche Begründungen angeführt. Einerseits gibt es die deontologischen Argumentationen, welche eine Tötung als Verstoß gegen das überragende Schutzgut Leben an sich ablehnen, andererseits gibt es konsequentialistische Begründungen, welche auf die Folgen einer Erlaubnis der aktiven Sterbehilfe verweisen, ohne dabei im konkreten Einzelfall einer gewünschten Tötung von Leidenden die Berechtigung abzusprechen.[266]

Eine an Grundsätzen orientierte Begründung des strafbewehrten Verbots aktiver Sterbehilfe ist der Verweis auf die umfassende Schutzpflicht des Staates für das Leben. Diese Schutzpflicht bestünde unabhängig davon, durch wen oder in welcher Weise das Leben bedroht würde. Der Betroffene könne daher nicht über sein eigenes Leben verfügen. Das Grundrecht der freien Entfaltung der Persönlichkeit gewähre keinen Anspruch auf Zerstörung der eigenen Existenz. Die Grundrechte seien nicht nur als subjektive Abwehrrechte des einzelnen gegen den Staat zu verstehen, sondern als Verkörperung einer objektiven Wertordnung. Nach dieser Wertordnung sei das menschliche Leben ein absolutes, jeder Relativierung entzogenes Rechtsgut.[267]

Ein weiterer grundsätzlicher Einwand gegen die aktive Sterbehilfe ist der Vorwurf, sie enthalte einen "normlogischen Widerspruch". Eine Schmerzlinderung, welche nicht nur die Schmerzen beseitige, sondern den Leidenden selbst, liquidiere die Schutzperson, der sie dienen wolle.[268]

Andere sehen die Menschenwürde durch aktive Sterbehilfe verletzt. Sie betonen in ihrer Argumentation den Unterschied zwischen eigenem Handeln und der Ermächtigung Dritter zum Handeln. Anders als in anderen Bereichen dürfe beim Tod, mit dem der Ausgangspunkt der Selbstbestimmung selbst negiert werde, die Entscheidung darüber nicht auf andere übertragen werden. Er werde sonst Objekt der Entscheidung anderer, handele nicht mehr autonom sondern heteronom. Dadurch werde gegen die Würde des zu Tötenden verstoßen.[269]

Eine große Rolle in der Diskussion um die Sterbehilfe spielt jedoch auch die Warnung vor ungewollten Folgen. Immer wieder wird zur Rechtfertigung des Verbots der aktiven Sterbehilfe auf die Gefahr eines "Dammbruchs" verwiesen. Dieses Argumentationstopos läuft auch unter der Bezeichnung der "schiefen Ebene" bzw. im angelsächsischen Diskurs unter "slipery slope". Danach gefährdet die aktive Sterbehilfe das Gebot unbedingter Achtung vor dem menschlichen Leben. Dadurch werde der Schutz des Lebens insgesamt in Frage gestellt. Die aktive Sterbehilfe drohe damit das fundamentale Grundprinzip unserer Rechtsordnung zu zerstören. Je mehr Ausnahmen vom

---

[266] Vgl. *Foot, Philippa*: Euthanasie, in: *Leist, Anton* (Hrsg.): Um Leben und Tod, 285, 315

[267] VG Karlsruhe, JZ 1988, 208 f

[268] *Eser, Albin*: Sterbehilfe und Euthanasie in rechtlicher Sicht, in: *Eid, Volker* (Hrsg.) Euthanasie oder Soll man auf Verlangen töten?, 45, 63

[269] *Giesen, Dieter*: Ethische und rechtliche Probleme am Ende des Leben, JZ 1990, 929, 934; *Wilms, Heiner; Jäger, York*: Menschenwürde und Tötung auf Verlangen, ZRP 1988, 41, 44; ähnlich: Kirchenamt der Evangelischen Kirche in Deutschland; Sekretariat der Deutschen Bischofskonferenz (Hrsg.): Gott ist ein Freund des Lebens, 106 f

Tötungsverbot gemacht würden, desto weniger einleuchtend sei ein Tötungsverbot als allgemeiner Grundsatz.[270]

Gegen diese Argumentation ist eingewandt worden, das menschliche Leben wäre bereits nach dem geltenden Recht nicht "absolut" geschützt. Die Notwehr rechtfertige beispielsweise die Tötung anderer – selbst dann, wenn es um die Verteidigung weniger hochstehender Rechtsgüter geht. Auch Militär sei bei einem konsequenten "absoluten" Schutz fremden Lebens unzulässig.[271]

Weiter wird ausgeführt, die Legalisierung der aktiven Sterbehilfe berge eine besonders große Gefahr des Mißbrauchs.[272] Unter dem Deckmantel, das Selbstbestimmungsrecht zu achten, könnte den gleichen sozialdarwinistischen Motiven nachgegangen werden, welche bereits die nationalsozialistischen Tötungsprogramme bestimmten. Die Pflege und Behandlung Kranker, Alter und Schwacher sei mit hohen Kosten für die Allgemeinheit verbunden. Die Betreuung und Schmerzbehandlung Leidender und Sterbender ist verbesserungsfähig und verbesserungsbedürftig. Die aktive "Sterbehilfe" könnte als willkommenes Ventil dienen, um eine Weiterentwicklung der Sterbebegleitung als nicht mehr notwendig erscheinen zu lassen. Auch könnten sich Kranke gedrängt fühlen, aus dem Leben zu scheiden, um so Verwandten, Pflegekräften oder der Gesellschaft nicht länger zur Last zu fallen. Durch den Hinweis auf die hohen Kosten der Pflege von Alten und Kranken könnte ein öffentlicher Druck entstehen, sich selbst zu töten oder in seine Tötung einzuwilligen. Dadurch drohe das postulierte Recht zur Selbstbestimmung über das eigene Lebensende zu einem Gefühl der moralischen Pflicht zur Beendigung des eigenen, sozialbelastend gewordenen Daseins umzuschlagen.[273] Von einer Verpflichtung, im Falle unheilbarer und quälender Krankheit aus dem Leben zu scheiden, ging auch *Thomas Morus* aus, dem die Orientierung am Wohl des Leidenden besonders wichtig war. Er hielt Druck auf unheilbar Leidende für legitim. Zwar ging er davon aus, daß in seinem Idealstaat Utopia kranke Bürger bestmöglich zu pflegen seien und keine Leidenden gegen ihren Willen getötet werden dürften. Er meint jedoch:

> "Indessen wenn die Krankheit nicht nur unheilbar ist, sondern auch noch den Kranken beständig quält und martert, dann reden die Priester und Behörden ihm zu, er möge bedenken, daß er allen Berufspflichten seines Lebens nicht mehr gewachsen, anderen zur Last und sich selbst schwer er-

---

[270] *Robbers, Gerhard*: Euthanasie und die Folgen für unsere Rechtsgemeinschaft, in: *Gosse, Walter; Hoffmann, Herbert; Wirtz, Hans Gert* (Hrsg.): Aktive Sterbehilfe?, 71, 76; *Laufs, Adolf*: Der ärztliche Heilauftrag aus juristischer Sicht, 38 f

[271] *Hoerster, Norbert*: Sterbehilfe im säkularen Staat, 22

[272] *Foot, Philippa*: Euthanasie, in: *Leist, Anton* (Hrsg.): Um Leben und Tod, 285, 315

[273] *Kautzky, Rudolf*: Die Freiheit des Sterbenden und die Pflicht des Arztes, in: *Eid, Volker* (Hrsg.): Euthanasie oder Soll man auf Verlangen töten?, 25, 39; *Robbers, Gerhard*: Euthanasie und die Folgen für unsere Rechtsgemeinschaft, in: *Gosse, Walter; Hoffmann, Herbert; Wirtz, Hans Gert* (Hrsg.): Aktive Sterbehilfe?, 71, 77; *Schreiber, Hans-Ludwig*: Behandlungsabbruch und Sterbehilfe, in: Deutsche Sektion der Internationalen Juristenkommission, 129, 142 f; *Lutterotti, Markus von*: Der Arzt und das Tötungsverbot, MedR 1992, 7, 11

> träglich sei und somit seinen eigenen Tod bereits überlebe; deshalb möge er nicht darauf bestehen, die Seuche und Ansteckung noch weiter zu nähren, und nicht zaudern, in den Tod zu gehen, da ihm das Leben doch nur eine Qual sei; somit möge er getrost und guter Hoffnung sich selbst aus diesem schmerzensreichen Leben wie aus einem Kerker oder einer Folter befreien oder willig gestatten, daß andere ihn der Qual entrissen."[274]

Auch wird darauf verwiesen, daß eine Legalisierung der aktiven Sterbehilfe negative Auswirkungen auf das Berufsbild der Ärzte hätte. Das bislang Medizinern entgegengebrachte Vertrauen beruhe auch darauf, daß es zum Berufsethos des Arztes gehöre, sich stets am Wohl des Kranken zu orientieren. In Phasen von Verzweiflung über den Krankheitsverlauf wird von ihm erwartet, Zuversicht auszustrahlen und nicht unreflektiert den aus Leid entstandenen Todeswunsch als Ausdruck von Selbstbestimmung zu verstehen. Wäre die aktive Sterbehilfe erlaubt, könnte dies das Vertrauen in die Medizin allgemein beschädigen.[275] Wenn man isoliert den vom Kranken geäußerten Wunsch zu sterben betrachtet, sei dies nur formal eine Beachtung des Selbstbestimmungsrechts, der Sache nach könne es aber eine Nichtachtung der Person des Betroffenen sein. Dieser wüßte häufig selbst nicht, was er wollen soll. Sein Todeswunsch sei oft nur ein Ruf nach Hilfe und Zuwendung und Indiz dafür, daß die Behandlung als unerträglich empfunden wird.[276]

Weiter wird argumentiert, medizinische Diagnosen seien niemals völlig sicher. Die Einschätzung einer Erkrankung als "hoffnungslos" könne sich auch als falsch erweisen.

c. Kritik

Die Strafbarkeit der aktiven Sterbehilfe sieht sich vielfältiger Kritik ausgesetzt. Einige lehnen grundsätzlich jede Beschränkung der Verfügungsmacht über das eigene Leben als unzulässige Freiheitseinschränkung ab. Andere wollen nur bei der Sterbehilfe dem Leidenden die Entscheidung zum Tod zubilligen.

Vielfach wird das Verbot der Tötung auf Verlangen ganz generell als unzulässige Beschneidung des Verfügungsrechts des Menschen über sein eigenes Leben abgelehnt. Das Leben müsse genau wie alle anderen Individualrechtsgüter dem Rechtsgutträger zur Disposition stehen. Die Vorstellung einer Unverfügbar- oder Unverzichtbarkeit des Lebens gründe in religiösen Vorstellungen, die nicht Grundlage staatlicher Strafe sein

---

[274] *Morus, Thomas*: Utopia, 2. Buch, 106

[275] *Giesen, Dieter*: Ethische und rechtliche Probleme am Ende des Leben, JZ 1990, 929, 935; *Otto, Harro*: Recht auf den eigenen Tod? D 58; *Laufs, Adolf*: Arztrecht, 158; Kirchenamt der Evangelischen Kirche in Deutschland; Sekretariat der Deutschen Bischofskonferenz (Hrsg.): Gott ist ein Freund des Lebens, 109

[276] *Schreiber, Hans-Ludwig*: Behandlungsabbruch und Sterbehilfe, in: Deutsche Sektion der Internationalen Juristenkommission, 129, 135; *Lutterotti, Markus von*: Der Arzt und das Tötungsverbot, MedR 1992, 7, 10, 13

dürfe.[277] Die Straflosigkeit der Selbsttötung sei Folge der Aufklärung, welche eine Trennung von Recht und Moral, Unrecht und Sünde durchgesetzt habe. Die Erlaubnis der Tötung auf Verlangen wäre daher entwicklungsgeschichtlich der nächste Schritt zu einem säkularen Rechtsverständnis.[278] Der Bonner Strafrechtslehrer *Günther Jakobs* argumentiert, im modernen, säkularen Staat, der keinen Lebenssinn mehr verbindlich vorschreibt, sei die Entscheidung über das Ende des Lebens Privatsache. Der Sinn des § 216 StGB erschöpfe sich darin, unvernünftige Tötungen zu verhindern. Sei der Todeswunsch des Sterbewilligen aber vernünftig, so sei sein Selbstbestimmungsrecht in der gleichen Weise zu respektieren, wie dies bei der indirekten und passiven Sterbehilfe unbestritten erfolge.[279]

Auch wird argumentiert, das Verbot aktiver Euthanasie käme einem "Zwang zum Leben" gleich, da viele Leidenden nicht in der Lage seien, eigenhändig aus dem Leben zu scheiden. Ein solcher Zwang zum Leben verletzte jedoch das Recht von Menschen, seinen Interessen gemäß über sein Leben zu entscheiden. Nicht nur ungewollte Sterbehilfe sei eine Rechtsverletzung, sondern auch vorenthaltene.[280]

Zuweilen wird für die Erlaubnis aktiver Sterbehilfe plädiert, ohne deshalb die Vorstellung der "Unverfügbarkeit" des Lebens grundsätzlich in Frage zu stellen. Dann steht die Rationalität und Nachvollziehbarkeit des Todeswunsches von Kranken im Mittelpunkt der Argumentation. Denn im besonderen Fall der Sterbehilfe bestünde für das Verbot der Tötung auf Verlangen kein Grund. Eine individuell-rationale Begründung des Tötungsverbots ergebe sich aus dem Interesse der Menschen zu leben. Die Unverfügbarkeit des menschlichen Lebens sei eine auf diesen individuellen Interessen basierende soziale Errungenschaft. Selbst wenn der einzelne seine Tötung wünsche, sei es normalerweise legitim, ihn durch strafrechtliche Sanktionen davor zu bewahren. § 216 StGB gründe in einem gerechtfertigten Paternalismus, da der Tod in der Regel den langfristigen Interessen des Betroffenen widerspräche. Durch die irreversible Entscheidung zum Tod würde ein weiteres Leben mit allen Erfüllung und Befriedigung gewährenden Aspekten abgeschnitten. Das Verbot der Sterbehilfe ließe sich dagegen nicht paternalistisch begründen. Denn es sei rational und nachvollziehbar, wenn ein hoffnungslos Erkrankter und Leidender vom Leben nur noch Schmerz und Frustration, nicht aber Freude und Erfüllung erwartet. Schweres, unheilbares Leiden mindere die Lebensqualität des Betroffenen erheblich und drücke der ganzen Existenz einen überwiegend negativen Stempel auf. Deshalb müsse die Rechtsordnung solche lebensverkürzenden Maßnahmen, die der Betroffene wünscht und die ihm ja nicht schaden sondern nutzen, zulassen.[281]

---

[277] *Schmitt, Rudolf*: Strafrechtlicher Schutz des Opfers vor sich selbst?, in: FS Reinard Maurach, 113, 118

[278] *Rehbach, Bernd*: Bemerkungen zur Geschichte der Selbstmordbestrafung, DRiZ 1986, 241, 247

[279] *Jakobs, Günther*: Zum Unrecht der Selbsttötung und der Tötung auf Verlangen, FS Kaufmann, 459 ff

[280] *Dworkin, Ronald*: Die Grenzen des Lebens, 272 f

[281] *Hoerster, Norbert*: Rechtsethische Überlegungen zur Freigabe der Sterbehilfe, NJW 1986, 1986, 1788 ff; *ders.*: Sterbehilfe im säkularen Staat, 30 ff

Es wurden auch Vorschläge zur Legalisierung der aktiven Sterbehilfe gemacht. Darin werden in der Regel drei Voraussetzungen für die Zulässigkeit von Sterbehilfe genannt. Erstens muß unheilbares und schweres Leiden, also eine tatsächliche Beeinträchtigung des Wohlbefindens vorliegen. Zweitens muß das zweifelsfrei abgegebene Verlangen, sterben zu wollen, also ein subjektiver Todeswunsch feststehen. Und drittens müssen bestimmte Formalien bzw. Verfahren eingehalten werden, um einen Mißbrauch zu verhindern.[282]

Für die Zulässigkeit der aktiven Sterbehilfe wird vorgebracht, es sei sinnvoll, entsprechende Verfahrensregeln für die Sterbehilfe aufzustellen, um sicherzustellen, daß die Tötung tatsächlich dem Willen des Betroffenen entspricht. Denn keine rechtliche Regelung könne Mitleidstötungen verhindern. Eine an klare Voraussetzungen gebundene Legalisierung der Sterbehilfe verhindere jedoch den Mißbrauch besser als ein als inhuman empfundenes, uneingeschränktes Verbot.[283]

Das Verbot aktiver Sterbehilfe wird auch mit dem Argument angegriffen, es gäbe moralisch keinen Unterschied zwischen passiver und aktiver Sterbehilfe und dürfe auch rechtlich keinen geben. Konsequentialistisch wird argumentiert, die Folge – also der Tod des Kranken – sei bei allen Formen der Sterbehilfe gleich, die Begehungsweise sei daher moralisch unbedeutend. Es gäbe keine rationale Erklärung dafür, aktive und passive Sterbehilfe ethisch oder rechtlich unterschiedlich zu bewerten.[284] Auch wird auf die "fließenden Grenzen" und "Grauzonen" zwischen Tun (Töten) und Unterlassen (Sterben lassen) hingewiesen. Diese schlügen sich etwa bei der Diskussion um die Bewertung des Abschaltens technischer Behandlungsgeräte nieder.

Demgegenüber wird darauf verwiesen, daß zwischen Tun (Töten) und Unterlassen (Sterben lassen) sowohl in ihrer moralischen wie in ihrer rechtlichen Beurteilung signifikante Unterschiede bestünden.[285] Das Risiko einer Fehleinschätzung sei unterschiedlich hoch. Während aktive Sterbehilfe unumkehrbar sei und dem Patienten keine Chance auf mögliche Besserung läßt, bliebe bei passiver Sterbehilfe diese Möglichkeit auf Besserung bestehen. Auch sei die Gefahr eines Dammbruchs bei aktiver Sterbehilfe weitaus größer als bei passiver Sterbehilfe. Bei der aktiven Tötung wird der Organismus von außen zerstört. Dabei werde ärztliches Handeln vom Krankheitsprozeß abgekoppelt, um sich gegen den Organismus als Ganzes zu wenden.

Auch wird ein Wertungswiderspruch darin gesehen, daß die Teilnahme an einer Selbsttötung straflos, die Tötung auf Verlangen dagegen strafbar sei. Es gäbe keinen grundsätzlichen Unterschied zwischen beiden Formen, den Tod eines anderen zu befördern. Unter Umständen sei sogar die Teilnahme am Suizid sehr viel verwerflicher als die Tötung auf Verlangen. Im Einzelfall sei es eine Frage der physischen Möglich-

---

[282] Vgl.: *Hoerster, Norbert*: Sterbehilfe im säkularen Staat, 169 f

[283] *Hoerster, Norbert*: Sterbehilfe im säkularen Staat, 39

[284] *Wolf, Jean-Claude*: Aktive und passive Euthanasie, ARSP 1993, 393, 415; *Hoerster, Norbert*: Rechtsethische Überlegungen zur Freigabe der Sterbehilfe, NJW 1986, 1786, 1791

[285] *Höfling, Wolfram*: "Sterbehilfe" zwischen Selbstbestimmung und Integritätsschutz, JuS 2000, 111,113

keit des Todeswilligen, ob er sich eigenhändig töten oder nur darum bitten könne. Die Tötung auf Verlangen sei eine mittelbare Selbsttötung.[286]

Ein weiteres Argument gegen das Verbot aktiver Sterbehilfe ist der Vorwurf, sie verletze das weltanschauliche Toleranzgebot. Denn sie stütze sich auf die jüdisch-christliche Vorstellung von der Heiligkeit und Unverfügbarkeit des Lebens. In einer säkularen und weltanschaulich neutralen Rechtsordnung könnten religiöse Sichtweisen jedoch keine strafrechtlichen Sanktionen rechtfertigen.[287]

Vielfach haben auch Vertreter der grundsätzlichen Strafbarkeit von aktiver Sterbehilfe gefordert, die bestehende unbedingte Strafbarkeit insoweit zu lockern, als daß in bestimmten Situationen eine Tötung entschuldigt sein oder von Strafe abgesehen werden könnte.[288] Dabei wird argumentiert, daß bei Tötungen in manchen Extremsituationen kein Bedürfnis nach Strafe bestehe. Indem die Tötung auf Verlangen eines Leidenden grundsätzlich weiter die rechtswidrige Verwirklichung eines Straftatbestands bleibe, käme zum Ausdruck, daß die Rechtsordnung weiter jeden Angriff auf das Leben mißbillige.

6. Stellungnahme

Die Sterbehilfe ist der Ernstfall für eine paternalistische Theorie, welche die Autonomie des Menschen in den Vordergrund stellt. Zur Einsichtigkeit eines autonomieorientierten Paternalismus trägt bei Selbsttötungen entscheidend bei, daß es sich hierbei meist um zweifelhafte Entscheidungen handelt, denen häufig ein psychopathologischer Charakter zugeschrieben wird. Bei der Sterbehilfe ist das anders. Hier scheint es im hohen Maße nachvollziehbar und verständlich, daß ein Mensch sein Leben zur Vermeidung weiterer Leiden preisgibt. Die personale Autonomie als bewahrenswerte Grundlage scheint angesichts der im Vordergrund stehenden Qualen zu einem papierenen Wert zu verblassen. Heißt das nun, daß im Ernstfall des Leides und der Todesnähe der Grundsatz eines autonomieorientierten, autonomiebewahrenden Paternalismus seine Gültigkeit verliert? Selbst Autoren, die das Verbot der Tötung auf Verlangen als Paternalismus zur Sicherung langfristiger Lebensinteressen rechtfertigen, wollen Sterbehilfe zulassen, da in Fällen von Krankheit und Leid ein Weiterleben eben gerade nicht im Interesse des Betroffenen läge.[289]

Auch im Angesicht des Todes verliert die Autonomie nichts an ihrem Wert, ihr Schutz ist weiter legitime Aufgabe staatlicher Gesetzgebung. Dem wird die in Deutschland herrschende Rechtslage in ihrer Grundausrichtung, wenn auch nicht in allen Details gerecht. Verhängnisvoll ist besonders die große Rechtsunsicherheit. Patienten, Ärzte und Angehörige können in der konkreten Situation ihre Rechte und Pflichten oft nicht

---

[286] *Kaufmann, Arthur*: Euthanasie – Selbsttötung – Tötung auf Verlangen, MedR 1983, 121, 124

[287] *Hoerster, Norbert*: Rechtsethische Überlegungen zur Freigabe der Sterbehilfe, NJW 1986, 1786, 1787 f; *ders.*: Sterbehilfe im säkularen Staat

[288] *Engisch, Karl*: Konflikte, Aporien und Paradoxien bei der rechtlichen Beurteilung der arztliche Sterbehilfe, in. FS Dreher, 309, 320

[289] *Hoerster, Norbert*: Rechtsethische Überlegungen zur Freigabe der Sterbehilfe, NJW 1986, 1986, 1788 ff; *ders.*: Sterbehilfe im säkularen Staat, 30 ff

richtig einschätzen. Es besteht die Gefahr, daß sich Ärzte wegen der (oft unbegründeten) Angst vor Strafbarkeit einseitig der Lebenserhaltung verpflichtet fühlen und die Rechte von Patienten übergehen. Denn auch wegen nur passiver oder indirekter Sterbehilfe sind Menschen angeklagt oder gar verurteilt worden, auch wenn diese Urteile letztlich keinen Bestand hatten.[290]

Wegen der Verpflichtung des Staates zur Achtung der Autonomie sollte der Sterbebegleitung ein größeres Gewicht beigemessen werden. Am Lebensende sind bewußtseinsverzerrende Schmerzen eine besonders schwere Bedrohung der Autonomie. Es wäre dringend nötig, jene bürokratischen Vorschriften zu überdenken, die eine wirksame Schmerzbekämpfung behindern. Das auf fragwürdigen Annahmen und irrationalen Ängsten beruhende Betäubungsmittelstrafrecht mit seinem Ziel vollkommener Drogenabstinenz wirkt hier weit in den medizinischen Bereich hinein. Der Staat darf nicht wie bisher minutiös regeln, ob, wann und welche Schmerzmittel zulässig sind, sondern der Betroffene muß im weit größeren Maße selbst entscheiden dürfen, durch welche Substanzen er sein Leiden gemildert haben möchte.

Jeder hat das Recht, eine (bestimmte) Heilbehandlung zu verweigern oder abzubrechen. Es ist bisher weder im allgemeinen Bewußtsein noch im Selbstverständnis von Medizinern hinreichend verankert, daß jede Behandlung einer Rechtfertigung bedarf, nicht aber die Verweigerung einer Behandlung. Eine "Lebensverlängerung um jeden Preis" darf niemals gegen den Willen des Betroffenen durchgesetzt werden.

Aus der Orientierung an der Autonomie ergibt sich auch die Rechtfertigung der indirekten Sterbehilfe. Es ist eine Verkürzung der Schutzpflicht des Staates, wenn ein längeres Leben im isoliert biologisch-physischen Sinne gegen das Interesse des Betroffenen an seiner Autonomie ins Feld geführt wird. Denn Schmerz kann das Leben so beeinträchtigen, daß er das gesamte Bewußtsein durchgehend beherrscht. Dadurch wird die Autonomie als Kern der Person verletzt. Das Verlangen nach Linderung solcher Schmerzen ist damit Ausdruck einer Selbstbestimmung, die sich auf die Bewahrung und nicht auf die Zerstörung von Autonomie richtet. Das häufig zitierte Motto "in dubio pro vita", im Zweifel für das Leben, birgt dagegen die Gefahr, das Lebens im rein medizinisch-biologischen Sinne so zu absolutieren, daß dies mit der Achtung der personalen Autonomie nicht mehr zu vereinbren ist.

Mit dieser Argumentation soll nicht Leben gegen Autonomie ausgespielt werden. Der Verlust von Autonomie wird nicht als Verlust von "Lebenswert" interpretiert. Niemals dürfen schmerzlindernde, aber lebensverkürzende Medikamente gegen den Willen des Betroffenen verabreicht werden – auch dann nicht, wenn Ärzte dies nur in der Absicht tun, Schmerzen zu lindern. Niemandem darf verwehrt werden, dem Schmerz einen Wert zuzuerkennen und sich bewußt für einen schmerzvollen, länger dauernden Sterbeprozeß zu entscheiden. Ausgangspunkt muß immer der selbstverantwortlich handelnde Leidende sein. Seine Entscheidung zu indirekter Sterbehilfe ist keine selbstwidersprüchliche autonome Entscheidung zur Aufhebung der Autonomie, keine Entscheidung zum Sterben, sondern eine autonome Entscheidung zur Bewahrung der

---

[290] Vgl. BGH NStZ 1983, 117

Autonomie in der letzten Lebensphase, eine Entscheidung zu bewußtem Leben auch am Ende des Lebens.

Die Bitte um eine gezielte Tötung, also um aktive Sterbehilfe, behält dagegen ihre Selbstwidersprüchlichkeit. Es ist die autonome Entscheidung zur Beendigung der Autonomie durch die Beendigung des Lebens als seiner Grundvoraussetzung. Sie ist auf den Tod und nicht auf das Leben gerichtet. Eine dem Schutz der Autonomie verpflichtete Rechtsordnung darf eine solche Entscheidung auch dann übergehen, wenn sie angesichts von Schmerzen und Leid verständlich erscheint.

Mit einer gesetzlichen Regelung der aktiven Sterbehilfe, sofern die Tötung auf Verlangen nicht grundsätzlich freigegeben wird, ist immer eine Bewertung des erlöschenden Lebens verbunden. Den verschiedenen Reformvorschlägen ist gemein, das die Tötung neben dem Verlangen des Betroffenen an das Vorliegen von unbestimmten und damit einer Wertung zugänglichen Kriterien gebunden ist. Mit der Abhängigkeit des Schutzes von Leben und Autonomie von bestimmten Vorstellungen über den "Wert" dieses Lebens wird eine grundsätzliche Grenze überschritten. Denn Grundannahme unserer Rechtsordnung ist die Gleichheit, verstanden als Anspruch auf gleiche Achtung und gleichen Schutz jedes Menschen, der als Wert in sich selbst begriffen und jeder weiteren Bewertung entzogen ist. Eine Bewertung des Menschen nach bestimmten Kriterien kann nur vermieden werden, wenn grundsätzlich jede subjektive Entscheidung gegen das eigene Leben akzeptiert würde, wenn also jede Selbsttötung und jede Tötung auf Verlangen durch das Recht gebilligt würde.

Der Versuch, in bestimmten Fällen aktive Sterbehilfe nach einer Abwägung wegen rechtfertigenden Notstandes nach § 34 StGB straflos zu lassen, setzt ebenfalls eine "Bewertung" des erlöschenden Lebens voraus, das dann gegen das Interesse an Schmerzerlösung abgewogen wird. Um den "Wert" des Lebens darf es im Diskurs um die strafrechtlichen Grenzen der Sterbehilfe jedoch nicht gehen. Bei der Diskussion um den rechtfertigenden Notstand wird eine falsche Gegenüberstellung besonders deutlich, die die gesamte Diskussion um die aktive Sterbehilfe bestimmt. Es wird einfach unterstellt, daß die gezielte Tötung das einzige Mittel der Leidenslinderung sei. Dies ist jedoch eine Vorstellung, die der Wirklichkeit mit den medizinischen Möglichkeiten der Schmerzbehandlung nicht gerecht wird. Es sind allenfalls seltene Extremsituationen, in denen die Tötung eines Leidenden die einzige Möglichkeit der erwünschten Beendigung eines Martyriums ist. In solchen Fällen ist ein Grenzbereich des Rechts erreicht, wo eine Strafe weder geboten noch sinnvoll ist.

C. Zwangsernährung bei Gefangenenhungerstreik

Der Hungerstreik von Gefangenen ist – wie jeder sich an die Staatsgewalt oder Öffentlichkeit richtende Hungerstreik – ein politisches Kampfmittel und hat mit einer beabsichtigten Selbsttötung kaum etwas gemein. Der Hungerstreikende empfindet sein Leben nicht als sinnlos oder qualvoll. Er will nicht sterben. Sein Tun ist im Gegenteil auf ganz konkrete Ziele für ein Weiterleben gerichtet. Werden diese erfüllt, so wird der Hungerstreik beendet. Seinen Tod nimmt der Hungerstreikende allenfalls zur Erreichung dieser Ziele in Kauf.[291] In seinem Vorwärtsgerichtetsein, in der Zukunftsperspektive unterscheidet sich der Hungerstreik von der Selbsttötung. Die Selbsttötung dient der Beendigung derzeitiger Verhältnisse, der Hungerstreik demgegenüber der Verbesserung der Verhältnisse. Der Wille des Hungerstreikenden ist auf das Leben, nicht auf den Tod gerichtet.[292] In der Regel wird der Hungerstreik als gesellschaftliches Kampfmittel abgebrochen, wenn die erstrebten Ziele nicht erreicht werden können. Der Abbruch erfolgt normalerweise, bevor es zu einer ernsten Gesundheits- oder Lebensgefahr kommt. Ausnahmen, bei denen die Streiks mit schließlich lebensbedrohlicher bzw. tatsächlich tödlicher Konsequenz durchgeführt werden, gibt es in Deutschland praktisch nur in Gefängnissen.[293] Diese Ausnahmen verdeutlichen, daß ein Gefangenenhungerstreik in letzter Konsequenz tödlich enden kann.

Wie darf der Staat auf einen solchen Hungerstreik von Untersuchungs- oder Strafgefangenen reagieren? Darf er den Gefangenen zwangsweise ernähren?

Als "Zwangsernährung" bezeichnet man künstliche Nahrungszuführung, die gegen den Willen des Betroffenen erfolgt. Wenn sich die Verweigerung künstlicher Ernährung auf bloß verbalen Protest beschränkt, wird darin teilweise eine konkludente Zustimmung gesehen.[294] Demnach läge nur bei körperlicher Gegenwehr Zwangsernährung vor. Überwiegend wird eine solche Einschränkung der Begriffsbedeutung jedoch abgelehnt. Die bloß passive Hinnahme künstlicher Ernährung wird nicht als konkludente Einwilligung gewertet, da der Grund für das Ausbleiben körperlicher Gegenwehr auch die Furcht vor den gewaltsamen Auseinandersetzungen mit dem Vollzugspersonal und den damit verbundenen Unannehmlichkeiten sein kann.[295]

Besondere Aufmerksamkeit erregte die Frage, wie der Staat auf Hungerstreiks reagieren solle, als im Jahre 1974 die in Untersuchungshaft einsitzenden Mitglieder der terroristischen Roten Armee Fraktion (RAF) zunächst die Aufnahme von Nahrung,

---

[291] *Wagner, Joachim*: Selbstmord und Selbstmordverhinderung, 11

[292] *Ostendorf, Heribert*: Das Recht zum Hungerstreik, GA 1984, 308, 309; *Weis, Kurt*: Freitod in Unfreiheit, ZRP 1975, 83, 87; *Geppert, Klaus*: Freiheit und Zwang im Strafvollzug, 41; *Böhm, Alexander*: Nochmals: Grenzen staatlicher Zwangsbefugnisse gegenüber Untersuchungshäftlingen, JuS 1975, 287, 288; *Simson, Gerhard*: Die Suizidtat, 16

[293] *Michale, Walter*: Recht und Pflicht zur Zwangsernährung, 3 f

[294] *Bennmann, Günter*: Zur Fragwürdigkeit der Zwangsernährung, FS Klug, 563, 566; *Wagner, Joachim*: Selbstmord und Selbstmordverhinderung, 139; Löwe; Rosenberg/*Wendisch*: StPO, 24. Aufl., § 119 Rn. 195

[295] *Geißl, Günter*: Zwangsmaßnahmen auf dem Gebiet der Gesundheitsfürsorge, 176 f; *Michale, Walter*: Recht und Pflicht zur Zwangsernährung, 6; *Callies, Rolf-Dieter*; *Müller-Dietz, Heinz*: StVollzG, Kurzkommentar, § 101, Rn. 1

später auch von Flüssigkeit verweigerten. Der mutmaßliche Terrorist *Holger Meins* starb trotz Zwangsernährung. In den Medien löste sein Tod eine hitzige und emotional bewegte Debatte über die Zwangsernährung aus.[296] (Rechts-) politisch führte der Hungerstreik der RAF-Gefangenen dazu, daß die Zwangsernährung von Gefangenen erstmals ernsthaft in Frage gestellt wurde. Die öffentliche Auseinandersetzung um die Zwangsernährung lebte durch eine weitere Welle von Hungerstreiks von RAF-Häftlingen im Jahre 1981 wieder auf, ebbte seitdem jedoch merklich ab.

Die Zwangsernährung war – in der juristischen Fachliteratur häufig, in der öffentlichen Auseinandersetzung gelegentlich – ein Aufhänger, um die grundsätzliche Frage nach der Verfügungsmacht des einzelnen über sein Leben und damit auch die rechtliche Bewertung der Selbsttötung zu erörtern. Die Debatte um Zwangsernährung fiel in eine Zeit, in der bis dahin geltende, christlich geprägte Vorstellungen über die "Unverfügbarkeit des Lebens" insgesamt ins Wanken gerieten.[297] Erstmals seit Ende des Zweiten Weltkriegs wurde wieder verstärkt über Sterbehilfe diskutiert. Im weiteren soll die allgemeine Diskussion, die bereits in den vergangenen Abschnitten erörtert wurde, nur am Rande erwähnt werden. Angesichts der grundlegenden Unterschiede der auf den Tod gerichteten Selbsttötung einerseits und des auf Veränderungen im Leben gerichteten Hungerstreiks andererseits wäre es auch nicht sinnvoll, die Auseinandersetzung um die Zwangsernährung durch eine Wiederholung dieser Diskussion zu beleuchten. Statt dessen sollen die Aspekte im Vordergrund stehen, die spezifisch den Gefangenenhungerstreik betreffen. Dazu soll zunächst die rechtspolitische Auseinandersetzung um die Regelung der Zwangsernährung und die Entwicklung der gesetzlichen Vorschriften aufgezeigt werden (1.). Es folgt eine Darstellung der für (2.) und der gegen (3.) die Zwangsernährung vorgebrachten Argumente. Eine eigene Stellungnahme schließt das Kapitel ab (4.).

1. Entwicklung rechtlicher Bestimmungen

Hungerstreiks haben eine lange Tradition als politisches Kampfmittel. Sie waren und sind vielfach die Reaktion auf das Gefühl von Ohnmacht und totaler Machtunterworfenheit, sei es in diktatorischen Regimen, sei es in Gefängnissen. Bereits im Kampf gegen die spanischen Konquistadoren kam es zu Hungerstreiks, sie wurden aus dem zaristischen Rußland berichtet und hatten im Kampf gegen britische Fremdbestimmung eine lange Tradition in Irland und Indien. In Deutschland kam es 1913/14 zu einem Hungerstreik in einem preußischen Gefängnis.[298] In den Revolutionswirren von 1918/19 erregte die Nahrungsverweigerung kommunistischer Häftlinge öffentliches Aufsehen.[299] Auf Gefangenenhungerstreiks reagierten die deutschen Strafvollzugsbehörden von Anfang an mit Zwangsernährung. Auch wenn es zunächst keine (reichs-)gesetzliche Grundlage gab, meinte man, die Vollzugsbehörden seien nicht nur zur Zwangsernährung berechtigt, sondern sie hätten auch die Aufgabe, absichtliche

---

[296] *Herzberg, Rolf Dietrich*: Zur Strafbarkeit der Beteiligung am frei gewählten Selbstmord, ZStW 91 (1979), 557, 558

[297] *Wagner, Joachim*: Selbstmord und Selbstmordverhinderung, 8

[298] *Ostendorf, Heribert*: Das Recht zum Hungerstreik, GA 1984, 308, 310

[299] Vgl. *Geißl, Günter*: Zwangsmaßnahmen auf dem Gebiet der Gesundheitsfürsorge, 174

Selbstgefährdung von Leben und Gesundheit der Häftlinge zu verhindern. Bedenken von Medizinern und Juristen blieben zunächst vereinzelt und unbeachtet. Zwangsernährung galt im Deutschen Kaiserreich, der Weimarer Republik und im Dritten Reich ebenso als adäquate staatliche Reaktion auf Gefangenenhungerstreiks wie in der DDR und auch in der Bundesrepublik.[300] Trotz aller rechtspolitischen Kontroversen ist die Zwangsernährung von hungerstreikenden Gefangenen in Deutschland immer noch zulässig, wenn auch inzwischen keine Verpflichtung mehr dazu besteht.

Die zwangsweise Ernährung von Untersuchungshäftlingen wurde erstmals in den 50er und 60er Jahren von einigen Bundesländern durch spezielle Vorschriften geregelt. Die Zwangsernährung sollte bei einer "Gefahr für Leib und Leben" des Gefangenen zulässig sein.[301] Darüber hinaus waren unterschiedliche Voraussetzungen statuiert, teilweise wurde eine "erhebliche Lebensgefahr" verlangt,[302] teilweise sollte Zwangsernährung nur bei "Zumutbarkeit" zulässig sein.[303] Sofern keine spezialgesetzliche Regelung bestand, wurde die Zwangsernährung als Maßnahme bei Gefahr für Leben und Gesundheit des Gefangenen auf § 119 Abs. III StPO gestützt, der nach Nr. 58 Abs. 2 UVollZO auch auf Untersuchungshäftlinge angewandt wurde.[304]

Ende der 60er Jahre wurde eine Kommission gebildet, die ein bundeseinheitliches Strafvollzugsgesetz erarbeite. Die Kommission hielt ebenso wie die Mehrheit auf dem 48. Deutschen Juristentag 1970[305] die Zwangsernährung bei Gefahr für Leben oder Gesundheit des Gefangenen für zulässig, wenn sie auf Anordnung und unter Leitung eines Arztes durchgeführt wurde.[306] Schließlich sah auch der Regierungsentwurf von 1972 zu einem neuen Strafvollzugsgesetz in § 89 die Regelung ärztlicher Zwangsmaßnahmen vor, unter die auch die Zwangsernährung fallen sollte.[307] Ebenso hielt der Alternativ-Entwurf eines Strafvollzugsgesetzes in § 139 Abs. 2 die Ernährung auch ohne Einwilligung des Betroffenen für zulässig, wenn eine ernste Gefahr für Leben oder schwere Gesundheitsschäden bestünde.[308] Die Vorgeschichte zum StVollzG verdeutlicht, daß die Zwangsernährung von Gefangenen in der Rechtswissenschaft zunächst nahezu ausnahmslos für zulässig und geboten erachtet wurde.

Erst der Hungerstreik von RAF-Gefangenen im Jahre 1974 machte die Regelung der Zwangsernährung zum Politikum. Der damalige Vorsitzende der oppositionellen CDU/CSU-Fraktion und spätere Bundespräsident *Karl Carstens* zog das Recht und die Pflicht des Staates zur Zwangsernährung offiziell in Zweifel.[309] Diese Position ent-

---

[300] *Wagner, Joachim*: Selbstmord und Selbstmordverhinderung, 8 f
[301] *Linck, Joachim*: Zwangsernährung von Untersuchungsgefangenen, NJW 1975, 18 f
[302] Vgl. Art 6 Abs. 2 Satz 3 BayUZwG
[303] Vgl. § 3 Abs. 2 Satz 3 NdsUZwGJ, § 22 Abs. 3 Satz 2 BerlUZwG
[304] *Linck, Joachim*: Zwangsernährung von Untersuchungsgefangenen, NJW 1975, 18 f
[305] Verhandlungen des 48. Deutschen Juristentages, 90
[306] Bundesminister der Justiz (Hrsg.): Tagungsberichte der Strafvollzugskommission, Bd. 7, Grundsätze der Strafvollzugskommission zum Thema: Unmittelbarer Zwang, Nr. 16, 177
[307] BT-Drucks. 7/918, 22
[308] *Baumann, Jürgen* u.a.: Alternativ-Entwurf eines Strafvollzugsgesetzes, 200, 202
[309] *Herzberg, Rolf Dietrich*: Zur Strafbarkeit der Beteiligung am frei gewählten Selbstmord, ZStW 91 (1979), 557, 558 f

sprach der Auffassung der überwiegenden Mehrheit der Bevölkerung, welche die Zwangsernährung ebenfalls ablehnte.[310] 1974 sprach sich auch das Präsidium des Deutschen Ärztetags gegen die Pflicht zur Zwangsernährung aus.[311]

Gleichwohl warfen im politisch aufgeheizten Klima dieser Zeit besonders, aber nicht nur seine parteipolitischen Gegner *Carstens* "Zynismus", "Verachtung menschlichen Lebens" und "Verachtung der Menschenwürde" vor. Gegnern der Zwangsernährung wurde vorgeworfen, sie suchten eine "Ersatzbefriedigung für die Todesstrafe".[312]

Doch es mehrten sich die Stimmen, die Zweifel an der geltenden Praxis der Zwangsernährung übten. In einem Beschluß sprach sich dann auch die CDU-Bundestagsfraktion gegen die zwangsweise künstliche Ernährung ohne die Einwilligung des zurechenbaren Gefangenen aus. Dieser nahezu einstimmige Beschluß verdeckt jedoch, daß die Zwangsernährung auch unter Christdemokraten umstritten war. Insbesondere Vertreter des christlich-sozialen Flügels der Partei, wie der spätere Bundespräsident *Richard von Weizsäcker*, damals Mitglied der Evangelischen Kirchensynode Deutschlands, *Paul Mikat*, Rechtsprofessor und Mitglied des Zentralrates der Deutschen Katholiken und der spätere Bundesarbeitsminister *Norbert Blüm* hielten die Zwangsernährung für geboten, da der Mensch nach christlicher Ethik nicht Herr über sein eigenes Leben sei.[313] Der katholische Bischof *Hengsbach* warnte, die Zweifel an der Zwangsernährung gäben "[...]die besten Argumente für Euthanasie, für die Tötung auf Verlangen [...]". Doch waren die genannten Reaktionen nicht repräsentativ, insgesamt reagierten die christlichen Kirchen ambivalent. Der Katholische Arbeitskreis für Strafrecht beim Kommissariat der Bischöfe argumentierte ausdrücklich gegen die Zwangsernährung. Auch *Raiser*, zwischen 1970 und 1973 Präses der Synode der Evangelischen Kirche in Deutschland, meinte, eine über lange Zeit hinweg durchgeführte Zwangsernährung sei ethisch fragwürdig.[314]

Im Sonderausschuß für die Strafrechtsreform, der sich 1974/75 auch mit dem Regierungsentwurf zum Strafvollzugsgesetz beschäftigte, waren die Ansichten zur Zwangsernährung völlig konträr. Die schließlich 1977 mit dem neuen Strafvollzugsgesetz in Kraft getretene Regelung des § 101 StVollzG a. F. war ein politischer Kompromiß. Er erschien beiden Seiten akzeptabel, zumal man das ansonsten weitgehend unstrittige Reformvorhaben des neuen Strafvollzugsgesetzes wegen dieser Detailfrage nicht gefährden wollte.[315] Nach Abs. 1 dieser Bestimmung ist die

> "[...] Ernährung [...] zwangsweise nur bei Lebensgefahr, bei schwerwiegender Gefahr für die Gesundheit des Gefangenen [...] zulässig; die Maß-

---

[310] *Wagner, Joachim*: Selbstmord und Selbstmordverhinderung, 12 f

[311] DÄBl 1974, 3660 f

[312] Vgl. *Wagner, Jochaim*: Selbstmord und Selbstmordverhinderung, 7 ff m. w. N.

[313] *Wagner, Joachim*: Die Neuregelung der Zwangsernährung, ZRP 1975, 1 f; Selbstmord und Selbstmordverhinderung, 19

[314] *Wagner, Joachim*: Selbstmord und Selbstmordverhinderung, 17 f

[315] *Geppert, Klaus*: Freiheit und Zwang im Strafvollzug, 43 f; *Wagner, Joachim*: Die Neuregelung der Zwangsernährung, ZRP 1976, 1, 2 f

> nahmen müssen für die Beteiligten zumutbar und dürfen nicht mit erheblicher Gefahr für Leben oder Gesundheit des Gefangenen verbunden sein. Zur Durchführung der Maßnahmen ist die Vollzugsbehörde nicht verpflichtet, solange von einer freien Willensbestimmung des Gefangenen ausgegangen werden kann, es sei denn, es besteht akute Lebensgefahr."

Nach § 101 Abs. 3 StVollZG darf die Zwangsernährung nur auf Anordnung und unter Aufsicht eines Arztes erfolgen.

Die Regelung unterschied in das Recht und die Pflicht zur Zwangsernährung. Bei akuter Lebensgefahr bestand nach dieser Regelung eine Verpflichtung zur Zwangsernährung, unabhängig vom Willen des Betroffenen. Nach § 178 StVollzG gilt § 101 StVollzG für alle Arten des Freiheitsentzuges, also auch für die Untersuchungshaft.

Obwohl die Neuregelung des Strafvollzugsgesetzes und damit auch § 101 StVollG a. F. schließlich vom zuständigen Ausschuß einstimmig beschlossen wurde, blieb sie politisch umstritten. 1978 scheiterte eine Gesetzesinitiative des Bundesrates, welche die Ernährung eines hungernden Gefangenen gegen seinen ausdrücklich erklärten Willen verhindern wollte.[316] Auch ein Änderungsvorschlag des Bundes der Strafvollzugsbediensteten Deutschlands aus dem Jahre 1981 sah vor, die Zwangsernährung erst dann zuzulassen, wenn der Gefangene zur freien Willensbestimmung nicht mehr in der Lage sei.[317]

Zu einer Änderung des § 101 StVollzG kam es erst 1985. Eine Pflicht zur Zwangsernährung besteht seitdem nicht mehr. Die zweite Satzhälfte von § 101 Abs. 1 S. 2 StVollzG a. F. (es sei denn...) wurde gestrichen. Die Vollzugsbehörde ist dadurch auch bei akuter Lebensgefahr von einer Verpflichtung zur Zwangsernährung freigestellt, solange von einer freien Selbstbestimmung des Gefangenen ausgegangen werden kann.[318] Auch nach der Gesetzesänderung bleibt die Vollzugsbehörde jedoch berechtigt, medizinische Zwangsmaßnahmen gegen den Willen des Gefangenen durchzuführen.

Im Gesetzgebungsverfahren wurde insbesondere darauf hingewiesen, daß die zuständigen Ärzte sich zur Abgrenzung zwischen einfacher und akuter Lebensgefahr nicht in der Lage sähen. Die Vollzugsbehörden müßten befürchten, keine Ärzte zu finden, die zur Zwangsernährung bereit seien. Der Schutz des menschlichen Lebens und die Fürsorgepflicht des Staates würde keine Zwangsernährung gebieten, da diese im Widerspruch zu den Grundsätzen der Selbstbestimmung und Selbstverantwortlichkeit stünde.[319] Im Rechtsausschuß wurde der Entwurf zur Gesetzesänderung einstimmig angenommen, wobei sich die SPD-Fraktion der Stimme enthielt. Sie hatte vorgeschlagen, die Verpflichtung der Vollzugsbehörde zur Zwangsernährung nur dann entfallen

---

[316] BT-Drucks. 8/1727
[317] VollzD 1982, Heft 4/5, 2
[318] BGBl I, 581, 584
[319] BT-Drucks. 10/172

zu lassen, wenn der Gefangene nachhaltigen Widerstand leistet, der nur durch Anwendung unmittelbarer körperlicher Gewalt gebrochen werden kann.[320]

2. Rechtfertigung

Wie die verschiedenen Vorarbeiten und Entwürfe zum StVollzG gezeigt haben, wurde die Zwangsernährung von hungerstreikenden Gefangenen in der deutschen Rechtswissenschaft lange Zeit ganz allgemein für zulässig gehalten. Erst die vermehrte Kritik anlässlich der aufsehenerregenden Hungerstreiks der 70er und 80er Jahre haben eine Rechtfertigung dieser Vorgehensweise notwendig gemacht.

a. Absolute Schutzpflicht für das Leben

Die Zwangsernährung wird mit der Pflicht des Staates zum Schutz des Lebens begründet. Diese ergebe sich verfassungsrechtlich aus Art. 2 Abs. 2 GG. Es bestünde eine umfassende Pflicht zum Schutz des Lebens als "Höchstwert" innerhalb der grundgesetzlichen Ordnung. Der Staat habe sich schützend und fördernd vor dieses Leben zu stellen.[321] Das Leben stünde nicht zur freien Disposition des Betroffenen. Hierzu wird ausgeführt:

> "Die freie Entfaltung der Persönlichkeit setzt gerade die Existenz der Persönlichkeit voraus, das Menschenbild eben das Menschsein. Nur innerhalb dieser Grenzen bestehen die Grundrechte. Ein geschütztes Recht auf eine Vernichtung der eigenen Persönlichkeit und damit eine selbstgewählte Beendigung des Menschsein gibt es also gerade nicht."[322]

Der Rechtswert ungehinderter Selbstbestimmung sei dem Schutzgut des Lebens untergeordnet. Dabei bestünde kein prinzipieller Unterschied zwischen freiverantwortlicher und unfreier Selbsttötung. Auch wer nicht zu freien und verantwortlichen Entscheidungen in der Lage sei, werde grundsätzlich in seinem Selbstbestimmungsrecht geschützt. Man dürfe sich auch über die Entscheidungen von Geisteskranken und Kindern nur dann hinwegsetzen, wenn nach entsprechender Abwägung das bedrohte Rechtsgut schwerer wiege als ihre Selbstbestimmung. Sofern es um das Rechtsgut Leben ginge, müsse bei freiverantwortlich wie bei nicht freiverantwortlich Handelnden in gleicher Weise eine Abwägung vorgenommen werden. Bei dieser überwöge in der Regel, insbesondere beim Hungerstreik, das Rechtsgut Leben.[323]

Auch im Gesetzgebungsverfahren ging man von einer Pflicht des Staates zum Schutz des Lebens des Hungerstreikenden gegen dessen Willen aus.[324] Gerade im Gesetz-

---

[320] BT-Drucks. 10/2781

[321] So ständige Rspr. des BVerfG, vgl.: E 39,1, 42; E 46, 160, 164; E 49, 24, 53;

[322] *Sonnen, B.-R.*.: Zwangsernährung bei Hungerstreik von Gefangenen, JA 1977, 483, 484

[323] *Herzberg, Rolf Dietrich*: Zur Strafbarkeit der Beteiligung am frei gewählten Selbstmord, ZStW 91 (1979), 557, 576

[324] Protokolle, 53. Sitzung, 2065, 2072

gebungsprozeß wurde die Zwangsernährung häufig durch den Verweis auf das strafrechtliche Gebot der Selbsttötungsverhinderung begründet.[325]

Hier berührt die Diskussion um die Zwangsernährung beim Gefangenenhungerstreik die bereits bei der Selbsttötung und der Sterbehilfe nachgezeichnete Auseinandersetzung, ob als Ausfluß des Selbstbestimmungsrechts und der allgemeinen Handlungsfreiheit auch ein Recht besteht, über sein Leben zu verfügen. Der Zusammenhang der Diskussion um den Suizid mit der Auseinandersetzung um die Zwangsernährung wurde auch in der juristischen Fachliteratur wiederholt betont.[326] Es wird der Eigenart des Hungerstreiks jedoch nicht gerecht, wenn man die Entscheidung über die Zulässigkeit von Zwangsernährung auf diese allgemeine Frage zurückführt. Denn anders als bei der Selbsttötung steht ja fest, daß der Hungerstreikende nicht sterben will.

b. Gesteigerte Fürsorgepflicht in Haftanstalten

Vielfach wird davon ausgegangen, daß die allgemeine Schutzpflicht des Staates für das Leben sich bei einem Häftling zu einer besonderen, gesteigerten Fürsorgepflicht verstärke. Sie gebiete, ein Verhungern des Gefangenen zu verhindern, notfalls mit Zwangsmitteln. Dies gelte besonders, weil eine Entscheidung zur Selbsttötung bei Hungerstreik nicht feststehe.[327]

Wenn von einer solchen allgemeinen Verpflichtung zur Rettung des Lebens des Häftlings ausgegangen wird, verliert die Streichung der Pflicht zur Zwangsernährung in der Neufassung des § 101 Abs. 1 StVollzG an Bedeutung. Denn die Anstaltsleitung und der zuständige Arzt sind ohnehin verpflichtet, alles Erdenkliche für die Lebensrettung von Hungernden zu tun, wozu eben auch die Zwangsernährung gehört.

Weiter wird ausgeführt, daß wegen dieser Fürsorgepflicht dem Willen des Gefangenen, die Nahrungsaufnahme zu verweigern, nur geringere Bedeutung zukomme. In diesem Sinne heißt es bereits in der Begründung des Regierungsentwurfes, die Frage nach der Zustimmung des Betroffenen (zur künstlichen Ernährung) sei in der Zwangssituation des Freiheitsentzuges in besonderer Weise zu bewerten.[328]

Bis in die 60er Jahre hinein war in der Rechtswissenschaft die Vorstellung herrschend, der Strafvollzug begründe – genau wie Militär, Schule oder Beamtenschaft – wegen der besonderen Nähe des Staates zu den Betroffenen ein "besonderes Gewaltverhältnis", innerhalb dessen die Grundrechte nicht oder nur eingeschränkt gelten könnten. Daher sollten in diesem Bereich Grundrechte auch ohne gesetzliche Regelung eingeschränkt werden können.[329] Zum Strafvollzug stellte das BVerfG in einer Grund-

---

[325] Protokolle, 53. Sitzung, 2074

[326] *Wagner, Joachim*: Selbstmord und Selbstmordverhinderung; *Herzberg, Dietrich*: Zur Strafbarkeit der Beteiligung am frei gewählten Selbstmord, ZStW 91 (1979), 557; *Kühne, Hans-Heiner*: Strafrechtliche Aspekte der Suicid-Abwendung in Strafanstalten, NJW 1975, 671; *Baumann, Jürgen*: Zwangsweise Lebenserhaltung im Strafvollzug, ZRP 1978, 35, 36

[327] LöweRosenberg/*Dünnebier*: StPO Großkommentar, 23. Aufl, § 119, Rn 188; LöweRosenberg/*Hilger*: StPO Großkommentar, 25. Aufl., § 119, Rn 196

[328] BT-Drucks. 7/918, 8

[329] Vgl.: vMünchKunig/*von Münch*: Vorb. Art 1-19 Rn 59

satzentscheidung 1972 fest, die Grundrechte dürfen dort nicht beliebig oder nach Ermessen eingeschränkt werden.[330] Mit dem Strafvollzugsgesetz, in dem die Zwangsernährung geregelt ist, kam die Legislative dem Auftrag des BVerfG nach, die Eingriffe gegenüber Strafgefangenen gesetzlich zu regeln.[331] Heute ist umstritten, ob der Rechtsfigur des "besonderen Gewaltverhältnisses" überhaupt noch eine eigenständige Bedeutung zukommt. Das BVerfG hat neben dem Strafvollzug auch für das Schulwesen die Geltung des Gesetzesvorbehaltes festgestellt. Daher mehren sich die Stimmen, die auf den Begriff ganz verzichten wollen.[332] Allerdings wird dem "besonderen Gewaltverhältnis" – mit unterschiedlicher Akzentuierung in der Bedeutung auch als "Sonderrechtsverhältnis", "gesteigertes Abhängigkeitsverhältnis", "besonderes Pflichtverhältnis" oder "Sonderstatus" bezeichnet – als beschreibende Kategorie von der juristischen Fachliteratur vielfach noch insoweit Bedeutung beigemessen, als daß wegen der damit bezeichneten Nähe zwischen Staat und einzelnem Grundrechte im stärkeren Maße eingeschränkt werden können, als dies sonst der Fall ist.[333]

Ganz generell wird davon ausgegangen, daß die Fürsorgepflicht des Staates in Haftanstalten weiter ginge als in Freiheit. Der Staat sei insbesondere im strafrechtlichen Sinne Garant für Leben und Gesundheit der Häftlinge.[334] Zwar sei umstritten, ob und inwieweit das Selbstbestimmungsrecht eines zur Selbsttötung Entschlossenen zu respektieren sei, wenn ihm eine Person mit nur privatrechtlicher Garantenstellung gegenüberträte. Sofern sich der Betreffende jedoch in einem öffentlichen Gewahrsam befände, so habe das Recht einer zum Tod führenden Selbstbestimmung hinter das öffentliche Recht auf Lebensschutz zurückzutreten. In zahlreichen Vorschriften komme die allgemeine Wertentscheidung zum Ausdruck, daß die spezifisch öffentliche Fürsorge sich über die freie Entscheidung zum Tod hinwegsetzten dürfe.[335]

Dagegen wird eingewandt, die Fürsorgepflicht in Haftanstalten sei lediglich ein Ausgleich dafür, daß der Staat durch den Freiheitsentzug den Gefangenen die Möglichkeit einer selbstverantwortlichen Wahrnehmung der Gesundheitsfürsorge genommen habe. Deshalb habe der Staat zwar für die körperliche und geistige Gesundheit von Häftlingen zu sorgen, aber nur insoweit, als sie dies nicht selbst tun könnten. Er dürfe und müsse dem Häftling deshalb Fürsorge anbieten, er müsse ärztliche Versorgung sicherstellen; er dürfe Fürsorge aber nicht aufzwingen.[336] Die "Zwangsjacke [des] beson-

---

[330] BVerfGE 33, 1, 10 f

[331] Vgl. BVerfGE 33, 1, 13

[332] *Bryde, Brun-Otto*: Die Kontrolle von Schulnoten in verwaltungsrechtlicher Dogmatik und Praxis, DÖV 1981, 193, 195; *Piroth, Bodo; Schlink, Bernhard*: Grundrechte, Staatsrecht II, 258 f, Rn 1011

[333] *Ronellenfitsch, Michael*: Das besondere Gewaltverhältnis, DÖV 1981, 933 ff 41; vMünchKunig/*Münch, Ingo von*: Vorb. Art. 1-19 Rn 59 ff;

[334] OLG Koblenz, JA 1977, 483 f

[335] *Linck, Joachim*: Zwangsernährung von Untersuchungsgefangenen, NJW 1975, 18, 20

[336] *Michale, Walter*: Recht und Pflicht zur Zwangsernährung, 136 f; *Bennmann, Günter*: Zur Fragwürdigkeit der Zwangsernährung, FS Klug, 563, 568; *Geißl, Günter*: Zwangsmaßnahmen auf dem Gebiet der Gesundheitsfürsorge, 314 ff

deren Gewaltverhältnisses" dürfe nicht durch "das Joch der staatlichen Fürsorgepflicht" ersetzt werden.[337]

c. Strafverfahren und staatlicher Strafanspruch

Für eine Zwangsernährung von Untersuchungsgefangenen wird weiter angeführt, daß durch den Hungerstreik der Zweck der Untersuchungshaft gefährdet würde. Die möglicherweise eintretende Haft- und Verhandlungsunfähigkeit, im äußersten Fall auch der Hungertod machten das gerichtliche Verfahren unmöglich. Es bestünde jedoch ein öffentliches Interesse an der gerichtlichen Aufklärung der Anschuldigungen, um derentwillen ein Gefangener in Untersuchungshaft sitzt. Dem Anspruch des Staates auf Aufklärung dürfe sich der Gefangene nicht entziehen – weder durch Flucht, noch durch vorsätzliche Herbeiführung der Verhandlungsunfähigkeit. Sofern keine weniger einschneidende Maßnahme greife, sei der Staat zur Zwangsernährung verpflichtet, um den Anspruch auf eine geordnete Durchführung des Strafverfahrens durchzusetzen.[338]

Dem wurde entgegnet, daß nach geltender Rechtslage der Beschuldigte nur daran gehindert werden könne, sich räumlich dem Strafverfahren zu entziehen. Er dürfe jedoch frei über seine körperliche Integrität entscheiden.[339] Um die Durchführung des Strafverfahrens sicher zu stellen, bestünde ja auch kein Recht zur Zwangsbehandlung von "natürlichen" Krankheiten. Dem Untersuchungshäftling obliege keine Verpflichtung, sich als abschreckendes Prozeßsubjekt zu erhalten.[340]

Auch für die Zwangsernährung im Strafvollzug wurde angeführt, sie solle die Durchsetzung des staatlichen Strafanspruchs sicherstellen und dafür sorgen, daß nur der Freiheitsentzug Strafübel sei.[341] Die am Vergeltungsrecht orientierte Argumentation, ein Delinquent dürfe sich nicht durch Selbsttötung der Strafe entziehen, spielte in der Vergangenheit eine große Rolle.[342] *Kant* als konsequenter Vertreter des Talionsprinzips hatte die Vollstreckung der (Todes-)Strafe auch für den Fall verlangt, daß die strafende Gemeinschaft sich auflöst. Da angesichts der grundgesetzlichen Wertvorgaben Vergeltung oder Abschreckung gemeinhin nicht mehr als alleinige Strafzwecke gelten, wird auch eine daran orientierte Rechtfertigung der Zwangsernährung kaum mehr vertreten.[343]

d. Fehlende Entscheidungskompetenz in Sondersituation Haft

Die Zwangsernährung ist weiter damit begründet worden, daß die hungerstreikenden Gefangenen ihre Entscheidung zur Inkaufnahme des tödlichen Risikos nicht wirklich

---

[337] *Geppart, Klaus*: Freiheit und Zwang im Strafvollzug, 15

[338] *Linck, Joachim*: Zwangsernährung von Untersuchungsgefangenen, NJW 1975, 18, 20 f

[339] *Arndt, Hans-Wolfgang; Olshausen, Henning von*: Grenzen staatlicher Zwangsbefugnisse, JuS 1975, 143, 144 ff

[340] *Ostendorf, Heribert*: Das Recht zum Hungerstreik, 163

[341] In diese Richtung: *Baumann, Jürgen*: Die Bedeutung des Art. 2 GG für die Freiheitsbeschränkungen im Strafprozeß, in: FS Eberhart Schmidt, 523, 548 f

[342] Vgl. *Geißl, Günter*: Zwangsmaßnahmen auf dem Gebiet der Gesundheitsfürsorge, 337 ff m. w. N.

[343] *Geißl, Günter*: Zwangsmaßnahmen auf dem Gebiet der Gesundheitsfürsorge, 337 f

frei und verantwortlich treffen könnten. In der Sondersituation der Haft sei im Grunde stets mit den Auswirkungen von depressiven oder psychopathischen Zuständen zu rechnen. Mit Blick auf den Hungerstreik von mutmaßlichen RAF-Terroristen wird weiter ausgeführt, dieser fanatisierte Personenkreis sei nicht in der Lage, seine eigenen objektiven Interessen zu erkennen. Die Hungerstreikenden sähen sich einem erheblichen Gruppenzwang ausgesetzt. Dieser wirke besonders stark, weil durch die Isolierung von der Außenwelt zunehmend der Bezug zur Wirklichkeit verloren ginge. Von einer freien und verantwortlichen Entscheidung zum Tod könne daher keine Rede sein. Da die Rechtsordnung bereits gegenüber der freiverantwortlichen Selbsttötung in Freiheit skeptisch eingestellt sei, müsse beim Hungerstreik von Gefangenen der Lebensschutz Vorrang haben.[344]

Dem wird entgegengehalten, auch der Inhaftierte sei grundsätzlich in der Lage, seinen Willen frei zu bestimmen.[345] Der äußere Freiheitsentzug bedinge nicht den Verlust der inneren Freiheit.[346] Es sei eine Konsequenz aus einem modernen Verständnis vom Strafvollzug als Erziehungsvollzug im Gegensatz zum Verwahrvollzug, den Gefangenen zu Selbständigkeit und Selbstverantwortung zu erziehen. Er müsse daher auch im Vollzug als selbstverantwortlich und selbständig behandelt werden.[347]

e. Druck auf staatliche und politische Entscheidungsträger

Ein weiter Grund für die Zwangsernährung ist sicher in dem Bestreben zu sehen, nicht für den Hungertod der nahrungsverweigernden Gefangenen (politisch) verantwortlich gemacht zu werden. Insbesondere beim Hungerstreik der RAF-Gefangenen wollten weder die Bundesregierung noch die betroffenen Landesregierungen die Verantwortung dafür übernehmen, daß die prominenten Terroristen, die über einen beachtlichen Sympathisantenkreis verfügten, stürben. Man befürchtete Unruhen oder Vergeltungsaktionen.[348] Es müsse verhindert werden, daß politisch motivierte Kriminelle durch ihren Tod zu Märtyrern verklärt werden.

Im Gesetzgebungsverfahren wurde argumentiert, den Strafvollzugsbehörden sei der Tod von hungerstreikenden Gefangenen nicht zuzumuten. Sie sähen sich dadurch in eine "Henkerrolle" gedrängt und würden moralisch für den Tod verantwortlich gemacht.[349] Dazu trüge bei, daß das Martyrium des Hungernden dazu führe, daß die Forderungen der Streikenden als berechtigt und nicht willkürlich angesehen werden.[350] Auch könne der Tod eines Gefangenen angesichts der empfindlichen und anfälligen Atmosphäre zu erheblichen Störungen der Anstaltsordnung führen.[351] Die Zwangs-

---

[344] *Baumann, Jürgen*: Zwangsweise Lebenserhaltung im Strafvollzug, ZRP 1978, 35, 36; *Nöldeke, Werner; Weichbrodt, Stefan*: Hungerstreik und Zwangsernährung, NStZ 1981, 281, 283

[345] *Bennmann, Günter*: Zur Fragwürdigkeit der Zwangsernährung, FS Klug, 563, 567; *Geißl, Günter*: Zwangsmaßnahmen auf dem Gebiet der Gesundheitsfürsorge, 323 ff

[346] *Ostendorf, Heribert*: Das Recht zum Hungerstreik, GA 1984, 308, 322 f

[347] *Geppert, Klaus*: Freiheit und Zwang im Strafvollzug, 20

[348] *Wagner, Joachim*: Selbstmord und Selbstmordverhinderung, 20

[349] Protokolle der 53. Sitzung, 2074, 55. Sitzung, 2130

[350] *Jakobs, Günter*: Literaturbericht, ZStW 95 (1983), 677, 682

[351] Protokolle der 53. Sitzung, 2074, 55. Sitzung, 2130

ernährung sei auch ein Vorbeugemittel gegen Mißhelligkeiten, die den für den Strafvollzug Verantwortlichen aus dem Tod des Häftlings erwüchsen.[352]

Dieser Gedankengang erscheint jenseits des Bereiches politischer und pragmatischer Argumentation in spezifisch juristischer Gestalt, wenn der Hungerstreik als Nötigung gegenüber den Vollzugsorganen gewertet wird. Es wird argumentiert, auch die Drohung mit einer Selbsttötung könne eine Drohung mit einem empfindlichen Übel im Sinne des § 240 StGB sein. Gleiches müsse für den Auszehrungstod eines Hungerstreikenden gelten.[353] Bereits im Gesetzgebungsverfahren haben Regierung und Parlament Hungerstreiks als Nötigungsversuche bezeichnet.[354] Als Reaktion auf diese Drohung müßten den Vollzugsbehörden die Zwangsernährung gestattet werden.[355]

Dieser Argumentation wurde entgegengehalten, man dürfe sich nicht aus tagespolitischen oder pragmatischen Gründen über die Wertentscheidung des Grundgesetzes zur Eigenverantwortung und Autonomie hinwegsetzen. Selbst Befürworter der Zwangsernährung warnen davor, rechtliche und politische Bewertungsmaßstäbe gleichzusetzen oder zu vermengen.[356] Auch sei es unzulässig, dem Hungerstreik von Gefangenen einen juristischen Unwert zuzuweisen, indem man ihn als strafbare Nötigung bewertet.[357] Hungern als ein Unterlassen könne nicht strafbar sein, da es keine Rechtspflicht zum Tun, also zum Essen gäbe.[358] Der Hungerstreik sei eine besondere Form von Meinungsäußerung. Das Grundrecht der Meinungsäußerung schütze damit den Hungerstreik. Nicht geschützt sei dagegen der Staat vor Pressionen, die dadurch entstehen könnten, daß unliebsame Meinungen besondere Aufmerksamkeit in der Öffentlichkeit erregen würden. Der durch den Hungerstreik ausgeübte Druck sei nicht stärker als im politischen Kampf üblich.[359]

---

[352] *Herzberg, Dietrich*: Zur Strafbarkeit der Beteiligung am frei gewählten Selbstmord, ZStW 91 (1979), 281, 583

[353] *Böhm, Alexander*: Nochmals, Grenzen staatlicher Zwangsbefugnisse gegenüber Untersuchungshäftlingen, 287, 288 f; *Dreher, Eduard*: StGB, 37. Aufl., § 240 Rn 9; *Kühne, Hans-Heiner*: Strafrechtliche Aspekte der Suicid-Abwendung in Strafanstalten, NJW 1975, 671, 675; *Herzberg, Dietrich*: Zur Strafbarkeit der Beteiligung am frei gewählten Selbstmord, ZStW 91 (1979), 281, 583; *Nöldeke, Werner; Weichbrodt, Stefan*: Hungerstreik und Zwangsernährung, NStZ 1981, 281, 282

[354] BT-Ducks. 8/1727, 4, 7

[355] *Böhm, Alexander*: Nochmals, Grenzen staatlicher Zwangsbefugnisse gegenüber Untersuchungshäftlingen, 287, 288 f; *Nöldeke, Werner; Weichbrodt, Stefan*: Hungerstreik und Zwangsernährung, NStZ 1981, 281, 282

[356] *Herzberg, Rolf Dieter*: Zur Strafbarkeit der Beteiligung am frei gewählten Selbstmord, ZStW 91 (1979), 557, 579

[357] Alternativkommentar-StVollzG/*Feest*, § 101, Rn. 20; Kritisch, aber nicht entschieden: BGHSt 27, 325, 329

[358] *Zieger, Matthias*: Stellungnahme zum Gesetz zur Änderung des § 101 StVollzG, StV 1985, 127, 129

[359] *Ostendorf, Heribert*: Das Recht zum Hungerstreik, GA 1984, 308, 323; Das Recht zum Hungerstreik, 212 ff

3. Kritik

Es wird mit unterschiedlichen Gründen bestritten, daß der Staat eine Befugnis zur zwangsweisen Ernährung von hungerstreikenden Gefangen hat. Die gesetzliche Regelung in § 101 StVollzG sah sich besonders in der ursprünglichen Form von 1977 scharfer Kritik ausgesetzt und wurde als "bedauerliche Fehlkonstruktion"[360] von der Fachliteratur fast einhellig abgelehnt.[361] Seit 1988, seitdem keine gesetzliche Pflicht zur Zwangsernährung mehr besteht, ist die Diskussion um die Zwangsernährung sehr ruhig geworden. In der juristischen Fachliteratur hat es in den vergangenen Jahren keine Veröffentlichungen mehr gegeben, die sich speziell mit dem Thema auseinandergesetzt haben. In letzter Zeit haben Gefangenenhungerstreiks auch keine öffentliche Aufmerksamkeit mehr erregt und es hat auch keine Zwangsernährung mehr gegeben. Sofern die Zwangsernährung jedoch grundsätzlich abgelehnt wird, so richtet sich die Argumentation auch auf die in der jetzigen Fassung des § 101 StVollzG dem Staat belassenen Befugnis dazu.[362]

a. Grundrechtlicher Schutz von Verfügung über Leib und Leben

Zentral für die Kritik an der Zwangsernährung ist der Vorwurf, dadurch würde das grundrechtlich geschützte Recht des hungerstreikenden Gefangenen verletzt, selbst über seinen Körper und sein Leben zu verfügen. Die für ein solches Selbstbestimmungsrecht vorgebrachte Argumentation stützt sich genau wie in der Debatte um die gezielte Selbsttötung und die aktive Sterbehilfe vorrangig auf die Art. 1, 2 Abs. 1 und 2 Abs. 2 GG

Dazu wird ausgeführt, aus Art. 2 Abs. 1 GG folge das freie Selbstbestimmungsrecht über Leben und Gesundheit. In Verbindung mit Art. 1 Abs. 1 GG gewährleiste es das Autonomieprinzip. Auch Art. 2 Abs. 2 GG weise Leib und Leben der Verfügungsmacht des Betroffenen zu. Mit unterschiedlicher Akzentuierung wird daher von einem verfassungsrechtlich verbürgten Recht auf Hungerstreik ausgegangen.[363]

Es wird argumentiert, auch die staatliche Verpflichtung zum Schutz des menschlichen Lebens könne keine Grundrechte aus dem Felde schlagen, die für die Freiheit des einzelnen, für das Autonomieprinzip oder auch nur für ein Minimum an Freiheit schlechthin konstituierend sind. Das Selbstbestimmungsrecht darüber, ob man essen wolle oder nicht, sei ein solches Grundrecht. Wer nicht einmal darüber frei entschei-

---

[360] *Wagner, Joachim*: Die Neuregelung der Zwangsernährung, ZRP 1976, 1, 3

[361] *Tröndle, Herbert*: Zwangsernährung und Rechtsstaat, in: FS Kleinknecht, 411 m. w. N.

[362] Vgl. *Zieger, Matthias*: Stellungnahme zum Gesetz zur Änderung des § 101 StVollzG, StV 1985, 127, 128

[363] *Wagner, Joachim*: Selbstmord und Selbstmordverhinderung, 83; *Arndt, Hans-Wolfgang; Olshausen, Henning von*: Forum: Grenzen staatlicher Zwangsbefugnisse gegenüber Untersuchungshäftlingen, JuS 1975, 143, 147; Alternativkommentar StVollzG/*Brühl*, § 101, Rn 22; *Bottke, Wilfried*: Das Recht auf Suizid und Suizidverhütung, GA 1982, 346, 359 f; *Zieger, Matthias*: Stellungnahme zum Gesetz zur Änderung des § 101, StrV 1985, 127

den dürfe, dem sei von seiner persönlichen Freiheit eigentlich überhaupt nichts mehr verblieben.[364]

Mit der Postulierung eines Recht auf freie Verfügungsmacht über seinen eigenen Körper und sein eigenes Leben gerät die Diskussion um die Zwangsernährung auf die gleichen Bahnen wie die um die Selbsttötung. Dabei bleibt jedoch unberücksichtigt, daß man selbst dann, wenn man grundsätzlich von einem solchen Verfügungsrecht ausgeht, im Sonderfall des Gefangenenhungerstreiks den Auszehrungstod nicht als Folge der Ausübung dieses Verfügungsrechts sehen muß. Man kann den Hungertod vielmehr als Folge einer ursprünglich unbeabsichtigten Ziel-Mittel-Verschiebung sehen, in welcher der Hungerstreik vom Mittel zur Erreichung eines Zieles durch Eskalation zum Selbstzweck pervertiert wurde. Da die Selbsttötung nicht beabsichtigt sei, dürfe und müsse sie verhindert werden.[365]

b. Schutz der körperlichen Integrität

Andere setzten an den Beginn ihrer Argumentation die Feststellung, daß es sich bei der Zwangsernährung um einen sehr weitgehenden, risikoreichen Eingriff in die körperliche Integrität handele. Angesichts des verfassungsrechtlichen Schutzes der körperlichen Integrität bedürften derartige Eingriffe einer Rechtfertigung. Als Rechtfertigung könne jedoch nicht die drohende Lebensgefahr des Hungernden angeführt werden. Denn auch sonst rechtfertige Lebensgefahr keine Eingriffe in die körperliche Integrität gegen den Willen des Betroffenen. Dies zeige sich sehr deutlich bei der medizinischen Heilbehandlung. Wer zu einer freien Willensentscheidung in der Lage sei, dürfe Heilmaßnahmen ablehnen und habe damit das Recht, den tödlichen Verlauf einer Krankheit hinzunehmen.[366] Dieses Recht müsse auch einem Untersuchungs- oder Strafhäftling zustehen. Auch er müsse Herr seiner körperlichen Integrität bleiben, selbst wenn seine Entscheidung zum Hungerstreik zum Tode führe.[367]

Gegen diese Argumentation wurde eingewandt, daß sich der Hungerstreik als Willensäußerung von schicksalhaften Krankheiten unterscheide. Die Weigerung, eine Krankheit behandeln zu lassen sei stets juristisch anders behandelt worden als die aktive Selbsttötung.[368] Bei einer Krankheit sei es zu respektieren, wenn der Betroffene dem schicksalhaften Verlauf nicht entgegenwirken wolle. Dahinter steht, daß es keine "objektiv richtige" Behandlung gebe, sondern sehr verschiedene Behandlungsmethoden, die immer mit bestimmten Risiken verbunden seien und von denen keine verbindlich vorgeschrieben werden könne. Zwar mögen die Grenzen zwischen dem Dem-Schicksal-den-Lauf-lassen und dem Suizid fließend sein. Bei der Nahrungsverweigerung handele der Betreffende jedoch aktiv, indem er einen Naturtrieb, der

---

364 *Tröndle, Herbert*: Zwangsernährung und Rechtsstaat, in: FS Kleinknecht, 411, 420

365 Vgl.: *Weis, Kurt*: Freitod in Unfreiheit, ZRP 1975, 83, 92; *Wassermann, Rudolf*: Das Recht auf den eigenen Tod, DRiZ 1986, 291, plädiert für ein Recht auf Selbsttötung, hält aber die Zwangsernährung von hungerstreikenden Gefangenen für geboten.

366 grundlegend: BGHSt 11, 111

367 *Arndt, Hans-Wolfgang; Olshausen, Henning von*: Forum: Grenzen staatlicher Zwangsbefugnisse gegenüber Untersuchungshäftlingen, JuS 1975, 143 ff

368 Löwe; Rosenber/*Wendisch*: StPO, Großkommentar, 24. Aufl., § 119, Rn. 193

jedem gesunden Menschen innewohnt, unterdrückt. Als Garant seien die Strafvollzugsbehörden verpflichtet, das Leben gegen aktive Handlungen zu erhalten.[369]

Die Unterschiede zwischen Krankheit und Hungerstreik werden jedoch auch als "Erst-Recht-Schluß" gegen die Zwangsernährung angeführt: Wenn schon der Gefangene, der krankheitsbedingt nicht zu essen vermag, die künstliche Ernährung ablehnen kann, dann müsse das gleiche Recht demjenigen zustehen, der freiwillig hungert. Wenn sterben darf, wer nicht essen kann, muß auch sterben dürfen, wer nicht essen will.[370]

Der Strafrechtslehrer *Heribert Ostendorf*, der die Nahrungsverweigerung durch das Selbstbestimmungsrecht des Betroffenen gedeckt sieht, argumentiert in seiner Habilitationsschrift, jede Zwangsernährung sei eo ipso als Körperverletzung, Nötigung und Freiheitsberaubung strafbar.[371]

c. Verletzung der Menschenwürde

Weiter wird argumentiert, durch die Zwangsernährung werde die Menschenwürde des hungerstreikenden Gefangenen verletzt.[372] Werde die künstliche Ernährung gegen den nachdrücklichen Widerstand des Gefangenen durchgeführt, sei sie mit Gewalttätigkeiten verbunden, die sie in die Nähe der Folter rückten. In der Tortur einer gegen den intensiven körperlichen Widerstand durchgesetzten Zwangsernährung werde die menschliche Würde des Gefangenen verletzt.[373] Die Zwangsernährung sei eine Vergewaltigung des menschlichen Willens.[374]

Eindringlich wird auf die gewalttätige Prozedur der Zwangsernährung verwiesen. Um den Widerstand des Gefangenen zu brechen, seien widerwärtige Ringkämpfe notwendig, vier bis neun Vollzugsbedienstete müßten den sich sträubenden Gefangenen an Armen und Beinen greifen und auf einen Untersuchungstisch zerren. Dort werde er niedergedrückt und festgegurtet, wobei die Gurte in Abständen über den ganzen Körper verteilt so festgezurrt würden, daß Bewegungen nur noch als Zuckungen möglich blieben. Der Kopf des Gefangenen werde dann von mehreren Vollzugsbediensteten festgehalten, während der Arzt versucht, den Magenschlauch durch die Nase einzuführen. Oder es werde dem Gefangenen der Kiefer aufgerissen, ein Keil zwischen die Zähne geschoben und der Schlauch durch den so geöffneten Mund eingeführt. Dabei käme es notgedrungen zu Würgen, Verkrampfungen und Verletzungen.[375]

---

[369] *Kohlhaas, Max*: Anmerkung zu OLG Hamburg, JR 1973, 389 f

[370] *Bennmann, Günter*: Zur Fragwürdigkeit der Zwangsernährung, in: FS Klug, 563, 568

[371] *Ostendorf, Heribert*: Das Recht zum Hungerstreik, GA 1984, 308, 326

[372] *Kühne, Hans-Heiner*: Strafrechtliche Aspekte der Suicid-Abwendung in Strafanstalten, NJW 1975, 671, 675

[373] *Tröndle, Herbert*: Zwangsernährung und Rechtsstaat, in: FS Kleinknecht, 411, 418

[374] *Tröndle, Herbert*: Zwangsernährung und Rechtsstaat, in: FS Kleinknecht, 411, 426; *Weiß, Kurt*: Freitod in Unfreiheit, ZRP 1975, 83, 89

[375] *Bemmann, Günter*: Zur Fragwürdigkeit der Zwangsernährung von Strafgefangenen, FS Klug, 453, 455 f; *Husen, Jan-Hinnerk*: Hungerstreik im Justizvollzug, ZRP 1977, 289, 290; *Weis, Kurt*: Freitod in Unfreiheit, ZRP 1975, 83, 88 m. w. N; Vgl auch die Beschreibungen von *Dellwo, Karl-Heinz*: Wie ich die Zwangsernährung erlebte, in: Ärztegruppe Berlin (W.) für eine ausreichende

Eine weniger brutale Art der Zwangsernährung sei aus medizinischen Gründen nicht möglich. Die intravenöse Ernährung reiche nicht aus, um den Hungernden über eine längere Zeitspanne hinweg am Leben zu erhalten. Die zwangsweise Verabreichung von willensbrechenden Psychopharmaka sei rechtlich nicht statthaft und auch medizinisch nicht zu verantworten, da sie angesichts der notwendigen starken Dosierung zu einer tiefgreifenden Veränderung der Persönlichkeit des Betroffenen führen würde.[376]

Der katholische Moraltheologe *Robert Spaemann* sieht die Nahrungsaufnahme allein in den Verantwortungsbereich des Betroffenen gelegt. Bei der Zwangsernährung werde wie bei der Folter der Mensch nicht als "Zweck an sich selbst", als autonome, dem Gewissen unterworfene Person verstanden. In Rückgriff auf eine anthropologische Argumentation meint er zur Zwangsernährung:

> "Auch sie widerspricht der Menschenwürde. Die personale Natur des Menschen ist von der Art, daß ein pures Weiterleben an eine freie Handlung geknüpft ist, nämlich an Essen und Trinken. Damit ist das Leben jedes Menschen in letzter Instanz in seine eigene Verantwortung gelegt. Keines Menschen Verantwortung für das Leben eines anderen reicht soweit, daß er diesen von Natur gegebenen Freiheitsspielraum beliebig einengen dürfte, indem er z. B. einem zurechnungsfähigen Menschen, der die Nahrungsaufnahme verweigert, mit Gewalt lebenserhaltende Stoffe zuführt. Auch hier führt ein überdehnter Verantwortungsbegriff zur Verletzung der Menschenwürde, die der elementare Gegenstand unserer Verantwortung ist."[377]

Von einigen wird die Scheußlichkeit und Brutalität der Zwangsernährung gegen die Schutzbedürftigkeit des Lebens abgewogen. So argumentierte *Karl Carstens*, der als Vorsitzender der CDU/CSU Fraktion mit seinen Äußerungen die politische Diskussion um die Zwangsernährung auslöste, er habe "Bedenken und Zweifel" ob das Inkaufnehmen des Todes der Hungerstreikenden nicht "humaner" wäre, als sie "mit unmenschlichen Mitteln daran zu hindern."[378]

Dieser Argumentation wurde entgegengehalten, daß die Gegner der Zwangsernährung ein solches Vorgehen trotz seines brutalen und "menschenunwürdigen" Charakters für gerechtfertigt hielten, wenn nicht frei verantwortlich Handelnde die Nahrungsaufnahme verweigern würden.[379]

---

medizinische Versorgung in den Haftanstalten u.a. (Hrsg.): Zur Zwangsernährung verpflichtet?, 42 ff, sowie literarisch in: *Solschenizyn, Alexander*: Der Archipel Gulag, 445

376 *Bemmann, Günter*: Zur Fragwürdigkeit der Zwangsernährung von Strafgefangenen, FS Klug, 453, 455 f; *Husen, Jan-Hinnerk*: Hungerstreik im Justizvollzug, ZRP 1977, 289, 290; *Geißl, Günter*: Zwangsmaßnahmen auf dem Gebiet der Gesundheitsfürsorge, 226 ff

377 *Spaemann, Robert*: Verantwortung, in: *ders.; Geach Peter T.;Inciarte, Fernando*: Persönliche Verantwortung, 11, 31

378 Zitiert nach: *Wagner, Joachim*: Selbstmord und Selbstmordverhinderung, 7

379 *Herzberg, Rolf Dieter*: Zur Strafbarkeit der Beteiligung am frei gewählten Selbstmord, ZStW 91 (1979), 557, 583

e. Psychologische Argumentation

Gegen die Möglichkeit, insbesondere gegen die inzwischen nicht mehr bestehende Pflicht zur Zwangsernährung wurde weiter eingewandt, sie habe zur Folge, daß der betroffene Gefangene das mit dem Hungerstreik verbundene Risiko unterschätze. Er hoffe darauf, daß der Tod im Ernstfall durch das Eingreifen anderer doch noch verhindert würde. Der Gefangene wiege sich in der falschen Sicherheit, ihm werde im letzten Stadium seiner Nahrungsverweigerung noch geholfen werden. Er laufe dann Gefahr, daß diese Hilfe auch bei bester ärztlicher Betreuung zu spät kommt. Die Verschwommenheit der Vorschrift führe dazu, daß keiner der vom Hungerstreik Betroffenen genau wüßte, wo die Grenzen seines Handelns lägen: Der Anstaltsleiter wüßte nicht genau, ab wann er berechtigt sei, das Leben des Gefangenen zwangsweise zu erhalten; der Gefangene wüßte nicht genau, wie lange seine Nahrungsverweigerung akzeptiert würde und ob er auf eine Zwangsernährung vertrauen dürfe; und der Arzt schließlich wüßte nicht genau, wie weit er die Selbstbestimmung des Gefangenen zu respektieren habe und ab wann er sich über sie hinwegsetzen dürfe.[380] Im Ergebnis könne so der vom Gesetz erstrebte Lebensschutz in sein Gegenteil verkehrt werden. Dem Schutz des Lebens sei auf lange Sicht durch ein kompromißloses "Nein" zur Zwangsernährung besser gedient.[381] Denn ein Verbot der Zwangsernährung würde dem Gefangenen klar die Verantung für die Folgen seines Hungerstreiks zuweisen. Eine solche klare Zuweisung von Verantwortung befördere verantwortliches Handeln. Den Häftlingen fehlte ein entscheidendes Motiv für die Nahrungsverweigerung, wenn sie nicht mehr den Staat öffentlich für die Folgen verantwortlich machen könnten.[382] Dem Hungerstreik wäre dann auch der Charakter eines engstirnigen Prestigekampfes genommen. Denn durch die Zwangsernährung werde die Haft in eine Wettkampfsituation umdefiniert, in der Gefangene wie Vollzugspersonal die Handlungen und Argumente der anderen nur noch als Herausforderung ansähen. Auf die Aggression der gegen sich selbst gewandten Gewalt des Hungerstreikenden werde mit dem gewaltsamen Brechen des Hungerstreiks, also wieder mit Aggression reagiert, wodurch ein Zirkel sich radikalisierender Aggression entstünde.[383] Bei klarer Zuweisung der Verantwortung würde dagegen die mit der Nahrungsverweigerung bezweckte Herausforderung einfach nicht angenommen.

Dem ist entgegengehalten worden, daß es gerade ein Zeichen totalitärer Diktaturen sei, den Hungerstreik seines symbolischen Aussagewertes zu entheben und auf einen Vorgang naturwissenschaftlicher Kausalität zu reduzieren, nach dem Motto: Wer nicht ißt, stirbt eben. Für einen totalitären, auf absolute Unterordnung bedachten Staat hat das individuelle Leben als solches, sofern es sich nicht den vorgegebenen Zielvorgaben unterordnet, keinen Wert. So wurden beispielsweise 1937 in der Sowjetunion die

---

[380] *Tröndle, Herbert*: Zwangsernährung und Rechtsstaat, in: FS Kleinknecht, 411, 412

[381] *Bennmann, Günter*: Zur Fragwürdigkeit der Zwangsernährung von Strafgefangenen, FS Klug, 563, 564; *Husen, Jan-Hinnerk*: Hungerstreik im Justizvollzug, ZRP 1977, 289, 291; *Tröndle, Herbert*: Zwangsernährung und Rechtsstaat, in: FS Kleinknecht, 411, 424

[382] *Husen, Jan-Hinnerk*: Hungerstreik im Justizvollzug, ZRP 1977, 289, 291; *Tröndle, Herbert*: Zwangsernährung und Rechtsstaat, in: FS Kleinknecht, 411, 426

[383] *Weis, Matthias*: Freitod in Unfreiheit, ZRP 1975, 83, 89, 91 ff

Gefängnisdirektoren der Verantwortung für die an einem Hungerstreik gestorbenen Gefangenen völlig enthoben. Die Untätigkeit bei einem Gefangenenhungerstreik liegt im Verdacht menschenverachtender Gleichgültigkeit totalitärer Systeme.[384] Generell gelte, daß ein Hungerstreik mehr Möglichkeiten habe, je liberaler und demokratischer ein System sei.[385]

f. Medizinische Einwände

Weiter wird argumentiert, Zwangsernährung gegen den aktiven Widerstand des Häftlings sei medizinisch mit hohen Risiken für seine Gesundheit verbunden und könne daher keine Methode ärztlicher Behandlung sein. Denn die Gefahren, die durch die Zwangsernährung entstünden, seien mindestens ebenso groß wie die Gefahren, die sie abwenden sollten. Sie stünden außer Verhältnis zum angestrebten Erfolg. Durch die gewaltsame Einführung von Magenschlauch, Nasen- oder Mundsonde könnten die Schleimhäute verletzt werden. Es drohe das Eindringen von Nährflüssigkeit in die Atemwege, die Aspiration von Erbrochenem mit anschließender Pneumonie und bei erbitterter Gegenwehr sogar der akute Herztod des vom Hungerstreik geschwächten Organismus.[386]

Hinzu komme, daß es nahezu unmöglich ist, den Zeitpunkt zu bestimmen, ab dem die Nahrungsverweigerung zu irreversiblen Gesundheitsschäden und schließlich zum Tod führt. In der Anfangsphase gefährdet ein Hungerstreik die Gesundheit nicht ernsthaft. Wenn einem Körper alle Kalorienträger vorenthalten werden, muß der Organismus auf seine Energiereserven zurückgreifen, um die Stoffwechselvorgänge in Gang zu halten. Dabei wird zunächst auf Fettgewebe zurückgegriffen, in einem fortgeschrittenen Stadium kommt es dann zum Abbau von Muskeleiweiß. Die Nahrungsverweigerung kann, je nach der Ausgangssituation des Betroffenen, Wochen, zuweilen sogar Monate durchgehalten werden, ohne das es zu lebensbedrohlichen Funktionsstörungen kommt. Es treten lediglich Symptome der körperlichen Schwäche, gelegentlich auch hormonelle und vegetative Funktionsstörungen ein.[387] Bei einem gesunden Gefangenen, der in der Zeit der Nahrungsverweigerung täglich etwa 2 Liter Flüssigkeit zu sich nimmt, wird die Nahrungsverweigerung erfahrungsgemäß gefährlich, wenn der Gefangene etwa ein Drittel seines Normalgewichtes verloren hat.[388] Wenn das körpereigene Eiweiß jedoch aufgebraucht ist, kommt es sehr schnell zu einer irreversiblen Schädigung lebenswichtiger Organe. Diesen Umschwung bezeichnet man als "Kipp-Reaktion". Es gibt keine verlässlichen Anzeichen und Symptome, die auf eine bevor-

---

[384] Vgl.: *Weis, Matthias*: Freitod in Unfreiheit, ZRP 1975, 83, 88

[385] *Dirk Börner* (Amnesty International), zitiert nach: *Wagner, Joachim*: Selbstmord und Selbstmordverhinderung, 9, Fn 4

[386] *Husen, Jan-Hinnerk*: Hungerstreik im Justizvollzug, ZRP 1977, 289, 290; *Bennmann, Günter*. Zur Fragwürdigkeit der Zwangsernährung, FS Klug, 563, 565

[387] *Schäfer, Jürgen Heiner*: Probleme der Intensivbehandlung bei hungerstreikenden Gefangenen, in: Ärztegruppe Berlin (W.) für eine ausreichende medizinische Versorgung in den Haftanstalten u.a. (Hrsg.): Zur Zwangsernährung verpflichtet, 39

[388] *Geppert, Klaus*: Die gegenwärtige gesetzliche Regelung der Zwangsernährung von Gefangenen, Jura 1982, 177, 180

stehende oder beginnende Kipp-Reaktion hinweisen.[389] So hat etwa die Obduktion der Leiche des an Auszehrung infolge eines Hungerstreiks gestorbenen, mutmaßlichen RAF-Terroristen *Holger Meins* ergeben, daß dieser bereits zwei Tage vor seinem Tod keine Überlebenschance mehr hatte, weil seine Vitalfunktionen, besonders die Funktionen des Rückenmarks, schon zu herabgesetzt waren. Zu diesem Zeitpunkt konnte er sich aber noch völlig klar unterhalten. Die Ärzte hatten, ohne sich dabei einer Verletzung ihrer ärztlichen Sorgfaltspflicht schuldig zu machen,[390] die Zwangsernährung zu spät angeordnet, so daß der Tod des Gefangenen nicht mehr verhindert werden konnte.

Der Einwand, Zwangsernährung sei immer mit medizinischen Risiken für Leib und Leben verbunden, scheint durch die Tatsache bestätigt, daß bei Hungerstreiks in deutschen Gefängnissen bisher nur Tote zu beklagen waren, die zwangsernährt worden sind. (*Holger Meins* im Oktober 1975 und *Sigurd Debus* im April 1981)[391] Auf der anderen Seite konnten zahlreiche Gefangenen dadurch am Leben erhalten werden, daß sie gegen ihren Willen künstlich ernährt wurden.[392]

Mediziner haben in Deutschland[393] wie auch international[394] Vorbehalte gegen eine erzwungene Ernährung formuliert. Es wurde auch darauf verwiesen, daß eine wirksame medizinische Behandlung ein von gegenseitigem Vertrauen gekennzeichnetes Arzt-Patienten-Verhältnis voraussetze. Durch die Drohung von Zwangsernährung, die den Willen des Gefangene zu brechen trachte, entstünde jedoch in der Haft eine Atmosphäre, in der eine vertrauensvolle Zusammenarbeit zwischen Arzt und Patienten nicht möglich sei.

Befürworter der Zwangsernährung argumentieren dagegen, daß angesichts des überragenden Rechtsgutes des Lebens des Gefangenen die (standes-) ethischen Überlegungen von Medizinern, die unter gewöhnlichen Umständen außerhalb des Gefängnisses angestellt würden, nicht entscheidend seien.[395]

4. Stellungnahme

Die Strafhaft ist eine drastische Einschränkung von Freiheit und Autonomie. Auf den ersten Blick mag es paradox erscheinen, wenn die Zwangsernährung von hungerstreikenden Gefangenen damit gerechtfertigt wird, daß das Leben als Grundvoraussetzung für Freiheit und Autonomie der Betroffenen zu bewahren sei. Der Staat sperrt

---

[389] *Bemmann, Günter*: Zur Fragwürdigkeit der Zwangsernährung, in: FS Klug, 563, 564; *Schäfer, Jürgen Heiner*: Probleme der Intensivbehandlung bei hungerstreikenden Gefangenen, in: Ärztegruppe Berlin (W.) für eine ausreichende medizinische Versorgung in den Haftanstalten u.a. (Hrsg.): Zur Zwangsernährung verpflichtet, 39, 40

[390] Vgl. OLG Koblenz, JA 1977, 483 f

[391] *Zieger, Matthias*: Stellungnahme zum Gesetz zur Änderung des § 101 StVollzG, StrV 1985, 127, 128

[392] *Nöldeke, Werner; Weichbrodt, Stefan*: Hungerstreik und Zwangsernährung, NStZ 1981, 281, 284

[393] Präsidium des Deutschen Ärztetages: Stellungnahme zur Zwangsernährung von Häftlingen vom 7.12.1974, DÄBl. 1974, 3660 f

[394] Weltärztebund: Deklaration vom 10.10.1975 in Tokio, DÄBl 1975, 2956

[395] *Baumann, Jürgen*: Zwangsweise Lebenserhaltung im Strafvollzug, ZRP 1978, 35, 36

ein, sorgt sich aber gleichzeitig um die Freiheit der Eingesperrten. Das Paradox ist jedoch nur ein scheinbares.

Strafhaft ist nur dann mit dem Grundsatz der Menschenwürde vereinbar, wenn auch der Häftling als autonomes Subjekt betrachtet wird, das zu selbstverantwortlichem Handeln in der Lage ist. Auch der Häftling ist autonome Person. Die Subjektstellung des Häftlings hat das BVerfG in ständiger Rechtsprechung immer wieder betont. Dem Verurteilten muß "grundsätzlich eine Chance verbleib[en], je wieder der Freiheit teilhaftig zu werden."[396] Die Haft soll und darf nicht die Grundvoraussetzungen für ein selbstbestimmtes Leben zerstören. Vielmehr ist der Staat gegenüber dem Häftling – genau wie gegenüber anderen Menschen in Freiheit – berechtigt, diese Grundvoraussetzungen zu schützen. Er darf grundsätzlich Selbsttötungen von Gefangenen verhindern. Die Zerstörung der eigenen Autonomie kann von dem sich dem Schutz und der Förderung der Autonomie verpflichteten Staat keine Achtung verlangen.

Erst recht darf er verhindern, daß ein Gefangener durch einen Hungerstreik zu Tode kommt. Ein an der Wahrung der Autonomie ausgerichteter Paternalismus stößt bei der Selbsttötung auf die Bedenken, es werde indirekt eine "Pflicht zum Leben" statuiert. Wer sich bewußt und absichtlich tötet, will gerade das Ende seiner personalen Existenz. Die Situation beim Hungerstreikenden ist dagegen gänzlich anders. Sein Handeln ist auf die Zukunft gerichtet und beweist damit Lebenswillen. Die Inkaufnahme des Todes durch den hungernden Häftling ist selbstwidersprüchlich. Seine Forderungen sind nur sinnvoll, wenn der Hungernde weiterlebt. Damit steht die paternalistische Intervention zugunsten des Lebens nicht in einem grundsätzlichen Widerspruch zum Willen des Betroffenen. Die Zwangsernährung setzt sich nur über den aktuellen Willen des Betroffenen hinweg, nicht über seine grundsätzliche Bejahung der eigenen Autonomie. Diese Autonomie muß gegen Gefährdungen geschützt werden, die nur daraus entstehen, daß der Betroffene das Risiko ihrer irreversiblen Zerstörung unterschätzt.

Durch die Unannehmlichkeiten oder auch Schmerzen, die bei einer Zwangsernährung auftreten, wird der Mensch nicht in seiner Würde verletzt. Der Vergleich mit der Folter ist irreführend. Bei der Folter ist weitgehend anerkannt, daß sie kontextunabhängig unzulässig ist. Sie kann auch nicht durch weitere Abwägungen gerechtfertigt werden. Die Folter verletzt die Würde des Menschen, weil bei ihr der Betroffene nicht als autonome Person, sondern als ein schmerzempfindlicher Organismus begriffen wird. Wenn die Zwangsernährung mit der Folter gleichgesetzt wird, ist dies ein Trick, um jegliche Rechtfertigungsanstrengungen abzublocken. Sachgerecht ist dies Vorgehen nicht. Denn die Zwangsernährung unterscheidet sich grundlegend von der Folter. Gemeinsam ist beiden allenfalls die Zufügung von Schmerz. Diese Schmerzzufügung ist bei der Folter beabsichtigt, sie dient als Mittel, um den Willen des Opfers zu brechen. Zwangsernährung dagegen beabsichtigt keine Schmerzen. Sofern sie auftreten, sind sie eine ungewollte, aber unvermeidbare Nebenfolge. Folter soll ein bestimmtes Handeln, in der Regel die Preisgabe von Kenntnissen, erzwingen. Damit liegt das eigentliche Ziel der Folter außerhalb des Opfers. Die durch Folter erpressten Aussagen

---

[396] BVerfGE 45, 187

werden entweder gegen andere verwendet, oder sie dienen – beim Geständnis – der Legitimation des eigenen Handelns. Das Ziel der Zwangsernährung ist dagegen die Erhaltung des Lebens als der Grundvoraussetzung der Autonomie des Betroffenen selbst. Nicht ein bestimmtes Handeln soll erzwungen, sondern die Basis für jegliches Handeln soll erhalten werden.

Wer den Vorwurf einer Verletzung der Menschenwürde anthropologisch begründet, indem er die Nahrungsaufnahme zu einem Bereich erklärt, der in der alleinigen Verantwortung des betroffenen Menschen bleiben müsse, übersieht den entscheidenden Unterschied zwischen der bloßen Nahrungsverweigerung und dem Hungerstreik. Eine Nahrungsverweigerung kann, sofern sie freiwillig erfolgt, auf das Sterben ausgerichtet sein. Kennzeichnend für den Hungerstreik ist der Wille zum Weiterleben, der sich in den erhobenen Forderungen manifestiert.

Der Staat darf alles tun, um den Tod eines Hungerstreikenden zu verhindern. Zwangsernährung kann unter bestimmten Umständen dafür ein Mittel sein. Doch für eine gesetzliche Regelung sind zahlreiche andere Faktoren maßgeblich. Die Erkenntnis, daß der in der Zwangsernährung liegende Paternalismus wegen seiner Autonomieorientierung legitim ist, schließt nicht aus, daß es aus rechtspolitischer Klugheit geboten sein könnte, hungerstreikende Gefangene gewähren zu lassen. Denn die medizinischen wie psychologischen Einwände gegen die Zwangsernährung müssen ernst genommen werden. Bei körperlicher Gegenwehr des Gefangenen ist künstliche Ernährung mit erheblichen Gesundheitsgefahren verbunden. Auch sind die psychologischen Einwände nicht von der Hand zu weisen, durch die Aussicht auf Zwangsernährung entstünde eine Wettkampfsituation, in der der Hungernde nicht nachzugeben bereit wäre oder aber das Risiko falsch einschätze.

Die geltende Gesetzeslage spiegelt die Zerrissenheit wieder. Letztlich wird die Verantwortung auf den Arzt abgewälzt. Für den Arzt wird die Behandlungsmethode der Zwangsernährung genauso wenig wie ein bestimmtes Medikament rechtlich vorgeschrieben. Er bleibt den Regeln der ärztlichen Kunst verpflichtet und entscheidet sich nach seinem Gewissen für oder gegen die einzelnen Behandlungsmethoden. Das Recht versucht auch sonst nicht zu regeln, wann ein Arzt eine bestimmte Medikation oder Behandlungsmethode anzuwenden habe. Den zuständigen Ärzten wird durch das Recht ermöglicht, alles zu tun, um das Leben des hungerstreikenden Gefangenen zu erhalten. Die Zwangsernährung kann dabei eine Methode sein. Sofern der zuständige Arzt eine nachvollziehbare, am Ziel der Lebenserhaltung orientierte Entscheidung für oder auch gegen die Zwangsernährung getroffen hat, muß diese respektiert werden.[397]

Abzulehnen ist jeder Versuch, die Zwangsernährung mit einer "besonderen Fürsorgepflicht" des Staates gegenüber Häftlingen bzw. mit dem "besonderen Gewaltverhältnis" zu begründen – egal unter welchem Namen und mit welchen Modifikationen dieser Gedanke auftritt. Sobald ein Hungerstreik das Leben als Grundlage personaler

---

[397] Für einen weiten "Freiraum" bei der ärztlichen Entscheidung argumentiert zu Recht: *Eschen, Klaus*: § 1101 StVollzG – Darf/muß ein Arzt den hungerstreikenden Gefangenen zwangsernähren?, in: Ärztegruppe Berlin (W.) für eine ausreichende medizinische Versorgung in den Haftanstalten u. a. (Hrsg.): Zur Zwangsernährung verpflichtet, 81, 87

Autonomie bedroht, darf sich der Staat dem entgegenstellen. Die Autonomie des Gefangenen ist nicht mehr und nicht weniger wertvoll und schützenswert als die von Menschen in Freiheit. Allerdings stellt sich das Problem des lebensbedrohenden Hungerstreiks faktisch nur in Gefängnissen.

D. Schlußbemerkungen zum Schutz des Lebens

Grund für jede Intervention gegen die Zerstörung des eigenen Lebens darf nur die Achtung vor der menschlichen Autonomie sein, die ihren Wert auch dann behält, wenn sie ihr Träger für wertlos und entbehrlich hält. Das Leben ist die vitale Basis, ohne die personale Autonomie undenkbar wäre. Selbsttötung wie aktive Sterbehilfe zerstören zielgerichtet die eigene Autonomie. Der Schutz der Autonomie erlaubt in beiden Fällen, sich über den (aktuellen) Willen nach Selbstzerstörung hinwegzusetzen, obwohl auch dieser auf einer autonomen Entscheidung beruht.

Auch die bewußte Gefährdung des eigenen Lebens und damit der eigenen Autonomie kann eine Intervention rechtfertigen. Dies gilt um so mehr, wenn, wie beim Hungerstreik, der Wille des Betroffenen zum Weiterleben fest steht. Hier widerspricht die Selbstgefährdung des eigenen Lebens nicht nur dem Interesse an der eigenen Autonomie, von dem die Rechtsordnung grundsätzlich ausgehen muß, sondern auch dem tatsächlichen Willen des Handelnden, da der Hungerstreik ja gerade zukunftsgerichtet ist.

Wegen des (logischen) Vorrangs des Menschen vor dem Staat, des Individuums vor der Gemeinschaft, auf dem die freiheitliche Rechtsordnung aufbaut, dürfen zur Begründung des Schutzes der Autonomie nicht soziale Belange oder Interessen angeführt werden. Eine Pflicht zum Leben gegenüber der Gemeinschaft gibt es nicht, eine Pflicht zum Leben gegenüber Gott kann nicht Grund für eine säkulare Gesetzgebung sein.

Auch wäre es verhängnisvoll, die Bedeutung des biologischen Lebens als die vitale Basis für personale Autonomie absolut zu setzen und es gegen jede Gefährdung zu schützen. Der Grund für die Zulässigkeit von Sterbebegleitung, passiver und indirekter Sterbehilfe liegt in der Achtung vor der Autonomie. Alle drei Formen der Sterbehilfe dienen dazu, dem Menschen auch am Ende ein so weit als möglich autonomes Leben zu bewahren oder zu ermöglichen.

IV. Körper

Gesteht man dem Leben als Voraussetzung aller Entfaltung des Menschen einen herausgehobenen Wert zu, so folgt daraus das fundamentale Interesse an Gesundheit und körperlicher Unversehrtheit. Eine Bedrohung der körperlichen Integrität ist die erste Stufe zur Bedrohung des Lebens selbst. In neuzeitlichen Theorien kommt dem Schutz von körperlicher Unversehrtheit eine zentrale Bedeutung für Legitimation von Staatlichkeit zu. Der Schutz des Körpers gehört zur Grundidee der Staatlichkeit selbst.[398] Wie in allen Verfassungsstaaten ist auch in Deutschland der Staat zur Achtung und zum Schutz der körperlichen Unversehrtheit verpflichtet.

Auf den ersten Blick scheint eine Beeinträchtigung der Gesundheit und körperlichen Unversehrtheit den eigenen Interessen zu widersprechen. Doch bei näherer Prüfung ergeben sich viele Randbereiche, in denen der einzelne aus unterschiedlichen Gründen bereit ist, seine Gesundheit preiszugeben oder hohen Risiken auszusetzen.

Wie geht die Rechtsordnung damit um, daß der Betroffene selbst seine körperliche Unversehrtheit gefährdet oder verletzt? Wann und mit welcher Begründung wird die Verfügungsbefugnis des einzelnen über seine Körperintegrität und seine Gesundheit eingeschränkt? Welche Grundannahmen liegen diesen Einschränkungen zugrunde? Lassen sich die Einschränkungen als autonomieorientierter Paternalismus begreifen oder beinhalten sie eine darüber hinausgehende Bevormundung?

In Deutschland gibt es eine Vielzahl von Rechtsnormen, welche die körperliche Unversehrtheit schützen und diesen Schutz gegen den erklärten Willen des Betroffenen aufrechterhalten. Das Strafrecht schränkt die Verfügungsbefugnis über den eigenen Körper ein, indem es "sittenwidrige" Körperverletzungen ungeachtet der Einwilligung des Verletzten verbietet (A.). Die Organspende eines Lebenden ist ein besonders schwerwiegender Eingriff, der irreversible Folgen haben kann. Sie wird von der Rechtsordung nur sehr begrenzt zugelassen (B.). Durch die Gurt- und Helmpflicht wird den Betroffenen die Befugnis genommen, selbst zu entscheiden, ob sie im Straßenverkehr bestimmte Verletzungsrisiken eingehen wollen (C.). Die Rechtsordnung überläßt auch den Umgang mit Rausch- und Suchtmitteln nicht der freien Entscheidung der Betroffenen (D.). Einige Schlußbemerkungen beenden das Kapitel (E.).

---

[398] Vgl.: *Isensee, Josef*: Das Grundrecht auf Sicherheit, 3 ff

A. Sittenwidrige Körperverletzung

In Deutschland darf grundsätzlich jeder seinen eigenen Körper selbst verletzen oder ihn der Gefahr einer Verletzung aussetzen. Gleichwohl ist es nicht erlaubt, unbeschränkt über seinen Körper zu verfügen. Die Verfügungsbefugnis wird sogar durch das Strafrecht eingeschränkt. Nach § 228 (§ 226a a. F.) StGB kann sich strafbar machen, wer mit der Einwilligung des Verletzten dessen Körperintegrität beeinträchtigt. Diese Vorschrift bestimmt, daß, "wer die Körperverletzung mit Einwilligung der verletzten Person vornimmt, [...] nur dann rechtswidrig [handelt], wenn die Tat trotz der Einwilligung gegen die guten Sitten verstößt." Anders als beim Verbot der Tötung auf Verlangen in § 216 StGB, welcher nach seinem Wortlaut das Leben gänzlich der freien Verfügungsbefugnis des einzelnen entzieht, kann grundsätzlich jeder über seine körperliche Integrität frei entscheiden. Nur ausnahmsweise ist diese Befugnis eingeschränkt. Umschrieben wird der Bereich, welcher der Verfügungsbefugnis entzogen ist, mit dem schillernden Begriff der "Sittenwidrigkeit" der Tat.

§ 228 StGB gehört zu den umstrittensten Bestimmungen des deutschen Strafrechts. Dies hängt damit zusammen, daß einerseits an der Berechtigung von (strafrechtlicher) Begrenzung der Verfügungsbefugnis über die körperliche Unversehrtheit gezweifelt wird, andererseits umstritten ist, wieweit diese Begrenzung der Verfügungsbefugnis überhaupt reicht. Wird Sittenwidrigkeit weiter ausgelegt, schränkt dies die Verfügungsbefugnis stärker ein. Dann erhöht sich die Begründungsbedürftigkeit der Vorschrift. Umgekehrt ist die Auslegung des Begriffs der Sittenwidrigkeit und damit die Bestimmung der Grenzen der Verfügungsbefugnis über den eigenen Körper davon abhängig, worin die Legitimation dieser Bestimmung gesehen wird.

In diesem Abschnitt soll nachgezeichnet werden, wie es zu dieser Vorschrift gekommen ist (1.). Dann soll kritisch untersucht werden, wie der Begriff der "guten Sitten" in § 228 StGB verstanden wird und welche Grundvorstellungen hinter der jeweiligen Auslegung stehen (2.). Es folgt eine Darstellung der grundsätzlichen Zweifel an der Legitimität der Vorschrift (3.). Zur Illustration sollen typische Anwendungsbereiche beleuchtet werden (4). Abschließend soll in einer Stellungnahme sowohl die bestehende Regelung kritisiert als auch eine Rechtfertigung dafür gegeben werden, warum die Verfügungsbefugnis über die körperliche Unversehrtheit beschränkt werden darf (5.).

1. Entstehungsgeschichte

Zum Verständnis des § 228 StGB ist es sinnvoll, die Entstehungsgeschichte dieser Vorschrift nachzuzeichnen.

a. Ausgangslage

Der Frage, ob die Einwilligung des Verletzten die Strafbarkeit einer Handlung beseitigen kann, wurde in der Geschichte unterschiedlich beantwortet.

Im Ordo-Denken des Mittelalters bestimmte der Status des Menschen, seine Stellung in der hierarchischen Herrschaftsordnung einerseits und die (von der Religion vorgegebenen) Verhaltenserwartungen andererseits, was ihm zu tun erlaubt war. Wie beispielsweise ein Grundherr seinen Knecht zu behandeln hatte, ergab sich aus dem hierarchischen Verhältnis der beiden zueinander und den Geboten, wie ein Herr mit seinem Knecht umzugehen hat. Hingegen war es von untergeordneter Bedeutung, wie der Knecht das Verhalten seines Herrn beurteilte.

Mit der Neuzeit begann eine Hinwendung zum Individuum. Durch die Aufklärung, die amerikanische und französische Revolution und den reformerischen Wandel in anderen Ländern Europas wurden immer weitere Bevölkerungsschichten als Rechtssubjekte anerkannt. Deren „subjektive Rechte“ als ein staatlich zu garantierender Freiheitsanspruch, ihr Schutz und ihre Verletzung gelangten in den Mittelpunkt juristischer Betrachtung. Für die Strafbarkeit einer bestimmten Verhaltensweise bekam daher die Einwilligung der davon Betroffenen wachsende Bedeutung.

In der Zeit der Aufklärung wurde zwischen „veräußerlichen“ und „unveräußerlichen“ Rechten unterschieden. Nur über die veräußerlichen Rechte sollte ihr Inhaber frei verfügen können. Als veräußerlich wurden die Vermögensrechte, als unveräußerlich hingegen die Rechte der Persönlichkeit angesehen. Damit weitgehend inhaltlich übereinstimmend war die Unterscheidung in erworbene und angeborene Rechte. Dahinter stand die Vorstellung, die Persönlichkeit selbst mit ihren wesentlichen Momenten unterläge nicht der Disposition der Person.[399] Diese Sichtweise war vom christlichen Denken stark beeinflußt. Aus der Gottesebenbildlichkeit des Menschen wurde abgeleitet, es gäbe einen unverfügbaren Kern der Persönlichkeit.

Als Gegenreaktion auf die Begriffsjurisprudenz, welche die Rechtsordnung als ein durch Begriffe abschließend erfaßbares System verstand, entwickelte sich ab der zweiten Hälfte des vorletzten Jahrhunderts die Interessenjurisprudenz, welche zum Verständnis von Regelungen auf die zugrundeliegenden Interessen der Betroffenen verwies. Dadurch wurde zunehmend allein auf den Willen des Individuums abgestellt. Dies hatte in der Strafrechtsdogmatik die Folge, daß die zur Straffreiheit führende Einwilligung sehr viel weitergehender anerkannt wurde.

Eine weitere für die Verfügungsbefugnis des einzelnen maßgebliche Unterscheidung wurde zwischen Gütern des einzelnen und Gütern der Gemeinschaft gemacht. Dabei konnten auch Verbrechen, welche sich körperlich gegen den einzelnen als Handlungsobjekt richten, wegen ihrer weitreichenden Folgen für andere als solche gegen die Gemeinschaft betrachtet werden.

Vor dem Hintergrund dieser Unterscheidungen war äußerst umstritten, welche Auswirkung eine Einwilligung des körperlich Verletzten auf die Strafbarkeit des Verletzenden haben sollte. War die körperliche Unversehrtheit den unveräußerlichen Persönlichkeitsrechten zuzuordnen? Gab es ein Interesse der Gemeinschaft an der Erhaltung der körperlichen Integrität seiner Mitglieder?

Das Strafgesetzbuch für das Deutsche Reich vom 15.05.1871, auf welches das geltende deutsche Strafgesetzbuch zurückgeht, hatte die Bedeutung der Einwilligung des

---

[399] Vgl. zur historischen Entwicklung: *Bar, Ludwig von*: Gesetz und Schuld, Bd. III - Die Befreiung von Schuld und Strafe, § 20 ff

Betroffenen in Verletzungen seiner Rechtsgüter nicht allgemein geregelt. Daran hat sich ungeachtet der vielfältigen Reformen des Strafrechts bis heute nichts geändert. Auch gab es zunächst keine spezielle Norm über die Bedeutung einer Einwilligung in die Verletzung der eigenen körperlichen Integrität. Allerdings war bereits bei Einführung dieses Gesetzeswerkes die Tötung auf Verlangen unter Strafe gestellt. Dem einzelnen wurde keine unbeschränkte Verfügungsbefugnis über sein Leben eingeräumt. Auf der anderen Seite war es bereits damals allgemeine Meinung, daß die Einwilligung bei Beeinträchtigungen des Eigentums als einem veräußerlichen subjektiven Recht oder bei Beleidigungen zur Straflosigkeit führen sollte. Der Betroffene war hier in seiner Verfügungsfreiheit unbeschränkt. Insoweit knüpfte man an die Tradition des römisch-rechtlichen Grundsatzes „volenti non fit iniuria“[400] an. Durch die Strafbarkeit der Tötung auf Verlangen war jedoch offensichtlich, daß der Gesetzgeber diesem Grundsatz im Strafrecht keine unbeschränkte Geltung zuerkannt hatte.[401] War die Bedeutung der Einwilligung bei Beeinträchtigungen des Lebens einerseits und des Eigentums andererseits klar, so war die Bedeutung einer Einwilligung in Körperverletzungen äußerst umstritten.[402]

b. Rechtsprechung

Da die Bedeutung der Einwilligung in Körperverletzungen für deren Strafbarkeit zunächst gesetzlich nicht geregelt war, kam der Bewertung dieser Frage durch die Gerichte ein besonderes Gewicht zu. Das Reichsgericht führte bereits 1880 in einer Grundsatzentscheidung[403] aus, daß es bei Körperverletzungen keinen generellen Rechtfertigungsgrund der Einwilligung gäbe. Zur Begründung wurde angeführt, daß die Gesundheit zu den Gütern gehöre, an deren Erhaltung der Staat wegen ihres Wertes für die Gesamtheit ein Interesse habe. Die Entscheidung darüber könne daher nicht der unbeschränkten Verfügungsbefugnis der Betroffenen unterstellt werden. Dies gelte nicht nur für solche Körperverletzungen, welche die Gesundheit für immer zerstören würden, sondern generell für alle Körperverletzungen. Weiter argumentierte das Reichsgericht, der Gesetzgeber habe die Einwilligung nicht als Rechtfertigungsgrund vorgesehen. Aus der besonderen Regelung der Tötung auf Verlangen könne man im Umkehrschluß folgern, daß in anderen Fällen die Einwilligung keine Rolle spielen solle.

Wenig später betonte das Reichsgericht dann aber in einer Entscheidung über einen ärztlichen Heileingriff das Verfügungsrecht des Patienten über seine körperliche Integrität.[404] Anlaß war die durch einen Arzt gegen den erklärten Willen des Vaters an einer Minderjährigen vorgenommene, medizinisch notwendige Amputation ihres

---

400 Der vom römischen Juristen *Ulpian* geprägte Grundsatz ist als "Nulla iniuria est, que in volentem fiat" im 47. Buch der Digesten, 10, 5 festgehalten

401 *Mezger, Eduard*: Strafrecht – Ein Lehrbuch, § 28 III, 213

402 Vgl. zum Diskussionsstand vor Einführung des § 226a: *Hippel, Robert. von*: Deutsches Strafrecht II, 245 ff; *Kohlrausch, Eduard;Lange, Richard*: StGB, § 226a, Nr. I; *Lobe, Adolf*: Einführung in den Allgemeinen Teil des Strafgesetzbuches, 44 ff

403 RGSt 2, 442 f

404 RGSt 25, 375 ff

Fußes. Das Reichsgericht hatte daraufhin erklärt, es sei einzig die Entscheidung des Verletzten (bzw. hier des gesetzlichen Vertreters), ob er einem Eingriff in seine körperliche Integrität zustimme. Auch der überlegene Sachverstand des Arztes berechtige diesen nicht, sich über die Entscheidung des Patienten hinwegzusetzen. Täte er es doch, mache er sich wegen Körperverletzung strafbar.

In der Folgezeit wurde von der Rechtsprechung die Reichweite der Verfügungsbefugnis über den eigenen Körper näher bestimmt. Die Einwilligung schließe die Rechtswidrigkeit der Körperverletzung nicht „schlechthin" aus. Durch verschiedene Einzelentscheidungen wurden Kriterien entwickelt, wann die Einwilligung eine Körperverletzungen rechtfertige. Es wäre auf die Interessenlage im Einzelfall abzustellen.[405] Bei dieser Interessenabwägung wurde grundsätzlich von der Straflosigkeit der einvernehmlichen Körperverletzung ausgegangen. Wenn dieses Ergebnis jedoch als unbillig empfunden wurde, zog sich die Rechtsprechung auf die genannte Grundentscheidung zurück, daß es bei Körperverletzungen keinen generellen Rechtfertigungsgrund der Einwilligung gäbe. So bildete sich der später in § 226a StGB a. F. normierte Grundsatz heraus, daß der Einwilligung in als sittlich anstößig empfundenen Fällen die rechtfertigende Wirkung zu versagen sei.[406]

c. Literatur

Anders als die Rechtsprechung, welche sich durch Grundsatzurteile mit entgegengesetzter Tendenz die Freiheit geschaffen hatte, die Beachtlichkeit der Einwilligung nach den Umständen des Einzelfalls unterschiedlich zu bewerten, bemühte sich die Rechtswissenschaft um eine grundsätzliche Lösung dieses Problems. *Karl Binding* wollte dem Verletzten - ähnlich wie beim Eigentum - eine uneingeschränkte Verfügungsbefugnis über seinen Körper zugestehen.[407] Jede mit Einwilligung vorgenommene Körperverletzung sollte danach straffrei sein. *Franz von Liszt* wiederum wollte den Verletzenden ungeachtet des Einverständnisses des Betroffenen immer wegen Körperverletzung bestrafen.[408]

Zwischen beiden Positionen bildeten sich verschiedene vermittelnde Auffassungen. So sollte die Einwilligung in die Körperverletzung nur bei den Strafantragsdelikten[409] oder bei Privatklagedelikten gegen die körperliche Unversehrtheit zulässig sein. Damit wurde auf die Schwere der Körperverletzung abgestellt, da schwerere Körperverletzungen keine Antragsdelikte waren. Auch wurde gefordert, die Einwilligung bei Verstoß gegen das Gesetz oder die guten Sitten unbeachtlich sein zu lassen.[410] Schließlich zog man die Unterscheidung von Selbst- und Fremdschädigung heran, indem darauf abgestellt wurde, ob die Körperverletzung auch Auswirkungen auf andere

---

405 OLG Celle, GA 63, 142

406 Vgl.: RG JW 1928, 2229; 29, 1015

407 *Binding, Karl*: Handbuch des Strafrechts, Bd. 1, 695, 724

408 *Liszt, Franz von*: Lehrbuch des deutschen Strafrechts, § 88 III, 326 f

409 *Bar, Ludwig von.*: Gesetz und Schuld, Bd. III – Die Befreiung von Schuld und Strafe, 58; *Honig, Richard*: Die Einwilligung des Verletzten, 127

410 *Hippel, Robert von*: Deutsches Strafrecht, Bd. 2: Das Verbrechen, § 19/3, 244 f; Vgl.: auch *Lobe, Adolf*: Einführung in den Allgemeinen Teil des Strafgesetzbuches, 44 ff

als auf den Verletzten hat. Dies sei dort der Fall, wo der Verletzte durch die Tat in erheblicher Weise in der Erfüllung seiner sozialen Aufgaben beeinträchtigt werde. Dann stünden wesentliche Interessen der Allgemeinheit der Beachtlichkeit seiner Einwilligung entgegen.[411]

d. Gesetzgebungsgeschichte

Angesichts der kontroversen Diskussion in der Rechtswissenschaft und der unterschiedlichen, teils widersprüchlichen Urteile wurde deutlich, daß der Gesetzgeber die Frage der Bedeutung der Einwilligung für die Strafbarkeit der Körperverletzung zu beantworten hatte. 1913 gab es erstmals einen Kommissionsentwurf, der in § 293 eine dem späteren § 226a a. F. StGB entsprechende Regelung vorsah. In § 239 des Amtlichen Gesetzesentwurfs von 1925 und in § 264 der Reichstagsvorlage von 1927 wurde – ergänzend zu Spezialvorschriften zur ärztlichen Heilbehandlung – ebenfalls die heute gültige Formulierung vorgeschlagen. Für letzteren Entwurf wurde als Erklärung angeführt:

> „Der Begriff der Sitten ist dem bürgerlichen Recht entnommen. Dort hat er sich zur Abgrenzung des Erlaubten vom Unerlaubten im allgemeinen bewährt. Nach der feststehenden Rechtsprechung des Reichsgerichts decken sich die guten Sitten mit dem Anstandsgefühl aller gerecht und billig Denkenden.“[412]

Der Verweis auf die Sittenwidrigkeit als Kriterium für die Unzulässigkeit der Einwilligung wurde in der Ausschußberatung am 26. Juni 1929 dann aber mit großer Mehrheit als zu unbestimmt verworfen.[413]

Über diese Bedenken setzte man sich schließlich bei der Einführung des § 226a StGB a. F. am 26. Mai 1933[414] hinweg. Entgegen einer verbreiteten Fehlvorstellung[415] enthält die Vorschrift keine spezifisch nationalsozialistischen Gedanken. Sie war die Kodifikation der bereits von der Rechtsprechung herausgebildeten Grundsätze und entsprach den genannten Vorschlägen von vor 1930. Allerdings ermöglichte die unbestimmte Formulierung ideologische Implikationen bei der Gesetzesanwendung und kam so dem Bedürfnis totalitären Staatsdenkens entgegen.

Bei der Verabschiedung der Vorschrift hatte man zunächst vornehmlich die freiwillige Sterilisation im Auge. Diese wurde jedoch schon kurze Zeit später durch besondere Vorschriften geregelt, die nach dem zweiten Weltkrieg wieder aufgehoben worden sind. Bei der Diskussion um Reformen des Strafrechts ab den 60er Jahren gab es ver-

---

[411] *Mezger, Eduard*: Strafrecht – Ein Lehrbuch, § 28 III 3
[412] Reichstag 1924/27, Drucks. Nr. 3390, 134
[413] *Mezger, Eduard*: Strafrecht – Ein Lehrbuch, § 28 IV
[414] Reichsgesetzblatt I, 927
[415] *Schmitt, Rudolf*: Strafrechtlicher Schutz des Opfers vor sich selbst, FS Maurach, 119; *Köhler, Michael*: Freiheitliches Rechtsprinzip und Betäubungsmittelstrafrecht, ZStW 104 (1992), 3, 20

schiedene Vorschläge zu einer Neufassung des § 226a StGB a. F., der als besonders reformbedürftig galt.[416] § 152 E 1962 sah die Formulierung vor, eine Tat sei trotz Einwilligung des Verletzten

> „nur dann rechtswidrig, wenn sie nach den Umständen, namentlich im Hinblick auf die Beweggründe und Ziele des Täters und des Verletzten sowie der angewandten Mittel und den voraussehbaren Umfang der Verletzung, trotz der Einwilligung verwerflich“

sei. Die einvernehmliche Körperverletzung müsse sich an den Grundsätzen der Sozialethik messen lassen. Die Begründung des Gesetzesentwurfes versteht diese Grundsätze als gleichbedeutend mit dem Sittengesetz, welches nach Art. 2 Abs. 1 GG Schranke der allgemeinen Handlungsfreiheit sei. Die Ersetzung der Umschreibung „gegen die guten Sitten“ durch das Wort „verwerflich“ war nicht inhaltlich begründet, sondern rein sprachlicher Natur. Mit dem Verweis auf Ziele des Täters, das angewandte Mittel sowie den Umfang der Verletzung sollten lediglich beispielhaft Gesichtspunkte für die Verwerflichkeit formuliert werden, um dem Richter einen Anhalt für die Bewertung zu bieten. Als Beispiele für trotz Einwilligung strafbedürftige Körperverletzungen wurden die einverständliche Abtrennung eines Fingers zwecks Erlangung einer Versicherungssumme oder sadomasochistische Körperverletzungen genannt.[417]

Der Alternativentwurf eines Strafgesetzbuches wollte grundsätzlich jede Beschränkung der Dispositionsbefugnis über die körperliche Unversehrtheit beseitigen und schlug als eindeutige Formulierung in § 112 Abs. 1 vor: „Eine Körperverletzung ist nicht rechtswidrig, wenn der Verletzte eingewilligt hat.“ Zur Begründung wurde angeführt, mündige Menschen müßten grundsätzlich frei sein, über ihre Körperintegrität zu befinden.[418]

Keine dieser Reformvorschläge ist jedoch kodifiziert worden, sondern es blieb bei der alten Formulierung des § 226a StGB a. F., welche nach dem Gesetz zur Reform des Strafrechts vom 26.1.1998 unverändert als § 228 StGB n. F. weiterbesteht.

2. Bedeutung der "Guten Sitten" in § 228 StGB

Der Rückgriff des Rechts (insbesondere des Strafrechts) auf die "Guten Sitten", also auf einen außerrechtlichen Maßstab, mutet vor dem neuzeitlichen Rechtsverständnis befremdlich an. Wie überall, wo im Recht auf außerrechtliche Maßstäbe verwiesen wird, ist es sehr umstritten, wie dieser Verweis zu verstehen ist. Wann ist eine Körperverletzung trotz Einwilligung sittenwidrig? In dem Verständnis von Sittenwidrigkeit zeigen sich typische Argumentationsweisen und Vorstellungen zur Rechtfertigung pa-

---

[416] *Hirsch, Hans Joachim*: Hauptprobleme einer Reform der Delikte gegen die körperliche Unversehrtheit, ZStW 83 (1971)140, 165

[417] BT-Drucks 4/650, 286 f

[418] *Baumann, Jürgen* u.a.: Alternativ-Entwurf eines Strafgesetzbuches, Besonderer Teil - Straftaten gegen die Personen, Erster Halbband, 50, 52

ternalistischer Vorschriften. Diese Argumentationsweisen ähneln denen, die zur Begründung der Einschränkung der Dispositionsbefugnis über das eigene Leben angeführt werden. Gleichwohl werden bei der Verfügung über die körperliche Unversehrtheit andere Schwerpunkte gesetzt als bei den Überlegungen zur Disposition über das eigene Leben.

Eine erste Annäherung an den Begriff der Sittenwidrigkeit brachte der Rückgriff auf die im bürgerlichen Recht entstandene Formel, die Sittenwidrigkeit würde durch einen "Verstoß gegen das Anstandsgefühl aller billig und gerecht Denkenden" begründet. Wie dargelegt, hatte man diese Umschreibung im Gesetzgebungsverfahren vor Augen. Schon fünf Jahre nach Einführung des § 226a StGB a. F. bediente sich auch das Reichsgericht der Anstandsformel zur Bestimmung der Sittenwidrigkeit im Bereich der Körperverletzung.[419] Die Unbestimmtheit der Formel erlaubt mannigfaltige Modifizierungen. Sie vereint deskriptive und normative Elemente, ohne ihre Beziehung zueinander näher festzulegen. Während das in einer Rechtsgemeinschaft herrschende "Anstandsgefühl" – bei allen Problemen des gesellschaftlichen Pluralismus – soziologisch erforschbar ist, öffnet die Umschreibung des "billig und gerecht Denkenden" die Tür zu normativer Argumentation. Folglich können gänzlich unterschiedliche, sogar gegensätzliche Vorstellungen unter der "Anstandsformel" vorgetragen werden. Es sagt daher nichts über das inhaltliche Verständnis von Sittenwidrigkeit aus, wenn die Kommentarliteratur der Formel zustimmt.[420]

Ungeachtet der unterschiedlichen Auslegungen des Begriffs der Sittenwidrigkeit entstand schon früh die Tendenz, die Anstandsformel im Strafrecht weiter einzugrenzen. Bereits 1953 formulierte der BGH, daß

> "als Verstoß gegen die guten Sitten in diesem strafrechtlichen Sinne nur das angesehen werden kann, was nach dem Anstandsgefühl aller billig und gerecht Denkenden zweifellos kriminell strafwürdiges Unrecht ist."[421]

Damit war eine enge Auslegung vorgegeben, und die Diskussion konzentrierte sich in der Folgezeit vornehmlich auf Kriterien für diese Einengung.

a. Naturrechtliche Begründung

Vielfach wurde der Begriff der Sittenwidrigkeit als Verstoß gegen die sittliche Ordnung definiert. Diese sittliche Ordnung manifestiere sich im Sittengesetz. Für die Sittenwidrigkeit gelte kein kollektiv-psychologischer, sondern ein normativer Maßstab.[422] Unter welchen Umständen den Sitten strafrechtliche Bedeutung zukomme, erläutert der BGH im Urteil über die Unzüchtigkeit des Geschlechtsverkehrs zwischen Verlobten i. S. d. §§ 180, 181 StGB a. F.. Das Gericht meinte feststellen zu können,

---

[419] JW 1938, 30 f
[420] LacknerKühl/*Kühl*, § 228 Anm. 2; TröndleFischer/*Tröndle*, § 228 Rn 9
[421] BGHSt 4, 24, 32
[422] *Kohlrausch, Eduard; Lange, Richard*: StGB, § 226a, Anm IV

daß "das Sittengesetz dem Menschen die Einehe und die Familie als verbindliche Lebensform gesetzt" habe.[423] Es unterschied das (naturrechtlich bestimmbare) Sittengesetz von der bloßen Sitte.

> "Gebote der bloßen Sitte, der Konvention leiten ihre (schwache) Verbindlichkeit nur aus der Anerkennung derjenigen her, die sie freiwillig anerkennen und befolgen; sie gelten nicht mehr, wenn sie nicht mehr anerkannt und befolgt werden; sie ändern ihren Inhalt, wenn sich die Vorstellungen über das, was die Sitte verlangt, ändert. Normen des Sittengesetzes dagegen gelten aus sich selbst heraus; ihre (starke) Verbindlichkeit beruht auf der vorgegebenen und hinzunehmenden Ordnung der Werte und der das menschliche Zusammenleben regierenden Sollenssätze; sie gelten unabhängig davon, ob diejenigen, an die sie sich mit dem Anspruch auf Befolgung wenden, sie wirklich befolgen und anerkennen oder nicht; ihr Inhalt kann sich nicht deshalb ändern, weil die Anschauungen über das, was gilt, wechseln."[424]

Die Tradition des Naturrechts, verbunden mit dem juristischen Verständnis von Sitten als den leitenden Ordnungsgedanken außerrechtlicher Verhaltensnormen mündet hier in dem Versuch, den normativen Gehalt der Sitte ohne einen Rückgriff auf die wechselnden Anschauungen der Bevölkerung zu ermitteln.

Auf eine naturrechtliche Begründung der Beschränkung der Dispositionsbefugnis berief sich der BGH, wenn er argumentierte, daß in § 226a StGB a. F. ausdrücklich die für das Zusammenleben der Menschen grundlegende sittliche Ordnung für maßgebend erklärt werde.[425] In diesem Sinn kann argumentiert werden, daß die Erhaltung der eigenen Gesundheit – nicht zuletzt um gesellschaftliche Pflichten zu erfüllen – ein sittliches Gebot sei, über das man sich nicht unbegründet hinwegsetzen dürfe.

In den 50er und 60er Jahren wurden von der Rechtsprechung auch Fragen der Sexualmoral unter Rückgriff auf das Naturrecht entschieden.[426] Demgemäß wurde auch die Unbeachtlichkeit der Einwilligung in die bei sadomasochistischen Sexualpraktiken beigebrachten Verletzungen mit deren Verstoß gegen das Sittengesetz begründet.

Der Vorstellung eines überpositiven Naturrechts ist mit beachtlichen Argumenten entgegengetreten worden. Die grundsätzliche Auseinandersetzung zwischen Naturrecht und Positivismus kann im Rahmen dieser Arbeit nicht nachgezeichnet werden. Gleichwohl sind Zweifel an einem vorschnellen Rückgriff auf das Naturrecht angebracht. Ideologische Vorstellungen oder Konventionen sind oft mit Hilfe des Naturrechts auf eine höhere Legitimationsstufe gehoben worden. Damit scheint sich dieser

---

[423] BGHSt 6, 46
[424] BGHSt 6, 53
[425] BGHSt 4, 89, 91
[426] Z. B.: BGHSt 6, 47: Sittenwidrigkeit des Geschlechtsverkehrs von Verlobten; BGHSt 13, 27: Sittenwidrigkeit von Kondomautomaten

Ansatz selbst disqualifiziert zu haben. Der Versuch, bestimmte Vorstellungen der Sexualmoral naturrechtlich zu begründen, macht eindrucksvoll deutlich, wie kulturhistorisch bedingte Konventionen als naturgegeben dargestellt werden.

b. Staatsutilitaristische Begründung

Die Unbeachtlichkeit der einvernehmlichen, aber sittenwidrigen Körperverletzung ist auch staatsutilitaristisch begründet worden. Der Utilitarismus, welcher als Moraltheorie das „größte Glück der größten Zahl" anstrebt, bewertet jede Handlung nach ihrem Nutzen. Dementsprechend bedeutet Staatsutilitarismus eine Orientierung am Nutzen für den Staat. Davon ausgehend wird argumentiert, die Gemeinschaft oder der Staat habe ein Interesse daran, daß die Menschen sich nicht töten oder ihre Gesundheit fundamental beeinträchtigen. Denn dies würde dem Staat schaden.

Der Strafrechtslehrer *Thomas Weigend* führt aus, daß das Strafrecht, anders als das Privatrecht, Sozialinteressen diene. Unter dieser Prämisse erscheine die gängige Unterscheidung von Rechtsgütern in solche von Individuen und solche der Allgemeinheit im Strafrecht von untergeordneter Bedeutung. Denn auch am Schutz von sogenannten Individualrechtsgütern bestünde ein soziales Interesse, weil diese für das Funktionieren der Gemeinschaft notwendig seien. Nur wegen dieser funktionellen Bedeutung für die Gemeinschaft wären solche Rechtsgüter durch das Strafrecht geschützt. Die Rechtsgüter stünden als notwendige soziale Funktionseinheiten daher nicht den Individuen, sondern der Gemeinschaft zu. *Weigend* meint, typische „Individualrechtsgüter" schützten die Dispositionsbefugnis und damit die Freiheit des Berechtigten nur deshalb, weil ein höchstrangiges gesellschaftliches Interesse an Individualfreiheit als Grundlage einer freiheitlichen Gemeinschaft bestünde.

Bei Leben und Gesundheit stünde dem Interesse der Gemeinschaft an der Freiheit und Dispositionsbefugnis der Individuen jedoch das Interesse ebendieser Gemeinschaft gegenüber, Leben und Gesundheit jedes einzelnen Glieds zu erhalten. Dieses Interesse gründe letztlich auf dem Selbsterhaltungsinteresse einer Gemeinschaft als überindividueller Einheit. Das Selbsterhaltungsinteresse könne rein ökonomisch als Erhaltung der Arbeitskraft aller Individuen oder ideell überhöht als Sorge um grundsätzliche Partizipations- und Kommunikationsmöglichkeiten innerhalb der Gemeinschaft verstanden werden.[427]

Das in diesem Begründungsansatz zum Ausdruck kommende Verständnis von Bürger und Staat ist auf Widerspruch gestoßen. Ein Denken, welches Rechtsgüter im Strafrecht ausschließlich der Allgemeinheit oder dem Staat zuschreibt, wird als unerträgliche Funktionalisierung des einzelnen betrachtet.[428] Der Staat sei um des Menschen willen und nicht der Mensch um des Staates willen da. Die Möglichkeit zu autonomer Selbstbestimmung ist der Ausgangspunkt der Legitimation von Staatsgewalt und nicht nur ein funktionales Mittel. *Weigend* kann der in seiner staatsutilitaristischen Argu-

---

[427] *Weigend, Thomas*: Über die Begründung der Straflosigkeit bei Einwiligung des Betroffenen, ZStW 98 (1986), 44, 62 f

[428] *Hassemer, Winfrid*: Theorie und Soziologie des Verbrechens, 230 f

mentation liegenden Gefahr eines vereinnahmenden Kollektivismus auch nicht dadurch begegnen, daß er zwischen Rechtsgütern und einem Abwehranspruch gegenüber dem Staat unterscheidet.[429] Denn diese formale Unterscheidung kann nicht darüber hinwegtäuschen, daß in der Beschränkung der Dispositionsbefugnis über den eigenen Körper um gesellschaftlicher Interessen willen eine Umkehrung des Verhältnisses vom einzelnen und der Gemeinschaft zum Ausdruck kommt.

c. Rechtsmoralismus

Als sittenwidrig werden häufig solche Körperverletzungen betrachtet, die ungeachtet des Einverständnisses des Verletzten den tief in der Gesellschaft verwurzelten Wertvorstellungen widersprechen. Die Sittenwidrigkeit begründet sich nicht daraus, daß bestimmte Verfügungen über die körperliche Unversehrtheit an und für sich schlecht sind oder um des Schutzes des Betroffenen wegen verboten werden müssen, sondern allein aus der tatsächlichen Ablehnung solcher Beeinträchtigung in der Gesellschaft. Dabei ist jedoch im einzelnen umstritten, wie angesichts des Pluralismus moderner Gesellschaften die moralischen Wertungen zu ermitteln sind.

Vielfach wird auf die sittliche Beurteilung durch eine (große) Mehrheit der Bevölkerung abgestellt.[430] Zur Ermittlung könnten die Ansichten der christlichen Kirchen und der jüdischen Religionsgemeinschaften herangezogen werden. In dieser Auslegung kommt ein rechtsmoralistisches Verständnis des Verbots von einvernehmlicher Körperverletzung zum Ausdruck.

Gegen diesen Ansatz wurden jedoch vielfältige Bedenken geäußert. Einmal erscheine es unklar, wie der Tatrichter die Mehrheitsmeinung ermitteln soll, zumal es in den konkreten Fällen keine Meinungsbildung des ganzen Volkes geben würde.[431] Auch der Rückgriff auf die Verlautbarungen der großen Kirchen und Religionsgemeinschaften begegnet vielfältigen Bedenken. Denn die Bedeutung der Kirchen schwindet. Außerdem entwickeln die Gläubigen zunehmend ein individualistisches Religionsverständnis und fühlen sich weniger an offizielle kirchliche Lehrmeinungen gebunden. Beispiel hierfür ist die offizielle katholische Sexualmoral, die auch von vielen Katholiken nicht (mehr) anerkannt wird.

In der Rechtsprechung und in der Literatur wurden vereinzelt auch die Anschauungen einer abgrenzbaren Gruppe, insbesondere ihre Regeln, Standespflichten und Standesethik, für maßgeblich erklärt. Im Zivilrecht und besonders im Wettbewerbsrecht, ist ein solches Vorgehen üblich. So soll nach verbreiteter Auffassung zu § 1 UWG das Anstandsgefühl eines verständigen Durchschnittsgewerbetreibenden entscheidend

---

[429] *Weigend, Thomas*: Über die Begründung der Straflosigkeit bei Einwiligung des Betroffenen, ZStW 98 (1986), 44, 55

[430] *Brühl*: Zum Problem der Sterilisation, JR 1951, 495 ff, 498; *Jescheck, Heinz-H.*: Lehrbuch des Strafrechts AT, § 34 III; *Urbancyk, Lothar*: Sind freiwillige Sterilisationen strafbar?, NJW 1964, 425, 427

[431] *Breithaupt, Walter*: Die guten Sitten, JZ 1968, 283, 284

sein.[432] 1942 wurde hinsichtlich der sittlichen Beurteilung einer Abtreibung auf die ärztlichen Standespflichten abgestellt,[433] 1960 setzte das OLG Braunschweig die Verletzung von sportlichen Wettkampfregeln mit der Sittenwidrigkeit gleich.[434] Im Bereich des Sports soll eine "sport-ethische Betrachtung" maßgeblich sein, für die zumindest indiziell die Bewertung des Deutschen Sportbundes als Repräsentant der Sportler maßgeblich sei.[435] Überwiegend wird dem Richter die Aufgabe zugewiesen, ungeachtet seiner persönlichen Meinung ein soziales Werturteil[436] zu ermitteln, wobei er

> "sich daran zu orientieren habe, was im Hinblick auf die heutigen sozialen Verhältnisse als diesem wertmäßig entsprechend oder widersprechend anzusehen, was angesichts dieser Verhältnisse zu verantworten sei."[437]

Die Schwierigkeiten, welche sich aus der Meinungsvielfalt der modernen Gesellschaft ergeben, werden so auf den Richter abgewälzt. Eine Möglichkeit, diesen Schwierigkeiten zu entgehen, ist die Orientierung an den Gesetzen, in denen die Wertvorstellungen der Gesellschaft zum Ausdruck kommen. So wird argumentiert, "die Sittenwidrigkeit [trete] am deutlichsten objektiviert zutage",[438] wenn der Tatzweck durch das Strafrecht mißbilligt werde. Deshalb wird von einigen die Rechtfertigung nur solcher Körperverletzungen ausgeschlossen, die zur Vorbereitung, Vornahme, Verdeckung oder Vortäuschung einer Straftat unternommen werden.[439]

Die Bestimmung des Begriffs der Sittenwidrigkeit durch Ermittlung der tatsächlich in der Gesellschaft vorherrschenden Wertvorstellung beruht auf der Überzeugung, der Schutz solcher Wertvorstelllungen bewahre den sozialen Frieden. *Alfred Göbel* argumentiert, daß Bestimmungen des Strafrechts nicht losgelöst vom kulturellen Wertbewußtsein entstünden. Oft sei der schwerwiegende Verstoß gegen Wertvorstellungen gerade der Grund für die Pönalisierung. Als Beispiele hierfür nennt er das Verbot von Tierquälerei oder Inzest. Der Schutz von Wertvorstellungen, die die Mitglieder einer Rechtsgemeinschaft allgemein teilten, diene dem sozialen Frieden. Nur deshalb würden Verhaltensweisen verboten, die diesen sozialüblichen Wertvorstellungen widersprechen, nicht wegen der Inhalte selbst. Denn die Folge von Verstößen gegen tief verwurzelte Wertvorstellungen wäre eine zunehmende Desorientierung der Gesellschaft. Dies könne dazu führen, daß die Bevölkerung im Wege unkontrollierter Selbs-

---

[432] BGHZ 15, 356, 364; *Baumbach, Adolf; Hefermehl, Wolfgang*: Wettbewerbsrecht, Einl. UWG Rn 68, 211; Vgl: *Sack, Rolf*: Das Anstandsgefühl aller billig und gerecht Denkenden und die Moral als Bestimmungsfaktoren der guten Sitten, NJW 1985, 761 ff

[433] DR 1943, 579 f

[434] NdsRpfl. 1960, 233

[435] *Linck, Joachim*: Doping und staatliches Recht, NJW 1987, 2545, 2550

[436] *Linck, Joachim*: Doping und staatliches Recht, NJW 1987, 2545, 2550; *Hartung, Fritz*: Schlägermensur und Strafrecht, NJW 1954, 1225, 1227

[437] *Schmidt, Eberhard*: Schlägermensur und Strafrecht, JZ 1954, 369 ff

[438] *Berz, Ulrich*: Die Bedeutung der Sittenwidrigkeit für die rechtfertigende Einwilligung, GA 1969, 145, 146

[439] Systematischer Kommentar/*Horn*, § 228, Rn 9

thilfe ihren Wertvorstellungen Geltung zu verschaffen suche. Dem Strafrecht, das eine solche unkontrollierte Selbsthilfe verhindere, komme daher eine friedenserhaltende Funktion zu. Nicht die Moralwidrigkeit sei deshalb Grund für die Sanktionierung, sondern der Schutz gesellschaftlichen Friedens.[440] Verfassungsrechtlich wird argumentiert, das Sittengesetz als Grenze der allgmeinen Handlungsfreiheit sei ein Verweis auf historisch überlieferte Moralauffassungen. Die tradierte Moral enthalte einen ganzen Speicher von Erfahrungen, was für das gedeihliche menschliche Zusammenleben notwendig sei. Der Gesetzgeber halte daher sittliche Freiheitsschranken aufrecht, auch wenn diese nicht offensichtlich die Rechte anderer oder die verfassungsrechtliche Ordnung schützen.[441]

Auch wenn sich *Göbel* selbst ausdrücklich dagegen verwahrt, bloße Moralwidrigkeiten bestrafen zu wollen, handelt es sich bei diesem Ansatz der Sache nach um einen Rechtsmoralismus, wie er etwa von dem französischen Soziologen *Emile Durkheim* Ende des vorletzten Jahrhunderts oder von dem englischen Rechtstheoretiker *Lord Devlin* im letzten Jahrhundert vertreten wurde. Grundidee des Rechtsmoralismus ist die Vorstellung, daß ein Kernbereich der Moral durchgesetzt werden müsse, weil eine stabile gesellschaftliche Ordnung auf die Beachtung einer allgemeinverbindlichen Moral angewiesen sei.

Gegen diese Argumentation wird eingewandt, zwischen Recht und Moral müsse unterschieden werden. In diesem Sinn argumentiert der liberale Rechtstheoretiker *Herbert Lionel Adolphus Hart*.[442] Er ist zwar der Meinung, daß das Recht kein geschlossenes System sei, aus dem sich richterliche Fallentscheidungen durch logische Deduktion ergäben. Gleichwohl sei der Richter nicht auf moralische Wertungen angewiesen, sondern müsse die den Normen zugrundeliegenden sozialen Zielvorstellungen mit heranziehen. *Hart* untersucht die Grundthese des Rechtsmoralismus, eine Gesellschaft sei ohne das Band einer allgemein akzeptierten Moral in Gefahr, sich aufzulösen. Der Rechtsmoralismus meint mit „Moral" mehr als das Minimum sozialer Regeln, welche für die Existenz jeder Gesellschaft notwendig sind. *Hart* bestreitet, daß es hinreichend empirisch belegt und untersucht ist, ob und wann Verstöße gegen die geltende Moral zu Zerfallserscheinungen einer Gesellschaft führen.

Weiter stellt sich die Frage, welche Moral- und Wertvorstellungen den Anspruch auf rechtliche Durchsetzbarkeit haben sollten. Bezogen auf § 228 StGB meint *Göbel*, feststellen zu können, daß eine Bestrafung nur bei schweren Körperverletzungen in Betracht käme. Denn die herrschenden Wertvorstellungen würden dem Selbstbestimmungsrecht ein hohes Gewicht zumessen. Gleichwohl gesteht er ein, daß sich diese Wertvorstellungen ändern können, und verweist in einer Fußnote auf die gewandelten Anschauungen über das Rauchen.[443] (In diesem Zusammenhang ist nicht die

---

[440] *Göbel, Alfred.*: Die Einwilligung im Strafrecht als Ausprägung des Selbstbestimmungsrechts, 38 ff

[441] *Stark, Christian*: Das "Sittengesetz" als Schranke der freien Entfaltung der Persönlichkeit, FS Geiger, 259, 274 f

[442] *Hart, Herbert Lionel Adolphus*: Recht und Moral

[443] *Göbel, Alfred.*: Die Einwilligung im Strafrecht als Ausprägung des Selbstbestimmungsrechts, 54 f, Fußnote 134

von Rauchern ausgehende Schädigung anderer „Passivraucher", sondern nur die Selbstschädigung von Interesse.) Kann nun jede beliebige, noch so kleine Selbstschädigung verboten werden, wenn sie durch eine entsprechende Mehrheit als „unmoralisch" verurteilt wird? *Lord Devlin* hatte seine rechtsmoralische Argumentation dahingehend eingeschränkt, daß die Gesellschaft moralische Normen nur sehr sparsam mit Rechtsgewalt durchsetzen sollte, wenn andernfalls das Überleben der Gesellschaft auf dem Spiel stünde. Ein einschränkendes Kriterium, wann sie dies dürfe, kannte aber auch er nicht. Ausdrücklich betont er, es könne kein privater Bereich anerkannt werden, in welchen das Recht nicht eingreifen dürfe, da auch die Moral keine solche Grenze kenne.[444]

Der liberale amerikanische Rechtstheoretiker *Ronald Dworkin* hat in Auseinandersetzung mit dem Rechtsmoralismus *Lord Devlins* argumentiert, daß die bloße Bezeichnung als moralische Überzeugung oder als gesellschaftlicher Wert noch keine Auskunft darüber gebe, ob es sich wirklich um eine moralische Position handele. Begriffe wie Moral oder Wert würden häufig deskriptiv gebraucht, um die in der Gesellschaft herrschenden Überzeugungen zu bezeichnen. Diese können jedoch auch auf Vorurteilen, persönlichen Abneigungen oder Intoleranz beruhen. Eine moralische Position hingegen zeichne sich dadurch aus, daß Gründe für sie angeführt werden können. Diese Gründe können dann im Diskurs auf ihre Stimmigkeit hin untersucht werden. Sie erfolgten nicht willkürlich, sondern seien auf irgendwelche letzten Maßstäbe gestützt. Die Begründungsbedürftigkeit und die Einhaltung bestimmter Grundregeln des Argumentierens unterscheide die Moral von anderen Empfindungen und Meinungen – nur darin sei ihr normativer Anspruch begründet.[445] *Dworkin*, der sowohl Positivismus als auch Naturrecht kritisiert und eine vermittelnde, auf dem Grundsatz der Anerkennung aufbauende, durchaus nicht wertneutrale Position vertritt, greift somit nicht den Rückgriff des Rechts auf die Moral, sondern den mangelnden moralischen Gehalt des Rechtsmoralismus an.

d. Tabuisierung

Ähnlich wie bei der Sterbehilfe wird auch bei der Körperverletzung argumentiert, es müsse Tabus geben. Zu Tabuisieren sei ein Kernbereich der körperlichen Unversehrtheit. Denn durch die unbeschränkte Freigabe der Fremdverletzung würde generell die Achtung vor der körperlichen Integrität beeinträchtigt. Um dies zu verhindern, müsse ein Kernbereich dieser körperlichen Integrität für unantastbar erklärt werden.

Dazu wird ausgeführt, eine solche Tabuisierung stünde nicht im Widerspruch zur Straflosigkeit der Selbstverletzung. Denn die freie Verfügung über den eigenen Leib durch Selbstverletzung unterscheide sich von der freien Verfügung über den eigenen Leib durch Verletzung seitens eines Dritten. Jeder Selbstverletzung stünde eine natür-

---

[444] *Devlin, Lord*: The Enforcement of Morals, 7 ff

[445] *Dworkin, Ronald*: Bürgerrechte ernstgenommen, 399 ff

liche Hemmung entgegen. Da diese Hemmung bei der Fremdverletzung fehlte, müßte hier das Recht beim Handelnden Gegenmotive schaffen.[446]

Weiter wird formal argumentiert, daß das Recht nicht bei der betroffenen Person, sondern bei dem auf ihre Veranlassung Handelnden ansetze. Einem Verbot der direkten, eigenmächtigen Selbstverletzung stünde das Selbstbestimmungsrecht entgegen. Dies gelte jedoch nicht für das sich an einen Dritten richtende Verbot, eine Verletzung im Einvernehmen mit dem zu Verletzenden vorzunehmen. Hier wird die Legitimation eines gesetzlichen Eingriffs in das Selbstbestimmungsrecht daran festgemacht, an welchen Adressaten sich die Regelung richtet. Damit wird die Unterscheidung in direkten und indirekten Paternalismus aufgegriffen ("pure" and "impure" paternalism).

Der bloße Verweis auf diese Unterscheidung erklärt jedoch noch nicht die Berechtigung des indirekten Paternalismus. Selbst *Karl Engisch* als Vertreter dieses Begründungsansatzes gesteht ein, daß diese Unterscheidung bei einem isolierten und ganz auf die Person bezogenen Rechtsgutsdenken nicht einleuchtet.[447]

e. Paternalistische Begründung

Das naturrechtliche Verständnis von "Guten Sitten" geht von objektiven Maßstäben für die Bewertung von Selbstverletzungen aus. Der Sozialutilitarismus, der Rechtsmoralismus und die Forderung nach Tabuisierung haben die Auswirkungen von Selbstverletzungen auf die Gesellschaft im Blickpunkt, und auch die Orientierung an gesellschaftlichen Eliten verweist auf andere als den Betroffenen selbst. Sehr häufig wird aber auch versucht, zur Bestimmung der Sittenwidrigkeit auf die Auswirkung einer Körperverletzung auf den Betroffenen abzustellen. Dessen Wohl steht im Mittelpunkt des Interesses. Dabei soll die Intensität der Körperverletzung von entscheidender Bedeutung sein. Die mit der Tat verbundenen Zwecke werden nur subsidiär und täterbegünstigend herangezogen, um offensichtlich unbillige Ergebnisse, besonders im medizinischen Bereich, abzuwenden. Die Grenze zur Sittenwidrigkeit sei überschritten, wenn ohne besondere Gründe ein schwerer – besonders ein irreversibler – Eingriff in die körperliche Integrität des Einwilligenden erfolge.[448] Das OLG Düsseldorf hat zur Beurteilung der einvernehmlicher Fremdgefährdung den Grad der Gefahr und den Wert des Tatzwecks gegeneinander abgewogen.[449]

Eine solche rechtsgutbezogene Definition des Begriffs der Sittenwidrigkeit beruht auf dem paternalistischen Grundgedanken, daß die körperliche Integrität für den Betroffenen einen Wert habe und deshalb vor schwerwiegenden Beeinträchtigungen bewahrt

---

[446] *Engisch, Karl*: Die Strafwürdigkeit der Unfruchtbarmachung mit Einwilligung, FS Hellmuth Mayer, 399, 415; *Hirsch, Hans Joachim*: Einwilligung und Selbstbestimmung, FS Hans Welzel, 775

[447] *Engisch, Karl*: Die Strafwürdigkeit der Unfruchtbarmachung mit Einwilligung, FS Hellmuth Meyer, 399, 413

[448] *Hirsch, Hans Joachim*: Hauptprobleme einer Reform der Delikte gegen die körperliche Unversehrtheit, ZStW 83 (1971), 140, 167 f, *ders.*: Einwilligung und Selbstbestimmung, FS Hans Welzel, 755, 798 f; *ders.* in Leipziger Kommentar, § 226a, Rn 9

[449] NStZ RR 1997, 325

werden müsse. Diese Deutung entspricht nicht den Intentionen des Gesetzgebers. Dieser hatte auch geringfügige Beeinträchtigungen im Blick, sofern diese der damals herrschenden Sexualmoral widersprachen. Der Entwurf zu einer Neuregelung der Vorschrift aus dem Jahre 1962 nennt in der Begründung ebenfalls sadomasochistische Praktiken als Beispiel für strafbare Körperverletzungen.[450]

Zur paternalistischen Rechtfertigung des § 228 StGB werden unterschiedliche Begründungen und Erläuterungen gegeben. Der Strafrechtslehrer *Norbert Hoerster* will sich an den langfristigen Interessen der Betroffenen orientieren. Er argumentiert, der Staat sei dort berechtigt einzugreifen, wo jemand seinen dauerhaften Interessen zuwider handelt. Für die langfristigen Interessen will er auf einen Regelfall abstellen, der auf Grund von empirischen Studien in den jeweiligen Klassen von Betroffenen herausgefunden werden soll.[451] *Hoerster* gibt damit letztlich kein inhaltliches Kriterium für die langfristigen Interessen an, sondern definiert sie über das Empfinden der Mehrheit – obwohl eine Minderheit ihre Interessen durchaus anders bewerten kann.

Der Paternalismus will die Betroffenen "vor Kurzsichtigkeit in der Rechtsgutpreisgabe" bewahren, die sie später bereuen werden.[452] Diese Kurzsichtigkeit wird auf der Basis gesellschaftlicher Erfahrungen bei bestimmten Verletzungen unwiderruflich vermutet.

Mit einer anderen Betonung argumentiert *Günter Stratenwerth*,

> "daß es in bestimmten Grenzen notwendig erscheint, den einzelnen im Besitz seiner Rechtsgüter als der Basis eines Mindestmaßes an Freiheit gegen den augenblicklichen Gebrauch der Freiheit durch ihn selbst zu schützen – dort nämlich, wo eine unwiderrufliche oder doch tiefgreifende Beeinträchtigung stattfinden würde. Es ist, kurz gesagt, die soziale Verantwortung gegenüber dem anderen, die der Berufung auf seinen Willen Grenzen setzt und gebietet, auf sein ‚wohlverstandenes' Interesse Rücksicht zu nehmen."[453]

Kriterien für eine Begrenzung der Dispositionsbefugnis sind hierbei nicht die empirisch zu ermittelnden langfristigen Interessen des Durchschnitts, sondern die Eigenschaft der betroffenen Rechtsgüter als Voraussetzung für den Gebrauch der Freiheit.

Michael Köhler argumentiert, das freiheitliche Rechtsverständnis ginge zwar vom eigenverantwortlich handelnden Subjekt aus. Die immanente Grenze autonomer Selbstverfügung sei jedoch erreicht, wenn

---

450 BT-Drucks. 4/650, 286 f

451 Vgl.: *Hoerster, Norbert*: Grundsätzliches zur Strafwürdigkeit der Gefälligkeitssterilisation, JZ 1971, 123, 124 ff

452 *Sternberg-Lieben, Detlev*: Gentherapie und Strafrecht, JuS 1986, 673, 675; *Arzt, Gunther; Weber, Ulrich*: Delikte gegen die Person, E III 2a, Rn 280

453 *Stratenwerth, Günter*: Strafrecht AT, § 9 B I (Rn 374)

> "[...] das an sich urteilsfähige und über alle faktischen Bedingungen aufgeklärte Subjekt die bewußte Maxime der Selbstnegation des eigenen Freiheitspotentials [faßt] – eine selbstwidersprüchliche Freiheitsbetätigung zur Freiheitsaufhebung."[454]

Eine solche selbstwidersprüchliche freiwillige Aufhebung der eigenen Freiheit sei die Selbsttötung, die Selbstverstümmelung und die Selbstversklavung. Der unglücklich formulierte § 228 StGB solle die Selbstverstümmelung als Negation der allgemeinsten oder allgemeineren Freiheitsbedingungen um eines bloß partikulären Zwecks willen verhindern, damit sich die immanente Autonomie in ihrer künftigen Gestaltungsmöglichkeit nicht selbst aufhebt.[455]

f. Dispositionsbefugnis und gesellschaftliche Eliten

Teilweise wird zum Verständnis der Sittenwidrigkeit einer Körperverletzung auf die Auffassungen der "tonangebenden" oder "führenden Schichten" verwiesen.[456] Hinter solchen Verweisen verbirgt sich die paternalistische Vorstellung, nicht jeder könne mit seinem Köprer verantwortungsbewußt umgehen. Sofern Dispositionen über die körperliche Unversehrtheit dem widerspricht, was die gesellschaftliche Elite als richtig erachtet, müsse eingegriffen werden. Auch in der Rechtsprechung des BGH findet sich eine Tendenz zu elitärem Moralverständnis, etwa wenn der sittlichen Beurteilung einer Körperverletzung (im konkreten Fall: Bestimmungsmensur) durch „angesehene Persönlichkeiten" besonderes Gewicht zugemessen wird.[457]

Ein solches Verständnis verwundert angesichts der Geschichte des juristischen Begriffs der „Guten Sitten" nicht. Die Einführung dieses Begriffs in das Zivilrecht Ende des vorletzten Jahrhunderts wurde von der damaligen sozialdemokratischen Opposition im Reichstag abgelehnt, da damit die – zu dieser Zeit homogenen – Wertvorstellungen der oberen Schichten für maßgeblich erklärt würden. Um dies zu vermeiden, wollte der sozialdemokratische Reichstagsabgeordnete *Stadthagen* auf den Begriff der „öffentlichen Ordnung" ausweichen, der alle Bevölkerungsschichten bzw. Klassen umschlösse.[458]

Zum Teil wird der Richter "kraft seines Amtes als Repräsentant der gerecht und billig Denkenden im rechtlichen Sinn"[459] gesehen und damit seine subjektive Bewertung für maßgeblich erklärt. Damit würde jedoch die richterliche Entscheidung an Objektivität verlieren und weniger von Erkenntnis, als vom persönlichen Bekenntnis geleitet.

---

[454] *Köhler, Michael*: Freiheitliches Rechtsprinzip und Betäubungsmittelstrafrecht, ZStW 104 (1992), 3, 19

[455] *Köhler, Michael*: Freiheitliches Rechtsprinzip und Betäubungsmittelstrafrecht, ZStW 104 (1992), 3, 20

[456] *Beling, Ernst*: Rechtswissenschaft und Rechtsphilosophie, 38 f

[457] BGHSt 4, 24, 32

[458] *Roth-Stielow, K*: Die „guten Sitten" als aktuelles Auslegungsproblem, JR 1965, 210, 211

[459] *Sack, Rolf*: Das Anstandsgefühl aller billig und gerecht Denkenden und die Moral als Bestimmungsfaktoren der guten Sitten, NJW 1985, 761

Kritisiert wird, daß damit der Richter seine persönliche Moral zur objektiven Norm erheben kann.[460]

Der Verweis auf die Vorstellungen von gesellschaftlichen Eliten oder Autoritäten verbindet paternalistische und rechtsmoralische Gesichtspunkte. Von den Eliten meint man, sie könnten besser als die Betroffenen beurteilen, welche Verletzung der körperlichen Integrität zulässig sei. Die Orientierung an den moralischen Vorstellungen der Eliten ist dabei notwendig, um angesichts der Vielfalt der Meinungen die sozial als notwendig erachtete Moral ermitteln zu können.

3. Grundsatzkritik

Gegen die Strafbarkeit einer einvernehmlichen, aber sittenwidrigen Körperverletzung nach § 228 StGB sind grundsätzliche Bedenken erhoben worden. Neben Zweifeln daran, ob die Vorschrift bestimmt genug ist,[461] stößt der paternalistische Charakter des § 228 StGB auf Kritik.[462]

Zunächst wird argumentiert, eine einverständliche Körperverletzung könne gar keine Rechtsgutverletzung sein. Denn jeder könne über seinen eigenen Körper selbst verfügen. Das Selbstbestimmungsrecht des einzelnen sei Leitbild des Grundgesetzes und dort in Art. 2 Abs. 1 normiert. Der Körper wird bei dieser Argumentation als etwas begriffen, was grundsätzlich der Intervention anderer entzogen bleibt.

Eine anderer Schwerpunkt in der Begründung wird mit Blick auf die spezifisch strafrechtliche Dogmatik gelegt. Das Strafrecht nämlich schütze Rechtsgüter nur gegen Beeinträchtigung von außen. Selbstschutz dagegen dürfe eine Bestrafung nicht rechtfertigen. Der Strafrechtslehrer *Rudolf Schmidt* hat die antipaternalistische Kritik pointiert formuliert. Er argumentiert, daß die Strafbarkeit von Selbstschädigung und Selbstgefährdung dem Grundverständnis eines liberalen Staates widersprechen würde. Danach müsse eine Selbstschädigung straflos bleiben. Eigenhändige Selbstschädigung sei bei höchstpersönlichen Rechtsgütern oft nicht denkbar, weil sie große Selbstüberwindung und vielfach besondere Fachkenntnis erfordere. Deshalb müsse man sich zur Selbstschädigung eines Dritten bedienen. Die einwilligungsgetragene Fremdschädigung sei nichts anderes als eine mittelbare Selbstschädigung. Die einver-

---

[460] *Lenckner, Theodor*: Wertausfüllungsbedürftige Begriffe im Strafrecht und der Satz "nullum crimen sine lege", JuS 1968, 249, 252

[461] Vgl. *Berz, Ulrich*: Die Bedeutung der Sittenwidrigkeit für die rechtfertigende Einwilligung, GA 69, 145; *Roxin, Claus*: Verwerflichkeit und Sittenwidrigkeit als unrechtsbegründende Merkmale im Strafrecht, JuS 65, 373, 379; *Woesner, Horst*: Generalklausel und Garantiefunktion der Strafgesetze, NJW 1963, 273, 275; *Breithaupt, Walter*: Die guten Sitten, JZ 1964, 283-285; *Schmitt, Rudolf*: § 226 a StGB ist überflüssig, in: GS Horst Schröder, 263, 264 f: kritisch: *Lenckner, Theodor*: Wertausfüllungsbedürftige Begriffe im Strafrecht und der Satz "nullum crimen sine lege", JuS 1968, 249, 251 f; weitere Nachweise bei Leipziger Kommentar/*Hirsch* Rn 2

[462] *Schmitt, Rudolf*: Strafrechtlicher Schutz des Opfers vor sich selbst? FS Maurach, 113 ff; *ders.*: § 226 a StGB ist überflüssig, in: GS Horst Schröder, 263, 265 f

nehmliche Fremdschädigung dürfe daher nicht anders bewertet werden als die Selbstschädigung.[463]

4. Anwendungsbereiche des § 228 StGB

Viele schwerwiegende Beeinträchtigungen der körperlichen Integrität sind inzwischen durch Spezialgesetze geregelt. Doch es bleiben einige typische Konstellationen, bei denen einvernehmliche Körperverletzungen in Ermangelung spezieller Bestimmungen am Maßstab des § 228 StGB gemessen werden. Dabei ist die Bewertung meist umstritten. Da in diesen Auseinandersetzungen die verschiedenen Vorstellungen über die Vorschrift gut deutlich werden, dienen einige Beispiele der Illustration.

Diskutiert wird, ob wegen § 228 StGB sadomasochistische Verletzungen ungeachtet der Einwilligung des Betroffenen strafbar sind. Unter Sadomasochismus versteht man eine Spielart menschlicher Sexualität, bei der (geschlechtliche) Befriedigung durch eine (gespielte) Dominanz-Subordinations-Szene, welche zumeist mit körperlicher Gewalt einhergeht, hervorgerufen, befördert oder gesteigert wird.[464] Bereits vor Einführung des § 226a StGB hatte das Reichsgericht Körperverletzungen für strafbar gehalten, die einvernehmlich zum Zwecke abnormer, sadomasochistischer Triebbefriedigung vorgenommen würden. Andererseits hatte sich schon 1922 *Erich Wulffen* grundsätzlich gegen eine Bestrafung sadomasochistischer Praktiken ausgesprochen und dies mit dem Grundsatz „volenti non fit iniuria" begründet.[465] Die Strafbarkeit sadomasochistischer Verletzungen blieb umstritten. Wiederholt sind Zweifel an der Strafwürdigkeit von Verletzungen angebracht worden, die im gegenseitigen Einverständnis, nicht in der Öffentlichkeit und ohne bleibende körperliche Schäden vorgenommen würden.[466] Die veränderten, zunehmend toleranteren Vorstellungen über Sexualität haben diese Zweifel noch verstärkt. Hinzu kommt, daß eine rechtsgutorientierte und auf die Schwere der Verletzung abstellende Auslegung des Begriffs der Sittenwidrigkeit einer Strafbarkeit der zumeist lediglich leichten Körperverletzungen, welche im Rahmen sadomasochistischer Sexualpraktiken vorkommen, entgegensteht.

Von einem Verständnis her, welches den mit einer Körperverletzung verfolgten Zweck zum Kriterium für die Sittenwidrigkeit macht, erscheint es folgerichtig, die Einwilligung in eine Körperverletzung immer dann für sittenwidrig zu halten, wenn hiermit deliktische Zwecke verfolgt werden. Typisches Beispiel hierfür wäre die Verstümmelung, beispielsweise durch Amputation eines Fingers, um (widerrechtlich) eine Versicherungssumme kassieren zu können.[467]

---

463 *Schmitt, Rudolf*: Strafrechtlicher Schutz des Opfers vor sich selbst? FS Maurach, 113 ff;

464 Vgl. zu den Begrifflichkeiten: *Sitzmann, Valentin*: Zur Strafbarkeit sado-masochistischer Körperverletzungen, GA 1991, 71 f

465 *Wulffen, Erich*: Der Sexualverbrecher, 509

466 *Berz, Ulrich*: Die Bedeutung der Sittenwidrigkeit für die rechtfertigende Einwilligung, GA 1969, 145, 147; noch einschränkender *Sitzmann, Valentin*: Zur Strafbarkeit sado-masochistischer Körperverletzungen, GA 1991, 71-81

467 *Berz, Ulrich*: Die Bedeutung der Sittenwidrigkeit für die rechtfertigende Einwilligung, GA 1969, 145, 146; Systematischer Kommentar/*Horn* § 228, Rn 9 m. w. N.

Gegen eine solche Betrachtung sind indes Einwendungen erhoben worden. § 228 StGB stelle ausdrücklich auf die Sittenwidrigkeit der Tat und nicht auf den angestrebten Zweck ab. Durch das Abstellen auf den Fernzweck der Handlung setze man sich über diese Unterscheidung hinweg. Dem Unrechts- und Schuldgehalt angemessener wäre es, hier die Mitwirkung an dem fremden Delikt – zum Beispiel am Versicherungsbetrug – als Ansatzpunkt der Strafbarkeit zu nehmen.[468]

Diskutiert wurde weiter die Strafbarkeit von lebensgefährlichen Schlägereien. Dabei wurde die Sittenwidrigkeit durch Verweis auf die Wertung des § 216 StGB begründet. Denn aus dieser Vorschrift ergebe sich, daß der Gesetzgeber das Leben als unverzichtbares Individualrechtsgut ansähe. Daraus folge, daß die Rechtsordnung körperliche Eingriffe zumindest dann mißbillige, wenn dadurch das Leben als unverzichtbares Rechtsgut bedroht würde.[469]

Im Sport wird von einer schlüssig erteilten Einwilligung der Beteiligten in Körperverletzungen ausgegangen, die bei Wettkämpfen wie zum Beispiel Boxen, Fechten, Fußball oder Handball bei adäquatem Verlauf einem anderen zugefügt werden sollen oder können. Die Einwilligung umfaßt jedoch keine Verletzungen, die wegen schwerer Mißachtung der Sportregeln zustandekommen. Mit dem Abstellen auf Sportregeln wird bei der Beurteilung der Sittenwidrigkeit ein bestimmter Maßstab vorgegeben. Die in Deutschland geltenden Sportregeln sind bestrebt, das Verletzungsrisiko von Sportlern gering zu halten. Bei solchen Sportarten, bei denen es wegen ihres Charakters unvermeidlich zu Körperverletzungen kommt (wie etwa beim Boxen), sollen die Sportregeln sicherstellen, daß die Verletzungen den Betroffenen nicht schwer und nachhaltig beeinträchtigen. Hingegen sind in Deutschland solche Wettkämpfe verboten, bei denen die Tötung oder schwere Schädigung des Gegners beabsichtigt werden (Gladiatorenkämpfe). Unzulässig soll auch die Einwilligung in die Verabreichung von Dopingmitteln sein, wenn diese erhebliche Gesundheitsschädigungen zur Folge haben.[470]

In jüngster Zeit lassen sich immer mehr Menschen vorsätzlich Verwundungen zufügen, um durch die zurückbleibenden Narben ihre körperliche Erscheinung zu verändern. Gespeist von Interesse an fremden Kulturen, bei denen solche Körperveränderungen üblich sind, hat sich in den USA die "Body-Modification", die selbstbestimmte Körperveränderung, zu einem Modetrend entwickelt, der auch in Deutschland zunehmend Anhänger findet. Sofern Dritte bei solchen gewollten Verletzungen mitwirken, stellt sich die Frage nach der Strafbarkeit wegen Körperverletzung. Zwar ist diese bisher weder in der strafrechtlichen Literatur noch durch die Rechtsprechung behandelt worden. Der BGH hatte sich jedoch im Jahre 1953 mit einer besonderen Form der "Body-Modification" auseinandergesetzt: Mit der Schlägermensur. Durch die Schlägermensur in studentischen Burschenschaften wird dem Fechter – bei entsprechendem Kampfverlauf – eine Wunde zugefügt. Diese Wunde wird anschließend

---

[468] SchönkeSchröder/*Stree* § 228 Rn 8

[469] *Roxin, Claus*: Verwerflichkeit und Sittenwidrigkeit als unrechtsbegründende Merkmale im Strafrecht, JuS 1964, 379

[470] TröndleFischer/*Tröndle* § 228 Rn 7a

vielfach so behandelt, daß eine sichtbare Narbe verbleibt. Diese soll deutlich machen, daß sein Träger Akademiker und damit Mitglied einer höheren sozialen Schicht ist. Der BGH hat die für Sportverletzungen herausgebildeten Grundsätze auch für studentische Schlägermensuren angewandt. Er hat deren Strafbarkeit mit dem Argument verneint, die Einwilligung in eine mögliche Verletzung könne nicht unzweifelhaft als sittenwidrig beurteilt werden.[471]

Nach der Rechtsprechung gibt es Grenzen, außerhalb derer eine Strafbarkeit wegen fahrlässiger Körperverletzung auch dann gegeben ist, wenn der Verletzte in seiner Freizeitgestaltung bewußt das Risiko einer Verletzung durch einen anderen eingegangen ist. In einem vom OLG Düsseldorf entschiedenen Fall ging es um sogenanntes „Auto-Surfen“.[472] Im Bewußtsein der dabei bestehenden Gefahren hatten sich drei Freunde auf das Dach eines Autos gelegt und festgehalten, während ein vierter Freund das Fahrzeug mit einer Geschwindigkeit von 70 – 80 km/h fuhr. In einer leichten Rechtskurve konnte sich einer der „Surfer“ nicht mehr halten, flog vom Fahrzeug und erlitt infolge des Sturzes ein Schädel-Hirn-Trauma, das zu spastischen Lähmungen von Armen und Beinen führte. Seitdem ist er in jeder Beziehung pflegebedürftig und muß durch eine Bauchdeckensonde ernährt werden. Aussicht auf Besserung seines Zustandes besteht nicht. Der Fahrer des Wagens wurde wegen fahrlässiger Körperverletzung verurteilt. Es sei unbeachtlich, daß der Verletzte in die Gefährdung eingewilligt habe, weil diese Einwilligung sittenwidrig gewesen sei. Die Sittenwidrigkeit wurde mit dem Verhältnis des Grads der eingegangenen Gefahr zum Tatzweck begründet. Je größer die Gefahr und je geringer der Wert sei, der dem Tatzweck zukommt, desto eher sei ein Verstoß gegen die guten Sitten gegeben.

5. Stellungnahme

Durch § 228 StGB ist der Gesetzgeber nicht der Aufgabe gerecht geworden, zu bestimmen, wann der einzelne in der Disposition über seine körperliche Integrität beschränkt ist. Diese Vorschrift macht nur klar, daß die Verfügungsbefugnis über den eigenen Körper nicht unbegrenzt ist. Sie enthält jedoch keine Erklärung, warum dies so ist. Mit dem schwammigen Begriff der Sittenwidrigkeit wird den Gerichten überlassen, die Grenzen der Verfügungsbefugnis zu bestimmen. Durch den Verweis auf einen außerrechtlichen Maßstab ist diese Vorschrift zu einem Tummelplatz unterschiedlicher Vorstellungen geworden, welche eine bestimmte Lebensweise und Lebenseinstellung als verbindlich vorgeben wollen. In einer pluralistischen Gesellschaft ist jedoch kein Platz für den Alleinvertretungsanspruch einer bestimmten „moralischen“ Lehre.

Obwohl unsere Rechtsordnung sich der Autonomie und Selbstverantwortung verpflichtet weiß, schränkt sie die Verfügungsbefugnis über den eigenen Körper ein. Was läßt sich gegen die Argumentation vorbringen, die Achtung von Autonomie und Selbstbestimmung müsse hinsichtlich des eigenen Körpers zur Achtung jeder Entscheidung darüber führen? Widerspricht die Strafbarkeit einverständlicher Körper-

---

[471] BGHSt 4, 32
[472] NStZ-RR 1997, 325

verletzung tatsächlich dem Grundsatz der Autonomie des einzelnen, auf dem eine freiheitliche Rechtsordnung aufbaut?

Angesichts der antipaternalistischen Tradition des Liberalismus verwundert es nicht, daß die verschiedenen Begründungsversuche für die Beschränkung der Dispositionsbefugnis nicht auf den Betroffenen, sondern auf die Gesellschaft abstellen: auf die Wertvorstellungen der Gesellschaft, wie der Rechtsmoralismus, oder auf das Interesse der Gesellschaft an der Gesundheit seiner Mitglieder, wie der Staatsutilitarismus. Doch indem aus Scheu vor paternalistischem Denken der Betroffene nicht zur Begründung von Einschränkungen herangezogen wird, kommt es zu einer allzu kruden Unterordnung des einzelnen unter Gemeinschaftsbelange. Der Autonomie des einzelnen wird damit letztlich ein schlechter Dienst erwiesen.

Die Scheu vor paternalistischem Denken ist erklärlich. Aus wohlwollender Fürsorge den Gewaltunterworfenen eine bestimmte Lebensweise als richtig vorzuschreiben oder ihnen bestimmte Ziele verbindlich vorzugeben, ist eine Form des Paternalismus, die dem Menschen als einem autonomen, vernunftbegabten Individuum nicht gerecht wird. Dieser Vorwurf läßt sich gegen den autonomieorientierten Paternalismus jedoch nicht erheben, da er sich nicht gegen die Ausübung, sondern nur gegen die Aufhebung der Autonomie richtet. Mit dem autonomieorientierten Paternalismus läßt sich eine Beschränkung der Dispositionsbefugnis über den eigenen Körper begründen. Denn Einwirkungen auf die körperliche Integrität können zu gravierenden Schäden führen, welche die spätere Lebensgestaltung fundamental beeinträchtigen und die Wahlmöglichkeiten begrenzen. Der Verlust eines oder mehrerer Sinne – also des Gehörs, des Sehvermögens oder des Sprechvermögens – engen die Möglichkeiten der Lebensgestaltung ein. Gleiches gilt für die wichtigen Glieder der Menschen und die Fortpflanzungsfähigkeit. Dies ergibt sich nicht aus empirischer Forschung, die etwa im Wege statistischer Erhebungen bei Erblindeten untersuchen, inwieweit der Verlust des Augenlichts als Beengung der Autonomie empfunden wird. Es ergibt sich vielmehr aus der anthropologischen Überlegung, daß die genannten Bereiche von grundlegender Bedeutung für menschliche Lebensentfaltung sind. Eine Beeinträchtigung dieser Bereiche führt zwangsläufig zu einem „weniger" an Wahlmöglichkeiten. Darin liegt eine Beeinträchtigung der Autonomie. Zwar sind auch Blinde, Taube, Stumme oder körperlich Versehrte trotz ihrer Behinderung zu einer autonomen Lebensgestaltung fähig. Auch können die genannten Beeinträchtigungen durch Hilfsmittel wie Prothesen, Blindenschrift oder Taubstummensprache abgemildert werden. Daraus kann aber nicht gefolgert werden, es bestünde keine Beeinträchtigung individueller Lebensentfaltung. Vielmehr beweist umgekehrt die Existenz der Hilfsmittel, daß Beeinträchtigungen vorliegen, die überwunden oder zumindest abgemildert werden sollen. Der Staat als Garant eines selbstbestimmten Lebens darf dem Menschen die Möglichkeit zu späterem selbstbestimmten Leben auch gegen seinen momentanen Willen bewahren.

Das StGB umschreibt in § 226 StGB solche verstümmelnden Beeinträchtigungen der körperlichen Integrität als „schwere Körperverletzung". Dort werden aufgeführt: der Verlust des Sehvermögens, des Gehörs, des Sprechvermögens oder der Fortpflanzungsfähigkeit, der Verlust oder die dauernde Unbrauchbarkeit eines wichtigen Glieds des Körpers, erhebliche Entstellungen sowie der Verfall in Siechtum, Lähmung oder geistige Krankheit. Der Strafschärfung einer Körperverletzung mit schwerer Folge liegt der Gedanke zugrunde, daß der Verletzte in seiner Lebensgestaltung erheblich beeinträchtigt wird.

Wenn Autonomieeinschränkungen in Folge von Beeinträchtigungen der körperlichen Integrität durch das Handeln eines anderen verursacht werden, sind sie – anders als geburtsbedingte Behinderungen – vermeidbar. Dann aber darf der der Autonomie des einzelnen verpflichtete Staat das Vermeidbare auch verhindern.

Die direkte Orientierung an der Autonomie des einzelnen sollte auch nicht durch den Verweis auf die gesellschaftlichen Folgekosten (public charge argument) ersetzt werden. Als Garant für ein selbstbestimmtes Leben ist der Staat verpflichtet, körperlich bedingte Autonomieeinschränkungen seiner Bürger möglichst zu kompensieren. Dies führt dazu, daß neben dem Verletzten auch Staat und Gesellschaft von einer schweren Körperverletzung betroffen sind. Denn diese tragen meist die Kosten für die Hilfsmittel, welche zur Ermöglichung eines selbstbestimmten Lebens trotz Gebrechen notwendig sind. Insoweit ist bei einer Körperverletzung immer auch die Allgemeinheit betroffen. Dies ist jedoch nur Ausfluß davon, daß der Staat die Selbstbestimmung des einzelnen ermöglichen soll. Kerngedanke der Argumentation bleibt immer die Autonomie des einzelnen und nicht ein übergeordnetes gesellschaftliches Interesse.

Der traditionellen Unterscheidung in veräußerliche und unveräußerliche persönliche Rechtsgüter wird durch diese Argumentation ein Sinn gegeben, welcher nicht des Rückgriffs auf die Religion bedarf. Nicht weil sie ihm von Gott zum verantwortlichen Gebrauch geschenkt wurden, sondern weil sie Voraussetzung seiner Autonomie sind, werden bestimmte Güter als unveräußerlich der willkürlichen Verfügungsbefugnis entzogen. In diesem Sinn steht ein bestimmter Kernbestand persönlicher Freiheit, welcher nicht im Wege der Selbstversklavung aufgegeben werden darf, auf einer Linie mit den genannten fundamentalen Körperfunktionen. Geht es also um schwerwiegende Körperverletzungen, wie sie in 226 StGB aufgeführt werden, so erfordert der Respekt vor der Autonomie, nicht den bloßen Verweis auf die „Entscheidung" des Betroffenen ausreichen zu lassen.

Begründet man in dieser Weise eine Einschränkung der Verfügungsbefugnis über den eigenen Körper, so hat dies Auswirkungen auf das Ausmaß dieser Einschränkung. Körperverletzungen wie Zwicken, Kratzen oder Auspeitschen zur sexuellen Erregung beeinträchtigen nicht den späteren Freiheitsgebrauch. Zwar werden sadomasochistische Praktiken von der gesellschaftlichen Konvention verurteilt – eine Legitimation zum Eingreifen in die Freiheitssphäre des einzelnen darf daraus nicht abgeleitet werden. Insoweit ist zu begrüßen, daß bereits in der Diskussion über § 228 StGB mit unterschiedlicher Begründung vertreten worden ist, daß marginale Beeinträchtigungen der Körperintegrität nicht strafwürdig seien. Doch ungeachtet dieses Zurückdrängens der Strafbarkeit wird man auch von „einfachen" Körperverletzungen jenseits der Banalitätsgrenze schwerlich behaupten können, dadurch werde die Möglichkeit zu späterem Freiheitsgebrauch unerträglich eingegrenzt.

Zunächst ist es legitim, bei einvernehmlichen Körperverletzungen mit schwerwiegenden Beeinträchtigungen sicherzustellen, daß die Einwilligung nicht übereilt, unüberlegt oder unter Zwang zustandegekommen ist. Der Respekt vor der Autonomie erlaubt hier einen „weichen Paternalismus“, welcher die Freiwilligkeit und Ernsthaftigkeit der Entscheidung überprüft. Bei der Aufklärungspflicht vor einer ärztlichen Heilbehandlung, die strafrechtlich als Körperverletzung gilt, wird völlig berechtigt darauf abgestellt, daß nur bei umfassender Aufklärung eine "freie" Entscheidung des Betroffenen möglich ist.

Eine darüber hinausgehende wirkliche Beschränkung der Dispositionsbefugnis über den eigenen Körper kann nur im Falle schwerer, verstümmelnder Körperverletzungen mit dem Schutz späterer Autonomie gerechtfertigt werden. Bei einer bezweckten Verstümmelung wird man nie zu einer Rechtfertigung kommen. Wenn jedoch lediglich die Gefahr einer Verstümmelung besteht, muß eine nachvollziehbare, autonomieorientierte Abwägung der Risiken mit dem bezweckten Erfolg stattfinden.

Wird die Fremdgefährdung in Kauf genommen, um die Möglichkeiten zu selbstverantwortlicher Lebensgestaltung zu erweitern, so wird man dem Betroffenen die Entscheidung über dieses Risiko zugestehen müssen. Denn der bezweckte Erfolg steht hier in Übereinstimmung mit einem Staatsverständnis, welches die Autonomie des einzelnen in den Vordergrund stellt. Beispiel hierfür sind operative ärztliche Heileingriffe, die mit einem – mehr oder minder großen - Risiko schwerer Körperverletzung verbunden sind. Jede Augenoperation birgt die Gefahr des Erblindens. Verläuft eine Augenoperation dagegen erfolgreich, so erleichtert die verbesserte Sehkraft ein selbstbestimmtes Leben. Ist ein sehgeschädigter Mensch bereit, das Operationsrisiko einzugehen, so ist diese Entscheidung zu respektieren. Da der angestrebte Erfolg mit der vom Staat zu verlangenden Orientierung an der Autonomie übereinstimmt, kann es selbst ein hohes Risiko nicht rechtfertigen, die Entscheidung des Betroffenen zu übergehen.

Hingegen muß eine Abwägung stattfinden, wenn durch die Fremdgefährdung nicht die Förderung der Voraussetzungen selbstbestimmten Lebens erstrebt wird. Wenn dabei das Risiko schwerer Körperverletzungen besonders hoch ist, darf der Staat eingreifen. Ein Beispiel hierfür ist das "Auto-Surfen".[473]

Die Rechtsordnung darf Wettkämpfe verbieten, bei denen eine schwere Körperverletzung oder der Tod eines Kämpfers gerade beabsichtigt wird und lediglich unklar ist, wen die Verletzung trifft. Gladiatorenkämpfe, die inzwischen unter Begriffen wie „Ultimative Fighting“ wieder aufkommen, darf der Staat verbieten. Ein „Kampfsport“, der die schwere Körperverletzung eines Beteiligten beabsichtigt, unterscheidet sich grundlegend von bestehenden gefährlichen Kampfsportarten, wie etwa dem Boxen. Bei den üblichen Wettkämpfen kann es zwar zu schweren Körperverletzungen kommen. Schwere und damit die Möglichkeiten zu selbstbestimmtem Leben beeinträchtigende Verletzungen werden aber nicht beabsichtigt, sie sind allenfalls ungewollte Nebenfolge. Die Wettkampfregeln für anerkannte Kampfsportarten haben gerade das Ziel, schwere Körperverletzungen so gut es geht zu verhindern.

---

[473] Vgl. IV A 4; BGH NStZ-RR 1997, 325

B. Organspenden

Die allgemeine Diskussion um die Transplantationsmedizin wird bestimmt durch den Mangel an Transplantaten. Dieser Mangel bewirkt, daß nicht alles, was medizinisch möglich wäre, auch getan werden kann, daß also Menschen in ihrer Lebensführung Beeinträchtigungen erleiden oder sogar sterben müssen, die bei einem größeren Angebot an Transplantaten ein normales Leben führen könnten. Die Menge an Transplantaten ist in großem Maße von den rechtlichen Rahmenbedingungen, besonders der Organentnahme von Toten, abhängig. Eine klare gesetzliche Regelung gibt es in Deutschland seit Inkrafttreten des Organtransplantationsgesetzes (TPG) am 1.12.1997. Im Rahmen dieser Arbeit sollen allein die Regelungen zur Organspende von Lebenden untersucht werden, die dieses Gesetz enthält. Gesetzliche Beschränkungen der Lebendspende greifen in (grundrechtlich geschützte) Freiheitsbereiche der potentiellen Spender ein und sind deshalb begründungsbedürftig.[474] Besondere Bedeutung erlangt das TPG dadurch, daß das BVerfG mehrere gegen die Regelung der Lebendspende gerichtete Verfassungsbeschwerden zum Anlaß nahm, in zuvor unbekannter Deutlichkeit den "Schutz vor sich selbst" als legitimes Rechtsgut anzuerkennen.[475] Die Lebendspende ist jedoch nur ein kleiner Ausschnitt der Diskussion um die Organtransplantation und oft nicht isoliert, sondern nur vor dem Hintergrund des Mangels an Transplantaten zu verstehen. Gleichwohl soll auf die allgemeine Diskussion der Organtransplantation nur insoweit eingegangen werden, als dies unvermeidlich ist.

Die weitere Verwendung des Begriffs "Organ" und "Organspende" orientiert sich am Anwendungsbereich des TPG. Dort werden in § 1 Abs. 1 unter dem Begriff Organe "menschliche Organe, Organteile oder Gewebe" zusammengefaßt, in Abs. 2 jedoch Blut und Knochenmark sowie embryonale und fetale Organe und Gewebe aus dem Anwendungsbereich des Gesetzes ausgeschlossen. Auf Blut- und Knochenmarkspenden wird dort eingegangen, wo die in der Diskussion um die Entgeltlichkeit solcher Spenden vorgebrachten Argumente in analoger Weise auch für Organspenden im Sinne des TPG gelten.

Der Begriff Organspende ist insoweit problematisch, als der Wortbestandteil "Spende" bereits eine im Gegenseitigkeitsverhältnis stehende Organgabe auszuschließen scheint.[476] Eine Spende ist eigentlich etwas Einseitiges und unterscheidet sich so von Verkauf oder Tausch. Im weiteren soll gleichwohl an dem in der Diskussion um die Gewinnung von Transplantaten üblichen Begriff festgehalten werden, ohne dabei eine Vorentscheidung bezüglich einer Gegenleistung zu treffen. Daher wird die – sprachlich etwas verunglückte – Formulierung der "entgeltlichen Organspende" verwendet.

Ein Rückblick auf die Entstehungsgeschichte des TPG soll das Verständnis der Normen erleichtern (1.). Begründungsbedürftig sind zunächst die Bestimmungen, welche zum Schutz des Spenders umfangreiche Informationspflichten normieren (2.). Näher wird dann das Verbot des Organhandels untersucht. Das TPG faßt unter dem

[474] *Gutmann, Thomas*: Probleme einer gesetzlichen Regelung der Lebendspende von Organen, MedR 1997, 147

[475] BVerfG NJW 1999, 3399, 3401

[476] vgl.: *Schoeder, Friedrich-Christian*: Gegen die Spendenlösung bei der Organgabe, ZRP 1997, 265

Begriff des Organhandels Verkauf, Kauf und Vermittlung von Organen zusammen (3.). Verboten ist schließlich auch die Entnahme von Organen, die sich nicht wieder bilden können, wenn sie nicht auf dem Spender nahestehende Personen übertragen werden (4.) Abschließend wird zur rechtlichen Regelung des Transplantationswesens Stellung genommen (5.).

1. Gesetzgebungsgeschichte

Deutschland hat nach fast 25-jähriger Diskussion als einer der letzten Industriestaaten die Organtransplantation gesetzlich geregelt. In den 50er und 60er Jahren wurden die medizinischen Grundlagen für erfolgreiche Organtransplantation gelegt, von denen schon bald feststand, daß sie schwerkranken Menschen das Weiterleben erheblich erleichtern oder ermöglichen konnten. Seit Mitte der 70er Jahre gehört die Organtransplantation zum medizinischen Alltag. Damit verstärkte sich der Ruf nach einer gesetzlichen Regelung der Transplantationsmedizin.[477] Zentrale Frage der öffentlichen Diskussion, vergangener Gesetzgebungsinitiativen und des dem TPG zugrundeliegenden Gesetzgebungsverfahrens war die Regelung der postmortalen Organentnahme. Die Regelungen der Lebendspende von Organen wurden nur am Rande erörtert und schließlich gleichsam mitbeschlossen.[478]

Die erste (erfolglose) Gesetzesinitiative auf Landesebene ging im Jahr 1973 in Berlin von der damals oppositionellen CDU-Fraktion aus. Im § 11 des Entwurfes war hinsichtlich der Lebendspende lediglich festgelegt, daß die Organentnahme nur mit Einwilligung des Spenders und nur nach umfangreicher Aufklärung über Art, Folgen, Risiko und Erfolgsaussichten des Eingriffs für Spender und Empfänger durch einen Arzt erfolgen dürfe. Nach der weitgehenden Aufklärung sollten Organspender und Empfänger selbst entscheiden dürfen, ob sie das Risiko einer Transplantation auf sich nehmen.[479] Der Gesetzentwurf zeigt, daß die Entscheidung über eine Organspende zunächst sehr unbefangen dem potentiellen Spender zugebilligt wurde und sich dies erst durch die Diskussion über die Kommerzialisierung des Transplantationswesens und das Risiko krimineller Organgewinnung geändert hat.

Weder der 1978 von der Bundesregierung in den Bundestag eingebrachte Entwurf für die Regelung von Organtransplantationen[480] noch der Gegenentwurf des Bundesrates[481] enthielten eine Regelung der Lebendspende. Auch in der Auseinandersetzung um diese Entwürfe spielte die Lebendspende meist keine Rolle.[482] Erst Ende der 80er Jahre wurden von Seiten der Mediziner und Transplantationszentren verbindliche Kriterien für die Organtransplantation festgelegt, und es wurden erneut Anläufe unter-

---

[477] *Kühn, Hermann Christoph*: Die Motivationslösung, 58

[478] *König, Peter*: Strafbarer Organhandel, 17

[479] *Linck, Joachim*: Gesetzliche Regelung von Sektionen und Transplantationen, JZ 1973, 759, 764

[480] BT-Drucks 8/2681

[481] BR-Drucks 395/78

[482] insoweit typisch: *Maurer, Hartmut:* Die medizinische Organtransplantation in verfassungsrechtlicher Sicht, DÖV 1980, 7 f

nommen, die Organtransplantation gesetzlich zu regeln, die in das Transplantationsgesetz von Dezember 1997 mündeten.

Die Initiative für ein Transplantationsgesetz ging von den Ländern aus. Eine Arbeitsgemeinschaft von Leitenden Medizinalbeamten wurde im November 1989 auf einer Konferenz der Gesundheitsminister beauftragt, die Notwendigkeit einer gesetzlichen Regelung zu prüfen. Ergebnis dieser Prüfung war, daß eine einheitliche gesetzliche Regelung mangels bekanntgewordener Mißstände zwar nicht zwingend erforderlich, wohl aber zur Beseitigung von Rechtsunsicherheiten wünschenswert sei. 1993 legte die Arbeitsgemeinschaft einen Mustergesetzentwurf vor, der 1994 als Gesetzesantrag der Länder Bremen und Hessen im Bundesrat eingebracht wurde, jedoch wegen der Überlagerung mit Initiativen im Bundestag nicht abschließend behandelt worden ist. In Rheinland-Pfalz wurde sogar ein Transplantationsgesetz 1994 verabschiedet und auch vom Ministerpräsidenten unterzeichnet, jedoch noch vor Inkrafttreten in Erwartung einer bundeseinheitlichen Regelung wieder aufgehoben. Nach diesem Gesetz[483] sollte die Spende nicht regenerationsfähiger paariger Organe nur für nahe Angehörige zulässig sein und auch nur dann, wenn ein geeignetes Organ anderweitig nicht zu beschaffen sei. Die Gewährung oder Zusicherung von Vorteilen hätte die Spende unzulässig gemacht.

1994 ging die Gesetzgebungskompetenz für Transplantationen durch die Änderung des Art. 74 Abs. 1 Nr. 26 GG auf den Bund über. Daraufhin wurde 1995 von der Fraktion Bündnis90/Die Grünen und 1996 durch die Fraktionen der CDU/CSU, SPD und FDP ein Gesetzentwurf im Bundestag eingebracht. Letzterer wurde 1997 als Transplantationsgesetz verabschiedet, der Bundestag stimmte ihm mit einer überwältigenden Mehrheit von 424 der 635 abgegebenen Stimmen zu.[484] Die Entnahme von Organen Lebender wurde an enge Voraussetzungen der ärztlichen Aufklärung des Spenders geknüpft. Sie muß von einem Arzt vorgenommen werden und ist nur zulässig, wenn voraussichtlich keine über das Operationsrisiko hinausgehende Gefährdung und keine über die unmittelbaren Folgen der Entnahme hinausgehende schwere gesundheitliche Beeinträchtigung des Spenders eintritt. Der Organhandel ebenso wie Organspenden für andere als nahestehende Personen wurden verboten, um eine Kommerzialisierung von Organtransplantationen zu verhindern. Die Organspende eines Lebenden ist nur zulässig, wenn kein Transplantat zur Verfügung steht, das einem Toten entnommen wurde.

In Deutschland gab und gibt es traditionell starke Vorbehalte gegen die Lebendspende von Organen, gerade auch unter Medizinern. So stammten 1990 in Deutschland nur 1,7 % der transplantierten Nieren von lebenden Spendern, während es zur gleichen Zeit in Schweden 23,5 %, in Dänemark 24,7 % und in Norwegen sogar 49 % waren.[485] Eine restriktive gesetzliche Regelung von Lebendspenden mit strafbewehrten Verbo-

---

[483] LT-Drucks 12/2094/5037

[484] BT-Plenarprotokoll 13/183 vom 25.06.1997, 16479

[485] *Land, W.*: Lebendspende von Organen, Zeitschrift für Transplantationsmedizin 1993, 59 ff

ten entsprach dem herrschenden common sense.[486] Schon 1987 hatten die (west-)deutschen Transplantationszentren eine Selbstbindungsvereinbarung getroffen, welche die Voraussetzungen zulässiger Transplantationen festlegte.[487] Dieser Transplantationskodex ließ die Lebendspende noch eingeschränkter zu als das TPG und enthielt ebenfalls ein absolutes Verbot des Organverkaufs. Gleiches gilt für die juristische Beurteilung, die nicht erst mit der Verabschiedung des TPG begonnen hat. Bereits vorher wurde die Veräußerung von Organen lebender Menschen durch Rechtsprechung und Literatur überwiegend abgelehnt. Rechtlicher Anknüpfungspunkt war die "Sittenwidrigkeit" einer solchen Veräußerung, die zur Nichtigkeit des Rechtsgeschäfts nach § 138 BGB und zur Strafbarkeit des beteiligten Arztes nach § 226a a. F. StGB führe. Zur Begründung der Sittenwidrigkeit wurde häufig auf grundgesetzliche Wertvorstellungen, insbesondere die Menschenwürde, verwiesen.[488]

2. Aufklärungspflichten und Nachbetreuung

Es bestand im Gesetzgebungsverfahren weitgehende Einigkeit darüber, daß die Lebendspende nur zulässig sein sollte, wenn der Spender zuvor umfassend aufgeklärt wurde. Die Einwilligung in die Organentnahme soll nur dann anerkannt werden, wenn der einwilligungsfähige Spender die Bedeutung und Tragweite der Transplantation voll erfaßt und dem Eingriff aus freiem Willen zustimmt. Das TPG regelt in § 8 umfangreiche Aufklärungs- und Nachbetreuungspflichten für den Organspender. Detaillierte Verfahrensvorschriften sollten die Aufklärung sicherstellen. Kritik wurde an der Ausgestaltung dieser Verfahrensvorschriften geübt.

a. Regelung

Durch das TPG wird detailliert festgelegt, wie die Aufklärung des Spenders zu erfolgen hat und wie die Freiwilligkeit seines Entschlusses zur Organspende zu überprüfen ist. Nach § 8 Abs. 2 TPG ist

> "der Organspender [...] über die Art des Eingriffs, den Umfang und mögliche, auch mittelbare Folgen und Spätfolgen der beabsichtigten Organentnahme für seine Gesundheit sowie über die zu erwartende Erfolgsaussicht der Organübertragung und sonstige Umstände, denen er erkennbar eine Bedeutung für die Organspende beimißt, durch einen Arzt aufzuklären."

Die Aufklärung soll auch die versicherungsrechtliche Absicherung der gesundheitlichen Risiken beinhalten. Um sicherzustellen, daß die Aufklärung auch in dieser

---

[486] *Gutmann, Thomas*: Probleme einer gesetzlichen Regelung der Lebendspende von Organen, MedR 1997, 147, Vgl.: *Heuer, Stefanie; Conrads, Christoph*: Aktueller Stand der Transplantationsgesetzgebung 1997, MedR 1997, 195 ff

[487] Transplantationskodex, Transplantationsmedizin 1995, 154, 155

[488] Vgl.: SG Lüneburg, NJW 1994, 1614; BSG NJW 1997, 3114

Weise erfolgt, schreibt das Gesetz die Anwesenheit eines weiteren Arztes und die Niederschrift sowohl des Inhalts der Aufklärung als auch der Einwilligungserklärung des Spenders vor. Der Spender soll weiter seine Einwilligung jederzeit formlos widerrufen können.

Nach § 8 Abs. 3 S. 2 – 4 TPG muß eine Kommission gutachterlich dazu Stellung nehmen, ob begründete tatsächliche Anhaltspunkte dafür vorliegen, daß die Einwilligung in die Organspende nicht freiwillig erfolgt oder das Organ Gegenstand verbotenen Handels ist. Der Kommission, deren nähere Regelung dem Landesrecht untersteht, muß ein Arzt angehören, der nicht an der Entnahme oder Übertragung des Organs beteiligt ist.

Nach § 8 Abs. 3 S. 1 TPG darf eine Organentnahme erst durchgeführt werden, nachdem sich Organspender und Organempfänger zur Teilnahme an einer ärztlich empfohlenen Nachbetreuung bereit erklärt haben.

b. Rechtfertigung

Zu den umfangreichen Pflichten nach § 8 Abs. 2 TPG wird in der Gesetzesbegründung lediglich gesagt, an die Aufklärung und Einwilligung seien strenge Anforderungen zu stellen. Darüber hinaus werden nur die gesetzlichen Bestimmungen in anderer Formulierung wiedergegeben. Zu den Bestimmungen in § 8 Abs. 3 TPG zur Überprüfung der Freiwilligkeit der Entscheidung wird ausgeführt, psychodiagnostische Mittel und medizinisch-psychologische Beratungsverfahren würden eine begründete und verantwortliche Beurteilung des Spenderentschlusses und eine Untersuchung und Bewertung der Beweggründe ermöglichen. Die gutachterliche Stellungnahme böte dem verantwortlichen Arzt eine zusätzliche verfahrensrechtliche Sicherheit, ohne ihn dadurch aus seiner Verantwortung zu entlassen.[489]

Weiter wird argumentiert, die Organentnahme sei kein Heileingriff und unterscheide sich deshalb von anderen ärztlichen Eingriffen. Daher sei geboten, höhere Anforderungen an die Aufklärung des Spenders zu stellen als beim Heileingriff und dies durch entsprechende Verfahrensvorschriften abzusichern.[490]

Das in § 8 TPG geregelte Verfahren zur Aufklärung des Spenders und Überprüfung der Spenderentscheidung beinhaltet lediglich einen weichen Paternalismus, da die Entscheidung letztlich beim Betroffenen belassen wird.

c. Kritik

Es wurde letztlich nie ernsthaft bestritten, daß die Aufklärung des lebenden Spenders über Risiken und Folgen der Organentnahme notwendig sei. Streit entzündete sich lediglich daran, wie weitreichend die Freiwilligkeit der Entscheidung zur Organspende durch prozessuale Vorgaben abgesichert werden müsse. Insbesondere die Notwendig-

---

[489] BT-Drucks. 13/4355, 21

[490] *Bock, Nadine*: Rechtliche Voraussetzungen der Organentnahme von Lebenden und Verstorbenen, 144 ff

keit psychologischer Untersuchungen von Spender und Empfänger bei der Lebendspende ist bestritten worden. Die Entscheidung für oder gegen eine Lebendspende müsse jeder selbst fällen. Die Aufgabe des Arztes sei, die für die Entscheidungsfindung notwendigen Informationen zu vermitteln. Die dann getroffene autonome Entscheidung des Patienten müsse jedoch respektiert werden und dürfe nicht Gegenstand einer weitergehenden psychologischen Evaluierung sein.[491]

3. Verbot der Kommerzialisierung von Organspenden

Das TPG will die Kommerzialisierung von Organspenden verhindern. Die zentrale Bestimmung ist dabei das Verbot der entgeltlichen Lebendspende. Doch das TPG verbietet nicht nur, Organe gegen Entgelt zu spenden, sondern enthält ein umfassendes Verbot des gewinnorientierten Umgangs mit Organen.

Dieses Verbot gründet auf den nachfolgend dargestellten Vorbehalten gegen die Kommerzialisierung von Organtransplantationen. Nicht zuletzt infolge der Unterversorgung mit Transplantaten gibt es jedoch zunehmend Stimmen, die finanziellen Anreizen zur Transplantation zustimmen.

a. Regelung

Die §§ 17 und 18 TPG enthalten ein umfängliches und strafbewehrtes Verbot des Organhandels. Danach macht sich nicht nur derjenige strafbar, der mit Organen Handel treibt, sondern auch derjenige, der ein Organ gegen ein Entgelt spendet, oder derjenige, der ein Organ entnimmt, für das dem Spender ein Entgelt gezahlt wird. Die Strafdrohung richtet sich gegen den Spender, dessen Schutz bezweckt wird, und den beteiligten Dritten, wirkt also direkt und indirekt paternalistisch. § 18 Abs. 1 TPG bestimmt als Sanktion beim Verstoß gegen dieses Verbot eine Freiheitsstrafe bis zu fünf Jahren oder eine Geldstrafe. Allerdings kann das Gericht bei Organspendern von der Strafe absehen oder die Strafe nach seinem Ermessen mildern (§ 18 Abs. 4 TPG).

Auch die Verteilung der Organe wird durch das TPG geregelt. Ein nach den Gesetzen von Angebot und Nachfrage unterworfener Markt für Transplantate soll verhindert werden. Leitbild des Gesetzes ist die Verteilung der Organe nach rein medizinischen Gesichtspunkten. Hierfür ist eine Zusammenarbeit von Transplantationszentren vorgesehen. Nach §§ 10 Abs. 2, 12 Abs. 3 TPG soll die Aufnahme in Wartelisten erfolgen und die Organzuteilung nach den Kriterien der medizinischen Wissenschaft erfolgen, die sich an der Notwendigkeit und Erfolgsaussicht der Organübertragung orientieren.[492]

---

[491] *Kirste, Günter*: Zuviel Paternalismus ist schädlich, MedR 1998, 266

[492] *Jankowski, Markus*: Organspende und Organhandel aus ökonomischer Sicht, 10 ff setzt sich mit nichtmedizinischen, ethisch begründeten (Zusatz-) Kriterien der Organverteilung auseinander, die ebenfalls nicht an die finanzielle Leistungsfähigkeit des Organempfängers anknüpfen. Inwieweit deren Berücksichtigung gerechtfertigt oder sogar geboten ist, soll hier nicht abschließend geklärt werden. Vgl hierzu: *Koch, Tom*: Normative and prescriptive criteria: The efficacy of organ transplantation allocation protocols, Theoretical Medicine 17 (1996), 75 ff

b. Rechtfertigung

Im Gesetzgebungsverfahren herrschte über die Notwendigkeit und Berechtigung eines strafbewehrten Verbots der Organspende gegen Entgelt weitgehend Einigkeit. Eine Diskussion darüber fand kaum statt, sondern es wurde auf die Stellungnahmen internationaler Organisationen[493] und die Gesetze der europäischen Nachbarländer verwiesen. In die Gesetzesbegründung sind die in der nationalen und internationalen Diskussion gegen die Kommerzialisierung von Organspenden formulierten Vorbehalte nur teilweise eingegangen. Auch das BVerfG betrachtet es als evident einsichtig und nicht weiterer Erörterung würdig, daß jede Form des Organhandels (und damit bereits die entgeltliche Organspende) zu verhindern sei.[494] Folgende Gedanken stehen hinter dieser vermeintlichen Evidenz:

aa. Kein Verfügungsrecht über den eigenen Körper

Die gewichtigsten Vorbehalte gegen die entgeltliche Lebendspende gründen in der Vorstellung, der Mensch habe kein freies Verfügungsrecht über seinen Körper.

Dieses Verständnis deckt sich mit der Vorstellung einer Einheit von Körper und Seele und der Heiligkeit des Körpers, die sich in allen drei monotheistischen Weltreligionen findet.[495] Es verwundert daher nicht, daß die beiden christlichen Kirchen in Deutschland den Organhandel als ethisch nicht vertretbar ablehnen und im Verkauf eigener Organe einen Verstoß gegen die Menschenwürde sehen.[496] In der gemeinsamen Erklärung formulieren die Deutsche Bischofskonferenz und der Rat der Evangelischen Kirche in Deutschland, Leib und Leben seien ein Geschenk des Schöpfers, über das der Mensch nicht nach Belieben verfügen könne, das er aber nach sorgfältiger Gewissensprüfung aus Liebe zum Nächsten einsetzen dürfe.[497]

Die katholische und die evangelische Kirche in Deutschland haben die Transplantationsmedizin inzwischen ausdrücklich als ethisch gerechtfertigt bezeichnet. Auch sind sie sich des Problems des Organmangels bewußt. Die altruistische Organspende für Familienangehörige wird daher begrüßt. Die Vorstellung der Einheit von Körper und Seele und die Heiligkeit des Körpers werde zwar durch die Organspende verletzt. Eine solche Verletzung sei jedoch gerechtfertigt, wenn sie aus Motiven erfolgt, die als

---

[493] Vgl. *World Health Organization*: Human Organ transplantation. A report on developments under the auspice of the WHO (1987-1991), 5-11; *Council of Europe*: 3rd Conference of European Health Ministers, Paris 16-17.11.1997, Final Text, Doc. MSN-3-7-. App. II, 12

[494] Vgl. BVerfG NJW 1999, 3399, 3401

[495] Vgl.: *Kevorkian, Jack*: A controlled auction market is a practical solution to the shortage of transplantation organs, Medicine and Law 11 (1992), 48; *Marshall, P.; Thamasma, David C.; Daar, Abdullah S.*: Marketing human organs: The autonomy paradox, Theoretical Medicine 17 (1996), 14; *Kass, Leon R.*: Organs for sale?, The Public Interest 107 (1992), 72 f; religiöse Gedanken finden sich auch bei *Kohlhaas, Max*: Neue Rechtsprobleme der Organtransplantation, NJW 1971, 1870 f

[496] Vgl. hierzu: *Udo Schlaudraff (Hrsg.)*; Evangelische Akademie Loccum: Transplantationsgesetzgebung in Deutschland

[497] Kirchenamt der Evangelischen Kirche in Deutschland; Sekretariat der Deutschen Bischofskonferenz (Hrsg.): Organtransplantation, 10

ethisch wertvoll betrachtet werden – wie etwa zur Lebensrettung von Familienangehörigen. Unzulässig sei jedoch, den eigenen Körper um schnöder finanzieller Interessen willen nachhaltig zu schädigen.

In säkularisierter Form wird die Vorstellung, der Mensch habe kein unbegrenztes Verfügungsrecht über seinen Körper, durch den Verweis auf die Menschenwürde wiederholt. Auch die Gesetzesbegründung des TPG nennt neben dem Pietätsgefühl der Allgemeinheit auch die Menschenwürde als Schutzgut. Die Garantie der Menschenwürde werde verletzt, wenn der Mensch bzw. seine sterblichen Reste zum Objekt finanzieller Interessen würden. Daher seien weder der Handel mit Organen noch Organspenden gegen Entgelt mit der Pflicht zum Schutz der Menschenwürde vereinbar.[498]

Schon vor Inkrafttreten des TPG hatte sich die Rechtsprechung dieser Argumentation bedient. Das Bundessozialgericht[499] bestätigte die Auffassung des AG Lüneburg[500] aus dem Jahr 1993, die entgeltliche Organspende verstieße gegen die Menschenwürde. Die Krankenkasse sei daher nicht verpflichtet, die Kosten für Kauf und Transplantation eines Organs im Ausland zu übernehmen. Das Bundessozialgericht unterstrich, es sei mit der Wertordnung des Grundgesetzes und der Achtung der menschlichen Würde unvereinbar, durch Organspenden gegen Entgelt den Menschen bzw. seine sterblichen Überreste zum Objekt finanzieller Interessen zu machen. Hierzu wird in der Fachliteratur ausgeführt, die Achtung der Menschenwürde gebiete den Schutz der personalen Einheit von Körper, Seele und Geist. Jemand, der seinen Körper oder nur einen Teil davon zum Gegenstand eines Kaufvertrag mache, veräußere damit einen Teil seiner Person.[501] Die Menschenwürde werde verletzt, wenn sich jemand selbst zum Objekt oder Instrument mache, indem er seinen Körper für einen außerhalb seiner selbst liegenden Zweck einsetze.[502] Diese Vorstellung kann sich auf *Immanuel Kant* berufen, welcher forderte, so zu handeln, daß die Menschheit sowohl in der eigenen Person als auch in der Person eines anderen jederzeit als Zweck und niemals bloß als Mittel gebraucht werde.[503] Dieser Ansatz und seine Bedeutung für den Begriff der Menschenwürde spielt im Zusammenhang mit der Zulässigkeit entgeltlicher Sexualität eine entscheidende Rolle. Hier soll auf eine eingehende Untersuchung verzichtet werden. Hinsichtlich der Veräußerung von abgetrennten Körperteilen argumentierte *Kant*:

> "Sich eines integrierenden Teils als Organs berauben (verstümmeln), z. B. einen Zahn verschenken, oder zu verkaufen, um ihn in die Kinnlade eines anderen zu pflanzen, [...] gehört zum partiellen Selbstmorde; aber nicht, ein

---

[498] DT-Drucks. 13/4355, 29

[499] BSG NJW 1997, 3114

[500] SG Lünburg, NJW 1994, 1614 ff

[501] *Schoeller, Brigitte*: Vorschlag für eine gesetzliche Regelung der Organspende vom lebenden Spender, 42 f

[502] *Sasse, Ralf*: Zivil- und strafrechtliche Aspekte der Veräußerung von Organen Verstorbener und Lebender, 99; *Laufs, Adolf*: Rechtsfragen der Organstransplantation, in: *Hiersche, H-D.; Graf-Baumann, T.*: Rechtliche Fragen der Organtransplantation, 57, 61

[503] *Kant, Immanuel*: Grundlegung zur Metaphysik der Sitten, Werke Bd. VII, 61

> abgestorbenes oder die Absterbung drohendes, und hiemit dem Leben nachteiliges Organ durch Amputation, oder was zwar ein Teil, aber kein Organ des Körpers, z. E. die Haare, sich abnehmen zu lassen, kann zum Verbrechen an der eigenen Person nicht gerechnet werden; wiewohl der letztere Fall nicht ganz schuldfrei ist, wenn er zum äußeren Erwerb beabsichtigt wird." [504]

Die Bedenken, die *Kant* selbst gegen den Verkauf von Haaren erhebt, machen deutlich, daß seine Position zumindest auch auf einem instinktiven Unbehagen gegen die zweckgerichtete Verwertung des menschlichen Körpers beruht. Einen "partiellen Selbstmord" wird man im Haareschneiden schwerlich sehen können. Es erscheint generell fragwürdig, ob man durch die Verwendung eines abtrennbaren Körperteils den Menschen als Mittel benutzt, oder ob man durch die Anerkennung seiner Entscheidung, sich von dem Körperteil zu trennen, ihn nicht vielmehr als autonome Person, als Zweck an sich selbst anerkennt.

Weiter wird argumentiert, der Organverkauf als Selbstinstrumentalisierung sei etwas in sich Schlechtes (actus intrinsice malus), genau wie Sklaverei, Folter, die Tötung Unschuldiger oder sexueller Mißbrauch. Daher gehe die Argumentation fehl, mit dem Organverkauf bzw. mit dem Erlös daraus werde etwas Gutes bezweckt. Denn auch ein noch so guter Zweck könne die Instrumentalisierung des eigenen Körpers als Mittel nicht heiligen.[505]

Die Vorstellung, der Mensch habe kein "Eigentum" oder "Besitzrecht" und damit auch kein (unbegrenztes) Verfügungsrecht an seinem Körper oder seinen Körperteilen, bedarf nicht des Rückgriffs auf den Begriff der "Menschenwürde", der in Deutschland wegen seiner herausgehoben Stellung in der Verfassung eine besondere Bedeutung hat. Schon im römischen Recht wurde der Leib mit all seinen Teilen nicht als eigentumsfähige Sache, sondern als zur Person gehörend betrachtet. Dem Schutz des Körpers diente das Persönlichkeitsrecht, nicht das Recht am Eigentum.[506] Hinter der Ablehnung des Organhandels steht das Unbehagen, daß der Körper etwas sei, das nicht verkauft werden könne, weil es etwas anderes und mehr als eine Ware sei.[507] *Leon R. Kass* formulierte:

> "Wir unterscheiden und sollten auch unterscheiden zwischen dem, was ich bin, und dem, was mein ist, und dem, was mein Eigentum ist. Mein Körper bin ich, meine Töchter sind meine (genau wie meine Meinungen, Hand-

---

[504] *Kant, Immanuel*: Metaphysik der Sitten, Werke Bd. VIII, 555

[505] *Löw, Richard.*: Die moralische Dimension von Organtransplantationen, Scheidewege 17, (1987/88), 16-48

[506] *Forkel, Hans*: Verfügungen über Teile des menschlichen Körpers, JZ 1974, 593

[507] *Illhardt, Franz Joseph*: Wem gehört der Mensch?, 7

lungen oder Reden); mein Auto ist mein Eigentum. Nur das letztere kann nach meinem Willen eindeutig entfernt und verkauft werden."[508]

Die Vorbehalte gegen Verfügungen über den eigenen Körper, egal ob religiös oder säkularisiert formuliert, egal ob unter dem Stichwort "Menschenwürde" vorgebracht oder nicht, berühren die anthropologische Grundfrage nach dem Verhältnis von Person und Körper. Die Gleichsetzung von Person und Körper, etwa in der Aussage "Ich bin ein Körper" wird diesem Problem genauso wenig gerecht wie die Vorstellung, der Körper sei etwas vom Mensch Verschiedenes, im Sinne der Aussage "Ich habe einen Körper". Ohne Körperlichkeit kann eine Person – zumindest in dieser Welt – nicht sein. Gleichwohl ist nicht jede Beeinträchtigung des Körpers eine tiefgreifende Verletzung der Person. Piercing, Tätowieren oder auch alltägliche Verrichtungen wie Haare- oder Nägelschneiden zeigen, daß Beeinträchtigungen des Körpers nicht notwendig auch eine Verletzung des personalen Werts des Menschen bedeuten. Wie bereits im vorherigen Abschnitt über die Strafbarkeit der einvernehmlichen Körperverletzung ausgeführt, ist die Grenze bei der Verstümmelung zu ziehen, durch welche die eigenverantwortliche Lebensgestaltung schwer und irreversibel beeinträchtigt wird. Durch Verstümmelung wird nicht nur der Körper, sondern die Person als solche beeinträchtigt. Soweit der Mensch durch den Umgang mit seinem Körper jedoch nicht die Voraussetzungen seiner Freiheit zerstört, muß ihm – und nur ihm – die freie Verfügungsmacht über seinen Körper bleiben. Die Menschenwürde, verstanden als Achtung vor der Autonomie und Eigenverantwortlichkeit der Person, gebietet, dem Menschen diese Sphäre der eigenen Entscheidung zu belassen und seinen Körper nicht zum Objekt fremder Wertvorstellungen zu machen. Weder das Haareschneiden oder eine bestimmte Frisur verstoßen gegen die Menschenwürde, noch das Verkaufen von Haaren, noch das Verkaufen von eigenem Blut, noch das Verkaufen von eigenen Organen, solange damit keine signifikante Gefährdung der eigenen Gesundheit verbunden ist. Es ist daher gerechtfertigt und geboten, strenge Voraussetzungen an Organspenden zu stellen, die sicherstellen, daß sich der Spender nicht einer solchen Gefährdung aussetzt und damit seine eigenverantwortliche Lebensgestaltung aufs Spiel setzt. Deshalb ist es gerechtfertigt, daß das TPG Lebendspenden bei besonderer Gefährdung des Spenders generell verbietet. Gänzlich ausschließen wird man Gefahren bei der Organtransplantation jedoch genauso wenig wie sonst im alltäglichen Leben. Wenn jedoch die Gefahr nicht nur nach der subjektiven Vorstellung des Spenders, sondern auch nach objektiven medizinischen Gesichtspunkten als gering einzustufen ist, gibt es keinen Grund, sich über die Entscheidung des Betroffenen hinwegzusetzen. Weder die Berufung auf Gott noch auf die Menschenwürde noch auf die Unterscheidung von Persönlichkeits- und Eigentumsrechten kann daher eine so weitgehende Einschränkung der Verfügungsmacht über den eigenen Körper rechtfertigen, wie dies durch das Verbot des Organverkaufs erfolgt.

---

[508] *Kass, Leon R.*: Organs for sale?, The Public Interest 107 (1992), 72, 78

bb. Kommerzialisierung vermindert Altruismus

Als weiteres Argument gegen die Kommerzialisierung von Organspenden wird vorgebracht, dadurch werde der Altruismus zurückgedrängt, während umgekehrt das Verbot den Altruismus fördere.[509] Dieses Argument spielte schon in der Diskussion um die finanziellen Anreize für Blutspenden eine Rolle.

Richard M. Titmuss sprach sich für die freiwillige Blutspende und gegen die kommerzielle Gewinnung von Blutkonserven aus. Er meint, die Blutspende bringe den altruistischen Gemeinschaftsgeist nicht nur zum Ausdruck, sondern verstärke ihn. Erst das Bewußtsein, daß bestimmte, lebenswichtige Güter nicht käuflich seien, befördere die allgemeine Bereitschaft, diese Güter zur Verfügung zu stellen.[510] Dieser Argumentation, die sich auf die Organgewinnung übertragen läßt, sind viele gefolgt. Dahinter steht die Vorstellung, Verkauf und Schenkung seien zwei grundverschiedene Übertragungsweisen. Beim Verkauf werde der Wert des Hingegebenen durch den Marktpreis bestimmt, nicht jedoch durch die konkrete Bedürftigkeit desjenigen, der darauf angewiesen ist. Der Australier *Peter Singer* formuliert hinsichtlich der Blutspende:

> "Wenn Blut eine Handelsware mit einem Preis ist, dann bedeutet Blutspenden nur noch, das Geld eines anderen zu sparen. Blut hat dann den Geldwert einer bestimmten Anzahl von Dollar, und die Bedeutung des Geschenks wird abhängig sein von dem Wohlstand des Empfängers. Wenn Blut jedoch nicht gekauft werden kann, dann hängt der Wert des Geschenks von den Bedürfnissen des Empfängers ab."[511]

Auch der amerikanische Kommunitarist *Michael Walzer* greift die Argumentation von *Titmuss* auf und verweist auf die kulturelle Prägung der westlichen Welt. Nur bei einer Spende sei die Beziehung zwischen dem Gebenden und dem Nehmenden keine Machtausübung.[512]

cc. Keine freiwillige Entscheidung

Verschiedentlich ist das Verbot entgeltlicher Organspenden damit begründet worden, daß der Spender, wenn ein Entgelt gezahlt werde, nicht freiwillig handele. Zumindest bestünden erhebliche Zweifel an der Freiwilligkeit der Entscheidung.[513] Auch das BVerfG hält es für gerechtfertigt, wenn der Gesetzgeber mangels Nachprüfbarkeit der

---

[509] Vgl. zur amerikanischen Debatte: *Hansmann, Henry*: The Economics and Ethics of Markets for Human Organs, Journal of Health Politics, Policy and Law 14 (1989), 57, 59

[510] *Titmuss, Richard M.*: The Gift Relationship, From Human Blood to Social Policy

[511] *Singer, Peter*: Altruism and commerce: A defence of Titmuss against Arrow, Phil Publ Affairs 1973, 314

[512] *Walzer, Michael*: Sphären der Gerechtigkeit, 147

[513] *Schreiber, Hans Ludwig.*: Die rechtliche Zulässigkeit der Transplantatentnahme, Der Internist 1974, 551, 555; *Rüping, Hinrich*: Individual- und Gemeinschaftsinteresse im Recht der Organtransplantation, GA 1978, 129, 132

Spenderentscheidung grundsätzlich davon ausgeht, daß Lebendspenden nicht freiwillig erfolgen.[514] Das Gericht argumentiert,

> "[...] daß die Freiwilligkeit der Spenderentscheidung, die der Gesetzgeber als unerläßliche Voraussetzung einer Lebendspende erachtet hat, als Willensentscheidung immer nur begrenzt für Dritte feststellbar ist. Unter diesen Umständen bleibt es stets eine Frage der Einschätzung, ob ein bestimmtes Verfahren tatsächlich geeignet ist, die Freiwilligkeit des Willensentschlusses zu verifizieren. Diese Frage hat der Gesetzgeber im Grundsatz verneint und ist davon ausgegangen, daß die Freiwilligkeit der Organspende grundsätzlich nur bei einem verwandtschaftlichen oder sonstigen Näheverhältnis vermutet werden kann."[515]

Diese Argumentation enthält eine gefährliche "Umkehr der Beweislast" hinsichtlich der Freiwilligkeit von menschlichen Entscheidungen. Warum bei einem aufgeklärten, erwachsenen Menschen der Gesetzgeber davon ausgehen darf, daß dieser nicht freiwillig handelt, wird nicht begründet. Die Achtung vor der Autonomie des Individuums gebietet jedoch, ihm zuzugestehen, eigenverantwortlich und freiwillig über die Dinge zu entscheiden, die ihn selbst betreffen. Will man von diesem Grundsatz abweichen, so ist dies begründungsbedürftig. Eine stichhaltige Begründung, warum derjenige nicht freiwillig handelt, der seine Organe spendet und dafür (auch) eine materielle Gegenleistung bekommt, ist nicht ersichtlich. Es vermag in dieser Allgemeinheit nicht zu überzeugen, daß finanzielle Anreize grundsätzlich die Freiwilligkeit ausschließen.[516] Auch sonst ist allgemein anerkannt, daß eine finanziell motivierte Entscheidung durchaus freiwillig erfolgt, anders wäre unser auf der Privatautonomie beruhendes Wirtschaftssystem gar nicht denkbar. Nur wenn Notsituationen ausgenutzt werden, um einen Menschen durch finanzielle Anreize zu einem bestimmten Handeln zu bewegen (wie beim Wucher), ist die Freiwilligkeit der Handlung fragwürdig.

dd. Ausbeutung der Armen

Ausweislich der Begründung des interfraktionellen Entwurfs,[517] welcher dem TPG zugrunde liegt, dient das generelle Verbot der entgeltlichen Organspende in erster Linie dazu, die verwerfliche Ausnutzung der wirtschaftlichen Notlage von potentiellen Spendern zu verhindern. Geschützt werde die körperliche Integrität der Organspender und deren Entscheidungsfreiheit. Potentielle Spender sollten nicht dem Reiz ausgesetzt werden, um wirtschaftlicher Vorteile willen ihre Gesundheit zu beeinträchtigen.

---

[514] BVerfG NJW 1999, 3399, 3402
[515] BVerfG NJW 1999, 3399, 3403
[516] Vgl. *Bock, Nadine*: Rechtliche Voraussetzungen der Organentnahme, 149; *Bubnoff, Eckart von*: Rechtsfragen zur homologen Organtransplantation aus der Sicht des Strafrechts, GA 1968, 65, 67
[517] DT-Drucks. 13/4355, 29

In der Debatte um die Kommerzialisierung von Organspenden wurde und wird immer wieder der Vorwurf erhoben, Arme würden durch die Möglichkeit des Organverkaufs strukturell ausgebeutet.[518] Arme Menschen sähen sich der Erwartung ausgesetzt, ihre Organe zu verkaufen, während materiell abgesicherte Personen dafür keinen Grund hätten. Deshalb würde die Möglichkeit des Organverkaufs für Arme im Ergebnis nicht zu einer Mehrung ihrer Handlungsmöglichkeiten und damit zu einer Verbesserung ihrer Situation führen, sondern im Gegenteil eine bestimmte Handlung, nämlich die Organspende und damit die Gefährdung der eigenen Gesundheit, erzwingen.

Henry Hansmann weist darauf hin, daß Arme auf der anderen Seite auch überproportional häufig gesundheitliche Probleme hätten, die durch Organtransplantationen therapiert werden könnten. Insbesondere die Armen würden daher auch davon profitieren, wenn das Angebot an Transplantaten durch die Erlaubnis von entgeltlichen Organspenden vergrößert würde.[519]

Letztlich entscheidend gegen die Vorstellung des strukturellen Zwangs auf Arme spricht jedoch, daß die Ausgestaltung des deutschen Sozialsystems jedem die materiellen Voraussetzungen für ein selbstbestimmtes Leben garantiert. Die unreflektierte Übernahme der Argumentation angelsächsischer Autoren, die – besonders in den USA – nicht in gleicher Weise von einer staatlichen Grundsicherung des Existenzminimums ausgehen, erscheint daher nicht angebracht.

ee. Verteilungsgerechtigkeit

Ein gegen den Organhandel immer wieder vorgebrachter Vorbehalt ist die Befürchtung, es könne dadurch zu Ungerechtigkeiten bei der Verteilung kommen. Die Etablierung eines Marktes für lebensnotwendige Organe führe dazu, daß die wenigen transplantierbaren Organe vorrangig an Wohlhabende abgegeben würden, während Ärmere keinen oder einen nur schweren Zugang zu Transplantaten hätten. In der Gesetzesbegründung heißt es hierzu, die Transplantationsmedizin sei

> "vor dem Anschein sachfremder Erwägungen zu bewahren, zumal mit einer Kommerzialisierung menschlicher Transplantate die Gefahr erwächst, daß die Verteilung lebenswichtiger Organe ungeachtet therapeutischer Dringlichkeit an die finanzielle Leistungsfähigkeit potentieller Empfänger geknüpft ist. Eine solche Relativierung der medizinischen Indikation durch finanzielle Erwägungen könnte nicht hingenommen werden."[520]

---

[518] *Mani, M. K.*: Renal transplantation in India, Transplantation Proceedings 1992 (24), 1828 f; *Abouna, G.M.*: Negative impact of trading in human organs on the development of transplantation in the Middle East, Transplantation Proceedings 1993, (25), 2310-2313

[519] *Hansmann, Henry*: The Economics and Ethics of Markets for Human Organs, Journal of Health Politics, Policy and Law 14 (1989), 57, 74

[520] BT-Drucks. 13/4355, 29

Selbst Autoren, welche das Selbstbestimmungsrecht des Organspenders betonen und gegen ein Verbot der Entgeltlichkeit der Lebendspende argumentieren, stehen einer marktorientierten Zuteilung von Transplantaten kritisch gegenüber.[521] Die Vorstellung, daß der Zugang zu medizinisch notwendigen, möglicherweise sogar lebensnotwendigen Transplantaten von der Finanzstärke der Kranken abhängig wäre, wird überwiegend als nicht akzeptabel abgelehnt.

Die Gefahr von Verteilungsungerechtigkeit spricht jedoch nicht zwingend gegen die Verkäuflichkeit von Organen durch den Spender, sondern nur gegen den freien Handel mit Organen. Mögliche ungewollte Folgen bei der Verteilung von gespendeten Organen dergestalt, daß nur noch Reiche lebenswichtige Organe bekämen und Arme leer ausgingen, könnten durch ein an der medizinischen Notwendigkeit orientiertes System der Verteilung verhindert werden. Verschiedentlich sind Modelle von staatlichen oder staatlich kontrollierten Ankaufstellen für Organe entwickelt worden, welche dann die Verteilung der Organe nach medizinischen Gesichtspunkten vornehmen.

ff. Gesundheitliche Risiken

Gegen den Verkauf von Organen wird weiter eingewandt, die Spender gingen dadurch das Risiko gesundheitlicher Spätfolgen ein. Diesem Argument bediente sich die Rechtsprechung schon vor Inkrafttreten des TPG.[522]

Das BVerfG hat diesen Gesichtspunkt in den Mittelpunkt seiner Entscheidung zur Unzulässigkeit der Organspende an Fremde nach dem TPG gestellt. Da es sich bei genauer Betrachtung jedoch um kein Argument gegen die Entgeltlichkeit der Organspende, sondern für Restriktionen der Lebendspende überhaupt handelt, wird hierauf im Zusammenhang mit dem Verbot der Organspende an Fremde eingegangen.

gg. Kriminalität

Gegen die entgeltliche Organspende wird weiter eingewandt, dadurch könnte die Kommerzialisierung der Organspende eine Dynamik erhalten, welche schließlich auch die kriminelle Gewinnung von Organen unter Zwang befördern würde. Die Vorstellung vom skrupellosen und kriminellen Organhändler war beherrschendes Leitbild im Gesetzgebungsprozeß.[523] In den Medien wurde in den 80er und 90er Jahren immer wieder sensationsheischend über kriminelle Gewinnung von Transplantaten berichtet. Publik gewordene schauerliche Gerüchte und Berichte über kriminelle Organgewinnung waren Inhalt einer kleinen Anfrage, welche die Fraktion der Grünen im Jahre 1989 an die Bundesregierung richtete.[524] Danach sollten z. B. bangladesische Frauen von Agenten des kriminellen Organhandels als vermeintliche Arbeitskräfte nach Indien gebracht worden sein, wo sie ermordet und ihre Organe verwertet worden seien. Im honduranischen Grenzgebiet an der Karibikküste sollen vereinzelt Kinder-

---

[521] Vgl. *Gutmann, Thomas*: Probleme einer gesetzlichen Regelung der Lebendspende von Organen, MedR 1997, 147, 154 m. w. N.
[522] SG Lüneburg, NJW 1994, 1614, 1616
[523] *König, Peter*: Strafbarer Organhandel, 28 f
[524] BT-Drucks. 11/3795

leichen entdeckt worden sein, denen die Organe entnommen gewesen seien. Um sie an Organhändler zu verkaufen, seien paraguayische Kinder aus den Unterschichten in die USA verbracht worden. Straßenkindern in Haiti, Mexiko und Venezuela seien Nieren, Augenhornhäute oder das gesamte Blut entnommen worden. Zwar sind einige dieser Berichte widerlegt worden und auch in den verbleibenden ließ sich ausweislich der Antwort der Bundesregierung in keinem Fall der Verdacht erhärten.[525] Gleichwohl wurde bei vielen die bloße Vorstellung eines kriminellen Organhandels zur Gewißheit,[526] obwohl es sich bei den Medienberichten zumeist um Phantasieprodukte handelte und nur vereinzelt Kriminalität in Großbritannien und den USA nachgewiesen wurde.[527] Diese gruseligen Schauergeschichten, die durchaus möglich und denkbar sind, prägen die Diskussion um die Kommerzialisierung des Transplantationswesens. Es herrscht die – nicht immer ganz rationale – Befürchtung, ohne restriktive Maßnahmen gegen jede Form der Kommerzialisierung könnten solche Geschichten traurige Wahrheit werden.

hh. Gesellschaftliche Achtung der körperlichen Integrität

Letztlich wird davor gewarnt, durch die weitreichende Erlaubnis zur gewinnbringenden Verwertung des eigenen Körpers würde die gesellschaftliche Achtung der körperlichen Integrität sinken. Sähe man Organverkäufe als normal an, so würde im Bewußtsein eines großen Teiles der Bevölkerung die Unverletzlichkeit des menschlichen Körpers weiter an Bedeutung verlieren. Ein solcher Bewußtseinswandel berge insbesondere auf Grund der zunehmenden Bereitschaft zu Aggressionen und Brutalität große Gefahren in sich.[528] Dies gelte um so mehr, als die Hemmungen vor einem zweckorientierten Umgang mit dem menschlichen Körper angesichts der zunehmenden medizinisch-technischen Möglichkeiten auch auf anderen Gebieten zurückgedrängt würden – zu nennen seien hier insbesondere die "Leihmutterschaft", Geschlechtsumwandlungen, Abtreibungen, kommerzielle Samen- und Blutspenden und die Verwendung fötalen Gewebes.[529]

Auch wenn dieser Argumentation eine gewisse Plausibilität nicht abzusprechen ist, so wäre es doch unzulässig, die gesellschaftliche Achtung vor der körperlichen Integrität auf Kosten der Achtung vor der Autonomie befördern zu wollen und beide gegeneinander auszuspielen. Die Achtung vor der körperlichen Integrität gründet gerade in der Achtung der Autonomie der Person und soll sie garantieren.

---

[525] BT-Drucks. 11/3993

[526] Als "traurige und schreckliche Realität" bezeichnet *Kühn, Hermann Christoph*: Das neue deutsche Transplantationsgesetz, MedR 1998, 445, 458, den kriminellen Organhandel, bleibt jedoch den Nachweis schuldig.

[527] *Dumoulin, Jean-Francois*: Organtransplantation in der Schweiz, 34

[528] *Schoeller, Birgit*: Vorschlag für eine gesetzliche Regelung der Organspende vom lebenden Spender, 139

[529] Vgl.: *Kass, Leon R.*: Organs for sale?, The Public Interest 107 (1992), 65, 85 f

c. Gegenpositionen

Im Gegensatz zur weitgehenden Einigkeit, welche über das Verbot des Organhandels im Gesetzgebungsprozeß herrschte, ist die entsprechende Vorschrift im rechtswissenschaftlichen Schrifttum auf harsche Kritik gestoßen. Dem Verbot der entgeltlichen Organspende wird vorgeworfen, den potentiellen Spender paternalistisch zu bevormunden.

Der Münchner Strafrechtslehrer *Ulrich Schroth* wirft dem Gesetzgeber einen direkten, harten Paternalismus vor, der sich nicht mit einem liberalen Strafrechtssystem vereinbaren lasse und für den es weder eine rechtliche noch eine moralische Begründung gebe. Bei Individualrechtsgütern sei allein der Wille des Rechtsgutträgers das Schutzobjekt. Ihm dürfe man keine fremden Wertmaßstäbe überstülpen. Insbesondere sei es nicht zulässig, den Rechtsgutträger selbst durch Androhung von Strafe davon abhalten zu wollen, über seine Individualrechtsgüter zu verfügen.[530] Zwar sei es legitim und notwendig, die Ausnutzung der wirtschaftlichen Notlage von potentiellen Spendern zu verhindern und strafrechtlich zu sanktionieren. Dies sei jedoch kein Grund, den Handel "an sich" zu verbieten.[531]

In einer von *Schroth* betreuten Doktorarbeit hat *Peter König* fundierte Kritik an der Strafbarkeit des Organhandels nach dem TPG geübt.[532] Er hält es zwar für gerechtfertigt, daß der Gesetzgeber zur Organtransplantation spezifische Strafvorschriften geschaffen hat. Die vom Gesetzgeber genannten Schutzgüter Menschenwürde und Integrität der Person seien jedoch ungeeignet. Es sei nicht widerspruchsfrei zu begründen, warum Beeinträchtigungen der körperlichen Integrität durch Blut- und Knochenmarkspenden unbedenklich seien, bei Nierenspenden jedoch ein Verstoß gegen die Menschenwürde vorliegen solle. Der Einsatz von strafrechtlichen Mitteln, die sich gegen den Rechtsgutsinhaber selbst richten, könnte nicht auf die Menschenwürde gestützt werden. *König* hält die Neuregelung deshalb auch unter verfassungsrechtlichen Gesichtspunken für zweifelhaft. Er fragt, ob nicht die Handlungsfreiheit des Organspenders unzulässig beschränkt werde, wenn ihm verboten werde, für die Aufopferung eines Organs materielle Vorteile anzunehmen, obwohl seine Spende anderen nütze und das solidarische Gesundheitswesen entlaste. Zulässig sei ihm zufolge nur ein Vorgehen gegen die Ausbeutung von Notlagen des Spenders. Dadurch könnte man die handfesten Rechtsgüter Gesundheit, Entscheidungsfreiheit und Vermögen schützen, deren Gefährdung schlüssig zu prognostizieren sei.

Der Chicagoer Rechtstheoretiker *Gerald Dworkin*, der sich in zahlreichen Veröffentlichungen mit dem Paternalismus auseinandergesetzt hat, hält das Verbot des Organhandels ebenfalls für eine illegitime Beschränkung der persönlichen Freiheit und des Rechts, das jeder über den eigenen Körper habe.[533] Er argumentiert, die Erlaubnis,

---

530 *Schroth, Ulrich*: Die strafrechtlichen Tatbestände des Transplantationsgesetzes, JZ 1149, 1153 f
531 *Schroth, Ulrich*: Die strafrechtlichen Tatbestände des Transplantationsgesetzes, JZ 1149, 1150
532 *König, Peter*: Strafbarer Organhandel
533 *Dworkin, Gerald*: Markets and Morals: The Case for Organ Sales, in: *ders.* (Ed.): Morality, Harm and the Law, 155 ff

Dinge verkaufen zu können, bedeute, eine Sphäre der Kontrolle und Selbstbestimmung des Verkäufers anzuerkennen.

Henry Hansmann, Professor an der Yale-University, hält es für eine perverse Form des Paternalismus, bestimmte Tauschgeschäfte nur deshalb zu verbieten, weil die Armen in der Regel die Verkäufer seien. Dies hätte die Folge, daß die Armen arm bleiben müssen und sie nicht das tun dürfen, was ihre Situation verbessert.[534]

Vielfach wird es als ein ethisches Gebot betrachtet, das Angebot an Transplantaten zu erhöhen. Dadurch könnte mehr Menschen ein normales Leben ermöglicht oder ihr Leben gar gerettet werden. Maßnahmen, die zu mehr Transplantaten führen würden, seien schon aus diesem Grunde gerechtfertigt. Andernfalls käme es zu einer Selektion, bei der möglicherweise Patienten eine erfolgversprechende Behandlung aus anderen als rein medizinischen Gründen versagt würde.[535] Auch in Deutschland wären viele Menschen bereit, ihre Organe zu verkaufen. Die Erlaubnis zur entgeltlichen Lebendspende würde den Organmangel beheben.[536]

Auch wird dem Totalverbot jeglicher kommerziellen Motivierung zur Organspende vorgeworfen, es würde zu einer heimlichen und unkontrollierten Vorteilsgewährung an Organspender führen. Eine Mangelsituation ließe sich nicht mit Verbotsmechanismen wirksam beseitigen. Verbote führten vielmehr zur Umgehung und Heuchelei und würden damit die Geltungskraft des Rechts in Frage stellen.[537]

Im Verbot der entgeltlichen Veräußerung von Organen wird als ein fragwürdiges und nicht rational begründbares Tabu gesehen. Dieses Tabu habe jedoch schon durch die Möglichkeit der entgeltlichen Blutspende an seiner Geltung eingebüßt und lasse sich angesichts der zulässigen Einwilligung in Gefährdungen der Gesundheit in anderen Bereichen nicht mehr widerspruchsfrei aufrechterhalten.[538]

In der angelsächsischen Diskussion wird die Motivation eines Menschen, der gegen Entgelt ein Organ spendet, mit der erlaubten unentgeltlichen Spende zugunsten Familienangehöriger verglichen. Der Organverkauf könne auf vergleichbaren Motiven beruhen. Ein Arbeitsloser, der eine seiner Nieren spende, um damit seinem Sohn eine gute Ausbildung und ein menschenwürdiges Dasein zu ermöglichen, mache dies aus ebenso achtenswerten Motiven, als wenn er seinem Sohn direkt eine Niere spende. Gleiches gilt für den Organverkauf, der dazu dient, mit dem Erlös die medizinische Behandlung eines nahestehenden Menschen zu finanzieren. Es wäre ungereimt, den Organverkauf für verwerflich, die Erreichung des gleichen Ziels mittels unentgeltlicher Organspende jedoch für sittlich achtenswert zu betrachten. Auf Deutschland ist diese Argumentation nur bedingt übertragbar. Die Ausbildung von Kindern, deren

---

534 *Hansmann, Henry*: The Economics and Ethics of Markets for Human Organs, Journal of Health Politics, Policy and Law 14 (1989), 57, 73

535 *Maier, Joachim*: Der Verkauf von Körperorganen, 30

536 Vgl.: *Schoeller, Birgit*: Vorschlag für eine gesetzliche Regelung der Organspende vom lebenden Spender, 136

537 *Schroeder, Friedrich-Christian*: Gegen die Spendenlösung bei der Organgabe, ZRP 1997, 265, 267

538 *Reitelmann, A.*: Transplantation von Körperorganen – Vorschlag einer gesetzlichen Regelung, Arztrecht 1970, 3

Eltern nicht viel verdienen, wird durch den Staat gefördert (BAFöG) und die gesetzliche Krankenversicherung gewährleistet unabhängig vom Vermögen die medizinische Versorgung.

Weiter wird argumentiert, bei einem Verbot des Organverkaufs sei der Organspender der einzige, der von einer Transplantation nicht wirtschaftlich profitiere. Beim Transplantationschirurgen wie beim medizinischen Personal sei selbstverständlich, daß sie für ihre Leistungen entlohnt würden. Auch der Organempfänger profitiere wirtschaftlich von der Transplantation, da ihm ein normales Leben und häufig die Wiederaufnahme einer Berufstätigkeit ermöglicht werde. Letztlich profitieren auch die Krankenkassen von der Transplantation, da diese auf lange Sicht wesentlich günstiger sei als eine kostspielige Dialyse-Behandlung. Nur derjenige, der das größte Opfer bringe, indem er sein Organ beisteuere, soll hierfür keine finanzielle Kompensation erhalten dürfen.[539]

Kritik erfährt die Strafdrohung gegen Spender und Empfänger selbst dann, wenn die Eindämmung finanziell motivierter Spenden als legitimes Anliegen betrachtet wird. Der Einsatz des Strafrechts sei unverhältnismäßig. Potentielle Spender sollten geschützt, nicht aber mit Strafe bedroht werden. Die Empfänger befänden sich in der Regel in einer gesundheitlichen Ausnahmesituation. Adressat einer Strafdrohung dürften daher allenfalls die Ärzte und Mittelsmänner sein.[540]

4. Verbot der Lebendspende zugunsten Fremder

Neben den umfangreichen Aufklärungspflichten gegenüber Organspendern und dem Verbot des Organhandels enthält das TPG auch eine Einschränkung des Spenderkreises von nichtregenerierbaren Organen. Diese Bestimmung ist noch weitergehender Kritik ausgesetzt als das Verbot des Organhandels, das sie absichern soll. Auf der anderen Seite hat das BVerfG gerade diesem Verbot bescheinigt, mit der Verfassung im Einklang zu stehen.[541]

a. Regelung

Nach § 8 Abs. 1 S. 2 TPG ist die Entnahme von Organen, die sich nicht wieder bilden können, nur zulässig zum Zwecke der Übertragung auf Verwandte ersten oder zweiten Grades, Ehegatten, Verlobte oder andere Personen, die dem Spender in besonderer persönlicher Verbundenheit offenkundig nahestehen. Nach § 19 Abs. 2 TPG droht jedem, der entgegen dieser Bestimmung Organe entnimmt, eine Freiheitsstrafe bis zu fünf Jahren oder eine Geldstrafe.

Diese Vorschrift ist indirekt paternalistisch. Sie richtet sich nicht direkt an denjenigen, dessen Entscheidung um seines eigenen Wohles Willen übergangen wird, sondern an

---

539 *Jankowski, Markus*: Organspende und Organhandel aus ökonomischer Sicht, 11 f; *Schroeder, Friedrich-Christian*: Gegen die Spendenlösung bei der Organgabe, ZRP 1997, 265, 266; vgl. auch *Kass, Leon R.*: Organs for sale?, The Public Interest 107 (1992), 65, 66

540 *Deutsch, Erwin*: Zum geplanten strafrechtlichen Verbot des Organhandels, ZRP 1994, 179, 180 f

541 BVerfG NJW 1999, 3399

einen Dritten, der bei der Umsetzung dieser Entscheidung mitwirken müßte. Vor einer an der Selbstbestimmung des einzelnen orientierten Betrachtungsweise macht es jedoch keinen Unterschied, ob sich eine Norm direkt an den Betroffenen selbst oder an einen Dritten richtet.

Das TPG erweiterte den Spenderkreises gegenüber dem standesrechtlichen Transplantationskodex, der in Ziffer 6 die Organtransplantation zwischen Nichtverwandten grundsätzlich untersagte und nur streng begründete Abweichungen – etwa bei Ehegatten – zuließ.[542]

b. Rechtfertigung

Das Verbot der Spende nichtregenerierbarer Organe an Menschen, die dem Spender nicht nahestehen, soll ausweislich der Gesetzesmaterialien letztlich den Organhandel verhindern. Ihm liegt die Annahme zugrunde, daß das Verbot der Spende für die wenigen Menschen, die ein Organ für eine nicht nahestehende Person herzugeben bereit sind, ohne dabei von materialistischen Motiven geleitet zu sein, gerechtfertigt sei, da ohne Begrenzung des Spenderkreises die Gefahr des Organhandels nicht mehr einzudämmen wäre.[543]

Mit der Verfassungsmäßigkeit des Verbots der altruistischen Lebendspende an Fremde bzw. Unbekannte durch das TPG hat sich das BVerfG auseinandergesetzt.[544] Denn ein unter terminaler Niereninsuffizienz und Diabetes leidender Patient, dessen Weiterleben ohne eine Transplantation gefährdet war, eine Person, die ausschließlich aus altruistischen und humanitären Gründen dem Erstgenannten eine Niere spenden wollte sowie schließlich der Chirurg, der die lebensrettende Transplantation vornehmen wollte, hatten gegen die Bestimmungen des TPG Verfassungsbeschwerde erhoben. In seinem Beschluß vom 11.08.1999 nahm das BVerfG diese drei Verfassungsbeschwerden nicht zur Entscheidung an.

Das BVerfG geht davon aus, daß der Gesetzgeber die postmortale Organentnahme der Lebendspende vorziehe, da die Organentnahme dem Spender grundsätzlich körperlich schade und ihn gesellschaftlich schädigen könnte, die Freiwilligkeit der Spenderentscheidung schwer nachzuprüfen und jeder Form des Organhandels vorzubeugen sei. Auf die Verhinderung des Organhandels, dem das Verbot der Spende an Fremde ausweislich der Gesetzesbegründung dienen soll, geht das Gericht in seinem Beschluß nicht näher ein. Das Gericht meint, daß bei der Vermittlung der Transplantate durch eine Vermittlungsstelle und durch die Anonymität der Vermittlung der Organhandel praktisch ausgeschlossen und auch die Freiwilligkeit der Spenderentscheidung sichergestellt sei. Im Vordergrund der Argumentation steht, daß es das Gericht als "ein legitimes Gemeinwohlanliegen [...]" betrachtet, "Menschen davor zu bewahren, sich

---

[542] Transplantationskodex, Transplantationsmedizin 1995, 154, 155
[543] DT-Drucks. 13/4355, 20; so auch *Edelmann, Hervé*: Ausgewählte Probleme bei der Organspende unter Lebenden, VersR 1999, 1065, 1067
[544] BVerfG NJW 1999, 3399 ff

selbst einen größeren persönlichen Schaden zuzufügen."[545] Das Gericht geht davon aus, daß

> "jede Organentnahme für den Spender mit gewissen Risiken verbunden ist. Der vom Gesetzgeber legitimerweise verfolgte 'Schutz des Spenders vor sich selbst' wäre bei einer anonymen Vermittlung durch eine Vermittlungsstelle nicht erreicht."

Der zitierte Beschluß ist die erste Entscheidung des BVerfG, in dem der "Schutz vor sich selbst" ausdrücklich und ohne Einschränkung als legitimes Anliegen staatlichen Handelns anerkannt wird.[546] Zuvor hatte das Gericht nur in Grenzfällen paternalistisches Handeln für gerechtfertigt gehalten, wenn die Betroffenen tatsächlich oder zumindest vermutlich nicht hinreichend eigenverantwortlich handeln konnten[547] oder wenn unreflektierten Alltagshandlungen eine potentielle Fremdschädigung unterstellt wurde.[548]

Die paternalistische Rechtfertigung des Verbots der Fremdspende ist nicht ohne Widerspruch geblieben. *Thomas Gutmann* verweist darauf, daß es kein legitimes Anliegen des liberalen Rechtsstaates sein könne, erwachsene, einsichtsfähige und hinreichend informierte Menschen gegen ihren erklärten Willen vor sich selbst zu schützen. Denn bei einer solchen Begründung werde der Mensch nicht als Person ernstgenommen, die eigenverantwortliche Suche nach den individuellen Maßstäben des richtigen und gelungenen Lebens könne dann durch die Grundrechte nicht mehr garantiert werden.[549]

c. Gegenpositionen

Gegen ein Verbot der Lebendspende zugunsten Fremder wenden sich zunächst all jene, die bereits das Verbot der entgeltlichen Organspende für nicht gerechtfertigt halten.[550] Darüber hinaus gibt es auch Stimmen, die eine (altruistische) Lebendspende zugunsten Fremder befürworten, obwohl sie jede Form der Kommerzialisierung der Organspende ablehnen.[551]

In den Kodifizierungsbemühungen, die dem TPG vorangegangen sind, wurden gegen eine zu restriktive Beschränkung des Kreises potentieller Spender verfassungs-

---

545 BVerfG NJW 1999, 3399, 3401

546 *Gutmann, Thomas*: Gesetzlicher Paternalismus ohne Grenzen?, NJW 1999, 3387, 3388

547 BVerfGE 10, 302 (Unterbringung psychisch Kranker); BVerfGE 60, 123 (Mindestalter bei Geschlechtsumwandlung)

548 BVerfG 59, 275 (Helmpflicht); NJW 1987, 180 (Gurtpflicht); NJW 1994, 1577 (Haschisch)

549 *Gutmann, Thomas*: Gesetzgeberischer Paternalismus ohne Grenzen? NJW 1999, 3387, 3388; kritisch auch: *Sachs, Michael*: Organentnahme bei lebenden Personen, Entscheidungsbesprechung, JuS 2000, 393, 395

550 Vgl. IV B 3 c

551 Vgl. *Gutmann, Thomas*: Probleme einer gesetzlichen Regelung der Lebendspende von Organen, MedR 1997, 147, 154 m. w. N.

rechtliche Bedenken erhoben. Der erste Entwurf der Arbeitsgruppe leitender Medizinalbeamter hatte vorgesehen, die Spenden von nichtregenerierbaren Organen "grundsätzlich nur bei genetisch Verwandten des Empfängers oder der Empfängerin" zuzulassen.[552] Diese Formulierung wurde jedoch als "zu eng" und "mit dem Grundgesetz nicht vereinbar" betrachtet, weil sie die Handlungsfreiheit des aus lauteren Motiven handelnden potentiellen Spenders über Gebühr einschränken und in das durch die Art. 2 Abs. 1, Art. 1 Abs. 1 GG verbürgte Selbstbestimmungsrecht eingreifen würde.[553] Der gleiche Einwand ließe sich auch gegen die schließlich kodifizierte Beschränkung des Spenderkreises erheben - auch wenn er nicht von allen, die ihn gegen die Beschränkung auf genetisch Verwandte erhoben haben, in dieser Konsequenz weiterverfolgt wurde. Die Arbeitsgemeinschaft der leitenden Medizinalbeamten der Länder hält eine Beschränkung des Spenderkreises für zulässig und geboten, während *Thomas Gutmann* mit dem genannten Argument jede Beschränkung des Spenderkreises ablehnt.[554] *Gutmann* argumentiert weiter, das strafbewehrte Verbot der Entnahme von Organen eines Spenders, der dem Empfänger nicht nahesteht, sei unverhältnismäßig und mit dem Schuldprinzip nicht vereinbar. Zwar sprächen Zweckmäßigkeitserwägungen für das Verbot von Spenden an nicht nahestehende Empfänger, da dadurch kommerzielle Motive ausgeschlossen würden. Jedoch sei schlicht nicht strafwürdig, wenn ein Arzt ein Organ eines erwachsenen, freiverantwortlichen Menschen entnimmt, der mit einer Spende einer ihm nicht besonders verbundenen Person aus altruistischen Gründen helfen möchte. Bei materieller Motivation griffe ohnehin das Verbot des Organhandels ein.[555]

Vielfach ist gegen das Verbot der nicht finanziell motivierten Spende an Fremde eingewandt worden, bei ihr sei der Spender im geringeren Maße einem psychologischen oder moralischen Druck zum Handeln ausgesetzt als bei der Spende zugunsten Nahestehenden. Die Freiwilligkeit der Entscheidung sei daher bei der Spende zugunsten Fremder im größeren Maße garantiert. Bei Angehörigen sei die Freiwilligkeit dagegen problematisch.[556] In diesem Sinne urteilte auch der BGH im Jahre 1986, daß ein Arzt, der schuldhaft die einzige Niere eines Kindes entfernt, für die Schäden haftet, die der Mutter infolge ihrer Nierenspende zur Kompensation der Fehlbehandlung entstehen. Das Gericht ging davon aus, daß die Spenderentscheidung der Mutter durch den Arzt

---

[552] Arbeitsgemeinschaft der Leitenden Medizinalbeamten der Länder: Entwurf eines Mustergesetzes der Länder über die Entnahme und Übertragung von Organen (Transplantationsgesetz), Anlage zur Ergebnisniederschrift über die 65. Sitzung der Gesundheitsministerkonferenz am 5./6.11.1992, § 9 Abs. 2

[553] Arbeitsgemeinschaft der Leitenden Medizinalbeamten der Länder: Entwurf eines Mustergesetzes der Länder über die Entnahme und Übertragung von Organen (Transplantationsgesetz), Stand 5.04.1993, § 8 Abs. 2

[554] *Gutmann, Thomas*: Lebendspende von Organen – nur unter Verwandten?, ZRP 1994, 111 ff; *ders.*: Probleme einer gesetzlichen Regelung der Lebendspende von Organen, MedR 1997, 147, 154

[555] *Gutmann, Thomas*: Probleme einer gesetzlichen Regelung der Lebendspende von Organen, MedR 1997, 147, 154; ebenso: *Wolffgang, Hans-Michael; Ugowski, Patrick J.*: Das Dilemma mit den Nieren, Jura 1999, 593, 596

[556] Vgl. *Deutsch, Erwin*: Die rechtliche Seite der Transplantation, ZRP 1982, 174

herausgefordert wurde und daß deshalb der Arzt der eigentliche Verursacher der "freiwilligen" Nierenspende sei.[557]

1996, also vor Verabschiedung des TPG, sorgte der Lübecker Transplantationschirurg Prof. *Jochem Hoyer* für Aufsehen, als er anonym ein Stück seiner Niere spendete.[558] Er wollte damit auf den großen Mangel an Transplantaten hinweisen und gleichzeitig einen Beweis für die medizinische Unbedenklichkeit der Lebendspende liefern.

Schließlich wurde gegen das Verbot der Lebendspende zugunsten Fremder eingewandt, dadurch würde die sogenannte "Überkreuz-Lebendspende" (Cross-Spende) verhindert. Auslöser der Debatte war das Schicksal einer schwer nierenkranken Ehefrau, der ihr Mann eine seiner Nieren spenden wollte, dies aber wegen einer Blutgruppenunverträglichkeit nicht konnte. Über Zeitungsanzeigen suchten beide ein Ehepaar in der gleichen Situation, um sich wechselseitig jeweils eine Niere spenden zu können. Zwar fanden sie ein solches Ehepaar, doch wurde die Durchführung der beiden Transplantationen unter Verweis auf § 8 TPG abgelehnt.[559] Bei der Überkreuz-Lebendspende unterscheidet sich die Motivation der Spender, einem nahestehenden Menschen helfen zu wollen, nicht von der einer Direktspende an den nahestehenden Menschen. Die Verhinderung dieser Form der altruistischen Lebensrettung durch das Gesetz erscheint daher willkürlich.

Teilweise wurde versucht, dieses Ergebnis durch eine extensive Auslegung des Begriffs "der dem Spender offenkundig nahestehenden Personen" zu vermeiden, indem argumentiert wurde, durch die Bekanntschaft zweier Paare mit dem gleichen existenziellen Problem würde schon nach kurzer Zeit ein inniges Verhältnis aufgebaut, das den Voraussetzungen des § 8 TPG genüge.[560] Es erscheint jedoch gekünstelt, die Wertungswidersprüche des Verbots der Lebendspende an Fremde durch solche Auslegungstricks überwinden zu wollen. Die ergebnisorientierte Wertung ist durch den Normgehalt nicht mehr gedeckt. Eine "Schicksalsgemeinschaft", wie die von zwei Paaren mit dem gleichen existenziellen Problem begründet noch keine offenkundige besondere persönliche Verbundenheit, wie sie das Gesetz fordert.[561]

5. Stellungnahme

Die Kritik an dem paternalistischen Charakter der bezeichneten Vorschriften des TPG, welche die Entscheidung des Betroffenen übergeht, erscheint auf den ersten Blick plausibel. Gleiches gilt aber auch für das Unbehagen gegenüber einer völligen Kommerzialisierung des Transplantationswesens, bei der die finanzielle Potenz der Organempfänger maßgeblich dafür ist, ob sie eine – möglicherweise lebensrettende – Organtransplantation erhalten oder nicht.

---

[557] BGH VersR 1987, 1508

[558] *Seidenath, Bernhard*: Lebendspende von Organen, MedR 1998, 253, 254 Fn. 10

[559] *Seidenath, Bernhard*: Lebendspende von Organen, MedR 1989, 253, 255

[560] *Seidenath, Bernhard*: Lebendspende von Organen, MedR 1989, 253, 256

[561] *Schroth, Ulrich*: Stellungnahme zu dem Artikel von *Seidenath, Bernhard*: Lebendspende von Organen, MedR 1999, 67 f.

Beiden Positionen liegt ein richtiger Gedanke zugrunde. Um den jeweils richtigen Kern herauszuarbeiten, ist zwischen der Organspende und der Organverteilung zu unterscheiden.

Die isolierte Betrachtung der Organspende muß als Ausgangspunkt den Respekt vor der autonomen Entscheidung desjenigen haben, welcher der Entnahme eines seiner Organe zustimmt. Leider werden die Bedingungen, unter denen Organspenden zulässig sein sollten, vornehmlich vor dem Hintergrund des Mangels an Transplantaten diskutiert. Im Zentrum einer an der Autonomie des einzelnen orientierten Betrachtungsweise muß jedoch die freiwillige Entscheidung für oder gegen die Organspende stehen und nicht, ob finanzielle Anreize das Angebot an Transplantaten erhöhen würde. Wenn keine Notlage des potentiellen Organspenders ausgebeutet wird, wenn der Spender wirklich frei entscheiden kann, wenn er die volle Tragweite seiner Entscheidung auf Grund der Aufklärung über die Folgen und Risiken auch tatsächlich begreift, dann muß diese Entscheidung auch vom Staat respektiert werden. Sowohl das Verbot der Entgegennahme eines Entgeltes für die Organspende als auch das Verbot, an Fremde Organe zu spenden, mißachtet die Selbstbestimmung der Person und ist als unzulässige Bevormundung abzulehnen. Dem BVerfG folgend den Schutz des Menschen vor sich selbst zu einem allgemeinen Rechtfertigungsgrund gesetzlicher Freiheitseinschränkungen anzuerkennen, hieße, das eigenverantwortliche Individuum, Leitbild der Verfassung, schutzlos paternalistischer Bevormundung auszuliefern. Die Formulierung des BVerfG, es gelte einen "größeren persönlichen Schaden" abzuwenden, könnte man als eine richtige Grenzziehung, als Umschreibung eines autonomieorientierten Paternalismus interpretieren. Objektive Grenze wäre nämlich eine Organspende, die, wie die Verstümmelung, eine große Gefahr der irreversiblen Beeinträchtigung des eigenen, selbstbestimmten Lebens beinhaltet. Durch eine solche Spende bestünde die Gefahr eines größeren persönlichen Schadens. Es ist daher legitim, wenn der Gesetzgeber in § 8 Abs. 1 Nr. 1 c solche Organentnahmen verbietet.

Auch Regelungen über Aufklärung und Überprüfung der Freiwilligkeit der Entscheidung sind angesichts der Tragweite der Entscheidung zur Organspende zulässig. Wegen der gesundheitlichen Risiken, der Unwiederbringlichkeit des entnommenen Organs und der Gefahr des Mißbrauchs ist es gerechtfertigt, nicht nur die Aufklärung des Spenders durch den Arzt mit bestimmten Verfahrensvorschriften abzusichern, sondern auch die Überprüfung der Spenderentscheidung durch Dritte vorzusehen. Es wird für den behandelnden Arzt allein kaum nachprüfbar sein, ob die Spenderentscheidung unter familiärem Druck oder durch die Ausnutzung einer finanziellen Notsituation zustandekommen ist. Die diesbezüglichen Vorschriften dürften sogar noch verschärft werden, solange die Organspende grundsätzlich zulässig bliebe.

Von der Organspende zu trennen ist die Frage, wie die gespendeten Organe verteilt werden sollen.

Zu den Voraussetzungen eines selbstbestimmten Lebens gehört neben dem Leben selbst in erster Linie die Gesundheit. Menschen, die durch eine Organtransplantation therapiert werden können, gewinnen eine erhebliche Verbesserung der Voraussetzungen eines selbstbestimmten Lebens. Bei schweren Nierenleiden etwa ist der Betroffene auf eine zeit- und kraftraubende Dialyse angewiesen, die häufig einer beruflichen Tätigkeit im Wege steht, während eine Organtransplantation ein Leben in weitgehender Normalität ermöglichen würde.

Der Staat ist jedem zu gleicher Achtung seiner personalen Autonomie verpflichtet. Er handelt daher legitim, wenn er Anstrengungen unternimmt, jedem gleichberechtigten Zugang zu den Grundvoraussetzungen eines selbstbestimmten Lebens zu gewähren. Der freie Handel von Transplantaten hätte zur Folge, daß nicht alle Bürger diesen gleichberechtigten Zugang erhielten. Diese Gefahr kann auch die gesetzliche Krankenversicherung in Deutschland nicht ausräumen. Denn Verteilungskonflikte können sich aus dem dualen Charakter des Krankenversicherungssystems ergeben. Reiche Privatleute oder private Versicherungen würden auf einem freien Markt die gesetzlichen Krankenversicherungen regelmäßig überbieten und somit bevorzugten Zugriff auf die Transplantate haben.

Deshalb wäre es gerechtfertigt, eine entgeltliche Lebendspende lediglich anonym an eine staatlich kontrollierte Organisation zu erlauben, die für die Verteilung der Transplantate nach festgelegten, vorrangig medizinischen Kriterien verantwortlich ist. Die Folge, daß ein Spender einen niedrigeren Preis erzielt als auf einem freien Organmarkt, ist lediglich der Reflex einer solchen Marktbeschränkung. Gleichwohl muß es eimem Spender immer erlaubt sein, ein Organ einem bestimmten Menschen zuzuwenden. Der Staat darf dann aber die Entgeltlichkeit einer solchen Spende verbieten.[562] Der Grund für das Verbot der Verteilung von Organen durch den Markt ist nur die Gefahr der Schlechterstellung Armer. Geht es um die Spende an einen nahestehenden Menschen, so liegt das Motiv für die Organentnahme gerade in der besonderen Beziehung zwischen Spender und Empfänger begründet. Ein Verbot der unentgeltlichen Spende an einen bestimmten, nahestehenden Menschen käme daher einem völligen Verbot dieser Organspende gleich, die sich nicht rechtfertigen ließe.

[562] Diese Unterscheidung macht auch *Hansmann, Henry*: The Economics and Ethics of Markets for Human Organs, Journal of Health Politics, Policy and Law 14 (1989), 57, 77 f

C. Gurt- und Helmpflicht

Gurt- und Helmpflicht sind die wichtigsten und auch umstrittensten Beispiele von erzwungenem Selbstschutz im Straßenverkehr. Sie werden oft als Prototypen paternalistischer Bestimmungen genannt. In Deutschland haben sich unmittelbar nach ihrer Einführung Juristen zum ersten Mal verstärkt mit dem Problem des erzwungenen Selbstschutzes auseinandergesetzt.[563] Zahlreiche Aufsätze und Urteile behandelten die Vereinbarkeit der Bestimmungen mit der Verfassung. Der paternalistische Charakter der Bestimmungen stand dabei im Vordergrund. Allerdings wurde auch deutlich, daß Normen, die den Betroffenen schützen, durch nichtpaternalistische Gründe, insbesondere durch den Verweis auf die sozialen Folgekosten, begründet werden können. Zwei Verfassungsbeschwerden gegen die – damals noch nicht bußgeldbewehrte – Gurtpflicht nahm das BVerfG 1976 als offensichtlich unbegründet nicht zur Entscheidung an.[564] Auch Oberlandesgerichte[565] und der BGH[566] bescheinigten der Gurt- bzw. Helmpflicht, nicht gegen die Verfassung zu verstoßen. 1982 bestätigte das BVerfG diese Bewertung für die mittlerweile bußgeldbewehrte Helmpflicht.[567] Auch die Ahndung des Verstoßes gegen die Gurtpflicht mit einem Bußgeld hielten die Oberlandesgerichte für verfassungsmäßig,[568] einige Amtsgerichte hingegen für verfassungswidrig und nichtig.[569] Schließlich bestätigte das BVerfG 1987 die Verfassungsmäßigkeit der bußgeldbewehrten Gurtpflicht. Die veröffentlichten Aufsätze und Stellungnahmen in der juristischen Fachliteratur waren uneinheitlich, neben der schroffen Ablehnung von Gurt- und Helmpflicht als verfassungswidrig,[570] gab es zunehmend Stimmen, die ihre Einführung rechtfertigten.[571]

Gurt- und Helmpflicht werden zusammen untersucht, da die Diskussion um beide Straßenverkehrsvorschriften weitgehend mit den gleichen Argumenten geführt wird. Einen Unterschied gibt es insofern, als gegen den Sicherheitsgurt der Einwand erhoben wurde, er könne – wenn auch nur in seltenen Fällen – Unfallfolgen verschlimmern oder gar erst herbeiführen. Hierauf soll jedoch nur am Rande eingegangen werden.

Im folgenden soll zunächst die Rechtslage vor dem Hintergrund der Gesetzgebungsgeschichte dargestellt werden (1.), um dann die Rechtfertigung der Bestimmungen (2.) und die daran geübte Kritik (3.) nachzuzeichnen. Eine eigene Stellungnahme soll das Kapitel abschließen (4.).

---

[563] *Münch, Ingo von*: Grundrechtsschutz gegen sich selbst?, in: FS Hans Peter Ipsen, 113-128

[564] Unveröffentlicher Beschluß, vgl. Hinweis der Schriftleitung NJW 1977, 299, 301

[565] OLG Braunschweig, NJW 1977, 299 ff; OLG Köln, DAR 1978, 105

[566] BGH NJW 1979, 1363 ff

[567] BVerfGE 59, 275 ff

[568] OLG Hamm, NJW 1985, 1790 ff; OLG Stuttgart, NJW 1985, 3085 ff

[569] AG Albstadt, NJW 1985, 927 f; AG Würzburg, JR 1986, 304 ff

[570] ablehnend: *Geiger, W.*: Die Rolle des Staates im Bereich des Straßenverkehrswesens, DAR 1976, 319, 324 f; *Jagusch, Heinrich*: Der Sicherheitsgurt – Nutzen und Zumutung, NJW 1977, 940 f; *Lisken, Hans*: Freispruch für "Gurtmuffel" – ein Polizeiproblem?, NJW 1985 3053 ff

[571] *Böhmer, Emil D.*: Die zivil- und strafrechtliche Rechtsprechung im Verkehrsrecht, JZ 1977, 170; *Hippel, Eike von*: Unfallrecht: Vorbeugen ist besser als heilen, JZ 1977, 706, 707; *Knippel, Siegmund*: Gurtanlegezwang – kein Grundrechtsproblem, NJW 1977, 939 f; *Schlund, G. H.*: Sicherheitsgurt und Mitverschulden, DAR 1978, 215, 217;

1. Gesetzgebungsgeschichte und Rechtslage

Erste Ansätze, Verkehrsteilnehmer zum Individualschutz zu verpflichten, gab es bereits in den 50er Jahren. 1954 empfahl das Bundesverkehrsministerium Motorradfahrern das Tragen von Schutzhelmen. Gleichwohl scheute der Gesetzgeber vor einer obligatorischen Gurt- und Helmpflicht zurück. Man meinte, diese verstieße gegen das Grundrecht auf allgemeine Handlungsfreiheit in Art. 2 Abs. 1 GG.[572] An dieser Rechtsauffassung hat die Bundesregierung und Verwaltung lange Zeit festgehalten. Den Bediensteten von Bundeswehr, Bundespost und der Polizei wurde jedoch der Gebrauch von Schutzhelmen und Sicherheitsgurten vorgeschrieben. Dies wurde als Ausprägung der Fürsorgepflicht des Arbeitgebers im öffentlich-rechtlichen Dienstverhältnis gesehen.[573]

Durch das zunehmende Verkehrsaufkommen stieg die Zahl der Unfälle beträchtlich. Dies hat sicher dazu beigetragen, daß sich Anfang der 70er Jahre eine andere verfassungsrechtliche Beurteilung durchsetzte. In dem der Presse am 23.11.1973 übergebenen Verkehrssicherheitsprogramm der Bundesregierung "Der Mensch hat Vorfahrt – mehr Sicherheit auf unseren Straßen" hieß es zur Gurt- und Helmpflicht, es sei "geboten und gerechtfertigt [...], eine entsprechende Vorschrift in die StVO aufzunehmen.[574] Durch die am 01.01.1976 in Kraft getretene Verordnung über Maßnahmen im Straßenverkehr[575] wurde der § 21a in die StVO eingefügt. Darin wurde für Motorradfahrer das Benutzen von Schutzhelmen und für die Insassen von Autos das Anlegen von Sicherheitsgurten zur Pflicht gemacht. Nach § 46 Abs. 1 S. 1 Nr. 5a StVO war die Straßenverkehrsbehörde befugt, in bestimmten Einzelfällen oder allgemein für bestimmte Antragsteller Ausnahmen zu genehmigen. Die Befreiungsmöglichkeiten waren zunächst sehr weitgehend; ganze Berufsgruppen, wie Taxi- und Krankenwagenfahrer, waren von der Gurtpflicht befreit. Sie wurden jedoch zunehmend eingeschränkt. Heute können nur noch nachweisliche gesundheitliche Gründe und beim Sicherheitsgurt eine Körpergröße unter 150 cm eine Befreiung rechtfertigen.

Die Verletzung dieser Pflicht hatte zunächst keine direkten Sanktionen zur Folge. Nur hinsichtlich von Unfallfolgen konnte der Vorwurf des Mitverschuldens gemacht werden, wenn Schutzhelm oder Sicherheitsgurt nicht benutzt wurden. 1980 wurde die Verletzung der Helmpflicht in den Katalog der Ordnungswidrigkeiten nach § 49 StVO i. V. m. § 24 StVG aufgenommen. Er war damit bußgeldbewehrt. Das gleiche geschah mit der Gurtpflicht für Fahrer und Beifahrer durch die 7. VO zur Änderung der StVO vom 06.07.1984.[576] Die Bußgeldbewehrung wurde zwei Jahre später auf das Nichtanlegen von Gurten auf den Rücksitzen ausgedehnt.[577]

---

[572] Vgl.: BMV/StV7 – 4010W/58

[573] *Brunn, Heinrich Johann von*: Probleme des Zwangs zum Gurtanlegen, DAR 1974, 141, 142

[574] Zitiert nach: *Brunn, Heinrich Johann von*: Probleme des Zwangs zum Gurtanlegen, DAR 1974, 141, 143

[575] BGBl 1975, 2967

[576] VBl. 1984, 228

[577] VBl. 1988, 223

2. Rechtfertigung

Die Gurt- und Helmpflicht wird auf sehr unterschiedliche Weise begründet. Teilweise wird sehr direkt eine Befugnis des Staates angenommen, Menschen davor zu bewahren, sich selbst zu schädigen (a.). Oder es wird argumentiert, daß Vorschriften, die bloß lästig sind und eine gewisse Bagatellgrenze nicht überschreiten, ohnehin zulässig seien (b.). Weiter werden die bedrohten Güter, das Risiko ihrer Gefährdung und die Freiheitsbeeinträchtigung durch die Schutzpflichten ins Verhältnis gesetzt und auf Grund der konkreten Abwägung für gerechtfertigt gehalten. (c.). Schließlich wird in zweifacher Weise auf die Folgen der Schutzpflichten für Dritte verwiesen: Die Schutzpflichten hätten direkten Einfluß auf das Unfallgeschehen (d.), und würden die sozialen Folgekosten von Verkehrsunfällen senken (e.).

a. Legitimität von erzwungenem Selbstschutz

In der amtlichen Begründung zu § 21a StVO bekennt man sich zu dem paternalistischen Charakter der Vorschrift. Dort heißt es, "es [stehe] außer Frage, daß der Gesetzgeber auch Vorschriften erlassen kann, die nur dem Schutz des Betroffenen dienen."[578]

Die markige Formulierung, dies stünde "außer Frage", kann nicht darüber hinwegtäuschen, daß die Befugnis zur Erzwingung von Selbstschutz durch den Gesetzgeber nur behauptet und nicht begründet wird. Einem freiheitlichen Rechtsverständnis entspricht es, daß Gesetze zunächst einmal nur zum Schutz anderer oder der Allgemeinheit erlassen werden. Selbstschutz als Grund für zwingende Vorschriften ist dagegen begründungsbedürftig.

b. Bagatellbeeinträchtigung zulässig

Bereits 1979 zweifelte der BGH daran, ob die Verpflichtung, sich während der Fahrt anzuschnallen, den Autofahrer überhaupt in seiner Handlungsfreiheit tangieren könne. Er verweist darauf, daß durch die Gurtpflicht dem Betroffenen nichts zugemutet werde, was in den Kernbereich seiner Persönlichkeit eingriffe.[579]

Den Gedanken, daß die Gurt- bzw. Helmpflicht keinen Eingriff in die allgemeine Handlungsfreiheit darstelle, greift auch das BVerfG auf. Es beginnt die Begründung seines Beschlusses zur bußgeldbewehrten Helmpflicht mit der Feststellung, daß nur Fälle durch die Pflicht erfaßt werden, in denen das Tragen eines Schutzhelmes lediglich unbequem und lästig sei. Durch die Befreiungsmöglichkeit nach § 46 Abs. 1 S. 1 Nr. 5b StVO würden unzumutbare Härten vermieden. Es sei deshalb fraglich, ob die Betroffenen in so unzumutbarer Weise belastet würden, daß von einer Grundrechtsverletzung ernstlich die Rede sein könnte.[580]

---

[578] VBl 1975, 675 ff

[579] BGH NJW 1979, 1363, 1365

[580] BVerfGE 59, 275, 278; ihm folgend: OLG Hamm, NJW 1985, 1790, 1791

In seiner Rechtsprechung hat es das BVerfG verschiedentlich "dahinstehen lassen", ob eine bestimmte Bagatellbeeinträchtigung überhaupt als Grundrechtseingriff zu gelten habe.[581] Damit postuliert es eine Geringfügigkeitsgrenze, unterhalb derer die Grundrechte keine Wirkung entfalten würden.[582]

Dem gegenüber wird eingewandt, daß die allgemeine Handlungsfreiheit nach Art. 2 Abs. 1 GG gerade nicht nur den Kernbereich der Persönlichkeitsentfaltung schütze, sondern jedem zugestehe, in einem umfassenden Sinn "zu tun und zu lassen, was er wolle".[583]

c. Abwägung von geschütztem Gut, Gefährdung und Beeinträchtigung

Zur Rechtfertigung der Gurt- und Helmpflicht wird vielfach ausgeführt, der Betroffene solle vor besonders schwerwiegendem Schaden, nämlich Tod oder schwerer Verletzung, bewahrt werden, dessen Eintritt ohne die Schutzmaßnahmen erheblich höher liege, während die Freiheitsbeinträchtigung durch die Schutzpflicht sehr gering sei.[584] Das OLG Hamm argumentierte, daß

> "[...] über bloße Lästigkeiten hinausgehende Beeinträchtigungen derart leicht [wögen], daß sie gegenüber den Vorteilen, die das Anlegen von Sicherheitsgurten [...] insbesondere für den Gurtträger selbst [...] erbringen, vernachlässigt werden dürfen."[585]

Dahinter liegt die Vorstellung, daß eine paternalistische Bevormundung zur Verhütung von Selbstschädigung bzw. Selbstgefährdung zwar nicht immer gerechtfertigt sei, wohl aber im konkreten Fall der Gurt- und Helmpflicht wegen des Verhältnisses von drohendem Schaden, der Wahrscheinlichkeit des Schadenseintrittes und der Geringfügigkeit der Freiheitsbeeinträchtigung. Darin ist der Versuch zu sehen, Abwägungskriterien für die Rechtfertigung paternalistischer Maßnahmen zu finden.

d. Beeinträchtigung anderer Unfallbeteiligter

Bereits in der amtlichen Begründung zu § 21a StVO wird ausgeführt, daß der Gebrauch von Schutzhelm und Sicherheitsgurt Auswirkungen auf andere Verkehrsteilnehmer habe. Der geschützte Verkehrsteilnehmer sei nämlich in der Lage, bei einem Unfall sachgerecht zu reagieren, andere auf den Unfall aufmerksam zu machen und so eine weitere Schädigung dritter Personen zu verhindern. Auch könne durch An-

---

[581] BVerfGE 5, 13, 15; 7, 108, 115

[582] *Kloepfer, M.*: Grundrechtstatbestand und Grundrechtsschranken in der Rechtsprechung des BVerfGs, in: *Starck, Christian* (Hrsg.): Festgabe zum 25jährigen Bestehen des BVerfG, Bd. II, 405, 409

[583] vgl.: AG Würzburg, JR 1986, 304

[584] Vgl. OLG Hamm, NJW 1985, 1790, 1791; *Knippel, Siegmund*: Gurtanlegezwang – kein Grundrechtsproblem, NJW 1977, 939 f

[585] OLG Hamm, NJW 1985, 1790, 1791

schnallen verhindert werden, daß bei einer Kollision ein Insasse gegen einen anderen geschleudert würde.[586]

Diese Überlegungen wurden als weit hergeholt kritisiert.[587] Tatsächlich drängt sich der Verdacht auf, hier würde zur Vermeidung einer paternalistischen Argumentation eine Gefährdung Fremder konstruiert.

e. Soziale Folgekosten

Zentrales Argument für die Gurt- und Helmpflicht ist der Verweis auf die Folgekosten der ungeschützten Verkehrsteilnahme. Der BGH argumentiert, durch die Verletzungsschäden im Straßenverkehr werde die Allgemeinheit schwer belastet. Rettungseinrichtungen müßten bereitgehalten werden. Auch die Folgekosten von Unfällen mit schweren Personenschäden seien für die Allgemeinheit erheblich.[588]

Das "public charge argument", also der Verweis auf die sozialen Folgekosten, wird gegen den liberalen Einwand, der Betroffene habe die Folgen seines Handelns selbst zu tragen und könne keine Ansprüche gegen die Allgemeinheit geltend machen, durch die Berufung auf das in der Verfassung positivierte Sozialstaatsprinzip verteidigt. Der hilfsbedürftige Bürger hat danach ein Recht auf Beistand durch die Allgemeinheit. Das Sozialstaatsprinzip wird als Gegengewicht zu den grundgesetzlichen Freiheitsrechten verstanden. Es erlaube auch Freiheitseinschränkungen, die zur Förderung des Gemeinwohls zwar nicht unentbehrlich, aber dienlich seien.[589]

Andererseits wurde es als eine gefährliche Bedrohung individueller Freiheit kritisiert, unter Berufung auf das Sozialstaatsgebot Kosten- und Effizienzüberlegungen hinsichtlich bestimmter Verhaltensweisen anzustrengen. [590] Ließe man sich auf diese Begründung ein, könnte man mit dem Argument, Kosten für die Allgemeinheit zu sparen, eine Vielzahl von Verhaltensweisen, wie etwa gefährliche Sportarten, aber auch bestimmte "unproduktive" Lebensformen verbieten.

Gegen den Verweis auf die sozialen Folgekosten wurde weiter eingewandt, daß das Primärziel von bußgeldbewehrter Gurt- bzw. Helmpflicht die Verhinderung und Verminderung von Eigenverletzungen sei. Das zeige sich darin, daß Befürworter der Vorschrift auf die rückläufige Statistik schwerer Verletzungen verwiesen hätten. [591] Wirtschaftliche Folgen für andere oder die Solidargemeinschaft seien allenfalls ein Nebeneffekt.

Rein wirtschaftlich betrachtet scheint im übrigen keineswegs ausgemacht, daß erzwungener Selbstschutz im Straßenverkehr tatsächlich zu niedrigeren Folgekosten

---

[586] BVI 1975, 675; BVerfGE 59, 275, 279; OLG Hamm, NJW 1985, 1790, 1791; BGH NJW 1979, 1363, 1365

[587] *Seebode, Manfred*: Freisprüche für "Gurtmuffel", JR 1986, 265

[588] BGH NJW 1979, 1363, 1365; *Schlund, G. H.*: Sicherheitsgurt und Mitverschulden, DAR 1978, 215, 217

[589] Vgl. *Seebode, Manfred*: Freisprüche für "Gurtmuffel", JR 1986, 265, 266

[590] AG Würzburg, JR 1986, 304, 305; *Streicher, Karl*: Gurtanlegezwang – Grundrechtsverletzung? NJW 1977, 282, 284

[591] *Lisken, Hans*: Freispruch für "Gurtmuffel", NJW 1985, 3053, 3054

von Unfällen führt. Denn die Schutzvorkehrungen bewirken auch, daß Personen bei Unfällen schwer verletzt überleben und kostspieliger Pflege bedürfen, die andernfalls ihren Verletzungen erliegen würden.[592]

3. Kritik

Die Gurt- und Helmpflicht ist auf starke Vorbehalte gestoßen. Einige Gerichte haben die entsprechenden Vorschriften der StVO als verfassungswidrig und damit nichtig erachtet. Den verschiedenen Einwänden liegt eine antipaternalistische Denkweise zugrunde, die sich jedoch an verschiedenen verfassungsrechtlichen Normen und Begriffen festmacht. Es wird argumentiert, die Gurt- und Helmpflicht betreffe einen unantastbaren Bereich menschlicher Freiheit (a.). Oder es wird die Legitimation erwungenen Selbstschutzes bezweifelt (b.) Es wird behauptet, die Bestimmung sei mit der Achtung der Menschenwürde unvereinbar (c.) und würde gegen den Grundsatz der Verhältnismäßigkeit verstoßen (d.). Schließlich soll kurz auf den – mittlerweile kaum noch erhobenen – Einwand eingegangen werden, der Sicherheitsgurt rufe in bestimmten Konstellationen auch Verletzungen hervor (e.).

a. Unantastbarer Bereich menschlicher Freiheit

Der Gurt- bzw. Helmpflicht wird vorgeworfen, durch sie werde ein letzter unantastbarer Bereich menschlicher Freiheit verletzt, der der Einwirkung der gesamten öffentlichen Gewalt entzogen bleiben müsse.[593] Die Sorge für den Selbstschutz sei weder Verfassungs- noch Gesetzesaufgabe.[594] Sie müsse dem Betroffenen überlassen bleiben. Es entspräche dem Grundsatz der Rechtsstaatlichkeit, daß der einzelne vor unnötigen Eingriffen der öffentlichen Gewalt bewahrt bleibe.

Diese Argumentation betont den freiheitlichen, als antipaternalistisch verstandenen Charakter des Grundgesetzes und seines Menschenbildes. Beides sei über die Verankerung in den einzelnen Grundrechten hinaus wertbestimmend und beschränke die Gesetzgebungsbefugnis.

b. Unzulässigkeit erzwungenen Selbstschutzes

Der wohl gewichtigste Einwand gegen die Pflicht zur Benutzung von Schutzhelmen und Sicherheitsgurten ist, dadurch werde das in Art. 2 Abs. 1 GG normierte Grundrecht auf allgemeine Handlungsfreiheit verletzt. Davon ging zunächst auch der Gesetzgeber aus. Am 6. März 1958 lehnte das Verkehrsministerium in einer Stellungnahme eine entsprechende Regelung als verfassungswidrig ab:

> "Der wiederholt geforderten obligatorischen Einführung von Schutzhelmen für Kradfahrer steht Art. 2 GG entgegen. – Nach Art. 2 Abs. 1 hat jeder das

[592] Darauf verweist auch: *Dworkin, Gerald*: Paternalism – Some Second Thoughts, in: *Sartorius, Rolf* (Ed.).: Paternalism, 109

[593] *Streicher, Karl*: Gurtanlegezwang – Grundrechtsverletzung?

[594] *Lisken, Hans*: Freispruch für "Gurtmuffel"- ein Grundrechtsproblem?, NJW 1985, 3053, 3054

> Recht auf die freie Entfaltung seiner Persönlichkeit, soweit er nicht die Rechte anderer verletzt und nicht gegen die verfassungsmäßige Ordnung oder gegen das Sittengesetz verstößt. [...] Der einzelne soll in dem durch Art. 2 abgesteckten Rahmen frei sein und alles tun dürfen, was er will. [...] Wer als Kradfahrer auf den Schutzhelm verzichtet, verletzt weder die verfassungsmäßige Ordnung noch das Sittengesetz. Er verletzt auch nicht die Rechte anderer, sondern gefährdet nur sich selbst. Ein gesetzlicher Zwang, den Schutzhelm zu tragen, wäre daher eine nach Art. 2 Abs. 1 GG unzulässige Bevormundung.[595]

Von einer Unvereinbarkeit der bußgeldbewehrten Gurtpflicht mit Art. 2 Abs. 1 GG gingen auch die Amtsgerichte von Albstadt[596] und Würzburg[597] aus. Das AG Würzburg argumentiert, das Grundrecht auf allgemeine Handlungsfreiheit schütze alle Bereiche des menschlichen Handelns, auch Nebensächlichkeiten und Belanglosigkeiten. Die allgemeine Handlungsfreiheit dürfe nur in den in Art. 2 Abs. 1 GG genannten drei Fällen beschränkt werden, nämlich wenn die Rechte anderer verletzt werden oder gegen die verfassungsmäßige Ordnung oder das Sittengesetz verstoßen würde.

Auch die gegen die Helmpflicht erhobenen Verfassungsbeschwerden beruhten auf dem Vorwurf, die Schutzpflicht verletze das Grundrecht auf allgemeine Handlungsfreiheit. Dabei wird diese Regelung als eine unzulässige Bevormundung angeprangert. Die antipaternalistische Argumentation greift nicht die vorgeschriebenen Schutzmittel an, sondern nur den Zwang, diese zu benutzen:

> "Die Beschwerdeführer gehen von der Nützlichkeit des Schutzhelmes aus, sind aber der Meinung, der Staat dürfe seine Bürger nicht zu einem Verhalten zwingen, nur weil es in ihrem eigenen Interesse vernünftig erschiene. Der mündige Bürger müsse vielmehr sein Risiko selbst beurteilen und sein Verhalten danach ausrichten."[598]

c. Menschenwürde

Das AG Würzburg meint, durch die bußgeldbewehrte Gurtpflicht werde gegen die durch Art. 1 GG geschützte Menschenwürde verstoßen. Der Grund für die Regelung seien die wirtschaftlichen Interessen der Allgemeinheit. Es verstieße gegen die Würde des Menschen, wenn ihm Beschränkungen seiner Freiheit in Handlung, Entscheidung und Risikobewertung auferlegt werden, um finanzielle Lasten zu verringern.[599]

---

595 BMV/StV7 - 4010W/58
596 AG Albstadt, NJW 1985, 927 f
597 AG Würzburg, JR 1986, 304 ff
598 BVerfGE 59, 275, 276
599 AG Würzburg, JR 1986, 304, 305

Begreift man das Verhältnis von allgemeiner Handlungsfreiheit und Menschenwürde als ein solches von äußerer Handlungsmöglichkeit und der Achtung vor der selbstbestimmten Ausgestaltung dieser Handlungsmöglichkeit, kann man in dem erzwungenen Selbstschutz im Straßenverkehr auch eine Verletzung der Menschenwürde sehen, nämlich als die Nichtachtung der Entscheidung des Betroffenen, ohne Gurt oder Helm am Verkehr teilnehmen zu wollen.

d. Verstoß gegen Grundsätze der Erforderlichkeit und Verhältnismäßigkeit

Weiter wurde gegen die bußgeldbewehrte Gurtpflicht eingewandt, der Verordnungsgeber verletze damit den Grundsatz der Verhältnismäßigkeit. Er schösse "quasi mit Kanonen auf Spatzen". Dagegen würden zahlreiche konkrete Selbstgefährdungen, etwa im Sport toleriert und sogar gefördert. Da gegen die überhöhte Geschwindigkeit im Straßenverkehr als Hauptursache von Unfällen nicht ausreichend vorgegangen werde, wäre die Einführung der bußgeldbewehrten Gurtpflicht sachfremde Willkür.[600] Gegen die Argumentation, Unfallbeteiligte würden auf Grund des Sicherheitsgurtes unverletzt bleiben und deshalb in der Lage sein, anderen zu helfen, wird eingewandt, diese Fälle seien so selten, daß sie in keinem Verhältnis zur Gurtpflicht für alle Kraftfahrer stünden.[601]

e. Gefahr gurtbedingter Verletzungen

Lange Zeit stand im Mittelpunkt der Diskussion über die Gurtpflicht der Einwand, durch den Schutzgurt könnten beim Unfall auch bestimmte Verletzungen erfolgen, die sonst nicht eingetreten wären. Bezüglich des Schutzhelms ist dieser Vorwurf nie erhoben worden. Bereits 1965 hatte der BGH festgestellt, daß ein Motorradfahrer, der ohne geeigneten Schutzhelm fährt, für die bei einem Unfall eintretenden Kopfverletzungen ein Mitverschulden hat.[602] Ganz anders wurde 1970 das Fahren ohne Sicherheitsgurt beurteilt. Weil durch den Sicherheitsgurt spezifische Verletzungsgefahren entstünden, müsse es dem Autofahrer freistehen, ob er sich anschnalle. Unterließe er es, so träfe ihn kein Mitverschulden.[603]

Nicht zuletzt infolge dieses Urteils konzentrierte sich die Auseinandersetzung um die Gurtpflicht zunächst auf die Frage, ob dadurch nicht auch das Grundrecht auf körperliche Unversehrtheit (Art. 2 Abs. 2 GG) verletzt werde, da der Gesetzgeber den Autofahrer zu einem Verhalten zwinge, das möglicherweise zu Verletzungen führt.[604] Anders als beim Schutzhelm habe der Betroffene zwischen zwei Risiken zu wählen – dem Gurtrisiko und dem Risiko schwerer Verletzungen ohne Gurt. Diese Wahl müsse

---

[600] AG Albstadt, NJW 1995, 927, 028
[601] AG Würzburg, JR 1986, 304, 305
[602] BGH NJW 1965, 1075
[603] BGH MDR 1970, 499
[604] Vgl. *Müller, Klaus*: Der Aufopferungsanspruch im Zusammenhang mit der Gurtanlegepflicht, NJW 1983, 593 ff

der Betroffene selbst treffen, sie dürfe ihm nicht durch den Staat nach statistischer Wahrscheinlichkeit vorgeschrieben werden.[605]

Bereits bei der Einführung der Gurtpflicht wurde darauf verwiesen, daß die Wahrscheinlichkeit einer gurtbedingten Verletzung verschwindend gering sei.[606] Inzwischen ist der Einwand der "erzwungenen Gurtgefahr" weitgehend verklungen. Grund dafür ist, daß die Sicherheitsgurte technisch weiterentwickelt wurden und damit das Verletzungsrisiko sank, so daß nach neueren Untersuchungen die "Gurtgefahr" wesentlich geringer ist, als zunächst angenommen.

4. Stellungnahme

Der Gurt- wie der Helmzwang dient in erster Linie dazu, den betroffenen Fahrer vor Verletzungen zu schützen. Deshalb muß eine Rechtfertigung hier ansetzen und sollte nicht auf mögliche Nebeneffekte abstellen. Es erscheint schon arg konstruiert, wenn in der amtlichen Begründung und verschiedenen Urteilen darauf verwiesen wird, daß die fehlende Absicherung eines Verkehrsteilnehmers dazu führe, daß dieser bei einem Unfall auch andere gefährde. Auch vermag es nicht zu überzeugen, wenn zur Begründung auf angebliche Folgekosten für Versicherungen und Allgemeinheit verwiesen wird. Zwar mag es zynisch anmuten, die durch die Einführung der Schutzmaßnahmen im Straßenverkehr eingesparten Kosten gegen die aufzurechnen, die entstehen, weil Unfallbeteiligte schwerverletzt und pflegebedürftig überleben. Gleichwohl macht dieser Gedanke deutlich, daß es nicht um die Verringerung von Kosten geht, sondern darum, Menschen ein Überleben zu sichern, das sie selbstbestimmt meistern können. Es kann insoweit auf die bereits zur Strafbarkeit der einvernehmlichen Körperverletzung formulierten Überlegungen verwiesen werden. Wenn der Staat verpflichtet ist, Autonomieeinschränkungen seiner Bürger infolge der Verletzung bei Verkehrsunfällen zu kompensieren, dann deshalb, weil er als Garant für ein selbstbestimmtes Leben verstanden wird. Ausgangspunkt auch der sozialen Folgekosten ist daher die Autonomie des einzelnen, die geschützt werden soll. Auch das Sozialstaatsprinzip ist Ausfluß der Achtung vor der Autonomie. Es soll nicht übergeordneten gesellschaftlichen Interessen dienen, sondern sicherstellen, daß alle, insbesondere schwächere Menschen, so weit als möglich ein selbstbestimmtes Leben führen können.

Ansatzpunkt einer Rechtfertigung des erzwungenen Selbstschutzes im Straßenverkehr sollte daher die Frage sein, ob es andernfalls zu einer Gefährdung der Voraussetzungen eines selbstbestimmten Lebens kommt und ob die Gurt- bzw. Helmpflicht hiergegen ein angemessenes Mittel ist. Das Fahren ohne Gurt oder Helm kann insoweit als eine abgeschwächte Form des "Autosurfens" verstanden werden.[607] Dort war die Einwilligung des ungesichert auf dem Autodach Mitfahrenden deshalb unbeachtlich, weil er sich der hohen Gefahr einer irreversiblen Schädigung seiner eigenen Gesundheit aussetzt, die eine gravierende Beeinträchtigung der Möglichkeiten zu einem selbst-

---

[605] *Geiger, W.*: Die Rolle des Staates im Bereich des Straßenverkehrsrechts, DAR 1976, 319, 325; *Jagusch, Heinrich*: Der Sicherheitsgurt – Nutzen und Zumutung, NJW 1977, 940 f

[606] Vgl.: *Schlund, G. H.*: Sicherheitsgurt und Mitverschulden, DAR 1978, 215, 217

[607] Vgl. IV A 4

bestimmten Leben bedeuten würde. Auch durch die ungeschützte Teilnahme am Verkehr setzt sich der Betroffene der Gefahr aus, daß bei einem Unfall mit Leben und Gesundheit die Grundvoraussetzungen eines selbstbestimmten Lebens beeinträchtigt werden. Die Gefahr ist zwar geringer als beim Autosurfen, aber immer noch hoch genug. Die Gurt- bzw. Helmpflicht ist dafür im Vergleich zur – durch die Strafbarkeit des Fahrers vermittelte – Unzulässigkeit des Autosurfens eine weniger einschneidende Maßnahme. Einen Sicherheitsgurt anzulegen ist bloß lästig, aber kein schwerwiegender Eingriff.

Der autonomieorientierte Paternalismus greift nur bei der Gefährdung von existenziellen Voraussetzungen eines eigenverantwortlichen Lebens ein. Soweit es nur um die Gefährdung anderer Güter geht, kann auch eine Abwägung von drohendem Gefährdungsgrad, Schwere der Freiheitsbeeinträchtigung und anderen Kriterien für den freiheitlichen Staat kein Eingreifen rechtfertigen. Wenn aber Schaden für die Voraussetzungen eines selbstbestimmten Lebens droht, dann darf aus dem Geiste der Achtung vor der personalen Autonomie eine rationale Abwägung anhand der genannten Kriterien stattfinden.

Das Beispiel von Gurt- und Helmpflicht macht auch deutlich, daß der autonomieorientierte Paternalismus leicht überdehnt und damit zum Schlüssel sehr weitreichender Bevormundung werden kann. So ließe sich etwa argumentieren, durch Rauchen oder ungesunde Ernährung ginge der Betroffene die Gefahr einer schweren Gesundheitsbeeinträchtigung ein, die letztlich die Voraussetzungen eines selbstbestimmten Lebens bedrohen würden. Doch gibt es offensichtliche Unterschiede zur Gurt- oder Helmpflicht. Die Gesundheitsgefährdung des ungeschützt stürzenden Motorradfahrers ist sehr viel greifbarer als die des Rauchers oder des Freundes ungesunder Ernährung. Vergleicht man einen mit dem Kopf gegen einen Baum geschleuderten Motorradfahrer mit und ohne Schutzhelm, so steht die Wirksamkeit des Helms außer Frage. Der Vergleich eines Rauchers mit einem Nichtraucher ist dagegen weniger eindeutig. Die Gesundheit des Rauchers ist in vielfacher Weise von seiner sonstigen Konstitution abhängig, Gesundheitsschäden sind statistisch wahrscheinlich, nicht aber zwingend. Gleichwohl sind Gurt- und Helmpflicht Grenzfälle dessen, was um des Schutzes der Voraussetzungen eines selbstbestimmten Lebens willen einem Menschen vorgeschrieben werden darf.

D. Drogen

Schon seit jeher haben Menschen in den verschiedensten Kulturen bewußtseinsverändernde Drogen konsumiert. Rauschmittel dienten und dienen der Linderung von Schmerzen, der Beruhigung, als Schlafmittel, zur Anregung oder Leistungssteigerung, sowie zur Bewußtseins- oder Stimmungsänderung. Abhängig von der kulturhistorischen Entwicklung sind bestimmte Rauschmittel anerkannt, geduldet oder gar gefördert, während andere mißbilligt und verboten sind. In Deutschland sind Alkohol und zahlreiche andere Genuß- und Alltagsdrogen, wie Kaffee und Tabak, durch die Rechtsordnung wie durch die Gesellschaft weitgehend anerkannt, andere "kulturfremde" Rauschmittel dagegen verboten.

In der Öffentlichkeit gab es in den letzten Jahren immer wieder hitzige Debatten darüber, wie der Staat darauf reagieren sollte, daß Menschen zu Rausch- und Suchtmitteln greifen. Dabei beschränkte sich diese Debatte zumeist auf die bislang verbotenen Rauschmittel. Die freizügige Haltung des Staates zu Alkohol und anderen erlaubten Genuß- und Alltagsdrogen hingegen wurde nicht ernsthaft in Frage gestellt. Erst in den letzten Jahren gerieten in Deutschland – beeinflußt von US-amerikanischen Tendenzen, den Nikotinkonsum zu ächten – die gesundheitlichen Folgen des Rauchens in den Blickpunkt der Öffentlichkeit. Die Überlegungen dazu drehten sich jedoch meist nur um Jugendschutz, den Schutz Dritter vor ungewollter Beeinträchtigung (Passivrauchen) sowie die Frage, wer die finanziellen Folgen der durch Nikotinkonsum entstehenden Gesundheitsschäden zu tragen habe.[608]

Ungeachtet des Bemühens, mittels des Strafrechts die Verbreitung von illegalen Drogen einzudämmen, ist die Zahl der Drogenabhängigen gestiegen. Angesichts ihres Elends wachsen die Zweifel, ob die bisherige repressive Haltung des Staates gegenüber kulturfremden Rauschmitteln sinnvoll ist. Zunehmend wurde es auch ganz generell als Anmaßung kritisiert, daß der Staat seinen Bürgern den selbstgewählten Gebrauch von bestimmten Rauschmitteln verwehrt. Rauschmittelverbote wurden grundsätzlich in Frage gestellt. Auf großes Interesse stieß 1994 der "Cannabis-Beschluß" des Bundesverfassungsgerichts.[609] Grundsätzlich bestätigte das Gericht das strafbewehrte Verbot von Cannabispodukten. Allerdings wurden zahlreiche ursprünglich vom Gesetzgeber angenommene Bewertungen über Suchtpotential und Gefährlichkeit dieser Rauschmittel sowie die behauptete Funktion als "Einstiegsdroge" zu gefährlicheren Drogen[610] verworfen. Beim gelegentlichen Eigenverbrauch geringwertiger Mengen von Haschisch sei das Strafverfahren regelmäßig einzustellen.

Bei der Diskussion um staatliche Bestimmungen zu Rausch- und Suchtmitteln sind zwei Ebenen der Diskussion zu unterscheiden. Zum einen besteht die grundsätzliche Frage, ob der Staat seinen Bürgern den Genuß von Rausch- und Suchtmitteln verbieten oder erschweren darf. Rechtspolitisch entspricht dem die Forderung nach Legalisierung von Betäubungsmitteln, worunter die Freigabe von allen oder zumindest be-

---

[608] Vgl.: *Jahn, Ralf*: (Nicht-)Raucherschutz als Grundrechtsproblem, DÖV 1989, 850-855

[609] BVerfGE 90, 145 ff

[610] Vgl. BT-Drucks. 6/1877, 6

stimmten Betäubungsmitteln zu verstehen ist. Die folgende Untersuchung ist dieser Frage gewidmet.

Davon zu unterscheiden ist die Diskussion um Wirksamkeit und Auswirkungen bestimmter staatlicher Regelungen. So wird etwa ein Verbot von Alkohol mit der Begründung abgelehnt, die Erfahrungen mit der Prohibition in verschiedenen Ländern zeige, daß dadurch Alkoholismus nicht wirksam bekämpft werden könne. Auch der Drogenpolitik wird vorgeworfen, sie befördere die Beschaffungskriminalität und erschwere den Ausstieg aus der Drogensucht. Von solchen Überlegungen wird häufig die tagespolitische Debatte bestimmt. Hierzu gehören insbesondere die Forderungen nach Entkriminalisierung, also dem Zurückdrängen des Strafrechts im Bereich der Betäubungsmittel, sowie nach Entpönalisierung, also der Einschränkung von Strafverfolgung und Strafdurchsetzung bei grundsätzlicher Beibehaltung des strafrechtlichen Verbots von Betäubungsmitteln.[611] Diese Überlegungen sind hier allenfalls am Rande von Interesse. Erst wenn feststeht, wo der Staat legitimerweise eingreifen darf, kann darüber diskutiert werden, wie Eingriffe am klügsten erfolgen sollten. Allerdings gibt es Wechselwirkungen zwischen den grundsätzlichen Überlegungen und einer folgenorientierten Argumentation.[612] So etwa, wenn dem Staat die Aufgabe zugewiesen wird, den Bürger vor grundrechtseinschränkender, nichtstaatlicher sozialer und ökologischer Übermacht zu schützen, gleichzeitig aber festgestellt wird, daß die Kriminalisierung von Drogen dazu führt, daß Abhängige einer solchen Übermacht ausgesetzt sind.[613]

Zunächst sollen die Begriffe Droge, Betäubungsmittel, Rauschmittel und Rauschgift geklärt werden, da diese in der Diskussion uneinheitlich und oft wertend gebraucht werden (1.). Dem folgt eine Darstellung der geltenden rechtlichen Regelungen zu Rauschmitteln vor dem Hintergrund der geschichtlichen Entwicklung von Rauschmittelkonsum und staatlicher Reglementierung (2.). Dann werden die Gründe erläutert, die für die Repression von Drogengebrauch genannt werden (3.). Dem folgt eine Erörterung der Kritik an den bestehenden Regelungen und an repressiver staatlicher Drogenpolitik (4.). Da sich die Diskussion um die staatliche Stellung zu Rauschmitteln nicht in einem schlichten Entwede – oder von Repression und grenzenloser Legalisierung erschöpft, werden verschiedene Reform- und Alternativvorschäge zur bestehenden Rechtslage aufgezeigt (5.). Am Ende steht eine eigene Stellungnahme, ob und wann der Umgang mit Rauschmitteln durch den Staat beschränkt werden darf (6.).

---

611 zu den Begriffen vgl.: *Büttner, Thomas*: Eine verfassungsrechtliche Bewertung des Betäubungsmittelstrafrechts, 41 ff

612 Vgl: *Köhler, Michael*: Freiheitliches Rechtsprinzip und Betäubungsmittelstrafrecht, ZStW 104 (1992), 3 ff; *ders.*: Grundsatzkritik des Betäubungsmittelstrafrechts, in: *Neumeyer, Jürgen; Schaich-Welch, Gudrun*: Zwischen Legalisierung und Normalisierung, 168 ff

613 *Böllinger, Lorenz*: Verfassungsrechtliche und kriminalpolitische Aspekte eines Ausstiegs aus repressiver Drogenpolitik, in: *Neumeyer, Jürgen; Schaich-Welch, Gudrun*: Zwischen Legalisierung und Normalisierung, 147, 157

1. Begriffe

Es gibt eine sehr uneinheitliche Verwendung der Begriffe Droge, Suchtmittel, Betäubungsmittel, Rauschmittel oder Rauschgift.

Allgemein werden unter Drogen psychowirksame (psychotrope) Substanzen verstanden, d. h. Substanzen, die über den Körper auf Psyche, Bewußtsein, Sinne oder Stimmung wirken. Hierunter fallen weit verbreitete, legale "Genuß- und Alltagsdrogen" wie Kaffee, Tabak und Alkohol ebenso wie verbotene Substanzen.[614] Im weiteren wird der Begriff Droge in diesem umfassenden Sinn gebraucht. Allerdings wird der Begriff häufig so verwandt, daß nur illegale Drogen darunter fallen, Alltagsdrogen aber gerade nicht – etwa wenn das Begriffspaar "Drogen und Alkohol" benutzt wird. In der (Drogen-) Politik wird der Begriff häufig bewußt auf die illegalen Substanzen nach dem BtMG reduziert.[615]

Die ersten Definitionsversuche der Weltgesundheitsorganisation (WHO) bezeichneten nur solche psychowirksamen Substanzen als Drogen, die eine Sucht erzeugen. Unter "Sucht" wurde der durch psychische oder physische Abhängigkeit von der Drogenwirkung vermittelte Zwang zum weiteren Konsum der Droge verstanden, der mit der Tendenz zur Dosenerhöhung einher ginge.[616]. Als alternative Bezeichnung von Drogen wird auch der Begriff Suchtmittel verwandt. Die Wahrscheinlichkeit, durch den Konsum in Abhängigkeit und Sucht zu geraten, ist auch das wichtigste Kriterium zur Unterscheidung und Klassifizierung von Drogen.

Eine Klassifizierung der WHO aus dem Jahre 1971 sieht nach diesem Maßstab Alkohol als gefährlichste Droge, gefolgt von Barbituraten, denen wiederum Opiate (Heroin, Kodein) und Kokain, dann Amphetamine, Kath und Halluzinogene (LSD) folgen. Am Ende des Abhängigkeits- und Suchtpotentials stehen Cannabis und Lösungsmittel. Diese Tabelle enthält offensichtliche Schwachstellen, sie läßt den stark suchtbildenden Charakter intravenös verabreichten Kokains außer acht und faßt unter den Kategorien sehr unterschiedliche Substanzen zusammen. Eine andere Tabelle, die sich an der Suchtgefahr orientiert, sieht Opium, Morphium und Heroin als gefährlichste Drogen, gefolgt von Barbituraten und Alkohol, während LSD, Mescaline und Cannabis am Ende der Gefährlichkeitshierarchie stehen.[617]

Auch die Unterscheidung in "weiche" und "harte" Drogen bezieht sich auf den Gefährlichkeitsgrad. Die Abgrenzung ist dabei im einzelnen sehr umstritten. Als harte Drogen werden gemeinhin Stoffe wie Heroin, Crack, Morphin, Kokain, Ecstasy und LSD bezeichnet, als weiche Drogen dagegen Opium, Haschisch, Kath, Tabak, Alkohol und Beruhigungsmittel. Manchmal wird unterschieden, ob die Substanz körperlich abhängig macht (harte Droge) oder nur zu einer psychischen Abhängigkeit führt (weiche Droge). Grundsätzlich haben harte Drogen eine höhere Konzentration toxischer Substanzen als weiche Drogen. Eine rein pharmakologische Einordnung wird dem

---

[614] *Brühl, Albrecht*: Drogenrecht, 1, 4 ff
[615] *Hanssen, Christian*: Trennung der Märkte, 33
[616] Vgl. *Siebel, Andreas*: Drogenstrafrecht in Deutschland und Frankreich, 1 ff
[617] *Siebel, Andreas*: Drogenstrafrecht in Deutschland und Frankreich, 4 ff

Gefährdungsgrad jedoch nicht in jedem Fall gerecht. LSD hat beispielsweise eine sehr hohe toxische Konzentration, wirkt jedoch nur in sehr geringem Maß suchterzeugend. Entsprechend umstritten ist die Einordnung dieses Rauschmittels. Weiter werden natürliche, halbsynthetische und synthetische Rauschmittel unterschieden, wobei teilweise natürliche Drogen als weich und verhältnismäßig ungefährlich, synthetische dagegen als hart und gefährlich eingestuft werden. Diesen Einteilungen werden weder vom BtMG noch von der WHO Bedeutung beigemessen.[618] In der Diskussion um die Haltung des Staates zu Drogen spielt diese Unterscheidung jedoch eine große Rolle und auch einige (Unter-) Gerichte haben sie aufgegriffen.[619]

Betäubungsmittel sind nach der Legaldefinition in § 1 Abs. 1 BtMG die in den Anlagen I – III des BtMG aufgeführten Stoffe und Zubereitungen. Die Bezeichnung Betäubungsmittel ist irreführend, weil in den Anlagen auch Weck- und Aufputschmittel wie Amphetamine aufgeführt werden, welche gerade das Gegenteil von betäubend wirken. Als juristischer Begriff erklärt er sich nicht sprachlich, sondern bezeichnet einfach illegale Drogen. Das Enumerationsprinzip ist auch in ausländischen Gesetzen und internationalen Abkommen allgemein verbreitet. Damit werden letztlich die Schwierigkeiten einer allgemeinen Definition umgangen und die Möglichkeit eröffnet, ohne Bindung an Kriterien und Prinzipien die Zulässigkeit von Rauschmitteln zu regeln. Das BtMG unterscheidet zwar in nicht verkehrsfähige, nicht verschreibungsfähige und verschreibungspflichtige Substanzen, orientiert sich aber nicht an der Suchtgefährlichkeit der Stoffe, wie dies in der Drogengesetzgebung vieler anderer westlicher Staaten üblich ist.[620]

Der Begriff Rauschgift wird in der Öffentlichkeit zumeist als Synonym für illegale Drogen benutzt. Dem Begriffsbestandteil "Gift" hängt dabei eine negative Wertung an, ohne daß es darauf ankäme, ob die damit bezeichneten Drogen in ihrer konkreten Benutzungsweise tatsächlich giftig wirken.

Weiter wird der Begriff Rauschmittel für psychowirksame Substanzen verwandt. Der Begriff wird meist gewählt, um auszudrücken, daß neben den illegalen Substanzen auch Alkohol gemeint ist. Als ein Synonym für Droge im weiten Sinn wird Rauschmittel auch hier verstanden.

2. Geschichtlicher Rückblick und Rechtslage

Es erscheint sinnvoll, die historische Entwicklung von Rauschmitteln nachzuzeichnen, um zu verstehen, warum heute der Umgang mit bestimmten Rauschmitteln geächtet ist, während andere Drogen (insbesondere der Alkohol) anerkannt sind. Vor diesem Hintergrund sollen die geltenden rechtlichen Bestimmungen in Deutschland nachgezeichnet werden.

---

[618] *Hanssen, Christian*: Trennung der Märkte, 18

[619] Vgl.: LG Lübeck, StrV 1992, 168, 174; LG Frankfurt, StrV 1883, 77,

[620] *Hobbing, Peter*: Strafwürdigkeit der Selbstverletzung, 129

a. Historische Entwicklung

Es gibt schon sehr frühe Zeugnisse über den Gebrauch von Drogen. Viele Überlieferungen aus dem Altertum berichten über die berauschende Wirkung alkoholischer Getränke. Assyrer, Ägypter, Griechen und Chinesen nutzten damals schon aus Schlafmohn gewonnenes Opium als einschläferndes und schmerzstillendes Mittel. Bis in die Neuzeit beherrschte Opium die Arzneimittelherstellung und -forschung.

Seit dem 7. nachchristlichen Jahrhundert breitet sich der Islam zunehmend aus und wurde zur heute zweitgrößten Weltreligion. Aus einer Warnung vor dem Weinkonsum im Koran entwickelte sich eine religiös bedingte Ächtung des Alkoholkonsums. In zahlreichen muslimisch geprägten Ländern sind alkoholische Getränke heute verboten.

Besonders in Deutschland wurden zahlreiche neue Drogen entwickelt, in denen man zunächst wirksame Heilmittel sah, die sich aber als suchterzeugend und wegen des mit der Abhängigkeit verbundenen übermäßigen Konsums als gesundheitsschädlich erwiesen. Im 18. Jahrhundert wurden mit den "Frankfurter Pillen" und den "Hoffmanns-Tropfen" zwei Medikamente populär, die beide Opium enthielten. 1803 entwickelte der deutsche Apotheker *Friedrich Sertümer* aus Opium Morphium, seit 1827 wurde Morphium durch die Darmstädter Pharmafirma E. Merck & Co industriell produziert. Die gleiche Firma vertrieb ab 1862 auch Kokain, nachdem es dem Chemiker *Albert Niemann* zwei Jahre zuvor gelungen war, den psychotropen Stoff der Cocapflanze chemisch herzustellen. Durch die zunehmende Verbreitung von Opiumarzneien wurde Opium in Deutschland zur Volksdroge.[621]

Mehr und mehr gerieten auch die negativen Auswirkungen des Opiumkonsums in den Blickpunkt. China versuchte ab Ende des 18. Jahrhunderts, Opium zu verbieten. Da ein solches Verbot jedoch die Interessen Englands verletzte, welches am Opiumhandel verdiente, wurde China in zwei Opiumkriegen (1839 - 1842 und 1856 - 1860) zur Aufhebung des Verbots und Legalisierung des Opiums gezwungen. Als schließlich in der zweiten Hälfte des 19. Jahrhunderts auch der wissenschaftliche Beweis für den suchtbildenden Charakter des Opiums und der daraus entwickelten Stoffe erbracht wurde, fand ein Wechsel hin zu cannabishaltigen Mitteln statt. Auf Cannabisbasis wurden Fertigarzneimittel entwickelt und fanden einen großen Absatz. Ab 1870 wurden auch Cannabis-Zigaretten in Deutschland angeboten. Ende des 19. Jahrhunderts brachte der deutsche Konzern Bayer einen aus Morphin gewonnenen Stoff unter dem Warenzeichen "Heroin" auf den Markt, der zunächst als Hustenmittel, später auch als Wunderwaffe gegen die Morphiumsucht hohe Umsätze erzielte und in alle Welt exportiert wurde.[622]

Opium bzw. Morphin, dessen negative Auswirkungen vermehrt in den Blickpunkt gerieten, waren der Ausgangspunkt einer Entwicklung hin zur staatlichen Repression von Drogen. 1909 kam es zu einer ersten internationalen Konferenz über Opiummißbrauch in Shanghai, in dessen Folge im 1. Internationalen Opiumabkommen 1912 in Den

---

[621] *Körner, Harald Hans*: Betäubungsmittelgesetz Kurzkommentar, Einl. Rn 2 ff

[622] *Körner, Harald Hans*: Betäubungsmittelgesetz Kurzkommentar, Einl. Rn 2 ff, Zur Geschichte des Heroins: *Bauer, Christine*: Heroinfreigabe, 21 ff

Haag Opium, Kokain und Morphium geächtet wurden. Damit war die Grundlage der umfassenden internationalen Drogenprohibition im 20. Jahrhundert gelegt. Treibende Kraft waren die USA. Hier gab es starke Vorbehalte gegen Rauschmittel. Ihr Genuß war mit dem puritanischen Ideal strenger Selbstzucht unvereinbar, welches die politische Kultur Nordamerikas damals prägte und bis in die Gegenwart prägt.[623] Die Bestrebungen nach Zurückdrängen der Drogen richteten sich dort auch gegen den Alkohol. Ab etwa 1900 wurde Alkoholgenuß zunächst in einigen amerikanischen Staaten, von 1920 – 1933 bundesweit in den USA verboten. In Deutschland dagegen war man angesichts der hohen Gewinne, die deutsche Unternehmen aus der Entwicklung und Produktion von Drogen zogen, zunächst wenig geneigt, dem internationalen Prohibitionstrend zu folgen. Trotz der Teilnahme an der Internationalen Opiumkonferenz sah man in Deutschland bis 1917 keine Notwendigkeit, mit gesetzgeberischen Maßnahmen gegen den Handel mit Opiaten und Kokain vorzugehen. Danach gab es drei Verordnungen, die den bis dahin freien Verkehr mit Betäubungsmitteln einschränkten.[624] Erst nach dem verlorenen ersten Weltkrieg wurde Deutschland durch den Versailler Vertrag verpflichtet, seine Gesetzgebung an die Vorgaben des ersten internationalen Opiumabkommens anzupassen.[625] Deshalb trat 1920 ein erstes Betäubungsmittelgesetz in Kraft. 1925 ging das Deutsche Reich auf der 2. Opiumkonferenz weitere Verpflichtungen ein, die 1929 durch das Opiumgesetz (OpiumG) innerdeutsches Recht wurden. Ziel des OpiumG war es, die Verwendung von Drogen auf Heilzwecke und wissenschaftliche Forschung zu beschränken. Strafbar waren die illegale Einfuhr, Ausfuhr, Herstellung, Verarbeitung, Erwerb, Abgabe, Veräußerung und das Handeltreiben, wobei die Höchststrafe Gefängnis bis zu drei Jahren betrug – ein im Vergleich zum heutigen BtMG moderater Strafrahmen.

Die zunehmende internationale Drogenprohibition hatte zur Folge, daß die legale Produktion von Drogen zurückging. Die Nachfrage nach Rauschmitteln blieb jedoch bestehen und stieg sogar. Deshalb bildeten sich illegale Strukturen, durch welche verbotene Drogen weiter vertrieben wurden.[626]

Einen großen Auftrieb nahm der Drogenkonsum infolge der 68er Proteste. Drogen wurden in der Bundesrepublik Deutschland wie zuvor in den USA und der gesamten westlichen Welt zum Bestandteil einer Gegenkultur, die junge Menschen in ihrer Auflehnung gegen die etablierten Lebensweisen entwickelten.[627] Der Gesetzgeber reagierte 1971 auf diese Entwicklung durch die Neuregelung des Drogenrechts. Das neue Gesetz über den Verkehr mit Betäubungsmitteln (BtMG)[628] war als Sofortmaßnahme zur Eindämmung der "Rauschgiftwelle" gedacht. Es richtete sich auch und gerade gegen Cannabis-Produkte,[629] deren Genuß in der bezeichneten Protestkultur eine besondere Bedeutung zukam.

---

[623] *Thamm, Berndt Georg*: Drogenfreigabe – Kapitulation oder Ausweg?, 62 f
[624] *Endriß, Rainer; Malek, Klaus*: Betäubungsmittelstrafrecht, 2
[625] *Büttener, Thomas*: Eine verfassungsrechtliche Bewertung des Betäubungsmittelstrafrechts, 36 f
[626] Vgl.: *Körner, Harald Hans*: Betäubungsmittelgesetz Kurzkommentar, Einl. Rn 8
[627] *Körner, Harald Hans*: Betäubungsmittelgesetz Kurzkommentar, Einl. Rn 9
[628] BGBl I, 2092
[629] Vgl.: BT-Drucks. 6/1877, 6

Mitte der 70er Jahre geriet der Heroin-Konsum ins Blickfeld der Öffentlichkeit. Das nur noch illegal gehandelte Heroin begründet bei den Konsumenten eine starke Abhängigkeit, in dessen Folge Verwahrlosung und Kriminalität zur Beschaffung von Geld für die hohen Schwarzmarktpreise einsetzt. Zunehmend wurden drogenabhängige Straftäter als hilfsbedürftige Opfer ihrer Sucht begriffen. Nach gescheiterten Gesetzesentwürfen von Regierung und Opposition im Jahre 1979 wurde am 28.07.1981 das BtMG in der Fassung verabschiedet, die grundsätzlich auch heute noch gilt und die gegenüber der alten Rechtslage eine grundlegende Neugestaltung vornahm.[630] Formal wurde der Rechtsstoff, der sich in zahlreichen Gesetzen, Durchführungverordnungen und Internationalen Abkommen angesammelt hatte, komprimiert und vereinfacht. Der materiellrechtliche Grundgedanke der Neuregelung war eine Strafschärfung des Handels mit Betäubungsmitteln bei gleichzeitiger Strafminderung und Therapieangeboten für die Konsumenten.[631]

In der DDR hatte die Gesetzgebung mit dem Suchtmittelgesetz auch repressiv auf die Verbreitung von Rauschmitteln reagiert. Illegale Drogen waren in Ost-Deutschland weit weniger verbreitet als in der Bundesrepublik. Seit dem Beitritt der ostdeutschen Länder zur Bundesrepublik gilt das BtMG in ganz Deutschland, der Einigungsvertrag sah insoweit lediglich einige Übergangsvorschriften vor.[632]

In den 90er Jahren ergingen einige Neuregelungen, die das Los schwer Drogensüchtiger erleichtern sollten. Dazu gehörte die Zulassung einer Substitutionsbehandlung durch Methadon. In Großstädten wurden "Druckräume" oder "Fixerstuben" eingerichtet und sterile Einwegspritzen verteilt, um die Infektion von Heroinabhängigen mit HIV einzudämmen. 1992 wurde die Einstellung strafrechtlicher Verfahren gegen Konsumenten erleichtert. Auf der anderen Seite wurde der Kampf gegen den organisierten illegalen Drogenhandel verstärkt, indem die Strafbestimmungen verschärft und eine Vielzahl verdeckter Ermittlungs- und Überwachungsmöglichkeiten geschaffen wurden. Der neugeschaffene Geldwäschetatbestand, die Vermögensstrafe und der erweiterte Verfall sollten ein wirksames Vorgehen gegen die hohen Gewinne aus dem illegalen Drogenhandel ermöglichen.

Auch bei der Verbreitung der unterschiedlichen Drogen haben sich die Gewichte verlagert. Jede Jugendkultur ist mit anderen Rauschmitteln verbunden. Im Gefolge der "Techno-Welle" gelangte Ecstasy und verschiedene "Designerdrogen" zu größerer Popularität. Diese Rauschmittel sind dadurch gekennzeichnet, daß psychowirksame Substanzen und Stoffe so miteinander verbunden werden, daß die Verbindung nicht unter die in den Katalogen aufgeführten illegalen Betäubungsmittel fallen.[633] Häufig wurden daher die Anhänge zum BtMG ergänzt, um bestehende Lücken zu schließen und neuentwickelte Rauschmittel zu erfassen.

Seit Anfang der 90er Jahre wurde die Verfassungsmäßigkeit des strafrechtlichen Verbots des Umgangs mit Cannabis von einigen Untergerichten angezweifelt. Das

---

[630] *Endriß, Rainer; Malek, Klaus*: Betäubungsmittelstrafrecht, 5
[631] BT-Drucks. 8/3551, 1
[632] *Körner, Harald Hans*: Betäubungsmittelgesetz Kurzkommentar, § 1 Rn 36
[633] *Joachimski, Jupp*: BtMG, § 1 Rn 46

BVerfG verband verschiedene Aussetzungs- und Vorlagebeschlüsse[634] und eine Verfassungsbeschwerde,[635] um 1994 in dem sogenannten "Cannabis-Beschluß" das strafrechtliche Verbot des Umgangs mit Cannabisprodukten grundsätzlich zu bestätigen. Der Grundsatz der Verhältnismäßigkeit sei gewahrt, weil die Strafverfolgungsbehörden durch das Absehen von Strafe oder Strafverfolgung dem geringen individuellen Unrechts- und Schuldgehalt Rechnung tragen könnten. Bei Verhaltensweisen, die ausschließlich dem Eigenverbrauch geringer Mengen dienen, sei geboten, grundsätzlich von der Verfolgung abzusehen.[636] In der Öffentlichkeit wurde der Cannabis-Beschluß sehr unterschiedlich interpretiert. Während einige eine Freigabe von Cannabis zu erkennen glaubten, meinten andere, die Entscheidung ändere nichts an der bisherigen Rechts- und Verfolgungspraxis.[637] Das Gericht gab den Ländern auf, die erheblichen Unterschiede in der Einstellungspraxis zu beheben. Diese konnten sich in der Folgezeit gleichwohl nicht auf eine einheitliche Bewertung einigen. Die meisten haben Richtlinien für die Bearbeitung von Betäubungsmittelstrafsachen für die Staatsanwaltschaften erlassen. Hinsichtlich Cannabis haben Bayern, Baden-Württemberg, Brandenburg, Hamburg, Nordrhein-Westfalen, Rheinland-Pfalz und Schleswig-Holstein Obergrenzen festgelegt, bis zu der von einer geringen Menge ausgegangen werden kann. Die Obergrenzen sind jedoch sehr unterschiedlich, sie liegt in Bayern bei 6 und in Schleswig-Holstein bei 30 Gramm. Berlin, Hessen, Niedersachsen, das Saarland und Sachsen-Anhalt bestimmten Untergrenzen, bis zu der von einer Verfolgung abgesehen werden muß, sowie eine weitere Grenze, bis zu der eingestellt werden kann. Zwingend muß in diesen Ländern bis zu einer Menge von 6 Gramm eingestellt werden. Die Grenzen für die fakultative Einstellung sind uneinheitlich zwischen 10 und 30 Gramm. In Bremen, Mecklenburg-Vorpommern, Sachsen und Thüringen sind überhaupt keine Richtlinien für das Absehen von der Strafverfolgung erlassen worden.[638]

b. Rechtliche Bestimmungen zu Drogen

Hinsichtlich der Rauschmittel, die in den Anhängen zum BtMG aufgeführt werden, gilt in Deutschland der Grundsatz der Totalprohibition. Das heißt, daß möglichst lüc??kenlos alle denkbaren Formen des Umgangs mit diesen Substanzen bei Strafe verboten sind. Die Verbreitung von Betäubungsmitteln soll präventiv wie repressiv bekämpft werden. Die Tatbestände sind weit gefaßt. Um auch nicht benannte Handlungsmodalitäten erfassen zu können, sind einige der Tatbestände als Auffangtatbestände ausgestaltet. Meistens begründet nicht erst der Vorsatz, sondern bereits Fahrlässigkeit des Handelnden seine Strafbarkeit.[639]

§ 29 BtMG nennt alle erdenklichen, sich auf Produktion, Umsatz und Abgabe beziehenden Verhaltensweisen: Anbau, Herstellung, Handeltreiben, Einführen, Aus-

---

[634] LG Lübeck, StV 1992, 168; LG Hildesheim, DVJJ-Journal 1992, 117 ff; AG Stuttgart; LG Frankfurt, StV 1993, 77 f

[635] StV 1994, 124

[636] BVerfGE 90, 145, 146

[637] *Klingner, Klaus*: Für einen rationalen Umgang mit Drogenkonsumenten, NJW 1994, 2977

[638] *Weber, Klaus*: BtMG, § 31a Rn 64 ff

[639] *Endriß, Rainer*: Verteidigung im Betäubungsmittelstrafrecht, 41

führen, Veräußern, Abgeben und sonstwie in den Verkehr bringen, aber auch den Erwerb und das Verschaffen in sonstiger Weise (§ 29 Abs. 1 Nr. 1 BtMG). Auch der Besitz von Betäubungsmitteln ist strafbar (§ 29 Abs. 1 Nr. 3 BtMG). Der Konsum wird rein formal nicht mit Strafe bedroht, faktisch jedoch schon, da mit Erwerb und Besitz die dem Konsum notwendigerweise vorgelagerten Stationen strafbar sind.[640]

Die Strafdrohung ist vergleichsweise hoch. Sie beträgt Freiheitsstrafe bis zu fünf Jahren oder Geldstrafe, in den besonders schweren Fällen sogar Freiheitsstrafe von einem bis 15 Jahre. Der letztgenannte Strafrahmen gilt nach § 29a Abs. 2 BtMG auch für Handel, Herstellung und Besitz einer nicht geringen Menge von Betäubungsmitteln sowie für die Abgabe von Betäubungsmitteln an Minderjährige. Auch wenn es infolge des Umgangs mit Betäubungsmitteln zum Tod eines Menschen oder der Gefahr einer Gesundheitsbeschädigung kommt, so knüpft das Gesetz daran eine erhöhte Strafdrohung (§§ 29 Abs. 3 Nr. 3, 30 Abs. 1 Nr. 3 BtMG). Der Grundsatz der Straflosigkeit bewußter Selbstgefährdung soll insoweit nicht gelten, weil das BtMG (auch) dem Schutz des Universalrechtsgutes der Volksgesundheit diene, über das der einzelne nicht verfügen könne.[641]

Alkohol ist dagegen eine legale Droge, das Verbot alkoholischer Getränke ist in Deutschland – anders als in anderen Ländern – nie ernsthaft erwogen worden. Es gibt allerdings Bestimmungen, bei denen der Alkoholkonsum Anknüpfungspunkt staatlicher Sanktionen ist. Dazu zählen insbesondere die sogenannten "Alkoholdelikte". Dies sind Straftaten und Ordnungswidrigkeiten, bei denen zum reinen Alkoholgenuß die Verletzung oder Gefährdung anderer Rechtsgüter kommt, wie zum Beispiel Vollrausch (§ 323a StGB), Transportgefährdung (§ 315 a Abs. 1 Nr. 1 StGB), Straßenverkehrsgefährdung (§ 315 c Abs. 1 Nr. 1 a , Abs. 3 StGB) und Trunkenheit im Verkehr (§ 316 StGB, § 24a StVG). Daneben gibt es zahlreiche Vorschriften, die dem Jugendschutz dienen.

Eine allgemeine Lenkungsabsicht dahingehend, den Alkoholkonsum und insbesondere den Mißbrauch einzuschränken, liegt der höheren Besteuerung alkoholischer Getränke zugrunde. Entsprechende Vorschriften gibt es auch zu Nikotin, wo außerdem im Fernsehen ein Werbeverbot gilt.

3. Rechtfertigung

Das BtMG pönalisiert den Umgang mit bestimmten Drogen umfassend und bewirkt damit mittelbar ein Verbot des Konsums solcher Drogen. Von einem freiheitlichen Rechtsverständnis her ist es begründungsbedürftig, warum die Entscheidung zum Drogenkonsum nicht der Eigenverantwortung des Betroffenen überlassen bleibt. Nachfolgend werden Gründe dargestellt, warum der Umgang mit Rauschmitteln über-

---

[640] *Köhler, Michael*: Freiheitliches Rechtsprinzip und Betäubungsmittelstrafrecht, ZStW 194 (1992), 3, 8

[641] BGH NStZ 1991, 392; zustimmend: *Rudolphi, Hans-Joachim*: Anmerkung, JZ 1991, 572 ff; *Otto, Harro*: Die Bedeutung der eigenverantwortlichen Selbstgefährdung im Rahmen der Delikte gegen überindividuelle Rechtsgüter, Jura 1991, 443 ff; kritisch: *Nester-Tremel, Cornelius*: Anmerkung, NStZ 1992, 273 ff

haupt beschränkt werden darf. Dabei geht es einmal um die Überlegungen, die den Bestimmungen des BtMG in seiner jetzigen Form zugrunde liegen. Es werden auch Argumente von Kritikern der bestehenden Regelungen dargestellt, sofern damit überhaupt eine staatliche Repression von Rauschmitteln begründet werden kann.

a. Schutz des Konsumenten

Das BtMG soll ausweislich der Gesetzesmaterialien dem Schutz des (potentiellen) Konsumenten dienen. Dem einzelnen (wie auch der Gemeinschaft) drohten durch die zunehmende Verbreitung von Rauschgift große Gefahren.

> "Es geht darum, den einzelnen Menschen, insbesondere den jungen Menschen vor schweren und nicht selten irreparablen Schäden an der Gesundheit und damit vor einer Zerstörung seiner Persönlichkeit, seiner Freiheit und seiner Existenz zu bewahren."[642]

In § 5 Abs. 1 Nr. 6 BtMG wird es als Zweck des Gesetzes bezeichnet, den "Mißbrauch" von Betäubungsmitteln und das Entstehen oder Erhalten einer Abhängigkeit soweit als möglich auszuschließen. Die Gefahr der Abhängigkeit stellt bereits ein Kriterium der Begriffsdefinition von Drogen dar, Abhängigkeit und Sucht stehen auch im Vordergrund vieler öffentlicher Diskussionen um Rauschmittel.

Selbst *Michael Köhler*, scharfer Kritiker des geltenden Betäubungsmittelstrafrechts, meint, die freie Verbreitung weniger harter Drogen solle verboten werden, wenn deren Gebrauch eine große Gefahr körperlicher Abhängigkeit beinhaltet. Beim Heroin bestünde typischerweise diese Gefahr einer schweren, den ganzen Lebensvollzug bestimmenden Sucht. Heroingebrauch sei per se mit der Gefahr einer Reduktion der Lebensaktivität auf die Rauschwirkung verbunden, was mit Seinsverlust im übrigen einherginge. Drogenkonsum bedeute dann die Negation von Selbstbestimmung. *Köhler* argumentiert, durch den Drogenkonsum, der die Gefahr körperlicher Abhängigkeit in sich berge, negiere das autonome Subjekt sein eigenes Dasein. Es zerstöre selbstwidersprüchlich solche Daseinsbedingungen, auf denen moralisch und pragmatisch freie Subjektivität substanziell beruhe. Dann ähnele Drogenkonsum der Selbsttötung oder Selbstverstümmelung. In diesen Fällen nämlich schlüge eine vertretbare autonom-pragmatische Selbstverfügung aktuell oder habituell in Selbstnegation um. Dem dürfe und müsse der Staat entgegenwirken.[643]

Diese Argumentation orientiert sich an der personalen Autonomie und rechtfertigt mit ihrem Schutz paternalistische Interventionen. Die Heranziehung des Betroffenen als Schutzobjekt ist angesichts des antipaternalistischen Grundverständnisses im Strafrecht ungewohnt. Das BVerfG hat in seinem Cannabis-Beschluß offengelassen, ob

---

[642] BT-Drucks. 6/1877, 6

[643] *Köhler, Michael*: Freiheitliches Rechtsprinzip und Betäubungsmittelstrafrecht, ZStW 194 (1992), 3, 27 ff

allein die Selbstschädigung des Konsumenten Grund für das strafrechtliche Verbot sein dürfte. Es verweist auf die nachfolgend erörterten Gemeinschaftsbelange.[644]

b. Schutz der Volksgesundheit

Bereits zur Begründung des Opiumgesetzes wurde angeführt, es solle eine Gefährdung der "Volksgesundheit" verhindert werden.[645] Auch die Neugestaltung des Betäubungsmittelstrafrechts im BtMG sollte dem Schutze der Volksgesundheit dienen, wenngleich der Begriff selbst zunächst in der Gesetzesbegründung nicht vorkam[646] und erst bei der weiteren Umgestaltung des BtMG[647] sowie durch die Rechtsprechung[648] gebraucht wurde. Die Kommentarliteratur zum BtMG geht ebenfalls davon aus, das Gesetz diene dem Schutz der Volksgesundheit.[649] Auch das BVerfG greift von der Sache her auf das Schutzgut der Volksgesundheit zurück, selbst wenn es die Verwendung des ideologisch belasteten Begriffs vermeidet und statt dessen auf die "Gesundheit der Bevölkerung als ganzes" abstellt.[650]

Das Rechtsgut Volksgesundheit erscheint erklärungsbedürftig. Was soll die "Volksgesundheit" mehr sein als die Summe der Individualgesundheiten der Bürger? In dem Begriff klingt eine etatistische Rechtsgutauffassung mit, nach der Staat und Gesellschaft als ein eigenständiger und ursprünglicher Rechtsgutträger aufgefaßt werden, von dem sich der Individualrechtsschutz erst ableitet.[651] Als überpersönliches Universalrechtsgut entzieht sich die Volksgesundheit einer genauen Inhaltsbestimmung und ist deshalb im rechtswissenschaftlichen Schrifttum scharf kritisiert worden.[652]

Um der Volksgesundheit einen eigenständigen, über die Summe der Individualgesundheiten hinausgehenden Gehalt zuzuweisen, wird argumentiert, daß die generelle Funktionsfähigkeit einer Gesellschaft von einem gesunden Bürgerstand abhängig sei.[653] Dies wird damit begründet, daß beim Drogenkonsum ein selbstschädigendes Verhalten massenhaft vorkäme und deshalb neben den offensichtlichen Primärfolgen beim Betroffenen auch erhebliche (sekundäre) Auswirkungen auf die Gesamtgesellschaft hätte. Damit würde die hohe Quantität in eine neue Qualität umschlagen.[654]

---

[644] Vgl.: BVerfGE 90, 145, 172
[645] RGSt 63, 160; BGHSt 1, 248, 250
[646] Vgl.: BT-Drucks. 6/1877, 5 ff
[647] BT-Drucks. 8/3551, 37
[648] BGHSt 31, 163, 168; BGH NStZ 1991, 392; NJW 1992, 2975
[649] *Körner, Hans Harald*: Betäubungsmittelgesetz Kurzkommentar, § 29 Rn; *Joachimski, Jupp*: Betäubungsmittelgesetz, Einleitung, Rn. 1
[650] BVerfG NJW 1984, 1577, 185
[651] Vgl.: *Büttner, Thomas*: Eine verfassungsrechtliche Bewertung des Betäubungsmittelstrafrechts, 84
[652] *Hohmann, Ralf*: Betäubungsmittelstrafrecht und Eigenverantwortlichkeit?, MDR 1971, 1117 f; *ders.*: Rationalität statt Mythenbildung, Neue Kriminalpolitik 1992, 10 f; *Köhler, Michael*: Rechtsgut, Tatbestandsstruktur und Rechtswidrigkeitszusammenhang, MDR 1992, 739, 740; *Nestler-Tremel, Cornelius*: Anmerkung, StrV 1992, 273, 276; *Bauer, Christine*: Heroinfreigabe, 59
[653] *Beulke, W.; Schröder, S*: Anmerkung, NStZ 1991, 393, 394 m. w. N.
[654] *Büttner, Thomas*: Eine verfassungsrechtliche Bewertung des Betäubungsmittelstrafrechts, 89

c. Schutz des sozialen Zusammenlebens

Negative soziale Auswirkungen werden dem Drogenkonsum nicht nur in Bezug auf die "Volksgesundheit" zugeschrieben, sondern es wird ein ganzes Bündel an unerwünschten gesellschaftlichen Folgen genannt. Bereits die Gesetzesbegründung zum BtMG hatte ganz allgemein die Funktionsfähigkeit der Gesellschaft als Schutzgut genannt, welches durch den ausufernden Drogenkonsum gefährdet sei.[655]

Das sozialutilitaristische Rechtsgut der "Funktionstüchtigkeit der Gesellschaft" bedarf einer näheren Konkretisierung. Es wird argumentiert, daß der Drogenkonsum sowohl das soziale Verantwortungsgefühl als auch die berufliche Leistungsbereitschaft schwäche. Eine leistungsorientierte Wirtschaft aber gehöre ebenso wie das soziale Verantwortungsbewußtsein und die Familie zu den tragenden Säulen der gesellschaftlichen Ordnung. Daher ginge mit der Ausbreitung des Drogenkonsums eine konkrete Gefährdung der Funktionsfähigkeit der Gesellschaft einher.[656]

Weiter wird argumentiert, der Drogenkonsum würde hohe soziale Folgekosten verursachen. Die gesetzlichen Krankenkassen würden durch die gesundheitlichen Schäden von Rauschmittelkonsumenten oder möglichen Entziehungs- und Rehabilitationsmaßnahmen belastet. Hinzu käme, daß Abhängige von illegalen Drogen sehr häufig auf Sozialhilfe angewiesen wären. Das staatlich garantierte System sozialer Sicherung müsse vor weiteren Belastungen geschützt werden.[657] Da die Gesellschaft für die negativen Folgen des Drogenmißbrauchs aufzukommen habe, dürfe sie sich auch gegen deren Ursachen mit Mitteln des Strafrechts wehren.[658]

Gegen diese Legitimation repressiver Drogengesetzgebung wird eingewandt, sie argumentiere zirkulär und widersprüchlich, da der Staat durch die Kriminalisierung selbst erst die Sozialschäden hervorriefe, mit denen er die Pönalisierung begründe.[659] Die auffällige Häufigkeit zerrütteter Familienverhältnisse von Drogenkonsumenten sei keine Folgeerscheinung des Drogenkonsums, sondern vielmehr eine der Voraussetzungen, welche die Hinwendung zur Droge fördere.[660] Durch das kriminalisierte Umfeld käme es zu Gesundheitsschäden, die dem Konsum von Drogen "an sich" nicht anhaften würden. Diese Folgen der Gesetzgebung erst belasteten die sozialen Sicherungssysteme. Auch wird argumentiert, es sei ungereimt, Betäubungsmittel mit dem Verweis auf soziale Folgekosten zu pönalisieren, die erwiesenermaßen hohen sozialen Folgekosten der legalen Droge Alkohol jedoch in Kauf zu nehmen.[661]

Schließlich wird angeführt, durch Drogen entstünde eine Gefahr für Rechtsgüter anderer Personen im Straßenverkehr. Drogenkonsum führe zu Fehlregistrierungen von

---

[655] BT-Drucks. 6/1877, 5

[656] *Wartburg, Walter von*: Drogenmißbrauch und Gesetzgeber, 130

[657] *Wartburg, Walter von*: Drogenmißbrauch und Gesetzgeber, 116 f

[658] Stellungnahme des Bundesministeriums für Gesundheit, BVerfG 90, 145, 166

[659] *Böllinger, Lorenz*: Verfassungsrechtliche und kriminalpolitische Aspekte eines Ausstiegs aus repressiver Drogenpolitik, in: *Neumeyer, Jürgen; Schlaich-Walch, Gudrun*: Zwischen Legalisierung und Normalisierung, 147, 160; *Bauer, Christine*: Heroinfreigabe, 54 f

[660] *Hobbing, Peter*: Strafwürdigkeit der Selbstverletzung, 81 m. w. N.

[661] *Hobbing, Peter*: Strafwürdigkeit der Selbstverletzung, 91, 96 ff

räumlichen und zeitlichen Eindrücken. Deshalb bilde jeder eine Gefahr für die anderen Verkehrsteilnehmer, der sich nach der Einnahme von Drogen ans Steuer setze.[662]

Dem wird entgegengehalten, Gefährdungen des Straßenverkehrs könnten nicht das völlige Verbot von bestimmten Drogen "an sich" rechtfertigen. Die rechtlichen Regelungen zur legalen Droge Alkohol zeigten vielmehr, daß gezielt das mit dem Konsum verbundene fremd- bzw. straßenverkehrsgefährdende Verhalten verboten werden kann.

d. (Organisierte) Kriminalität

Bereits in der Begründung zum BtMG von 1972 wird auf die Steigerung der "Rauschgiftkriminalität" verwiesen.[663] Auch bei der Neugliederung des Gesetzes 1982 steht die Kriminalität im Vordergrund, entsprechende Strafschärfungen sollen zu einer "angemessenen Ahndung [...] der besonders gravierenden Rauschgiftdelikte" führen.[664] Das BVerfG sieht die Bundesrepublik gehalten, durch die strafrechtliche Ahndung von Drogendelikten einen Beitrag zum internationalen Kampf gegen den illegalen Drogenmarkt und die unkontrollierte Verbreitung psychotroper Stoffe zu leisten.[665] Wiederholt ist auf die Strukturen der organisierten Kriminalität im Bereich der Betäubungsmittel verwiesen worden. Solche illegalen Organisationen seien eine besonders schwere Bedrohung für den Rechtsstaat. Die Verbreitung von Drogen sei mitursächlich für vielfach gewalttätige Vermögensdelikte.[666]

Der Verweis auf die "Rauschgiftkriminalität" kann als stichhaltige Begründung des Drogenstrafrechts nicht herhalten. Diese Kriminalität wird durch die Strafbestimmungen des BtMG erst geschaffen, es wäre zirkulär, wollte man das Produkt einer Gesetzgebung zu dessen Begründung angeben. Dies gilt nicht nur für eigentliche Rauschgiftdelikte, sondern auch für jene Straftaten, die (zumindest indirekte) Folge der Kriminalisierung von Rauschmitteln sind.

4. Kritik

Die Kritik am Betäubungsmittelstrafrecht ist vielfältig. Im Mittelpunkt der Kritik steht das (strafrechtliche) Verbot sogenannter "weicher Drogen". Teilweise richtet sich die Kritik jedoch gegen die repressive Drogenpolitik insgesamt.

a. "Recht auf Rausch"

Das LG Lübeck postulierte in dem Vorlagebeschluß, der zum Cannabis-Beschluß des BVerfG geführt hat, der Mensch habe ein "Recht auf Rausch".[667] Hinter dieser Formulierung steht die Vorstellung, das "sich Berauschen" gehöre zum Kernbereich der

---

[662] *Schmitt, Rudolf*: Strafrechtlicher Schutz des Opfers vor sich selbst?, in: FS Maurach, 113, 123
[663] BT-Drucks. 6/1877, 5
[664] BT-Drucks. 8/3551, 1, 23
[665] BVerfGE 90, 145, 175
[666] *Schmitt, Rudolf*: Strafrechtlicher Schutz des Opfers vor sich selbst?, in: FS Schroeder, 113, 124
[667] LG Lübeck, StrV 1992, 168, 174

privaten Lebensgestaltung und sei deshalb jeder Einschränkung durch den Staat entzogen. Bereits im sogenannten Elfes-Urteil hatte das BVerfG 1957 aus Art. 2 Abs. 1 GG abgeleitet, dem einzelnen Bürger müsse eine Sphäre privater Lebensgestalltung vorbehalten sein, der als letzter unantastbarer Bereich menschlicher Freiheit der gesamten öffentlichen Gewalt entzogen sei.[668] Das LG Lübeck zählte die verantwortliche Entscheidung darüber, welche Nahrungs-, Genuß- und Rauschmittel der Bürger zu sich nimmt, zu den "grundlegenden Sektoren menschlicher Selbstbestimmung."[669] Zur Begründung wurde angeführt, daß die (negativen) sozialen Auswirkungen des Betäubungsmittelkonsums vor allem Folge der strafrechtlichen Verfolgung des Betäubungsmittelkonsums seien. Beim legalisierten Umgang mit Betäubungsmitteln entfielen diese Auswirkungen. Dann sei der Rauschmittelkonsum vergleichbar mit der sexuellen Betätigung oder der zwischenmenschlichen Kommunikation, die beide zum Kernbereich der allgemeinen Handlungsfreiheit gerechnet werden.[670]

Demgegenüber hat das BVerfG betont, daß sich der Umgang mit Betäubungsmitteln in mannigfaltigen sozialen Aus- und Wechselwirkungen niederschlage. Deshalb könne er nicht dem schrankenlos zu gewährenden Kernbereich der privaten Lebensgestaltung zugeordnet werden.[671] Weiter wird argumentiert, die Auswirkungen des Rauschmittelkonsums auf die Außenwelt seien nicht allein eine Folge der gesetzlichen Verbote. Vielmehr träten sie auch bei legalen Drogen auf. Deshalb werde auch der Konsum von Alkohol oder Nikotin nicht zum Kernbereich des Art. 2 Abs. 2 GG gezählt.[672]

b. Unzulässigkeit erzwungenen Selbstschutzes

Im Zentrum der Kritik des geltenden BtMG steht der Vorwurf, das Gesetz bevormunde den erwachsenen und frei verantwortlichen Bürger, der Rauschmittel konsumieren will. Verfassungsrechtlich wird die Ablehnung der paternalistischen Bevormundung mit dem Grundrecht auf allgemeine Handlungsfreiheit in Art. 2 Abs. 1 GG begründet. Das Recht auf allgemeine Handlungsfreiheit begründe auch ein Recht auf Selbstgefährdung und Selbstschädigung.[673] Der "Schutz vor sich selbst" sei kein legitimer Gesetzeszweck, der eine Einschränkung der allgemeinen Handlungsfreiheit rechtfertigen könnte.

Für einige liberale Theoretiker ist die Drogenpolitik ein Lackmustest dafür, ob sich eine Rechtsordnung zum Antipaternalismus bekennt oder ob sie bevormundend in die Entscheidungen der freiverantwortlichen Individuen eingreift. Der Umgang mit Rauschmitteln sei integraler Bestandteil des selbstgewählten Lebensstils einer Person. Es wird argumentiert, die große Mehrzahl der erwachsenen Menschen sei in der Lage, die meisten Drogen selbst zu dosieren. Der Drogenmißbrauch einer Minderheit sei

---

[668] BVerfGE 6, 32, 41
[669] LG Lübeck, StrV 1992, 168, 174
[670] *Böllinger, Lorenz*: Grenzenloses symbolisches Strafrecht, Kritische Justiz 1994, 405, 407
[671] BVerfGE 90, 145, 171 f
[672] *Büttner, Thomas*: Die verfassungsrechtliche Bewertung des Betäubungsmittelstrafrechts, 58
[673] LG Frankfurt, StV 1993, 77, 82

kein Grund für ein absolutes Verbot.[674] Noch weitergehend wird die Bewertung des Rauschmittelkonsums ganz dem Konsumenten überantwortet, einen objektiv verstandenen "Mißbrauch" gäbe es danach nicht. Es wird ausgeführt, die Drogengesetzgebung basiere auf der Vorstellung, es sei irrational, Drogen zu nehmen. Dies sei jedoch eine unzulässige Unterstellung. Denn den Wert einer Rauscherfahrung könne nur der Konsument selbst beurteilen; nur er könne entscheiden, ob ihm diese Erfahrung mögliche negative Folgen, einschließlich der Drogensucht, wert ist. Es sei nicht irrational, sich zu entscheiden, seine spätere Wahlfreiheit einzuschränken. Beim Eingehen einer monogamen Bindung sei dies anerkannt, es gelte jedoch auch Drogenkonsum, der zu Abhängigkeit führt.[675]

Strafrechtsdogmatiker weisen darauf hin, daß das BtMG gegen den Grundsatz der Straflosigkeit von Selbstverletzung und Selbstgefährdung verstoße.[676] Bei diesem Grundsatz handelt es sich um eine spezifisch strafrechtliche Ausgestaltung antipaternalistischer Argumentation. Es wird als ein eherner Grundsatz des Strafrechts bezeichnet, daß eigenverantwortliche Selbsttötungen, Selbstverletzungen und Selbstgefährdungen kein strafwürdiges Unrecht darstellen würden. Vielmehr knüpfe das geltende Strafrecht stets an "Fremdverletzungsunrecht" an. Das Strafrecht als ultima ratio gesetzlicher Normen, das dazu noch durch das Schuldprinzip begrenzt ist, darf Selbstschutz in keinem Fall erzwingen.

c. Sozialstaatsprinzip

Weiter wird vorgebracht, der Staat sei als Sozialstaat verpflichtet, jedem Bürger ein selbstverantwortliches Leben zu ermöglichen. Die Drogengesetzgebung habe zur Folge, daß Menschen auf Grund ihrer eigenverantwortlich gewählten Vorlieben in die Sphäre der Illegalität und Kriminalität gestoßen würden. Dort sähen sie sich einer ökonomischen wie sozialen Übermacht gegenüber, die ihre grundrechtlich verbürgten Freiheiten einschränken würde. Es sei Aufgabe des (Sozial-) Staates, den einzelnen davor zu schützen.[677]

Diese Argumentation verbindet liberale und sozialstaatliche Überlegungen und zeugt von einem freiheitlichen Verständnis des Sozialstaatsprinzips. Der Verweis auf die grundrechtseinschränkende Wirkung kriminellen Drogenhandels macht deutlich, daß eine folgenorientierte Betrachtung des geltenden Betäubungsmittelrechts durchaus grundsätzlichen Bedenken entspringen kann.

---

[674] *Wolf, Jean-Claude*: Paternalismus, Moralismus und Überkriminalisierung, in: *Grözinger, Gerd* (Hrsg.): Recht auf Sucht, 38, 49

[675] *Cudd, Ann E.*: Taking Drugs Seriously, Public Affairs Quaterly 4/1 (1990), 17, 22 ff

[676] *Hohmann, Ralf*: Betäubungsmittelstrafrecht und Eigenverantwortlichkeit?, MDR 1971, 1117 f;

[677] *Bauer, Christine*: Heroinfreigabe, 62; *Böllinger, Lorenz*: Verfassungsrechtliche und kriminalpolitische Aspekte eines Ausstiegs aus repressiver Drogenpolitik, in: *Neumeyer, Jürgen; Schlaich-Walch, Gudrun*: Zwischen Legalisierung und Normalisierung, 147, 157; *ders.*: Akzeptierende Drogenarbeit, 108

d. "Zwang" zur Gesundheitsbeschädigung des Rauschwilligen

Bei der Diskussion um die Strafbarkeit des Umgangs mit Cannabis wurde argumentiert, durch das umfassende strafbewehrte Verbot des Umgangs mit "weichen" Drogen würde jeder, der sich berauschen wollte, genötigt, dies mittels der gefährlicheren, aber legalen Droge Alkohol zu tun. Somit werde der "Rauschwillige", der sich gesetzeskonform verhalten wolle, gezwungen, seine Gesundheit durch Alkohol zu beeinträchtigen. Wenn der Staat jedem zugestehe, sich zu berauschen, dann sei er wegen seiner Schutzpflicht für die körperliche Unversehrtheit aus Art. 2 Abs. 2 GG auch gehalten, eine gesundheitsverträgliche Möglichkeit der Berauschung zuzulassen.[678]

Dagegen wurde eingewandt, eine mögliche gesundheitliche Beeinträchtigung durch Alkoholkonsum beruhe auf der autonomen und selbstbestimmten Entscheidung des Betroffenen – ein Zwang zur Selbstschädigung bestünde mithin nicht. Unter Berufung auf eine staatliche Schutzpflicht könne zwar auch der Umgang mit bisher legalen Rauschmitteln unter Strafe gestellt werden, nicht aber die Erlaubnis weniger gefährlicher Rauschmittel begründet werden.[679]

e. Abstinenzideal als moralische Forderung

Gegen das BtMG wird weiter eingewandt, durch die Strafbarkeit bestimmter Rauschmittel würden Abstinenzforderungen bestimmter Bevölkerungsgruppen zum schützenswerten Interesse erhoben und damit eine bestimmte Verhaltensmoral für allgemeingültig erklärt. Dem freiheitlichen Staat sei es jedoch verwehrt, eine bestimmte Moralauffassung durchzusetzen. Die bestehende Pönalisierung sei daher eine unhaltbare Verabsolutierung einer spezifischen Moral.[680]

Im Zuge der Entstehung der bürgerlichen Gesellschaft habe sich eine auf Leistung und Berechenbarkeit gerichtete Moral entwickelt, die Rausch und Genuß immer stärker mit dem Odium des Ungezügelten und Lasterhaften versehen habe.[681] Zur Aufdeckung der moralischen Wurzeln der repressiven Drogenpolitik wird auf die USA verwiesen, da die internationale Drogenpolitik von dort bestimmt werde. In Nordamerika sei ein protestantisch-calvinistisches Ethos wirkmächtig. Danach beweise sich der (religiöse) Gnadenstand bereits in Stellung und Leistung in dieser Welt. In säkularisierter Form wirke diese Vorstellung unreflektiert fort. Die individuell-sozialpragmatische Tüchtigkeit werde als Höchstwert und Selbstzweck des diesseitigen Lebens betrachtet. Damit einher ginge eine grundsätzliche Intoleranz gegenüber abweichenden Lebens- und Kulturkonzepten.[682]

---

[678] LG Lübeck, StV 1992, 168, 180; LG Frankfurt StV 1992, 77, 84

[679] BVerfG, NJW 1994, 1577

[680] *Böllinger, Lorenz*: Verfassungsrechtliche und kriminalpolitische Aspekte eines Ausstiegs aus repressiver Drogenpolitik, in: *Neumeyer, Jürgen; Schlaich-Walch, Gudrun*: Zwischen Legalisierung und Normalisierung, 147, 156, 162

[681] *Scheerer, Sebastian*: Vorwort, in: *Bauer, Christiane*: Heroinfreigabe, 10 f

[682] *Köhler, Michael*: Freiheitliches Rechtsprinzip und Betäubungsmittelstrafrecht, NStW 104 (1992), 3, 7, *ders.*: Grundsatzkritik des Betäubungsmittelstrafrechts, in: *Neumeyer, Jürgen; Schlaich-Walch, Gudrun*: Zwischen Legalisierung und Normalisierung, 168, 171

Dazu wird ausgeführt, die politische Kultur Amerikas sei bis heute durch puritanische Ideale geprägt. Die Puritaner, eine der ersten Einwanderungsgruppen, hätten sich einer asketischen Lebensweise verpflichtet gefühlt. Strenge Selbstzucht und verstandesmäßige Beherrschung des Trieblebens sei einhergegangen mit der Forderung nach Zügelung des Genusses. Die Vorstellung einer rauschhaften Welterfahrung könne damit nicht vereinbart werden.[683] Die amerikanische Drogenpolitik sei stark geprägt von religiösen und säkularisierten Plänen der Gründung eines "neuen Jerusalems" gegen das dekadente Europa. Dem Staat komme dabei die Erziehungsaufgabe zu, den Menschen zur Selbstkontrolle, selbstlosen Nächstenliebe und Arbeitsdisziplin anzuhalten. Diese puritanischen Ideale mögen zwar achtenswert und objektiv richtig sein, doch gäbe es auch andere, ebenfalls vernünftige und untadelige Ideale. Es wäre daher unzulässig, bestimmte moralische Ideale des Puritanismus staatlich zu erzwingen. Zumindest bei der Begründung strafrechtlicher Verbote sei der Staat zu strikter Neutralität in Bezug auf die Ideale vom guten Leben verpflichtet.[684] Vor der Perspektive eines heteronomen, multikulturellen Zusammenlebens verschiedener Hautfarben, Religionen, Lebensstile und politischen Überzeugungen dürfe niemand wegen seiner Drogenpräferenzen diskriminiert werden.[685]

g. Verstoß gegen den Gleichheitssatz

Dem geltenden BtMG wird in zweifacher Weise vorgeworfen, gegen den Gleichheitssatz des Art. 3 GG zu verstoßen. Einmal wird argumentiert, einige Drogen seien legal, während andere gleich oder weniger gefährliche verboten seien. Wesentlich Gleiches werde willkürlich ungleich behandelt. Zum anderen wird argumentiert, von den verbotenen Betäubungsmitteln gingen sehr unterschiedliche Suchtgefahren aus, gleichwohl sei der Umgang mit ihnen ohne Differenzierung strafbar. Damit werde wesentlich Ungleiches gleich behandelt.

Die Differenzierung in legale und illegale Drogen wird als sachlich nicht gerechtfertigte Differenzierung kritisiert, da sich die Konsumenten legaler Drogen in gleichem oder sogar stärkerem Maße selbst schädigen als die von illegalen Drogen.[686] Das LG Lübeck vergleicht konkret die legalen Drogen Alkohol und Nikotin mit Cannabis, dessen Umgang strafrechtlich verboten ist. Alkohol und Nikotin seien sowohl für den einzelnen als auch gesamtgesellschaftlich evident gefährlicher als Cannabisprodukte.[687]

Auch das BVerfG, welches das strafrechtliche Verbot des Umgangs mit Cannabisprodukten rechtfertigt, stimmt dem Befund über die Gefährlichkeit von Alkohol und Cannabisprodukten grundsätzlich zu. Es stellt fest, daß die Sucht- und Gesundheits-

---

[683] *Thamm, Berndt Georg*: Drogenfreigabe – Kapitulation oder Ausweg?, 62 f

[684] *Wolf, Jean-Claude*: Paternalismus, Moralismus und Überkriminalisierung, in: *Grözinger, Gerd* (Hrsg.): Recht auf Sucht, 38, 50, 52 f

[685] *Scheerer, Sebastian*: Vorwort, in: *Bauer, Christiane*: Drogenfreigabe, 12

[686] *Böllinger, Lorenz*: Verfassungsrechtliche und kriminalpolitische Aspekte eines Ausstiegs aus repressiver Drogenpolitik, in: *Neumeyer, Jürgen; Schlaich-Walch, Gudrun*: Zwischen Legalisierung und Normalisierung, 147, 157; *Messmer, Hermann*: Haschischverbot und Gleichbehandlung, ZRP 1970, 80 f

[687] LG Lübeck, StrV 1992, 168,169 f

gefahren von Cannabis vom Gesetzgeber bei der Verabschiedung des BtMG überschätzt worden seien. Es vertritt jedoch die Auffassung, der Gleichheitssatz gebiete nicht, alle potentiell gleich schädlichen Drogen gleichermaßen zu verbieten oder zuzulassen. Für die Ungleichbehandlung legaler und verbotener Rauschmittel gäbe es sachlich vernünftige Gründe. Das Gericht argumentiert, die Gesundheitsgefährdung sei nicht das einzig maßgebliche Kriterium für das Verbot von Drogen. Es führt aus,

> "neben den unterschiedlichen Wirkungen der Stoffe kann der Gesetzgeber etwa auch deren verschiedenartige Verwendungsmöglichkeiten (man denke an den Mißbrauch der verschiedensten Chemikalien wie Klebstoffe, Lösungsmittel, Benzin als 'Schnüffelstoffe'), die Bedeutung der verschiedenen Verwendungen für das gesellschaftliche Zusammenleben, die rechtlichen und tatsächlichen Möglichkeiten, einem Mißbrauch mit Aussicht auf Erfolg entgegenzutreten, sowie die Möglichkeiten und Erfordernisse einer internationalen Zusammenarbeit bei der Kontrolle und der Bekämpfung von Betäubungsmitteln und der mit diesen handelnden kriminellen Organisationen berücksichtigen."[688]

Speziell bezogen auf die unterschiedliche rechtliche Bewertung von Alkohol und Cannabis sieht das Gericht den entscheidenden Unterschied zwischen beiden Rauschmittel in der kulturellen Verwurzelung des Alkohols. Beim Mißbrauch sei Alkohol zwar gefährlicher als Cannabis. Auf Grund der weiten Verbreitung gäbe es für alkoholische Getränke jedoch eine Vielzahl von Verwendungsmöglichkeiten, die nicht zu Rauschzuständen führen würden. Alkohol würde als Lebens- und Genußmittel und zum religiösen Kult verwendet. Diese kulturelle Einbindung fehle bei Cannabisprodukten. Hier stünde beim Konsum des Rauschmittels typischerweise die berauschende Wirkung im Vordergrund.[689]

Diese Argumentation ist auf vielfältigen Widerspruch gestoßen. Das BVerfG erweitere einerseits das Vergleichsspektrum. Statt sich am primären Schutzzweck des Betäubungsmittelstrafrechts zu orientieren und auf das gesundheitliche und soziale Gefährdungspotential von Drogen abzustellen, wird die gesamte stoffliche Verwendungsweise dieser Substanzen betrachtet. Auf der anderen Seite aber werde diese erweiterte Betrachtung beim Cannabis nicht durchgehalten. Dort werde isoliert auf die rauscherzeugende Wirkung des Stoffes abgestellt und die vielfältigen anderen Verwendungsmöglichkeiten ignoriert. Weiter wird argumentiert, es sei gerade eine Folge der Kriminalisierung des Stoffes, daß Cannabis so selten anders als rauscherzeugend eingesetzt werde.[690] Auch wurde angeführt, das Verdikt der Kulturfremdheit könne angesichts der Verbreitung von Cannabisprodukten in Deutschland nicht greifen. Man ginge nach Schätzungen von bis zu 4 Millionen geschätzten Konsumenten dieses Rauschmittels

---

[688] BVerfGE 90, 145, 196 f
[689] BVerfGE 90, 145, 197
[690] *Schneider, Hartmut*: Haschisch im sanktionsfreien Raum, Kritische Justiz 1994, 390, 391

aus.[691] Es sei angesichts geschätzter 40.000 Todesfälle auf Grund von Alkoholmißbrauch und der Behandlungsbedürftigkeit von etwa 2,5 Millionen Alkoholkranken realitätsfern, wenn dies als marginal abgetan und die Verwendung von Alkohol als Lebens- und Genußmittel in den Vordergrund gestellt werde.[692]

Eine Verletzung des Gleichheitssatzes wird ferner darin gesehen, daß weiche und harte Drogen gleich behandelt werden, obwohl sie unterschiedlich gefährlich seien. Zum Beispiel sei Heroin, das zu ausgeprägter physischer und psychischer Abhängigkeit führe, eine weitaus gefährlichere Droge als Cannabis, das nur bei Dauerkonsum eine mäßige psychische Abhängigkeit bewirken könne. Diese Gleichbehandlung sei nicht gerechtfertigt und mit einer am Gerechtigkeitsdenken orientierten Betrachtungsweise nicht vereinbar.[693]

Das BVerfG erkennt zwar an, daß von den verschiedenen Betäubungsmitteln unterschiedliche Gefährdungsgrade ausgehen. Auch folgt es dem Gesetzgeber nicht in seiner Wertung, das wenig gefährliche Rauschmittel Cannabis sei eine Einstiegsdroge zu gefährlicheren Drogen. Gleichwohl hält das Gericht das strafrechtlich bewerte Totalverbot aller Betäubungsmittel für vertretbar. Es meint, der Gesetzgeber habe zwar einheitliche Strafvorschriften normiert, jedoch stünde den Gerichten mit den wertungsbedürftigen Tatbestandselementen, dem weiten Strafrahmen und den entsprechenden Vorschriften über das Absehen von Strafe ausreichende Instrumentarien zur Verfügung, um die unterschiedliche Gefährlichkeit der Betäubungsmittel zu berücksichtigen.[694]

5. Reformforderungen

In Deutschland finden sich sehr selten Forderungen nach der gänzliche Freigabe oder dem gänzlichen Verbot des Umgangs mit Rauschmitteln.

Forderungen nach der gänzlichen Freigabe auch stark suchtgefährdender Drogen wie beispielsweise Heroin oder Crack sind selten und wurden zumeist nicht grundsätzlich, sondern pragmatisch mit dem Argument vertreten, jegliche Restriktion würde die Situation der Betroffenen erschweren. Nur vereinzelt mündet ein konsequenter Liberalismus und Antipaternalismus tatsächlich in der Ablehnung jeglicher Restriktion des Drogenkonsums.[695]

In Anlehnung an den strafrechtlichen Grundsatz der straflosen Selbstschädigung und Selbstgefährdung wurde vielfach gefordert, den Konsum von Rauschmitteln bzw. die typischerweise damit in Verbindung stehenden Verhaltensweisen wie Besitz oder

---

[691] *Böllinger, Lorenz*: Grenzenloses symbolisches Strafrecht, Kritische Justiz 1994, 405, 411

[692] *Böllinger, Lorenz*: Grenzenloses symbolisches Strafrecht, Kritische Justiz 1994, 405, 418, *Büttner, Thomas*: Eine verfassungsrechtliche Bewertung des Betäubungsmittelstrafrechts, 173 f

[693] LG Frankfurt/M, StV 1993, 77, 82

[694] BVerfG 90, 145, 198

[695] *Cudd, Ann E.*: Taking Drugs Seriously, Public Affairs Quarterly 4/1 (1990), 22 ff; *Bauer, Christine*: Heroinfreigabe, 115

Erwerb straflos zu lassen und nur Handlungen unter Strafe zu stellen, die eindeutig der Verbreitung von Drogen dienen.[696]

Die meisten Kritiker des bestehenden Betäubungsmittelstrafrechts fordern, daß das undifferenzierte Totalverbot kulturfremder Drogen durch ein Verbot nur der Substanzen ersetzt wird, von denen eine hohe Suchtgefahr ausgeht. Für die Unterscheidung von legalen und illegalen Drogen müßten rationale Kriterien gefunden werden. Dabei wird auf die Unterscheidung in "harte" und "weiche" Drogen zurückgegriffen oder es wird die Freigabe aller Rauschmittel gefordert, deren Gebrauch nicht wegen der damit verbundenen großen Gefahr einer körperlichen Abhängigkeit als "Selbstnegation" zu sehen ist.[697]

Einen anderen Ansatz vertritt *Jean-Claude Wolf*, der sich strikt gegen paternalistische und moralistische Strafrechtsbegründungen wendet. Er meint, eine vollständige Ächtung sei nur bei solchen Drogen zulässig, die bei allen Konsumenten direkt zu Aggressionen führen. Hierzu zählt er Methamphetamine und "Speed", nicht aber Heroin. In antipaternalistischer Konsequenz sieht er nur bei diesen Drogen gefährliche Auswirkungen auf Dritte, die allein Grund für die staatliche Ächtung sein dürften.[698]

Forderungen nach der Ausdehnung des Verbots von Rauschmitteln werden selten erhoben. Allerdings geraten die negativen Folgen der legalen Drogen zunehmend in den Blickpunkt der Öffentlichkeit. Auch wenn kein Verbot dieser Rauschmittel verlangt wird, so wird doch eine weitergehende öffentliche Ächtung gefordert. In Hinblick auf das Rauchen bestimmt die Forderung nach der Verteilung der dadurch entstehenden Kosten sowie des Schutzes von Dritten die Diskussion.

6. Stellungnahme

Eine freiheitliche Rechtsordnung muß Autonomie und Selbstbestimmung der Individuen achten. Dies gilt grundsätzlich auch für den Umgang mit Rauschmitteln. Der Staat darf aber eingreifen, wenn die Entscheidung zu Drogenkonsum die Gefahr beinhaltet, durch schwere Abhängigkeit in einen Zustand der Unfreiheit zu geraten. Ein selbstbestimmtes Leben ist bei einer schweren Drogenabhängigkeit, bei der sich das gesamte Leben auf die Befriedigung der Sucht reduziert, nicht möglich.

Durch eine schwere Sucht wird Freiheit negiert. Der Konsum von Drogen führt jedoch keineswegs zwingend in die Abhängigkeit. Rauschmittelkonsum beinhaltet aber die Gefahr einer zumindest psychischen Abhängigkeit. Die bloße Gefahr einer Sucht ist noch keine Sucht. Auf der anderen Seite braucht der Staat nicht zu warten, bis die Autonomie des Betroffenen auf Grund der Rauschmittelsucht bereits stark eingeschränkt sind. Schon die Gefährdung des selbstbestimmten Lebens kann einen Eingriff

---

[696] *Köhler, Michael*: Freiheitliches Rechtsprinzip und Betäubungsmittelstrafrecht, NStW 104 (1992), 3, 39 ff

[697] *Köhler, Michael*: Freiheitliches Rechtsprinzip und Betäubungsmittelstrafrecht, NStW 104 (1992), 3, 27 ff

[698] *Wolf, Jean-Claude*: Paternalismus, Moralismus und Überkriminalisierung, in: *Grözinger, Gerd*: Recht auf Sucht, 38, 53

rechtfertigen. Der reinen Gefahrenabwehr dient auch die Gurt- bzw. Helmpflicht, soweit man sie als Ausfluß eines autonomieorientierten Paternalismus begreift. Der Staat ist nicht zur Untätigkeit verdammt, bis "das Kind in den Brunnen gefallen ist". So einsichtig dies ist, so klar ist auch, daß nicht jede Gefährdung staatliches Einschreiten legitimieren kann. Entscheidend für die Bestimmungen des Staates zu einem Rauschmittel ist daher die Frage, ob und wie stark die Gefahr tatsächlich ist, daß sein Konsum zu einer schweren Abhängigkeit führt. Dieses Gefährdungspotential muß unvoreingenommen betrachtet werden.

Hierzu ist zunächst festzuhalten, daß die Suchtgefahr nicht nur von dem gewählten Rauschmittel, sondern auch von vielfältigen weiteren Faktoren abhängig ist, z. B. der psychischen Konstitution des Konsumenten, seiner gesellschaftlichen Einbindung oder dem Umfeld des Konsums. Wie die legale Droge Alkohol zeigt, werden einige Konsumenten von einem Rauschmittel abhängig, andere nicht. Einige Menschen können auch mit stark suchterzeugenden Rauschmitteln, wie z. B. Heroin, verantwortungsvoll umgehen, ohne in Abhängigkeit zu geraten. Andere führt der Heroinkonsum in eine lebensbestimmende Abhängigkeit. Zwischen den Interessen dieser beiden Gruppen muß abgewogen werden. Auf der einen Seite steht das Interesse desjenigen, der auf Grund seiner physischen und psychischen Konstitution und seiner sozialen wie kulturellen Einbindung zu einem verantwortungsvollen Umgang mit einem Rauschmittel in der Lage ist. Auf der anderen Seite steht das Interesse des Suchtgefährdeten, (auch) durch den Staat in seiner Autonomie geschützt zu werden. Bei dieser Abwägung kommt dem Sozialstaatsprinzip tatsächlich eine Bedeutung zu, nämlich als Parteinahme zugunsten Schwacher: Die Interessen der in ihrer Autonomie Gefährdeten, also der Suchtgefährdeten, darf nicht mit dem Argument überspielt werden, Drogen könnten auch (von anderen) verantwortungsvoll konsumiert werden. Dem abstrakt generellen Charakter von Gesetzen und rechtlichen Regelungen ist zuzuschreiben, daß auch ein Betäubungsmittelrecht, das sich auf die Abwehr schwerer Suchtgefahren beschränkt, unbeabsichtigt Menschen den Rauschmittelkonsum verbietet, die dies ohne Gefahr für ihre Autonomie tun könnten.

Grundsätzlich geht von jedem Rauschmittel die Gefahr einer zumindest psychischen Abhängigkeit aus. Dies hängt mit der bewußtseinsändernden Wirkung von Drogen zusammen. Bei entsprechenden psychischen und sozialen Bedingungen kann der zwanghaft empfundene Drang entstehen, der Wirklichkeit durch Rauschmittel zu entfliehen. Diese Gefahr kann jedoch in der Regel kein absolutes Verbot der Droge rechtfertigen. Eine rein psychisch vermittelte Abhängigkeit geht auch mit Verhaltensweisen einher, bei denen zwar kein psychotroper Stoff konsumiert wird, gleichwohl aber eine veränderte Wahrnehmung eintritt. Es wäre illusorisch, wenn die Rechtsordnung eine Welt zu erschaffen versuchte, in der es keine psychischen Zwänge gäbe. Der Staat ist vielmehr auf reagierendes Handeln angewiesen. Fehlentwicklungen, die zu psychischen Zwangsvorstellungen führen, lassen sich kaum mit präventiven Mitteln verhindern. Genau wie auf Eßstörungen nicht durch detaillierte staatliche Vorschriften über die Ernährung reagiert wird, sollte psychische Rauschmittelabhängigkeit nicht durch Rauschmittelverbote bekämpft werden. Der Staat darf gegenüber psychischer Abhängigkeit wie bei anderen krankhaften psychischen Zuständen dem Betroffenen Hilfe anbieten, muß aber ihre Autonomie weiter achten.

Grundsätzlich anders ist dies bei einer physischen Abhängigkeit. Mit einer solchen Abhängigkeit geht eine Veränderung des Körperzustandes, insbesondere des Zentralnervensystems einher. Damit tritt eine selbständig-vergegenständlichte Macht dem selbstbestimmenden Individuum entgegen und hebt seine Autonomie zumindest teilweise auf. Darin liegt die Rechtfertigung für Vorschriften gegen die Verbreitung solcher Substanzen.

Im Ergebnis erscheint daher ein Verbot von stark suchtgefährdenden Rauschmitteln, wie Heroin oder Crack, gerechtfertigt. Weitere Fragen, die hier nicht abschließend erörtert werden können, sind, ob die bestehenden strafrechtlichen Normen tatsächlich sinnvoll sind, die Verbreitung dieser Rauschmittel einzudämmen und den Süchtigen einen Weg aus der Sucht zu ermöglichen, oder ob auf anderem Weg ihre (durch die Sucht bedrohte oder eingeschränkte) Autonomie besser zu schützen ist. Besonders fragwürdig erscheint in dieser Hinsicht die Strafdrohung gegen Rauschmittelkonsumenten.

Die Unterscheidung in legale und illegale Drogen durch das deutsche Recht entbehrt jedoch einer rationalen Begründung. Das geltende Betäubungsmittelrecht dehnt das Verbot viel zu weitgehend auf alle "kulturfremden" Drogen aus. Es ist deshalb nicht vereinbar mit einer freiheitlichen Rechtsordnung, die ein selbstbestimmtes Leben ermöglichen, fördern und schützen will.

Unzulässig ist, bei einem Rauschmittel auf seine kulturelle Üblichkeit abzustellen. Zwar hat die gesellschaftliche Akzeptanz einer Droge durchaus Auswirkungen auf die Suchtgefahr. Die Bedeutung eines Rauschmittels in der Gesellschaft gehört zu den Rahmenbedingungen, die den Umgang mit der Droge (mit-)prägen. Es ist schwer, sich allgemeinen, kulturhistorisch bedingten Erwartungen an Rauschmittelkonsum zu entziehen, wie sie beispielsweise in Deutschland hinsichtlich des Alkohols bestehen. Dies gilt nicht nur für die gesamte Gesellschaft, sondern auch für die verschiedene Untergruppen, in denen es einen mehr oder weniger großen Gruppenzwang zum Gebrauch von Drogen oder zur Abstinenz gibt. Es kann aber nicht Aufgabe eines freiheitlichen Staates sein, einen bestimmten sozio-kulturellen Entwicklungsstand der Gesellschaft zu konservieren oder die kulturellen Vorstellungen bestimmter Gruppen oder der Mehrheit gegen Veränderungen zu verteidigen. Mit einem freiheitlichen Rechtsverständnis, welches seinen Ursprung in der Achtung der Autonomie des einzelnen hat, geht auch auf kulturellem Gebiet Pluralismus einher.

Der Staat ist jedoch berechtigt, vor der Bedrohung der Autonomie durch Drogensucht zu warnen und insoweit dem durch Gesellschaft oder Gruppen vermittelten Druck zum Rauschmittelkonsum entgegenzuwirken. Niemand sollte sich genötigt fühlen, Drogen konsumieren zu müssen. Besonders Kinder und Heranwachsende sind starken Gruppenzwängen ausgesetzt.

Eine Bedrohung für das autonome Individuum ist es, wenn die Freiheitseinschränkungen des geltenden Betäubungsmittelrechts mit gesellschaftlichen Interessen begründet werden. Freiheit und Autonomie der Person sollten um ihrer selbst willen geschützt werden, nicht wegen der Auswirkungen auf die "Volksgesundheit" oder die Funktionstüchtigkeit der Gesellschaft.

E. Schlußbemerkung zum Schutz des Körpers

Der Mensch muß grundsätzlich über seinen Körper und seine Gesundheit selbst verfügen können. Dieser Grundsatz folgt aus der Anerkennung und Achtung des Individuums als einer Person, die autonom und selbstverantwortlich handelt. In der Achtung vor der personalen Autonomie ist jedoch auch die "Ausnahme" von diesem Grundsatz begründet: Anerkennung und Achtung gebieten, die Grundvoraussetzungen eines selbstbestimmten Lebens zu sichern; sie gebieten zu verhindern, daß der Mensch die Möglichkeit zur freiwilligen Zerstörung dieser Grundvoraussetzungen wahrnimmt. Durch die Verletzungen von Gesundheit und körperlicher Unversehrtheit kann es zu einer Zerstörung dieser Grundvoraussetzungen, zu einer Selbstnegation der Freiheit kommen. Es gibt deshalb einen Kernbereich der körperlichen Unversehrtheit, für den eine staatliche Schutzpflicht auch gegen den Willen des Betroffenen besteht, ein Kernbereich also, der seiner freien Verfügungsgewalt entzogen werden sollte.

Das Grundproblem lautet also: Wo beginnt dieser Kernbereich und wie weit sollte die Verfügungsmacht über den eigenen Körper gehen? Dieses Grundproblem steht hinter der Regelung zur Strafbarkeit der einvernehmlichen, aber sittenwidrigen Körperverletzung. Diese Vorschrift gesteht dem Menschen die Verfügungsmacht über seinen Körper grundsätzlich zu, fügt dem dann allerdings ein "aber" hinzu. "Du darfst über Deinen Körper verfügen, aber ... " Die Bedeutung und Reichweite des "aber" bleibt dabei im Dunklen. Letztlich löst der § 228 StGB das Problem nicht, sondern formuliert es nur in höchst unbefriedigender Weise neu. Die Diskussion um diese Vorschrift zeigt die Gefahren, die der persönlichen Autonomie mit jeder Eingrenzung der Verfügungsbefugnis drohen. Der einzelne kann dabei leicht bestimmten Wertvorstellungen oder Nützlichkeitsidealen untergeordnet werden. Auf der anderen Seite zeigen sich in der Diskussion um den eigentlichen Geltungsgrund der Vorschrift bereits wertvolle Ansätze, welche die personale Autonomie in den Vordergrund stellen. Von daher ist die lebhafte akademische Diskussion um den unklaren § 228 StGB wichtig – praktisch kommt der Vorschrift hingegen nur eine geringe Bedeutung zu. Gewichtige und folgenschwere Eingriffe in die körperliche Integrität sind inzwischen fast ausnahmslos spezialgesetzlich geregelt.

Ein solch besonders schwerwiegender Eingriff ist die Organspende. Bei der Entstehung des TPG spielte allerdings die Grundfrage nach der Reichweite des Verfügungsrechts über den eigenen Körper eine beklagenswert untergeordnete Rolle. Mit Strafdrohungen sowohl an den Spender als auch an die übrigen Beteiligten wird die Entscheidung des Betroffenen völlig übergangen. Bei einer Analyse anhand der Grundfrage steht eine so weitgehende Eingrenzung der Dispositionsbefugnis jedoch auf schwachem Grund. Wenn der Staat die Organspende an Verwandte zuläßt, erkennt er an, daß dadurch der Kernbereich der körperlichen Integrität nicht gefährdet wird, zu dessen Schutz er verpflichtet ist. Allerdings zeigt das Beispiel der Organtransplantationen auch, daß der auf den Schutz der Autonomie bedachte Staat berechtigt sein kann, regelnd einzugreifen. Denn durch die Verhinderung eines marktgesteuerten Organhandels will der Staat Autonomie schützen. Jeder soll gleichberechtigten Zugang zu einer medizinischen (Grund-)Versorgung haben, die die Voraussetzung eines selbstbestimmten Lebens sichert oder herstellt. Der Staat ist jedoch in gleicher Weise verpflichtet, die autonome Spenderentscheidung zu respektieren.

Im Gegensatz zur Organspende geht es bei der Gurt- und Helmpflicht um eine marginale (wenn auch unter Umständen folgenschwere) Beeinträchtigung. In der Diskussion, welche der Einführung dieser Vorschriften folgte, rückte das Grundproblem der Berechtigung paternalistischer Schutzvorschriften in den Vordergrund. Weicht man bei der Rechtfertigung der Vorschriften nicht auf soziale Folgekosten aus, so wird eine schwierige Abwägung nötig, ob der Kernbereich körperlicher Integrität im konkreten Fall vor einer Gefährdung geschützt werden darf. Eine solche Abwägung ist immer problematisch. Gurt- und Helmpflicht sind ein Grenzfall des wohl noch berechtigten, autonomieorientierten Paternalismus. Leicht kann man mit ähnlichen Argumentationsweisen diese Grenze überschreiten. Die Gefährdung der Autonomie durch den Paternalismus ist offensichtlich. Doch Gurt- und Helmpflicht machen auch deutlich, wie gefährlich es sein kann, aus einem doktrinären Antipaternalismus heraus auf soziale Folgen zu verweisen und damit den eigentlich Betroffenen und seine Autonomie aus dem Blickfeld zu drängen.

Die Diskussion um Rauschmittel hat gezeigt, daß der schützenswerte Kernbereich körperlicher Unversehrtheit nicht nur durch sichtbare schwere Verletzungen gefährdet werden kann, sondern auch durch eine nicht so offensichtliche Sucht. Auch Sucht kann Freiheit aufheben. Hier darf der Staat eingreifen. Die bestehende Drogengesetzgebung baut jedoch nicht auf solch prinzipiellen Überlegungen auf, sondern auf kulturhistorisch oder international vorgegebenen Wertungen, die einer kritischen Überprüfung nicht standhalten. Der Staat schießt mit der Totalprohibition aller kulturfremder Drogen weit übers Ziel hinaus. Die Grundfrage nach der Rechtfertigung des paternalistischen Handelns wird vom Gesetzgeber nicht einmal gestellt und durch das Bundesverfassungsgericht geschickt umgangen. Auch bei Rauschmitteln ist die Achtung der Autonomie zu fordern; lediglich die Selbstnegation von Freiheit kann ein Eingreifen rechtfertigen.

Vor dem Schutz der Grundvoraussetzungen von Autonomie und selbstbestimmtem Lebens verliert auch der bisher geltende Grundsatz an Bedeutung, die eigenverantwortliche Selbstschädigung und die Beteiligung daran dürfe nicht Anknüpfungspunkt (straf-)rechtlicher Regelungen sein. Im Ergebnis macht es keinen Unterschied, ob ein Mensch einen anderen darum bittet, ihm die Hand abzuhacken – das wäre für diesen bereits jetzt nach § 228 StGB strafbar – , oder ob der andere dem zur Selbstverstümmelung Entschlossenen ein Beil reicht und ihn anfeuert, dies selbst zu tun. Es wäre durchaus legitim, auch Anstiftung und Beihilfe zur Selbstverstümmelung zu sanktionieren. Unter Umständen könnte sogar der Betroffene selbst durch entsprechende Regelungen von einer schwerwiegenden Selbstverletzung abgehalten werden. Bei der schwerwiegenden Selbstgefährdung durch das Motorradfahren ohne Schutzhelm geht der Staat bereits diesen Weg. Die Zweckmäßigkeit solcher Vorschriften ist jedoch eine rechtspolitische Frage, die hier nicht abschließend geklärt werden kann.

V. Sexualität

Was geht den Staat die Sexualität jenseits des Schutzes der sexuellen Selbstbestimmung überhaupt an? Wie kommt es, daß die deutsche Rechtsordnung eine Vielzahl von Gesetzen und Vorschriften hat, die Sexualität bzw. sexuelle Handlungen und Darstellungen zum Anlaß einer Sonderbehandlung nehmen?

In wohl keinem Bereich hat es derartig gravierende Änderungen von Konventionen und Moralvorstellungen gegeben wie auf dem Gebiet der Sexualität. Die Haltung zum Geschlechtlichen unterlag in der Geschichte dem steten Wechsel von Prüderie und Liberalität. Die griechische Kultur war dem Sexuellen gegenüber offener als die strenge römische Republik, der Sinnesfreude der Renaissance folgte der Calvinismus und Puritanismus, dem lockeren Rokoko die viktorianische Bigotterie.[699] Das Thema hat immer wieder im Mittelpunkt des öffentlichen Interesses gestanden. Oft wurden in verschiedenen Erscheinungsformen der Sexualität Anzeichen sozialer und moralischer Dekadenz gesehen. Dem steht die besonders in diesem Jahrhundert wirkmächtige Verklärung der sexuellen Freizügigkeit als Katalysator für Befreiung und sozialen Fortschritt gegenüber. Das hat sich auch auf die Rechtsordnung ausgewirkt. Einerseits gibt es eine lange Tradition staatlicher Reglementierung, andererseits verzeichnete man auf diesem Bereich eine gewisse Liberalisierung.

Das deutsche Strafrecht pönalisierte ursprünglich in erheblichem Maße sexuelles Verhalten, welches außerhalb der monogamen, heterosexuellen Ehe stattfand. Dazu gehörte die männliche Homosexualität, der Ehebruch, die Erschleichung des außerehelichen Beischlafes, die Sodomie, die "Kuppelei" und die Verbreitung "unzüchtiger Schriften". Die Nachkriegszeit war in der Bundesrepublik zunächst geprägt von konservativer Restauration. Die von den christlichen Kirchen vertretenen Moralvorstellungen dienten in starkem Maß der Orientierung. Auf dem Gebiet des Rechts war ein Naturrechtsdenken vorherrschend, das von diesen Moralvorstellungen geleitet war. So argumentierte das Bundesverfassungsgericht 1957, Homosexualität verstoße gegen die Sittenordnung.[700] Im gleichen Jahr führte der Bundesgerichtshof im Zusammenhang mit der Strafbarkeit wegen "Kuppelei" aus, der Geschlechtsverkehr außerhalb der Ehe sei unvereinbar mit dem Sittengesetz.[701] 1959 meinte das gleiche Gericht, der Vertrieb von Kondomen durch allgemein zugängliche Warenautomaten verstoße gegen die sittliche Ordnung.[702] Diesen Zeitgeist spiegelt ein Entwurf für ein Strafgesetzbuch der damaligen christdemokratischen Regierung von 1962 wider, in dem die "Reinheit und Gesundheit des Geschlechtslebens [...] als außerordentlich wichtige Voraussetzungen für den Bestand des Volkes und [der] Wahrung der natürlichen Lebensordnung" betrachtet wurden.[703] Nach diesem Entwurf sollten – abgesehen von der Entkriminalisierung der uneigennützigen Kuppelei bei Verwandten –

---

[699] *Dreher, Eduard*: Die Neuregelung des Sexualstrafrechts eine geglückte Reform?, JR 1974, 45
[700] BVerfGE 6, 389 ff
[701] BGHSt 4, 46 ff
[702] BGH NJW 1959, 1092 f
[703] BT DruckS IV/650, 359

die bestehenden restriktiven rechtlichen Regelungen noch perfektioniert und angebliche Lücken geschlossen werden.

Zur gleichen Zeit wurde jedoch auch zunehmend Kritik daran laut, daß der Staat in den privaten Bereich des Geschlechtlichen durch restriktive Gesetze eingriff. Über sexuelle Angelegenheiten müsse der "mündige Bürger" selbst entscheiden dürfen. Zunehmend wurde bezweifelt, ob der Staat in den intimen Bereich der Sexualität überhaupt eingreifen darf. Nur zum Schutz der sexuellen Selbstbestimmung solle der Staat eingreifen. Wesentlich begünstigt wurde diese Entwicklung durch das Aufkommen der Anti-Baby-Pille. Indem die Empfängnisverhütung einfacher und sicherer wurde, löste sich die Verbindung von Sexualität und der Erzeugung von Kindern weiter auf. Die sogenannte "Sexuelle Revolution" der 60er und frühen 70er Jahre wurde durch die Erwartung getragen, der Abbau "sexueller Repression" und sexuelle Freizügigkeit würden sexuelle Deformationen und Fehlentwicklungen beenden und gleichzeitig die soziale und politische Befreiung befördern. Man hoffte zudem auf den Abbau zwischenmenschlicher Aggression und eine Beschleunigung der Frauenemanzipation.[704] Parallel zu dieser gesellschaftlichen Entwicklung wurden in der Bundesrepublik Deutschland wie in den meisten westlichen Industriestaaten die rechtlichen Regelungen hinsichtlich der Sexualität liberalisiert. 1969 wurde die Strafbarkeit der männlichen Homosexualität unter Erwachsenen, des Ehebruchs, der Sodomie und des Erschleichens des außerehelichen Beischlafs aufgehoben. Anfang der 70er Jahre folgte die weitgehende Freigabe des Verkaufs von Pornographie. Letzter Abschnitt dieser fortschreitenden Liberalisierung war die weitgehende Legalisierung der Prostitution im Jahre 2002. Doch war und ist diese Entwicklung höchst umstritten. Von konservativer Seite wird dagegen eingewendet, die in sehr langen Zeiträumen gewachsene Sexualverfassung sei schützenswert, da sie die Integration des Sexuellen in das soziale Leben sicherstelle. Die auf der Einehe aufbauende Struktur der Gesellschaft beruhe auf verbindlichen Sexualnormen. Deshalb sei für die Gesellschaft von großer Bedeutung, wie der einzelne seine Sexualität auslebe.[705]

In der Diskussion über die rechtlichen Regelungen, die die Sexualität betreffen, tauchen bestimmte Argumentationstopoi immer wieder auf (wie etwa der Verweis auf die "Menschenwürde"), gleichwohl gibt es bei den verschiedenen Bereichen unterschiedliche Schwerpunkte. Der Mensch ist in der Lage, durch operative Eingriffe seine eigene Geschlechtlichkeit verändern zu lassen. Durch solche Vorgehensweisen wird sehr schwerwiegend und irreversibel in die eigene Sexualität eingegriffen. Mit der Einführung des § 226a a. F. StGB wollte man 1933 vornehmlich diesen Bereich regeln. Heute gibt es außerdem Spezialgesetze, die die Kastration und die Geschlechtsumwandlung betreffen. Beispielhaft dafür soll die Kastration untersucht werden (A.). Bei der Prostitution (B.) steht die Vermarktung des eigenen Körpers im Vordergrund. Im Warencharakter des Intimbereichs wurde ein Verstoß gegen die Menschenwürde gesehen. Hinzu kam der Vorwurf der Sozialschädlichkeit. Dem steht die vor allem von

---

[704] *Ertel, Henner*: Erotika und Pornographie, 12

[705] Vgl.: *Dreher, Eduard*: Die Neuregelung des Sexualstrafrechts eine geglückte Reform, JZ 1974, 45 f; sowie die Erwiderung durch *Baumann, Jürgen*: "Glücklichere Menschen" durch Strafrecht?, JR 1974, 370 ff

pragmatischen Überlegungen getragene Neubewertung durch die weitgehende Legalisierung gegenüber. Bei der Peep-Show (C.) kommt kein direkter, körperlicher Kontakt zustande. Gleichwohl wird ein Verstoß gegen die Menschenwürde behauptet. Dieser soll in der Herabwürdigung zum bloßen Objekt sexueller Begierde begründet sein. Alternativ wird zur Begründung auf sozialethische Wertvorstellungen verwiesen. Die Pornographie (D.) schließlich betrifft die Frage, unter welchen Umständen eine bloße Darstellung verboten werden kann. Es ist zu untersuchen, warum und wann die ungewollte Konfrontation mit abgebildeter Sexualität als störend empfunden wird und inwieweit es legitim ist, wenn der Staat vor dieser Konfrontation schützt. Einige Schlußbemerkungen beendet diesen Abschnitt (E.).

A. Kastration

Unter Kastration versteht man die Entfernung oder die dauernde Beseitigung der Funktionsfähigkeit der männlichen Keimdrüsen. Sie bewirkt wie die Sterilisation die dauerhafte Unfruchtbarkeit. Darüber hinaus wird die Fähigkeit zum Geschlechtsverkehr aufgehoben und das sexuelle Empfinden beeinträchtigt. Im Vergleich zur Sterilisation ist sie ein erheblich schwererer Eingriff, da neben der Unfruchtbarkeit sich auch die Persönlichkeit verändert. Die Bedeutung der über die Unfruchtbarmachung hinausgehenden Folgen der Kastration kommt auch in der Legaldefinition des Kastrationsgesetzes (KastrG) von 1969 zum Ausdruck. In § 1 KastrG wird die Kastration als eine gegen die Auswirkungen eines abnormen Geschlechtstriebes gerichtete Behandlung beschrieben.

1. Gesetzliche Bestimmungen

Die Kastration eines Mannes wird durch das Gesetz über die freiwillige Kastration und andere Behandlungsmethoden (KastrG) stark reglementiert. Nach diesen 1969 geschaffenen[706] und 1973 geänderten[707] Vorschriften ist die Kastration nur zulässig, wenn der Betroffene eingewilligt hat, mindestens 25 Jahre alt ist, der Eingriff durch einen Arzt lege artis durchgeführt wird, die durch die Entmannung zu erwartenden Nachteile nicht unverhältnismäßig sind (§ 2 I Nr. 1, 3, 4, 5 KastrG) und der Eingriff entweder medizinisch indiziert (§ 2 I Nr. 2 KastrG) oder kriminologisch angezeigt ist (§ 2 II KastrG). Eine medizinische Indikation liegt vor, wenn die Kastration zur Verhütung, Heilung oder Linderung einer mit einem abnormen Geschlechtstrieb zusammenhängenden schwerwiegenden Krankheit, seelischen Störung oder Leiden dient. Kriminologisch angezeigt ist eine Kastration, wenn sie zur Verhinderung triebbedingter rechtswidriger Taten vorgenommen wird.

Der Gesetzgeber ging davon aus, er würde eine Schutzpflicht für die Menschenwürde des Betroffenen verletzen, wenn er die Kastration unbegrenzt zuließe. Weiter meinte er aber:

> "Die freiwillige Kastration, die aus den in den §§ 2 oder 3 des Entwurfs bezeichneten Gründen vorgenommen wird, ist im Lichte des Artikels 1 Abs. 1 GG ein angemessener Eingriff. Denn der Zustand, der in solchen Fällen die Kastration nahelegt, kann unter dem Gesichtspunkt der Menschenwürde des Betroffenen viel weniger hingenommen werden als die Folgen der Kastration."[708]

---

[706] BGBl I, 1143
[707] BGBl I, 1725
[708] BT-Drucks. 5/3702, 7

2. Strafbarkeit einer Kastration

In der rechtswissenschaftlichen Literatur ist umstritten, ob sich jemand nach §§ 223, 226, 228 StGB wegen schwerer Körperverletzung strafbar macht, der an einer einvernehmlichen Kastration mitwirkt, die nicht den Voraussetzungen des KastrG entspricht.

Dabei wird argumentiert, eine Kastration, bei der keine der in § 2 KastrG bezeichneten Indikationen vorliegen, sei nach § 228 StGB als sittenwidrige Körperverletzung trotz der Einwilligung des Betroffenen strafbar. Die Kastration sei ein sehr schwerwiegender, irreversibler Eingriff in die körperliche Integrität mit weitreichenden negativen Folgen für den Betroffenen. Deshalb müsse zur Einwilligung ein weiterer positiver Zweck hinzukommen.[709]

Dagegen wird argumentiert, das KastrG wolle gar nicht die Kastrationen umfassend regeln, sondern – wie aus § 1 KastG hervorgeht – nur solche, die sich gegen die Auswirkungen eines abnormen Geschlechtstrieb richten. Es läßt dabei die Kastration aus sexualmedizinischen oder kriminologischen Gründen zu, ohne deshalb die Kastration aus anderen Motiven zu verbieten.[710]

3. Stellungnahme

Die Kastration ist ein sehr weitgehender Eingriff. Mit ihr ändert sich die gesamte Persönlichkeitsstruktur. Damit wird auch ein selbstbestimmtes Leben auf der Grundlage dieser alten Persönlichkeitsstruktur unmöglich. Wegen der Fortpflanzungsunfähigkeit sind die Möglichkeiten der Lebensgestaltung eingeschränkt.

Gleichwohl gibt es anerkennenswerte Gründe für einen so weitgehenden Eingriff. Wenn die Triebstruktur eines Mannes so stark und dominierend ist, daß er sie nicht beherrschen kann, ihr ausgeliefert ist, dann geht von dieser Triebstruktur, ähnlich wie bei Schmerzen oder einer körperlich wirkenden Sucht, eine Bedrohung für die personale Autonomie aus. Die Selbstbestimmung wird in solchen Fällen durch die übermächtige Triebstruktur verdrängt. Dann muß zwischen der in der Kastration gleichermaßen liegenden Beeinträchtigung von Grundvoraussetzungen der Autonomie und dem Gewinn an Autonomie abgewogen werden. Als Ergebnis dieser Abwägung muß dem Betroffenen unter bestimmten Umständen erlaubt sein, sich seiner Triebstruktur zu entziehen. Es ist daher legitim, wenn das KastrG die Kastration nur im Falle von übermächtiger Triebstruktur zuläßt, sonst aber die irreversible Zerstörung der körperlichen Grundlagen der eigenen Persönlichkeit verbietet. Nicht abschließend geklärt werden muß hier die rechtspolitische Frage, ob dieses Verbot auch strafrechtlich abzusichern ist.

---

709 *Popp, Stephan*: Die Sittenwidrigkeit der Tat im Sinne von § 226a StGB, f; Leipziger Kommentar/*Hirsch* § 228 Rn 42; *Jung, Heike*: Stereotaktik und Kastrationsgesetz, NJW 1973, 2241, 2242

710 *Niedermair, Harald*: Körperverletzung mit Einwilligung und die Guten Sitten, 207 f

B. Prostitution

Am 1.01.2002 ist in Deutschland das "Gesetz zur Regelung der Rechtsverhältnisse der Prostitution"[711] in Kraft getreten. Auch wenn noch nicht alle Folgen dieser Neuregelung absehbar sind, so ist doch klar, daß die Prostituierten nicht mehr außerhalb des Schutzes der Rechtsordnung stehen.

Gleichwohl soll untersucht werden, wie die Prostitution bislang durch die Rechtsordnung geregelt wurde und was sich geändert hat. Denn anhand der bisherigen, restriktiven Praxis lassen sich sehr anschaulich die Argumentationsmuster darstellen, mit denen staatliche Eingriffe gegen einen bestimmten Umgang mit der Sexualität begründet werden. Diese werden auch in Zukunft aktuell bleiben. Es ist keineswegs ausgemacht, daß Beschränkungen der Prostitution nicht wieder auf die rechtspolitische Tagesordnung kommen. Erst 1999 ist in Schweden ein verschärftes Gesetz zur Verhinderung von Prostitution erlassen worden.

Im alltäglichen Sprachgebrauch, bei Soziologen, Kriminologen, Feministinnen und den Prostituierten selbst gibt es ganz unterschiedliche Vorstellungen darüber, was Prostitution bedeute. Etymologisch geht der Begriff auf die lateinischen Worte "pro" und "stuere" zurück und bedeutete "vorn hinstellen", später "preisgeben" oder "feilstehen".[712] Allgemein wird unter Prostitution die sexuelle Hingabe gegen materielle Vorteile verstanden. Ausgehend von dieser allgemeinen Definition wird zum Teil immer dann von Prostitution gesprochen, wenn Sexualität nicht in Zusammenhang mit Liebe und Zuneigung steht, sondern sie materiell motiviert ist – selbst wenn dies in anerkannten Institutionen wie der Ehe geschieht. Gelegentlich wird der Begriff auch ohne sexuellen Bezug in übertragenem Sinne gebraucht für das "Verkaufen" von Idealen oder Überzeugungen. Im juristischen Sprachgebrauch wird der Begriff wertneutral benutzt für die "gewerbsmäßige, entgeltliche Vornahme homo- oder heterosexueller Handlungen mit wechselnden Partnern".[713] Dieses Prostitutionsverständnis ist nicht auf die Ausübung des Geschlechtsverkehrs beschränkt, sondern umfaßt generell das Vornehmen oder Geschehenlassen sexueller Handlungen. Allerdings ist ein individualisiertes, körperliches Verhältnis zu einem Partner nötig, so daß weder Striptease noch Peep-Shows noch Telephonsex unter den hier gebrauchten Begriff der Prostitution fallen.

Bei dem Verhältnis von Staat und Prostitution sind zwei unterschiedliche Ebenen der Diskussion zu unterscheiden: Meist wird über Prostitution vor der nicht hinterfragten Annahme diskutiert, daß es sich dabei um ein (soziales) Übel handele.[714] Dann geht es nur um die pragmatische Frage, welche rechtlichen Regelungen dem Phänomen Prostitution am besten gerecht werden. Auch die jüngste Neuregelung wurde vornehmlich mit den negativen gesellschaftlichen Folgen der alten Rechtslage begründet. Ver-

---

[711] BGBl 2001 I, 3983

[712] Duden Etymologie, "prostituieren", 554

[713] *Tilch, Horst* (Hrsg.): Deutsches Rechtslexikon, Band 2, 1480

[714] *Arleff, Peter*: Die Prostitution im geltenden und im zukünftigen Recht, 3

gleichsweise selten wird dagegen die grundsätzliche und hier interessierende Frage erörtert, ob Prostitution der Ausdruck menschlicher Selbstbestimmung sein kann.[715]

Die Untersuchung beginnt mit einem kurzen geschichtlichen Abriß, der verdeutlicht, daß es Prostitution unter sehr verschiedenen sozio-kulturellen Grundvoraussetzungen gegeben hat (1.). Sodann sollen die neuen gesetzlichen Regelungen vor dem Hintergrund ihrer geschichtlichen Entwicklung dargestellt werden. Nicht nur konkrete Gesetze, auch die Rechtsprechung bestimmte die juristische Bewertung durch die Auslegung von Generalklauseln maßgeblich mit. Dabei ist zu untersuchen, welche geistesgeschichtlichen Prämissen dieser Rechtsprechung zugrunde lagen (2.). Danach soll die grundsätzliche Kritik an der Neureglung erörtert werden (3.). Die Untersuchung schließt mit einer Stellungnahme zur rechtlichen Regelung der Prostitution ab (4.).

1. Geschichte der Prostitution

Prostitution, das „älteste Gewerbe der Welt", hat es in allen uns bekannten Gesellschaften zu allen Zeiten gegeben. Unterschiedlich waren und sind nur ihre rechtlichen und gesellschaftlichen Rahmenbedingungen.[716]

In der Antike gibt es verschiedene Beispiele für Tempelprostitution, beispielsweise in Babylon, Korinth und Karthago. Der Geschlechtlichkeit wurde hier eine sakrale Bedeutung gegeben, die Prostituierten hatten als Vermittlerinnen von Heil eine hervorgehobene und privilegierte Stellung.

Überwiegend wurde jedoch in der griechisch und später in der römisch geprägten Welt den Prostituierten, die sich meist aus dem Sklavenstand rekrutierten, eine niedere und untergeordnete Stellung zugewiesen. Unter *Solon* (630 – 560 v. Chr.) kam es in Athen zu einer Institutionalisierung der Prostitution in "Staatsbordellen". Insgesamt wurde in der Antike die Prostitution als notwendig zur Stabilisierung der staatlich und gesellschaftlich erwünschten, der Erzeugung von Nachkommen dienenden, monogamen Ehe gesehen. Dabei wurde zwischen Prostituierten und anderen Frauen deutlich unterschieden. So war nach dem unter Augustus erlassenen Lex Iulia de adulteria (18. v. Chr.) zwar der Ehebruch bzw. der Geschlechtsverkehr unverheirateter Frauen unter Androhung schwerer Strafen verboten, Prostitution hingegen geduldet.[717]

Mit dem Erstarken des Christentums wurde die christliche Sexualethik wirkmächtig. Als verdammungswürdiges Übel wurde die Prostitution bereits durch *Paulus* gekennzeichnet. *Paulus* und später *Tertullian* erhoben die sexuelle Askese zum Ideal. Im 3. und 4. Jahrhundert wurde die "fleischliche Liebe" für teuflisch erklärt. *Aurelius Augustinus* betrachtet die Prostitution – wie jede Form fleischlicher Lust – als Teil der Erbsünde. Eine Prostituierte widme ihr ganzes Leben der Fleischeslust und damit der Sünde. Er gestand der Prostitution jedoch eine soziale Funktion zu und meinte, der Geschlechtstrieb würde sich ohne sie weit verheerender auswirken. Prostituierte ver-

[715] *Würgner, Joachim*: Prostitution und Menschenwürdeprinzip, NVwZ 1988, 600
[716] *Arleff, Peter*: Die Prostitution im geltenden und im zukünftigen Strafrecht, 1
[717] *Laskowski, Silke Ruth*: Die Ausübung der Prostitution, 51 ff

glich er mit Abwasserrinnen in einem Palast. Ihre Entfernung hätte zur Folge, daß sich die Kloake überall ausbreiten würde.[718]

Die Stigmatisierung der Prostituierten bei gleichzeitiger Rechtfertigung der Prostitution steht in einem augenfälligen Widerspruch zu den zahlreichen biblischen Überlieferungen, nach denen Jesus Christus sich schützend vor Prostituierte gestellt, die Prostitution selbst jedoch verworfen hat.[719] Gleichwohl prägte die Position des *Augustinus* das europäische Mittelalter. Die Prostitution wurde weitgehend geduldet, jedoch reglementiert und kirchlich wie sozial geächtet. Alle Versuche, die Prostitution zu verbieten, wie sie beispielsweise Karl der Große, der englische König Heinrich II oder der französische König Ludwig IX unternahmen, scheiterten. Im Mittelalter gab es erste ständische Berufsorganisationen von Prostituierten und auch Bestimmungen, die ihrem Schutz dienten. Die Behandlung von Prostituierten war nicht einheitlich, sie schwankte zwischen wohlwollender Duldung und Verfolgung. Rechtlich, sozial und kulturell blieben sie diskreditiert.

Die Syphilisepidemie Ende des 15. und Anfang des 16. Jahrhunderts führte zu verstärkter Repression gegen Prostituierte, die aus den Zünften ausgeschlossen wurden und denen man oft die Ausübung ihres Gewerbes verbot. Hinzu kam, daß mit der Reformation das Rollenverständnis von Hausfrau und Mutter neuen Auftrieb bekam und Frauen aus selbständigen Berufen verdrängt wurden. Einen Höhepunkt der christlich begründeten Repressionen gegen Prostituierte bildete die Hexenverfolgung. Neben anderen Frauen wurden besonders Prostituierte als Hexen diffamiert und verfolgt. Nachdem die Hexenverfolgung ihren Höhepunkt überschritten hatte, trieb im 17. und 18. Jahrhundert die Prostitution eine neue Blüte. Ende des 18. Jahrhunderts kam es in Preußen zu ersten rechtlichen Regelungen der Prostitution. Darin wurde eine strenge Reglementierung und Überwachung, aber auch ein gewisser Schutz der Prostituierten festgeschrieben. Das 19. Jahrhundert war in ganz Deutschland geprägt durch eine weitgehende staatliche Duldung der Prostitution, die gleichwohl als ein Übel betrachtet wurde – aus moralischen Gründen oder weil man sie als Ausdruck von sozialen Mißständen betrachtete. An dieser Bewertung hat sich bis heute nicht viel geändert.

Der geschichtliche Rückblick zeigt, daß Prostitution überwiegend als eine soziale Funktion begriffen wurde, unter positiven Vorzeichen, wie in der Tempelprostitution, oder negativ als "Abflußröhre" des zerstörerischen Geschlechtstriebes oder als Ausdruck sozialer Mißstände. Dies ist in vieler Hinsicht so geblieben, etwa wenn heute die Prostitution als "soziales Problem" begriffen oder von Feministinnen als "Ausdruck patriarchalischer Herrschaftsstrukturen" bekämpft wird. Die Person selbst, die sich zur Prostitution entscheidet, bleibt unter diesem Blickwinkel weitgehend unbeachtet. Sie und ihre Autonomie muß jedoch im Mittelpunkt eines freiheitlichen Rechtsverständnis stehen.[720]

---

[718] *Laskowski, Silke Ruth*: Die Ausübung der Prostitution, 54

[719] Vgl. Lukas 7, 36 ff

[720] So auch *Kelker, Brigitte*: Die Situation von Prostituierten im Strafrecht und ein freiheitliches Rechtsverständnis, KritV 1993, 289, 298

2. Die Prostitution in der deutschen Rechtsordnung

Die 2002 erfolgte Neureglung der Prostitution enthält spezielle gesetzliche Bestimmungen zu Bereichen, die in der Vergangenheit durch die (umstrittene) Anwendung von Generalklauseln gelöst wurden. Doch sind durch das Gesetz längst nicht alle juristischen Fragen beantwortet worden.

a. Entstehungsgeschichte der gesetzlichen Bestimmungen

In den deutschen Staaten gab es vor der Reichsgründung 1871 verschiedene Ansätze, die Prostitution zu reglementieren. Da sich die Versuche, die Prostitution zu verbieten, als erfolglos erwiesen hatten, wurde in den meisten Ländern ein System polizeilicher Überwachung errichtet. Der Grundgedanke, Prostitution zu dulden, solange sie unter polizeilicher Aufsicht erfolgte, ging auch in das StGB von 1871 ein.

1927 wurde das bisherige System polizeilicher Überwachung durch das Gesetz zur Bekämpfung der Geschlechtskrankheiten abgelöst. Prostitution wurde grundsätzlich straflos, und die Überwachung von Prostituierten als gesundheitspolitische Aufgabe begriffen. Um bestimmte, als gemeinschädlich betrachtete Verhaltensweisen bei der Ausübung der Prostitution zu verhindern, wurde in § 361 Nr. 6a StGB Prostitution in der Nähe von Kirchen, Schulen oder anderen Aufenthaltsorten von Kindern und Jugendlichen verboten. Die vergleichsweise fortschrittliche Gesetzesänderung verbesserte die Situation der Prostituierten jedoch kaum, da die zuständigen Organe von Polizei und Gesundheitsamt ihre restriktive Praxis nicht änderten.

Nachdem *Adolf Hitler* Reichskanzler wurde, blieb die Prostitution zunächst grundsätzlich straflos. Gleichwohl war ihre Beseitigung erklärtes Ziel der Nationalsozialisten. Dem diente eine fortschreitende Verschärfung der rechtlichen Bestimmungen. Durch entsprechende Erlasse und Sonderaktionen wurde das Ziel verfolgt, die Straßenprostitution zu zerschlagen. Das Gesundheitswesen wurde zur Beseitigung der Prostitution instrumentalisiert und Prostituierte wurden als "moralisch schwachsinnig" entmündigt, sterilisiert und in Anstalten oder Konzentrationslagern untergebracht. Im zweiten Weltkrieg wurden jedoch Bordelle für Soldaten eingerichtet. Das gleiche tat man auch für Zwangsarbeiter, wobei die Frauen vielfach zur Prostitution gezwungen wurden.[721]

Nach dem Krieg nahm die Prostitution in Deutschland erheblich zu. Die Besatzungsmächte drängten auf eine rechtliche Regelung, um der Infizierung der Besatzungssoldaten mit Geschlechtskrankheiten vorzubeugen. 1953 wurde das neuformulierte Gesetz zur Bekämpfung der Geschlechtskrankheiten verabschiedet.

Durch das 4. Strafrechtsreformgesetz kam es in der Bundesrepublik zu einer Neuregelung der (strafrechtlichen) Bestimmungen zur Prostitution, in der auch eine veränderte Sichtweise zum Ausdruck kam. Schon die Überschrift des entsprechenden Abschnittes als "Straftaten gegen die sexuelle Selbstbestimmung" macht deutlich, daß nicht mehr die (moralische) Bewertung bestimmter sexueller Verhaltensweisen Grund

---

[721] *Laskowski, Silke Ruth*: Die Ausübung der Prostitution, 68 f

für die strafrechtlichen Sanktionen sein sollte. Gleichwohl sah auch der Reformgesetzgeber Prostitution nicht als Ausdruck eigenverantwortlicher Selbstbestimmung, sondern ging davon aus, daß es sich um ein Übel für die Person handelt, die ihr nachgeht.[722] An dieser Auffassung änderte auch das „Gesetz zur Regelung der Rechtsverhältnisse der Prostituierten“[723] im Jahre 2002 nichts, das zwar die Prostitution noch weitgehender legalisierte, zur Begründung jedoch vornehmlich auf die negativen sozialen Folgen der bisherigen Regelung verwies.

b. Prostitution und Grundrechtsschutz

Wegen der Bindungswirkung für den Gesetzgeber und die Gerichte ist von entscheidender Bedeutung, ob Prostitution durch die Grundrechte der Verfassung geschützt wird. Art. 12 GG schützt die Berufsfreiheit. Unter Beruf wird von der Rechtsprechung des Bundesverfassungsgerichts jede erlaubte Tätigkeit verstanden, die auf Dauer berechnet ist und der Schaffung und Erhaltung einer Lebensgrundlage dient.[724] Dabei ist der verfassungsrechtliche Begriff des "Berufes" eigentlich weit auszulegen.[725] Das Kriterium der "Erlaubtheit" des Berufes ermöglicht jedoch, den Schutzbereich einzuengen. Als erlaubt werden nur solche Tätigkeiten angesehen, die nach den Wertvorstellungen der Rechtsgemeinschaft nicht als gemeinschaftsschädlich gelten.

Bei der Prostitution handelt es sich um eine Tätigkeit, welche dauerhaft der Schaffung und Erhaltung einer Lebensgrundlage dient. Gleichwohl vertritt die vorherrschende Meinung in der Rechtsprechung[726] sowie weiten Teilen der rechtswissenschaftlichen Fachliteratur die Auffassung, Prostitution sei durch Art. 12 GG nicht als Beruf geschützt, da es sich nicht um eine "erlaubte" Tätigkeit handele. In einer grundlegenden Entscheidung führte das Bundesverwaltungsgericht 1965 hierzu aus

> "Der Bedeutung des Grundrechts entspräche es nicht, wenn die schlechthin gemeinschaftsschädlichen Betätigungen zwar auch als Berufe im Sinne des Art. 12 Abs. 1 GG betrachtet würden, ihre Aufnahme und Ausübung aber gemäß Art. 12 Abs. 1 Satz 2 GG jedermann verboten werden dürften [...] Daher liegt eine Betätigung, die nach den Wertvorstellungen der Rechtsgemeinschaft – ungeachtet der sonstigen verschiedenartigen Anschauungen innerhalb der pluralistischen Gesellschaft – allgemein als gemeinschaftsschädlich betrachtet wird, wie etwa die Betätigung als 'Berufsverbrecher' oder die Ausübung der Gewerbeunzucht, von vorneherein außerhalb der Freiheitsverbürgung des Art. 12 Abs. 1 GG."

---

[722] BT-Drucks 6/1552
[723] BGBl 2001 I, 3983
[724] BVerfGE 7, 377, 397; 22, 286, 287; vMünchKunig/*Gubelt, Manfred*: Art. 12 Rn 8
[725] BVerfGE 14, 19, 22
[726] BVerwGE 7, 377

Die Einschränkung des Schutzbereiches durch das Kriterium der "Erlaubtheit" ist häufig kritisiert worden.[727] Es erscheint als ein dogmatischer Taschenspielertrick, bestimmte, dem Erwerb dienende Tätigkeiten nicht am Grundrechtsschutz des Art. 12 GG teilhaben zu lassen, um sich so eine Überprüfung staatlichen Handelns ersparen zu können.

Sehr zweifelhaft ist auch die Bewertung der Prostitution als gemeinschaftsschädlich oder sozialschädlich. Diese wird von der höchstrichterlichen Rechtsprechung fast ausnahmslos angenommen,[728] eine nähere Begründung fehlt jedoch. Die Gleichsetzung mit dem "Berufsverbrechertum" in der zitierten Entscheidung des Bundesverwaltungsgericht deutet darauf, daß sich die Sozialschädlichkeit aus der erhöhten Kriminalität im Prostituiertenmilieu ergäbe. Eine solche Schlußfolgerung überzeugt jedoch nicht, da Kriminalität keine logisch zwingende Folge der Prostitution ist – vielmehr wurde das Entstehen einer außerstaatlichen (Zuhälter-) Ordnung auch dadurch gefördert, daß den Prostituierten rechtlicher Schutz lange versagt blieb. Denkbar ist auch, daß die Sozialschädlichkeit der Prostitution in einer Gefährdung der auf der grundgesetzlich privilegierten, heterosexuellen Einehe beruhenden Familie gesehen wird. In diesem Sinne heißt es auch in der Präambel der Konvention der Vereinten Nationen zur Unterdrückung des Menschenhandels und der Ausbeutung der Prostitution vom 02.12.1949/21.03.1950, daß die Prostitution (auch) das Wohl "der Familie und der Gemeinschaft" gefährde.[729] Hiergegen spricht allerdings, daß der Prostitution traditionell keine eheschädigende, sondern im Gegenteil eine ehestabilisierende Wirkung zugesprochen wurde. Sie galt als notwendiges Korrelat für die monogame Ehe. Der Vorwurf der Sozialschädlichkeit steht in einem augenscheinlichen Widerspruch der traditionellen Vorstellung, die Prostitution sei zwar als unmoralisch abzulehnen, erfülle jedoch – wie eine Abflußröhre – eine sinnvolle gesellschaftliche Funktion, da sie geschlechtliche Begehrlichkeiten kanalisiere. Es drängt sich der Eindruck auf, daß stets vom Ergebnis – die Ablehnung der Prostituierten und Duldung der Prostitution – her argumentiert wird. Dieses Ergebnis wurde zunächst mit Moralwidrigkeit, aber Sozialnützlichkeit begründet. Als der Verweis des Rechtes auf die Moral fragwürdig wurde, verzichtete man auf moralische Wertungen und behauptete plötzlich die Sozialschädlichkeit der Prostitution.

Der Vorstellung, die Prostitution sei kein Beruf, der durch Art. 12 GG geschützt werde, ist sowohl in der juristischen Fachliteratur als auch von Gerichten widersprochen worden. Bereits 1972 hatte das Bundesverwaltungsgericht eingeräumt, daß die Vorstellung, "die nicht mit Strafe bedrohte gewerbsmäßige Unzucht [könne] kein Beruf [sein], vielleicht nicht mehr den herrschenden Anschauungen entspricht und

---

[727] MaunzDüring/*Scholz* Art 12 Rn 18; *Hösch, Ulrich*: Café Psst – Abschied von der Unsittlichkeit der Prostitution, GewArch 2001, 112, 114 f

[728] BGH NJW 1970, 1179 ff; BGH JZ 1975, 324; BGHZ 67, 119, 123 f; BayVerfGH, BayVBl 1979, 50 f; BFH (Großer Senat) NJW 1965, 119, 123 f

[729] Die Bundesrepublik ist dieser Konvention zwar nicht beigetreten, sie wurde jedoch zur Begründung der Neuregelung der strafrechtlichen Bestimmungen 1973 herangezogen, Vgl. BT-Drucks. 6/1552, 25

einer Überprüfung bedarf."[730] Auch das Landgericht Münster ging 1992 von der Unvereinbarkeit bestimmter Strafvorschriften mit dem Grundrecht der Berufsfreiheit aus. In zahlreichen Monographien[731], Aufsätzen[732] wie auch in der Kommentarliteratur[733] wird argumentiert, die Prostitution müsse in den Schutzbereich des Grundrechts der Berufsfreiheit fallen.

Gleichwohl hat das Bundesverfassungsgericht die strafrechtlichen Normen zur Prostitution nicht wegen Verstoßes gegen das Grundrecht auf Berufsfreiheit für ungültig erklärt.[734] Auch meint es, die strafrechtlichen Normen zur Prostitution entsprächen dem Bestimmtheitsgebot. Sie würden sich gegen verfestigte Institutionen richten, welche typischerweise die Unabhängigkeit von Prostituierten beeinträchtigen. Dies sei nicht offensichtlich ungeeignet, die sexuelle Selbstbestimmung sowie die persönliche und wirtschaftliche Freiheit von Prostituierten zu schützen.[735]

c. Zivilrechtliche Bewertung der Prostitution

Seit Anfang 2002 ist das zwischen Prostituierten und ihren Kunden zustandekommende Rechtsverhältnis als einseitig verpflichtender Vertrag gestaltet. Der Gesetzgeber hat die Prostitution nicht ausdrücklich vom Anwendungsbereich des § 138 Abs. 1 BGB ausgenommen, wonach Rechtsgeschäfte nichtig sind, die gegen die "guten Sitten" verstoßen. Rechtlich geschützt ist nur die Forderung der Prostituierten, nicht die des Kunden (§ 1 ProstG). Dieser kann auch lediglich die vollständige oder teilweise Nichterfüllung einwenden, alle anderen Einwendungen und Einreden sind (mit Außnahme der Erfüllung und der Verjährung) ausgeschlossen (§ 2 ProstG). Begründet wurde diese rechtstechnisch etwas holprige[736] Gestaltung damit, daß das Gesetz den Prostituierten helfen und diese keinen neuen Zwängen unterwerfen solle. Prostituierte sollten nicht zur Einhaltung eines Vertrages gezwungen werden können, sie sollten nicht an Kündigungsfristen gebunden werden und nur sehr eingeschränkt dem Direktionsrecht von Bordellbetreibern unterstehen.

Vor der Neuregelung waren nach ständiger Rechtsprechung,[737] dem auch das rechtswissenschaftliche Schrifttum,[738] insbesondere die Kommentarliteratur[739] überwiegend

---

730 BVerwG, GewArch 1973, 192, 193

731 *Laskowski, Silke Ruth*: Die Ausübung der Prostitution, 214; *Leo, Ulrich*: Die strafrechtliche Kontrolle der Prostitution, 65 f

732 *Hösch, Ulrich*: Café Psst – Abschied von der Unsittlichkeit der Prostitution, GewArch 2001, 112, 114 ff; *Kelker, Brigitte*: Die Situation von Prostituierten im Strafrecht und ein freiheitliches Rechtsverständnis, KritV 1993, 289, 298; *Kühne, Hans-Heiner*: Prostitution als bürgerlicher Beruf, ZRP 1975, 184; *Wesel, Uwe*: Prostitution als Beruf, NJW 1999, 2865 f;

733 MaunzDüring/*Scholz* Art 12 Rn 18

734 Unveröffentliche Entscheidung zum Vorlagebeschluß des LG Münster vom 7.03.1994, 2 BvL 69/92, zitiert in: VG Berlin, GewArch 2001, 128, 134

735 BVerfG NJW 1993, 1911

736 *Rautenbert, Cristoforo*: Prostitution: Das Ende der Heuchelei ist gekommen!, NJW 2002, 650, 651

737 BGH NJW 1970, 1179; BGHZ 63, 365, 366; BGHZ 67, 119, 122, 124 f; OLG Düsseldorf NJW 1970, 1852; LG Mannheim NJW 1995, 3398

zugestimmt hat, Verträge über die Ausübung der Prostitution nach § 138 Abs. 1 BGB nichtig. Zur Begründung der Sittenwidrigkeit wurde auf ganz unterschiedliche Aspekte abgestellt.

In zahlreichen Entscheidungen wurde die Sittenwidrigkeit von Prostitutionsverträgen mit den sozialethischen Wertvorstellungen der Bevölkerung begründet. Trotz der "sexuellen Liberalisierung" sei der Bereich des Geschlechtlichen maßgeblich von außerrechtlichen Maßstäben der Sexualmoral und den Maximen der Familienordnung beherrscht.[740] Diese außerrechtliche Ordnung lehne die Prostitution ab.

Dieser Ansatz wurde – wie jeder Verweis auf außerrechtliche Wertvorstellungen - kritisiert. Das Bestehen einer "sicheren vorrechtlichen Ordnung" in Hinsicht auf das Sexuelle wurde bezweifelt.[741] Nachdem die hergebrachten (christlichen) Vorstellungen der Sexualmoral durch die sogenannte "sexuelle Revolution" an Bindungskraft eingebüßt hätten, habe sich auf diesem Gebiet ein gesellschaftlicher Pluralismus entwickelt, für den kein gemeinsamer Nenner gefunden werden könnte.

Den Schwerpunkt auf eine normative Argumentation legte der BGH in einer Entscheidung aus dem Jahre 1976. Er ging von einer Entwürdigung durch die Kommerzialisierung des Geschlechtlichen aus und formulierte,

> "daß die gewerbsähnliche geschlechtliche Hingabe in entwürdigender Weise Intimbereiche zur Ware macht, die aus moderner psychologischer Sicht mit dem Kern der Persönlichkeit aufs engste verknüpft sind [...]"[742]

Der BGH spezifizierte die "moderne psychologische Sicht" nicht weiter. Die Auseinandersetzung mit der eigenen Geschlechtlichkeit ist tatsächlich ein Grundproblem der menschlichen Existenz. Aber warum soll der Intimbereich, wenn er doch mit dem Kern der Persönlichkeit eng verknüpft ist, nicht vom Betroffenen selbst bestimmt und definiert werden? Die Bedeutung des Sexuellen für den Menschen allein ist kein Grund für Fremdbestimmung.

Letztlich wurde der Warencharakter des Intimbereichs abgelehnt, da darin ein vorbehaltloser Selbstverkauf zu sehen sei. In diese Richtung geht auch die Argumentation, der Mensch, der mit seinem Körper eine Einheit bilde, dürfe nicht isoliert diesen Körper zur Ware machen. Immer wenn sein Körper zur Ware werde, werde er selbst zum Objekt.[743]

---

[738] *Larenz, Karl; Wolf, Manfred*: Allgemeiner Teil des deutschen bürgerlichen Rechts, § 41 III 4, Rn 55, 758; *Meicus, Dieter*: Allgemeiner Teil des BGB, Rn 701; *Stürner, Rolf*: Urteilsanmerkung, JZ 1977, 176 f

[739] Münchener Kommentar/*Mayer-Maly* § 138 Rn 48-51, Erman/*Palm* § 138 Rn 77a; Soergel/*Hefermehl* § 138 Rn 208; Palandt/*Heinrichs* § 138 Rn 52

[740] Münchener Kommentar/*Mayer-Maly* § 138 Rn 48 m. w. N.

[741] *Rother, Werner*: Sittenwidriges Rechtsgeschäft und sexuelle Liberalisierung, AcP 1972, 498

[742] BGHZ 67, 119 = NJW 1976, 1883, 1885

[743] *Schittek, Lothar*: Prostitution als Selbstverwirklichung, NVwZ 1988, 804

d. Verwaltungsrechtliche Bewertung der Prostitution

Die Auswirkungen des "Gesetzes zur Regelung der Rechtsverhältnisse der Prostituierten" auf das Verwaltungsrecht sind noch nicht klar, entsprechende Grundsatzentscheidungen stehen noch aus. Auf der einen Seite ließe sich argumentieren, mit der Neuregelung müsse auch eine Änderung der verwaltungsrechtlichen Praxis einhergehen. Auf der anderen Seite soll das Gesetz ausschließlich den Prostituierten und nicht den Bordellbetreibern dienen.[744] Auf eine Neugestaltung verwaltungsrechtlicher Vorschriften wurde verzichtet. Damit könnte man begründen, warum die weiterbestehenden Bestimmungen auch in Zukunft gegen die Prostitution auszulegen sind.

Ein Gewerbe im Sinne der Gewerbeordnung war die Prostitution bisher nach allgemeiner Ansicht nicht.[745] Der Begriff des Gewerbes wird definiert als selbständige und nicht sozial unwertige oder generell verbotene, auf Gewinnerzielung gerichtete und auf gewisse Dauer angelegte Tätigkeit, ausgenommen der Urproduktion, der freien Berufe und der Nutzung des eigenen Vermögens. Wegen des nicht näher begründeten Vorwurfs der "Sozialschädlichkeit" fällt die Prostitution nicht unter diese Definition.

In Bordellen werden üblicherweise (alkoholische) Getränke, gelegentlich auch kleine Speisen angeboten. Sie sind dann als Gaststätte genehmigungspflichtig, §§ 1, 2 GastG. Voraussetzung für den Betrieb einer Gaststätte ist die "Zuverlässigkeit" des Wirtes. Erweist er sich als unzuverlässig, so muß eine bereits erteilte Genehmigung zurückgezogen werden, § 15 Abs. 2 GastG. In § 4 Abs. 1 Nr. 1 GastG wird in einem Regelbeispiel bestimmt, daß unzuverlässig sei, wer der Unsittlichkeit Vorschub leiste. Dabei wird der Begriff der Unsittlichkeit geschlechtsbezogen verstanden.[746] Nach der Rechtsprechung wird der Unsittlichkeit immer dann Vorschub geleistet, wenn Gaststätten, Bars oder Clubs so geführt werden, "daß sie günstige Bedingungen für die Anbahnung von geschlechtlichen Beziehungen zwischen Prostituierten und Freiern" bieten.[747] In den ersten Jahren nach Verabschiedung des 4. Strafrechtsreformgesetzes hatte die Rechtsprechung in ungewöhnlicher Liberalität noch betont, nur strafrechtlich relevantes Verhalten könne als "Vorschubleisten der Unsittlichkeit" gesehen werden, denn das Gewerbe- und Gaststättenrecht solle nicht "dem Menschen ein Mindestmaß an Sittlichkeit vor[...]schreiben und dieses mit den gewerberechtlichen Überwachungsmitteln durchsetzen"; Gastwirte seien keine Sittenwächter der Allgemeinheit.[748] Später hat man zu strengeren Maßstäben der "Unsittlichkeit" zurückgefunden. Es sei nicht notwendig, daß das Verhalten auch strafrechtlich relevant ist.[749] Vielmehr seien für die

---

[744] BT-Drucks 14/5958, 4

[745] BVerwGE 22, 284, 289; 68, 213, 219 f; *Stühler, Hans Ulrich*: Prostitution und öffentliches Recht, NVwZ 1997, 861 f

[746] *Hösch, Ulrich*: Cafe Psst – Abschied von der Unsittlichkeit der Prostitution, GewArch 2001, 112, 113; Metzner, *Richart*: Gaststättengesetz, Kommentar, § 3 Rn 28

[747] BVerwG, NVwZ 1991, 373

[748] BVerwG GewArch 1976, 386; ebenso: VG Wiesbaden, NJW 1975, 663 ff; *Lüthge-Bartholomäus, Renate*: Die polizeirechtliche Schließung von "Massagesalons", NJW 1975, 1871, 1873

[749] *Michel, Elmar; Kienzle, Werner*: Gaststättengesetz Kommentar, § 4 Rn 16; *Loose, Udo; Schwägerl, Friedrich*: Prostitution als Problem der öffentlichen Sicherheit und Ordnung, BayVBl 1992, 228, 223

Auslegung der Begriffe "Unsittlichkeit" im Gaststättenrecht und "gute Sitten" in § 33a GewO die sozialethischen Wertvorstellungen der Rechtsgemeinschaft maßgeblich. Nach diesen Wertvorstellungen werde die Kommerzialisierung der Sexualität abgeleht.[750]

Schon kurz vor Inkrafttreten des neuen Gesetzes hatte das VG Berlin in bewußter Abweichung von der bisher herrschenden Rechtsprechung die von Erwachsenen freiwillig und ohne kriminelle Begleiterscheinung ausgeübte Prostitution als nicht sittenwidrig gewertet.[751] Der Entzug einer Gaststättenerlaubnis könne daher nicht darauf gestützt werden, daß die Wirtin eines Bordells der "Unsittlichkeit Vorschub leiste". Das Gericht versteht die unbestimmten Rechtsbegriffe der "Unsittlichkeit" und "Sittenwidrigkeit" rein deskriptiv. Das Gaststättenrecht als Teil des gewerblichen Ordnungsrechts solle die Gesellschaft vor Verhaltensweisen schützen, die einem geordneten menschlichen Zusammenleben auf Grund des Abweichens von allgemein anerkannten Sozialnormen entgegenstünden. Welche Verhaltensweisen dies seien, könne nur empirisch festgestellt, nicht aber normativ begründet werden. Die guten Sitten seien daher nicht als Moralbegriff oder ethische Forderung zu verstehen. Der Richter dürfe sich beim Ermitteln der herrschenden gesellschaftlichen Wertvorstellungen nicht auf sein persönliches sittliches Gefühl verlassen, sondern müsse sich auf konkrete Indizien stützen. Es gäbe eine Vielzahl von Anhaltspunkten, daß Prostitution nicht mehr als sittenwidrig abgelehnt werde. So würden Behörden "saubere Bordelle" ohne milieutypische Begleitkriminalität weitgehend dulden. Demoskopische Untersuchungen und die Medienberichterstattung belegten, daß Prostitution nicht mehr einhellig abgelehnt werde. Die Antworten der vom Gericht befragten Wissenschaftler, Verbände, Gewerkschaften und kirchlichen Stellen hätten ergeben, daß freiwillig erbrachte sexuelle Dienstleistungen inzwischen nüchtern als gesellschaftliche Realität anerkannt und nicht sittlich verurteilt würden.

Ein anderer, normativer Argumentationsstrang im Verwaltungsrecht stellt darauf ab, daß die Prostitution mit der Menschenwürde unvereinbar sei.[752] Das Verwaltungsgericht Minden sah in der Verletzung der Menschenwürde die "Unsittlichkeit" der Prostitution begründet.[753] Im rechtswissenschaftlichen Schrifttum ist die Auslegung des Begriffs der Unsittlichkeit als "Ethisierung des gewerblichen Ordnungsrechts" angegriffen worden. Es sei ein weiterer Beleg für die fragwürdige Instrumentalisierung des Begriffs "Menschenwürde" mit dem Ziel, eigenverantwortliche Bürger richterlicher Fürsorge zu unterwerfen.[754] Die Verletzung der Menschenwürde von freiwillig handelnden Prostituierten werde nur behauptet und nicht begründet.[755]

---

750 *Stüber, Hans Ulrich*: Prostitution und öffentliches Recht, NVwZ 1997, 861, 863; BVerwG 71, 34, 36

751 VG Berlin, GewArch 2001, 128 ff

752 BVerwG 60, 284, 289

753 VG Minden, NVwZ 1988, 663; so bereits: *Dickersbach, Alfred*: Sittenwidrigkeit im Gewerberecht, WiVerw 1986, 1, 19

754 *Würgner, Joachim*: Prostitution und Menschenwürdeprinzip, NVwZ 1988, 600 ff

755 VG Berlin, GewArch 1001, 128, 130

Baurechtlich wird der Betrieb eines Bordells oder eines bordellähnlichen Betriebes genauso wie die Wohnungsprostitution als genehmigungspflichtige Nutzungsänderung verstanden. Umstritten ist, ob es sich um eine "Vergnügungsstätte" oder einen "sonstigen Gewerbebetrieb" im Sinne der Baunutzungsverordnung handelt. Zumindest in reinen Wohngebieten ist nach der Rechtsprechung Prostitution nicht genehmigungsfähig – dies gilt auch für die Wohnungsprostitution.[756] Es erscheint jedoch fraglich, ob Auswirkungen der Wohnungsprostitution auf die Nachbarschaft nicht eher in der Phantasie der Nachbarn als in tatsächlichen Beeinträchtigungen stattfinden.

e. Straf- und ordnungswidrigkeitsrechtliche Bewertung von Prostitution

Seit der Neureglung zum Januar 2002 steht nur noch die "Ausbeutung der Prostitution" unter Strafe. Tatbestand ist das gewerbsmäßige Unterhalten eines Betriebes, in dem Prostituierte in persönlicher oder wirtschaftlicher Abhängigkeit gehalten werden. Nach § 181a StGB wird das Ausbeuten oder Profitieren von der Prostitution anderer als Zuhälterei bestraft. Geschütztes Rechtsgut beider Vorschriften ist die sexuelle Selbstbestimmung der Prostituierten.[757]

Vor der Neuregelung wurde § 180a StGB durch die vorherrschende Rechtsprechung[758] und von weiten Teilen des rechtswissenschaftlichen Schrifttums[759] als abstraktes Gefährdungsdelikt verstanden. Tatsächlich wollte der Gesetzgeber – die Prostitution für die Betroffenen als Übel betrachtend – solche Verhaltensweisen pönalisieren, welche typischerweise "dazu geeignet sind, andere in die Prostitution hineinzuführen, darin festzuhalten oder mit Rücksicht auf die Prostitutionsausübung auszubeuten."[760] Die Möglichkeit freiwilliger, eigenverantwortlicher Prostitution wurde zwar nicht kategorisch ausgeschlossen, doch geschehe die Eindämmung der Prostitution

> "in erster Linie im Interesse der persönlichen Freiheit der Betroffenen. Denn angesichts der typischen Persönlichkeitsstruktur von Prostituierten und angehenden Prostituierten und mit Rücksicht auf die mannigfachen Pressionen im Umkreis der Prostitution kann in der Mehrzahl der Fälle kaum davon gesprochen werden, daß der Schritt zur Prostitution und die Fortsetzung dieser Tätigkeit auf freier Entscheidung beruhen."[761]

---

[756] Vgl. *Stühler, Hans Ulrich*: Prostitution und öffentliches Recht, NVwZ 1997, 861 ff m. w. N.; *ders.*: Prostitution und Baurecht, NVwZ 2000, 990 ff

[757] BT-Drucks 14/5958, 5; *Müller-Emmert, Adolf*: Kuppelei, Prostitutionsförderung und Zuhälterei als Straftaten gegen die sexuelle Selbstbestimmung, DRiZ 1974, 93, 94; Leipziger Kommentar/*Laufhütte*, § 180a Rn 1 m. w. N.

[758] BGH NJW 1986, 596, KG JR 1978, 296

[759] *Horstkotte, Hartmuth*: Kuppelei, Verführung und Exhibitionismus nach dem Vierten Gesetz zur Reform des Strafrechts, JZ 1974, 88; Leipziger Kommentar/*Laufhütte*, § 180a Rn. 11

[760] BT-Drucks. 6/1552, 18

[761] BT-Drucks. 6/1552, 25

Sowohl der Verweis auf die "typische Persönlichkeitsstruktur" als auch auf die Milieukriminalität deutet darauf hin, daß der Reformgesetzgeber ein von typischen Klischees und Vorurteilen geprägtes Bild von den Prostituierten hatte. Auch heute werden Prostitutierte für charakterlich oder psychisch deformiert gehalten – eine Vorstellung, die eine unrühmliche Tradition in der biologistischen Vorstellung vom geborenen Verbrecher hat.[762]

Die Strafbarkeit nach § 180a a.F. StGB war unabhängig davon, ob Prostituierte tatsächlich in ihrem sexuellen Selbstbestimmungsrecht verletzt wurden. Dies wurde vielmehr bei Eingreifen der entsprechenden Tatbestände unwiderleglich vermutet. Geschützt werden sollte auch vor einer weiteren "Verstrickung" in die Prostitution. Deshalb waren auch solche Maßnahmen strafbar, welche für die Prostituierte erwünschte, günstige, sichere und angenehme Arbeitsbedingungen schaffen.[763] Die gesetzliche Neuregelung von 2002 sollte dies verändern, Arbeitsverträge ermöglichen und den abhängig tätigen Prostituierten arbeitsrechtlichen Schutz angedeihen lassen.

Wichtiges Mittel zur Reglementierung der Prostitution ist die durch Art. 297 EGStGB den Landesregierungen zugewiesene Befugnis, zum Schutz der Jugend oder des öffentlichen Anstandes für das ganze Gebiet einer Gemeinde bis zu 50.000 Einwohner, für Teile eines Gemeindegebietes über 20.000 Einwohner oder unabhängig von der Einwohnerzahl für öffentliche Straßen, Wege und Plätze im ganzen Gemeindegebiet oder in einem Teil davon die Prostitution zu verbieten. Außer Berlin haben alle Länder von dieser Befugnis Gebrauch gemacht. Der Verstoß gegen ein solches Verbot wird nach § 120 Abs. 1 Nr. 1 OWiG als Ordnungswidrigkeit, bei "beharrlichem Zuwiderhandeln" nach § 184a StGB sogar als Vergehen gewertet und sanktioniert.

Art. 297 EGStGB bezeichnet als Schutzgut die Jugend und den öffentlichen Anstand. Vor den mit der Prostitution verbundenen Belästigungen und Gefahren sollen bestimmte Bereiche geschützt werden können. Verboten ist jede Art der Prostitution, unabhängig davon, ob im konkreten Einzelfall die geschützten Rechtsgüter betroffen sind. Auch Hausbesuche durch Prostituierte sind unzulässig. Begründet wird dies damit, daß sonst Abgrenzungsschwierigkeiten entstünden und Sperrbezirksverordnungen kaum durchgesetzt werden könnten.[764]

Nach § 119 Abs. 1 OWiG ist das Anbieten von sexuellen Handlungen dann ordnungswidrig, wenn es öffentlich in einer Weise geschieht, die geeignet ist, andere zu belästigen. Diese Vorschrift soll den einzelnen vor einer anstößigen oder belästigenden Konfrontation mit der Prostitution schützen.[765]

---

[762] Vgl. schon *Lombroso, Cesare; Ferrero, Guglielmo*: Das Weib als Verbrecherin und Prostituierte

[763] BGH NJW 1986, 596

[764] BayObLG, MDR 1889, 181; *Loose, Udo; Schägerl, Friedrich*: Prostitution als Problem der öffentlichen Sicherheit und Ordnung, BayVBl 1992, 228, 229

[765] *Göhler, Erich*, OWiG, § 119 Rn 2

Die Sanktionen wegen verbotener Prostitution richten sich einseitig gegen die Prostituierten, während Freier nach ganz herrschender Meinung als "notwendige Teilnehmer" ungeschoren davonkommen.[766]

3. Kritik

Über die rechtliche Regelung der Prostitution hat es wiederholt gesellschaftliche und politische Auseinandersetzungen gegeben. Diese werden auch nach der Neureglung weitergehen. Während diese von einigen für nicht weitgehend genug gehalten wird, kritisieren andere die gesellschaftliche und rechtliche Duldung der Prostitution.

Insbesondere Prostituiertenverbände haben die Neuregelung der Prostitution als nicht weitgehend genug kritisiert. Juristen kritisieren insbesondere die technische Ausgestaltung des Gesetzes, das die Prostitution nicht nach den allgemeinen vertragsrechtlichen Bestimmungen bewertet.

Auf der anderen Seite fordern insbesondere konservative und feministische Kräfte, der Staat müsse aktiv gegen die Prostitution vorgehen.

Für den überwiegenden Teil der Frauenbewegung steht Prostitution im Widerspruch zum Feminismus.[767] Schon in der Anfangszeit der Frauenbewegung Ende des letzten Jahrhunderts entstand unter Führung der Engländerin *Josephine Butler* die Internationale Abolitionistische Föderation, die – mit einiger Verzögerung – auch in Deutschland Fuß faßte. Ihr Programm begriff Prostitution als "soziale Krankheit". Ursache für diese Krankheit sah sie in der männlichen Doppelmoral, die zu bekämpfen sei.[768] Heute wird die Prostitution von den meisten Feministinnen als Teil der patriarchalischen Struktur der Gesellschaft betrachtet. Die Feministin *Kate Millett*, deren Position typisch ist, hält Prostitution für die

> "[...] zwangsläufige Fortsetzung der Machtverhältnisse zwischen Frauen und Männern, in denen Männer oben liegen und Frauen unten, in denen Männer glauben, alles kaufen zu können, selbst den Körper und die Seele eines Menschen; in denen Männer nichts schärfer macht als Herrschaft: Herrschaft über einen Menschen, den mann kauft und gegen Bezahlung benutzen und erniedrigen kann."[769]

In der Prostitution wird nicht nur ein Symptom der patriarchalischen Gesellschaft gesehen, sondern auch eine Stütze des Patriarchats. Sie sei eine Institution, welche die Vormachtstellung von Männern mit absichere. Aus der Analyse heraus, Prostitution sei ein Institut zur Aufrechterhaltung patriarchalischer Strukturen, wird Prostituierten

---

[766] TröndleFischer/*Tröndle* § 184a Rn 6; a. A. *Graalmann-Scherer, Kirsten*: Die Priviligierung des Freiers im Straf- und Ordnungswidrigkeitenrecht, GA 1995, 349, 359

[767] *Schmackpfeffer, Petra*: Frauenbewegung und Prostitution, 108

[768] *Schmackpfeffer, Petra*: Frauenbewegung und Prostitution, 37 ff; *Laskowski, Silke Ruth*: Die Ausübung der Prostitution, 64

[769] *Millett, Kate*: Das verkaufte Geschlecht, 29

vorgeworfen, einen entscheidenden Beitrag zu dieser Aufrechterhaltung zu leisten. Dies wird ihnen nur deshalb verziehen, weil sie als "Opfer des Patriarchats" gesehen werden.

Auf der Vorstellung von der Prostituierten als einem "Opfer" gründet die Neuregelung der Prostitution in Schweden, die auch in Deutschland Aufsehen erregte.[770] Seit dem 1. Januar 1999 wird dort mit Geldstrafe oder Freiheitsstrafe bis zu sechs Monaten bestraft, wer sich gegen Entgelt eine vorübergehende sexuelle Verbindung verschafft. Die Prostitution ist verboten und für Freier unter Strafe gestellt. Die Prostituierten selbst haben keinerlei staatliche Repressionen zu befürchten. Das Gesetz "Frauenfrieden" sollte die feministische Forderung "Für Prostituierte, gegen Prostitution" umsetzen. Prostitution wird als Vergehen gegen die sich prostituierende Frau gesehen, unabhängig von ihrer Zustimmung. Das Gesetz setzt daher nicht beim "Opfer" der Prostitution, sondern beim "Täter" an, dem mit Strafe gedroht wird. Das "Opfer" hingegen soll geschützt werden.

Das Gesetz basiert auf der Vorstellung, daß Prostitution nie Ausdruck freier Selbstbestimmung sein könne, sondern ihr immer ein Moment des Zwangs anhafte. In einem schwedischen Gutachten zum Gesetzgebungsverfahren heißt es:

> "Die Prostitution ist [...] unvereinbar mit dem Recht des Individuums, über sich selbst frei zu bestimmen und hindert seine Entwicklung."[771]

4. Stellungnahme

Mit der Neuregelung der Prostitution wurde die eklatante Verletzung der personalen Autonomie durch die alte Rechtsordnung überwunden. Es ist bemerkenswert, daß es erst einer gesetzlichen Initiative bedurfte, damit Prostituierten das zuteil wird, was ihnen auf Grund der Freiheitsrechte des Grundgesetzes ohnehin zusteht. Nicht die Achtung vor der autonomen, individuellen Entscheidung von Menschen brach sich Bahn, sondern die Neuregelung steht auf den tönernen Füßen pragmatischer Überlegungen zur Eindämmung unerwünschter Begleiterscheidungen von Prostitution. Dies ist unzureichend, denn solche pragmatischen Einschätzungen können sich leicht wieder ändern. Eigentlicher Grund für die rechtliche Anerkennung muß die Achtung vor der Autonomie sein. Diese prinzipienorientierte Argumentation gibt ein stabileres Fundament ab als pragmatische Erwägungen. Denn keine der verschiedenen Argumentationsweisen, mit welchen Menschen das Recht abgesprochen wurde und wird, entgeltlich geschlechtliche Handlungen vorzunehmen, hält einer kritischen Prüfung stand.

---

[770] Vgl. *Hamdorf, Kai; Lernestedt, Claes*: Die Kriminalisierung sexueller Dienste in Schweden, KJ 2000, 352 ff

[771] zitiert nach: *Hamdorf, Kai; Claes, Lernestedt*: Die Kriminalisierung des Kaufs sexueller Dienste in Schweden, KJ 2000, 352, 363

Als erstes ist das Vorurteil zu nennen, die Entscheidung zur Prostitution könne niemals freiwillig geschehen, sondern sei immer Ausfluß äußerer Zwänge und wirtschaftlicher Not oder physisch-psychischer Defekte. Hier ist den betroffenen Prostituierten Gehör zu schenken, die betonen, daß es eine autonome Entscheidung zur Prostitution geben kann.[772] Sie werden jedoch übergangen, ihre Vorstellungen werden als abnorm, unmoralisch oder psychisch krank abgetan. Stärker kann sich die Mißachtung der Selbstbestimmung anderer Menschen kaum zeigen. Mit der gebotenen Achtung des anderen als Vernunftsperson hat das alles nichts zu tun.

Es widerspricht auch nicht der Menschenwürde, den geschlechtlichen Intimbereich zur Ware zu machen. Gerade weil der Intimbereich für die Person von herausragender Bedeutung ist, muß ihr die Entscheidung darüber belassen bleiben. Mit einem "Selbstverkauf" ist die Prostitution nicht vergleichbar, da dadurch nicht zukünftige Autonomie irreversibel aufgegeben wird. Eine Prostituierte verkauft nicht sich, sondern sie bietet bestimmte sexuelle Handlungen für ein Entgelt an.

Legitim ist es jedoch, Formen der aggressiven Konfrontation mit Prostitution einzuschränken. Keiner soll gezwungen werden, sich ungewollt mit Ausformungen der Sexualität auseinanderzusetzen, die er ablehnt. Auch soll nicht verkannt werden, daß es viele Prostituierte gibt, die durch Zwang in ihre Rolle geraten sind. Der Schutz vor solchem Zwang und die Bekämpfung von Kriminalität im Milieu ist eine legitime Aufgabe des Staates. Gefahren für die Freiheit lauern aber dort, wo das Bild von der Prostituierten als Opfer zum unwiderlegbaren Klischee erstarrt und dieses Klischee zur Grundlage der Argumentation genommen wird. Der Staat hat lange Zeit widersprüchlich gehandelt, wenn er vorgab, die sexuelle Selbstbestimmung schützen zu wollen, gleichzeitig aber die sexuelle Selbstbestimmung von Frauen und Männern, die sich zur Prostitution entschieden haben, mißachtete und nicht am allgemeinen juristischen Schutz teilhaben ließ. Man kann schlecht schützen, was man selbst nicht anerkennt; Voraussetzung für einen Schutz der Freiheit ist die Anerkennung der Freiheit.

Allerdings ist die Sexualität ein Bereich von herausragender Bedeutung für die eigene, autonome Lebensgestaltung. Wenn der Staat in diesem Bereich vertraglichen Bindungen nicht die gleiche Verbindlichkeit zugesteht und einen Widerruf leichter zuläßt, als dies in anderen Bereichen der Fall ist, so ist dies aus einer Orientierung an der Autonomie heraus erklärlich.

---

[772] Es gibt hierzu zahlreiche Berichte und Autobiographien, besonders eindrucksvoll: *French, Dolores; Lee, Lindea*: Kurtisane, Mein Leben als Prostituierte

C. Peep-Show

Neben der Prostitution bietet auch die hitzige Diskussion um die Genehmigungsfähigkeit von Peep-Shows einen erhellenden Blick auf Argumentationsweisen, derer sich Juristen bei der Bewertung des Sexualmarktes bedienen. Bei der Diskussion um die rechtliche Behandlung von sexuellen Diensten ohne unmittelbaren Körperkontakt gibt es Besonderheiten, die eine ergänzende Betrachtung erforderlich machen. Bei der Prostitution steht der zielgerichtete Einsatz des eigenen Körpers, bei der Peep-Show die objekthafte Rolle der Darstellerin im Vordergrund der Kritik. Deshalb bedeutet die Neuregelung der Prostitution auch keineswegs zwangsläufig eine Neubewertung der Peep-Shows.

In den 70er Jahren entstanden in den Großstädten "Eros-Centren" und Peep-Shows. Peep-Shows galten seit der Reform des Sexualstrafrechts als zulässig und wurden von den zuständigen Ämtern genehmigt. Für eine Reglementierung glaubten die Behörden keine Möglichkeit zu haben. Viele Städte und Gemeinden mußten tatenlos zusehen, wie Stadtviertel zu Rotlichtvierteln wurden und damit jeder Versuch geplanter Stadtentwicklung durchkreuzt wurde.[773]

Dies änderte sich grundlegend durch die Rechtsprechung des Bundesverwaltungsgerichts. Rechtlicher Anknüpfungspunkt war § 33 a GewO, der die gewerbsmäßige Schaustellung von Personen genehmigungspflichtig macht. Nach Abs. 2 Nr. 2 dieser Vorschrift kann die Genehmigung versagt werden, wenn "zu erwarten ist, daß die Schaustellungen den guten Sitten zuwiderlaufen". Dabei handelt es sich um ein präventives Verbot mit Erlaubnisvorbehalt. Inzwischen richtet sich die Vorschrift nur noch gegen bestimmte geschlechtsbezogene Schaustellungen von Personen.[774] Zum Verständnis der Diskussion um die Peep-Shows sollen Argumentationsweise und Kritik der beiden Urteile des BVerwG aus den 80er Jahren dargestellt werden, welche von einem Verstoß der Peep-Show gegen die Menschenwürde der Darstellerin ausgingen. Erneute Aktualität erhielten sie später beim Verbot des "Zwergenweitwurfes" und bei der Diskussion um die "Big-Brother"-Fernsehshow. Ganz anders, nämlich mit dem Verweis auf die sozialethischen Wertvorstellungen, begründen zwei weitere Urteile aus den 90er Jahren den Verstoß der Peep-Show gegen die guten Sitten.

1. Peep-Show und Menschenwürde

Das BVerwG leitete in seiner ersten Entscheidung aus dem Jahre 1981,[775] die 1986 durch eine zweite Entscheidung bestätigt wurde,[776] die Sittenwidrigkeit der Peep-Shows daraus ab, daß die Menschenwürde der auftretenden Frauen durch diese Darbietungen verletzt werde. Die Entscheidungen stießen in der Fachliteratur überwiegend auf Ablehnung,[777] haben aber auch Zustimmung erfahren.[778] Einige Untergerichte

---

[773] *Gromius, Andreas*: Forum: Noch einmal Peep-Show und Menschenwürde, Jus 1985, 174 f

[774] BT-Drucks 10/1125, 29

[775] BVerwG 64, 274 ff

[776] BVerwG GewArch 1986, 229 = Buchholz 451.20 Nr. 5 zu § 33a GewO

[777] *Olshausen, Henning von*: Menschenwürde im Grundgesetz: Wertabsolutismus oder Selbstbestimmung?, NJW 1982, 2221 ff; *Gusy, Christoph*: Sittenwidrigkeit im Gewerberecht,

haben dem BVerwG demonstrativ die Gefolgschaft verweigert,[779] andere haben sich der Argumentation angeschlossen.[780] Das BVerfG hat 1986 die Entscheidungen bestätigt.[781] Es lassen sich in dieser Auseinandersetzung zwei fundamental verschiedene Vorstellungen von Menschenwürde unterscheiden. Menschenwürde kann man einmal als einen objektivierbaren Wert auffassen. Oder man versteht unter Menschenwürde die Fähigkeit zur Selbstbestimmung.[782]

Das Verständnis von Menschenwürde als objektivierbarem Wert, der durch freiwilliges Handeln des Betroffenen verletzt werden kann, liegt dem Urteil des BVerwG zugrunde. In seiner ersten Entscheidung argumentiert das Gericht, die Menschenwürde sei verletzt, wenn die einzelne Person zum Objekt herabgewürdigt werde. Der Staat sei auf Grund seiner verfassungsrechtlichen Schutzpflichten gehalten, die Möglichkeiten der Rechtsanwendung zum Schutz der Menschenwürde zu nutzen – auch wenn die Verletzung von einem privaten Dritten ausgehe.[783]

Das BVerwG meinte, die entwürdigende objekthafte Rolle der Darstellerin ergebe sich aus den besonderen Umständen der Veranstaltung. Es nannte:

> "[...] die durch die Art der Bezahlung vermittelte Atmosphäre eines mechanisierten und automatisierten Geschäftsvorgangs, bei dem der Anblick der nackten Frau wie die Ware eines Automaten durch Münzeinwurf verkauft und gekauft wird; die durch den Fensterklappenmechanismus einseitigen Sichtkontakt hervorgehobene verdinglichende Isolierung der als Lustobjekt zu Schau gestellten Frau vor im Verborgenen bleibenden Voyeuren; der durch diesen Geschehensablauf besonders kraß hervortretende Eindruck einer entpersonifizierenden Vermarktung der Frau; die Iso-

---

DVBl 1982, 984 ff; *ders.*: "Gute Sitten" als Grenze der Gewerbefreiheit, GewArch 1984, 151 ff; *Höfling, Wolfram*: Menschenwürde und gute Sitten, NJW 1983, 1583-1585; *Hoerster, Norbert*: Zur Bedeutung des Prinzips der Menschenwürde, JuS 1983 93, 95 f; *ders.*: Noch einmal: Peep-Show und Menschenwürde, JuS 1983, 647; *Kirchberg, Christian*: Zur Sittenwidrigkeit von Verwaltungsakten, NVwZ 1993, 141, 143; *Stern, Klaus*: Das Staatsrecht der Bundesrepublik Deutschland, Bd. III/1 § 58 II 6; *Stober, Rolf*: Die Entwicklung des Gewerberechts in den Jahren 1982/1983, NJW 1984, 2499 f; *ders.*: Grundrechtsschutz der Wirtschaftstätigkeit, 30; ironisch auch: *Sommer, Bertold*: Grundrechtslust und Grundrechtspflicht, in: GS F. G. Nagelmann, 243, 246 f

778 *Discher*, Thomas: Die Peep-Show-Urteile des BVerfG, JuS 1990, 1822 ff; *Gern*, Alfons: Menschenwürde und gute Sitten, NJW 1983, 1585; *Gromius, Andreas*: Forum: Noch einmal Peep-Show und Menschenwürde, JuS 1985, 174 ff; *Redeker, Martin*: Peep-Show und Menschenwürde, BayVBl. 1985, 73; *Starosta, Thomas*: Zur Sittenwidrigkeit von Veranstaltungen i. S. d. § 33a GewO mit geschlechtlichem Charakter, GewArch 1984, 290 ff; *Wildanger-Hofmeister, Gabriela*: Die Peep-Show und die Menschschenwürde, JuS 1983, 407 f

779 VG München, NVwZ 1983, 175; VG Oldenburg, GewArch 1985, 124 f; OVG Hamburg, GewArch 1985, 125 f; OVG Hamburg, GewArch 1987, 298 f; VG Stuttgart, GewArch 1984, 154 f

780 VG Oldenburg, GewArch 1984, 124; VG Düsseldorf, GewArch 1984, 19, 20; OVG Münster, NVwZ 1985, 286; BayVGH GewArch 1986, 269 f; 934

781 BVerfG NJW 1987, 3246 f

782 *Discher, Thomas*: Die Peep-Show-Urteile des BVerwG, JuS 1991, 642, 643

783 BVerfG 64, 274, 278

> lation auch des allein in der Kabine befindlichen Zuschauers und das damit verbundene Fehlen einer sozialen Kontrolle; die durch das System der Einzelkabine bewußt geschaffene Möglichkeit der Selbstbefriedigung und ihre kommerzielle Ausnutzung. Diese Umstände bewirken in ihrer Gesamtheit, daß die zur Schau gestellte Frau durch den Veranstalter wie eine der sexuellen Stimulierung dienende Sache zur entgeltlichen Betrachtung dargeboten und jedem der in den Einzelkabinen befindlichen, der Frau nicht sichtbaren Zuschauer als bloßes Anregungsobjekt zur Befriedigung sexueller Interessen angeboten wird."[784]

Weiter meinte das BVerwG:

> "Diese Verletzung der Menschenwürde wird auch nicht dadurch ausgeräumt, daß die in einer Peep-Show auftretende Frau freiwillig handelt. Die Würde des Menschen ist ein objektiver, unverfügbarer Wert (BVerfGE 45, 187, 229), auf dessen Beachtung der einzelne nicht wirksam verzichten kann (vgl. Maunz/Düring/Herzog/Scholz, Art. 1 Rn. 22, 74; von Münch, GG, 2. Aufl. Art. 1 Rn 39; BGHZ 67, 119, 129)."[785]

Im Mittelpunkt der Auseinandersetzung um die Entscheidung des BVerfG steht die auf *Walter Düring*[786] zurückgehende und vom Bundesverfassungsgericht wiederholt verwandte sogenannte "Objektformel",[787] wonach die Menschenwürde verbiete, den Menschen zum bloßen Objekt staatlichen Handelns herabzuwürdigen. Die Objektformel steht in der Tradition *Immanuel Kants*, der Menschenwürde als etwas betrachtete, für das es kein Äquivalent gibt, das in der Autonomie der menschlichen Person, in seiner Fähigkeit zur Erkenntnis allgemeiner Gesetze wurzele. Er formulierte, der Mensch dürfe niemals bloß als Mittel, sondern müsse stets als Zweck an sich selbst gebraucht werden.[788] Allein in der Selbstgesetzgebung des autonomen Willens ist nach *Kant* die Sittlichkeit und damit die Würde des Menschen verankert. Würde heißt für ihn "sittliche Autonomie", also etwas anderes als das bloße subjektive Belieben. Er richtete sich gegen eine Lustmoral, die heteronom von den sinnlichen Begierden statt vom autonomen Verstand bestimmt werde und nicht verallgemeinerungsfähig sei, also nicht allgemeines Gesetz werden könnte. Entgeltliche Sexualität war für *Kant* nur als Folge triebgesteuerter subjektiver Beliebigkeit denkbar, er sah darin deshalb eine Verletzung der Menschenwürde.

---

784 BVerwG 64, 274, 278
785 BVerwG 64, 274, 279
786 *Düring, Walter*: Der Grundrechtssatz von der Menschenwürde, in: *Schmitt-Glaeser, Walter* (Hrsg.) Gesammelte Schriften 1952-1983, 127, 130
787 BVerfGE 9, 89, 95; 27, 1, 6; 50, 166, 175
788 Kant, Immanuel: Grundlegung zur Metaphysik der Sitten, 67

Aus der Objektformel werden für Peep-Shows entgegengesetzte Ergebnisse abgeleitet: Entweder wird – wie im zitierten Urteil – formuliert, die Frau werde zum bloßen Objekt geschlechtlicher Begierde degradiert oder es wird umgekehrt argumentiert, durch das Verbot, sich nackt räkelnd den Blicken unbekannter Voyeure auszuliefern, werde die Betreffende Objekt staatlicher Bevormundung.

Diejenigen, die der Argumentation des BVerwG zustimmen, legen besonderes Gewicht auf den sexuellen Bezug. Die Sexualität sei einer der intimsten, persönlichen Aspekte des Menschseins, welche von Natur aus auf Interaktion mit anderen Menschen angelegt wäre. Diese Interaktion finde in der Peep-Show nicht statt. In diesem Kernbereich menschlicher Existenz dürfe eine Frau nicht als bloße Sache zur Befriedigung fremder sexueller Begierden behandelt werden.[789]

Auch wird argumentiert, der Begriff Würde postuliere eine Werthaftigkeit, welche nach einem Bezugspunkt verlangt. Bezugspunkt der Würde sei der Mensch. Der Mensch unterscheide sich durch den Verstand von den übrigen Lebewesen. Er sei jedoch nicht auf den Intellekt beschränkt, sondern auf die Ganzheit von Körper und Geist. Gerade diese Einheit werde durch die Menschenwürde geschützt und dürfe nicht zugunsten einer isolierten Körperlichkeit verdrängt werden. Dies würde jedoch geschehen, da sich eine Peep-Show auf das Zeigen von Körperlichkeit beschränkt und Geist und Seele der Darstellerin völlig nebensächlich seien. Die Trennung von Körper und Psyche mache gerade das Wesen der Peep-Show aus.[790]

Schließlich wird unter Bekenntnis zu einer objektiven materialen Wertethik argumentiert, der Mensch bestimme seinen Wert nicht in freier Entscheidung selbst, sondern dieser ergebe sich nach der Verfassung insoweit, als sich die Menschenwürde in den Grundrechten widerspiegelt. Die Schranken der Grundrechte präzisierten, was eines Menschen würdig und was seiner unwürdig wäre. Relevante Schranke sei das Sittengesetz. Deren Bedeutung sei unter Bezug auf die ethischen Vorstellungen der christlichen Religionsgemeinschaften zu ermitteln, denen die überwiegende Mehrheit der Bevölkerung anhinge. Der Bezug auf die christliche Morallehre sei auch geboten, da das Grundgesetz in seiner Präambel die "Verantwortung zu Gott" benenne und damit den christlichen personalen Gott meine. Die christliche Morallehre lehne die Kommerzialisierung des Geschlechtlichen ab.[791]

Kritiker des Urteils argumentieren, Art. 1 Abs. 1 GG schütze die Würde des Menschen, wie er sich in seiner Individualität selbst definiere. Die Menschenwürde unterläge der Selbstbestimmung des einzelnen. Aus der Gemeinschaftsbezogenheit des einzelnen, von der das Menschenbild des Grundgesetzes geprägt sei, folge, daß der einzelne sich nicht nur selbst definieren, sondern diese Selbstdefinition auch nach außen sichtbar machen darf. Die Menschenwürde enthalte daher ein Grundrecht auf Selbstdarstellung, welches jedem die Möglichkeit einräume, seine Rolle im Kontakt zu

---

789 *Gromius, Andreas*: Forum: Noch einmal Peep-Show und Menschenwürde, JuS 1985, 174, 175 f
790 *Redeker, Martin*: Peep-Show und Menschenwürde, BayVBl. 1985, 73, 76
791 *Gern, Alfons*: Menschenwürde und gute Sitten, NJW 1983, 1585, 1587 ff

Dritten selbst zu bestimmen. Welche Rolle dies sei, werde durch die Menschenwürde nicht inhaltlich bestimmt.[792]

Dem Bundesverwaltungsgericht wird vorgeworfen, die freie Selbstbestimmung des Individuums für unbeachtlich zu erklären, es mithin zu entmündigen und statt dessen Behörden oder Gerichte mittels obrigkeitlicher Anordnung entscheiden zu lassen, was der einzelne für sich als menschenwürdig zu verstehen habe. Ein solches Ansinnen sei "wert-totalitär", es mache den Menschen "'zum bloßen Objekt des Staates', nämlich zum Objekt der gerichtlichen Wertung, was des Menschen würdig sei." [793] Danach verletzt gerade das Verbot der Peep-Shows die Menschenwürde.

Die These, Menschen könnten sich durch freiwilliges Handeln "zum Objekt" herabwürdigen, wurde auch jenseits der kommerzialisierten Sexualität Gegenstand der juristischer Diskussion. 1992 untersagte das VG Neustadt die Veranstaltung von "Zwergenweitwurf" als Attraktion in einem Freizeitpark. Bei dieser Veranstaltung hatten sich kleinwüchsige Menschen freiwillig zur Verfügung stellen wollen, um in Wettkämpfen möglichst weit geworfen zu werden. Das Gericht argumentierte, durch die Veranstaltung werde die Würde des freiwillig handelnden Kleinwüchsigen verletzt. Denn dieser würde wie ein Sportgerät behandelt, ihm werde damit eine objekthafte Rolle zugewiesen.[794]

Auch in der Diskussion um die 100-Tage-Show "Big Brother" des Privatsenders RTL II im Jahre 2000 drehte es sich erneut um die Frage einer Verletzung der Menschenwürde durch freiwilliges Verhalten.

Dieser Show liegt folgendes Konzept zugrunde: Zehn ausgewählte Kandidaten ziehen für 100 Tage in einen Wohncontainer, wo sie rund um die Uhr durch Videokameras überwacht werden. Sie können die Teilnahme jederzeit abbrechen. Auf diese Weise gefilmte Höhepunkte des Alltags werden zusammengefaßt und in täglicher Sendung ausgestrahlt. Nach einem bestimmten Modus, bei dem Zuschauer und Kandidaten zusammenwirken, müssen nacheinander bestimmte Kandidaten den Wohncontainer verlassen. Dem Kandidaten, der übrig bleibt, winkt ein Preisgeld.

Das äußerst umstrittene Unternehmen ist schließlich nicht durch staatliche Stellen verhindert worden. Dagegen richtete sich vielfältige Kritik. Es wurde argumentiert, der Staat verletze seine Pflicht, die Menschenwürde seiner Bürger zu schützen. *Ulrike Hinrichs* führt unter ausdrücklicher Berufung auf das Urteil des BVerwG dazu aus, daß sich der Inhalt der Menschenwürde nicht in der Autonomie des einzelnen erschöpfe. Das Recht auf Selbstbestimmung sei zwar ein wesentliches Element der Menschenwürde, die Autonomie des einzelnen müsse sich aber im Rahmen der Menschenwürde bewegen, könne sie aber nicht unterschreiten oder gar ersetzen. [795] Dem ist mit dem Argument widersprochen worden, der Staat dürfe seinen Bürgern keine bestimmte Vorstellung von Menschenwürde aufzwingen. Außerdem wurde die

---

[792] *Gusy, Christoph*: Sittenwidrigkeit im Gewerberecht, DVBl 1982, 984, 986

[793] *Olshausen, Henning von*: Menschenwürden im Grundgesetz: Wertabsolutismus oder Selbstbestimmung?, NJW 1982, 2221, 2222

[794] VG Neustadt, NVwZ 1993, 98

[795] *Hinrichs, Ulrike*: "Big Brother" und die Menschenwürde, NJW 2000, 2173 ff

Vergleichbarkeit von "Big Brother" mit Peep-Shows bestritten und davor gewarnt, die Menschenwürde vorschnell zur Verhinderung bloßer Geschmacklosigkeiten vorzubringen.[796]

Ob "Zwergenweitwurf" oder "Big Brother", in beiden Fällen meinen Juristen die Würde der Betroffenen besser beurteilen zu können als diese selbst. Die Ausführungen von *Hinrichs*, die Autonomie müsse sich im Rahmen der (durch den Staat, d.h. fremdbestimmten) Menschenwürde bewegen, bringen die Gefahren würdeschwangerer Argumentation für die Autonomie auf den Punkt. Dabei wird die Reichweite der Autonomie eingeengt, so daß – ähnlich wie bei der Schutzbereichseingrenzung von Art. 12 GG in der Diskussion um die Prostitution – gar nicht erst überprüft werden muß, ob eine Beeinträchtigung der Autonomie vorliegt.

Walter Schmitt-Glaeser sieht die Würde der freiwilligen Teilnehmer der Big-Brother-Fernsehshow nicht gefährdet, meint aber, der Schutz der Menschenwürde gebiete ein Einschreiten gegen diese Veranstaltung, da sie das Menschenbild des Grundgesetzes in ihrem Kern in Frage stellen würde. Zwar unterläge das Menschenbild grundsätzlich Veränderungen, die Fernsehshow würde jedoch einer Fehlentwicklung Vorschub leisten. Natürliche Instinkte für das Private und Intime gingen verloren. Das Bild des Menschen, der keine Privatheit mehr besitze, der nur noch öffentlich sei, habe mit dem grundgesetzlichen Menschenbild nichts zu tun. Die Big-Brother Fernsehshow sei ein Beispiel für die systematische Zerstörung des Respekts vor dem Intimen. Dagegen müsse der Staat durch einen strukturell formierten Schutz im Vorfeld eingreifen.[797] Diese Argumentation ließe sich auch auf Peep-Shows mit der Begründung übertragen, dort würde das Bild des Menschen als rein sexuelles Triebwesen propagiert, was ebenfalls dem Menschenbild des Grundgesetzes widerspräche. Doch der Rückgriff auf ein inhaltlich festgelegtes Menschenbild, welches sich nicht auf den Respekt vor der Autonomie des anderen beschränkt, kann nicht überzeugen. Die Disposition über das Private und Intime muß dem jeweiligen Menschen vorbehalten bleiben. Wenn der Staat Privatheit erzwingt, gefährdet er damit das Menschenbild des Grundgesetzes, welches von Autonomie und Freiheit ausgeht.

2. Peep-Show und sozialethische Wertanschauungen

1990 hielt das BVerwG an der Bewertung der Peep-Show als sittenwidrig fest, begründete dies aber mit den herrschenden sozialethischen Wertvorstellungen. Den Begriff der guten Sitten definierte das Gericht als "die dem geschichtlichen Wandel unterworfenen sozialethischen Wertvorstellungen, die in der Rechtsgemeinschaft als Ordnungsvoraussetzungen anerkannt sind." Dabei sei weder auf das Empfinden kleiner Minderheiten abzustellen, noch sei erforderlich, daß alle Rechtsunterworfenen den Wertvorstellungen zustimmen. Maßgebend seien die vorherrschenden Über-

---

[796] *Köhne, Michael*: Big Brother und die Menschenwürde: Viel Lärm um nichts, NJW 2000, Heft 39 XXVIII; *Fielenbach, Martin*: Gefahr der Abnutzung des Art. 1 I GG durch Anwendung auf bloße Geschmacklosigkeiten, NJW 2000, Heft 39 XXVIII

[797] *Schmitt-Glaeser, Walter*: Big Brother is watching you – Menschenwürde bei RTL2, ZRP 2000, 395-402

zeugungen. Die Einschätzung der Vorinstanz (des OVG Hamburgs), Peep-Shows wirkten auf den durchschnittlichen Bürger abstoßend und würden als etwas Anrüchiges, sittlich-moralisch Zweifelhaftes angesehen und für den normalen Alltag abgelehnt, macht sich das BVerwG zu eigen und sieht in diesen Ausführungen einen Beleg für die Unvereinbarkeit mit den sozialethischen Wertvorstellungen. Es verwirft jedoch die Argumentation des Berufungsgerichts, in "Vergnügungsvierteln" würden derartige Betriebe geduldet und akzeptiert, weshalb eine Differenzierung nach der örtlichen Lage des Betriebes erforderlich sei. Denn geduldet und toleriert würden bestimmte Erscheinungsformen der entgeltlichen Sexualität in Vergnügungsvierteln aus Zweckmäßigkeitserwägungen. Die Duldung ändere nichts an der sozialethischen Bewertung. Der Makel der Sittenwidrigkeit hafte der Peep-Show schlechthin an. Sie sei in vieler Hinsicht mit der Prostitution vergleichbar, deren Sittenwidrigkeit unstreitig wäre.[798]

Gegen diese Argumentation ist eingewendet worden, daß sich angesichts gewandelter Einstellungen zur Sexualität und des gesellschaftlichen Pluralismus eindeutige Wertvorstellungen nicht feststellen lassen. Der Wandel der Anschauungen über Sitte und Moral habe sich in der Lockerung des Sexualstrafrechts manifestiert. Beim derzeitigen Stand der gesellschaftlichen Entwicklung könne schon auf Grund der Vielfalt weltanschaulicher und konfessioneller Bindungen der Bevölkerung von keiner gefestigten Sexualmoral die Rede sein.[799]

Auf die sozialethischen Wertvorstellungen der Rechtsgemeinschaft stellte das BVerwG auch in seiner vierten Peep-Show-Entscheidung aus dem Jahre 1995 ab.[800] Dort hatte sich das Gericht jedoch mit einem demoskopischen Gutachten auseinanderzusetzen, welches belegte, daß keine breite Mehrheit, sondern nur 48% der Bevölkerung die Peep-Show für sittenwidrig hält. In dieser Entscheidung zeigt sich einmal mehr die Doppeldeutigkeit des Verweises auf die "guten Sitten", bei dem nicht klar ist, inwieweit er deskriptiv und inwieweit normativ zu verstehen ist. Das BVerwG billigte die Auffassung der Vorinstanz,[801] der Maßstab der "guten Sitten" sei normativer Natur. Ausschlaggebend sei daher nicht die tatsächliche Übung oder Gewohnheit, sondern das ethisch Gesollte, das in der Gesellschaft Anerkennung gefunden habe. Der gefestigten Behörden- und Gerichtspraxis sei bei Bestimmung dessen, was ethisch gesollt werde, ein größeres Gewicht beizumessen als demoskopischen Umfragen. Der Richter müsse die Rechtsfrage, was sozialethisch anerkannt sei, selbst entscheiden und könne dies nicht an das zu befragende Volk delegieren.

Es erscheint widersprüchlich, wenn zunächst die normative Argumentation mit der "Menschenwürde" von der Rechtsprechung zugunsten der sozialethischen Wertvorstellungen der Bevölkerung aufgegeben wurde, dann aber diese sozialethischen Wertvorstellungen als normativer Maßstab bezeichnet werden. Dieser Widerspruch wird besonders deutlich, wenn zunächst auf die vorherrschenden Wertvorstellungen der Bevölkerung abgestellt, die Bevölkerungsmeinung aber für unverbindlich erklärt wird,

---

[798] BVerwG, JZ 1990, 382 ff
[799] *Discher, Thomas*: Die Peep-Show-Urteile des BVerwG, JuS 1991, 642, 648 f
[800] BVerwG, GewArch 1996, 19, 21 ff
[801] OVG Lüneburg, GewArch 1995, 109 ff

wenn die von der Rechtsprechung vertretenen sozialethischen Vorstellungen dort nicht überwiegen. Die Richter scheuen die Mühe einer in sich schlüssigen normativen Argumentation, fühlen sich aber trotzdem nicht an die Vorstellungen der Bevölkerung gebunden. Darin wird ein fragwürdiges, elitäres Selbstverständnis von Richtern deutlich, die sich "kraft Amtes als Repräsentant[en] der billig und gerecht Denkenden im rechtlichen Sinn"[802] halten.

3. Stellungnahme

Angesichts der Entwicklung der Peep-Shows in den 70er Jahren drängt sich der Verdacht auf, daß die Berufung auf den hehren Begriff der Menschenwürde im Ergebnis darauf abzielte, städteplanerische Wünsche durchsetzen zu können. Dem Begriff der Menschenwürde ist es aber wahrlich nicht angemessen, als "kleine Münze" für beliebige Korrekturen unerwünschter Ergebnisse der Stadtentwicklung eingesetzt zu werden.

Die auf den Verstoß der Menschenwürde abstellende Argumentation vermag nicht zu überzeugen. Sicherlich sind Art. 1 Abs. 1 und Art. 2 Abs. 1 GG nicht inhaltsgleich. Dennoch besteht zwischen beiden Fundamentalgeboten der Verfassung eine innere Verbindung, die Menschenwürde ist gewissermaßen die Kehrseite der allgemeinen Handlungsfreiheit. Die Würde eines Menschen besteht darin, als jemand anerkannt zu werden, der frei und autonom sein Handeln selbst bestimmt; als jemand anerkannt zu werden, der tun und lassen kann, was er will, solange er andere dadurch nicht beeinträchtigt.

Zwischen der philosophischen Begründung und damit dem Geltungsgrund der Autonomie des Menschen und dem rechtlichen Inhalt der Autonomie selbst ist streng zu unterscheiden. Der Geltungsgrund der Autonomie ist die (idealtypische) Vorstellung, der Mensch könne als Vernunftwesen sittliche Gesetze erkennen und danach handeln. Er sei in der Lage, selbst rational, frei von kausalen Zwängen und nicht durch sinnliche Begierden motiviert, allgemeine Prinzipien zu erkennen. Dieser Argumentation bediente sich nicht nur *Immanuel Kant*, sie findet sich bei zahlreichen Autoren und liegt etwa der modernen Gesellschaftsvertragstheorie von *John Rawls* zugrunde.

Inhalt der Autonomie (im juristischen Sinn) ist jedoch keineswegs nur das Streben, nach den erkannten sittlichen Gesetzen zu leben. Sein Leben an dem auszurichten, was man als richtig erkannt hat, ist eine moralische Forderung, eine Forderung des eigenen Gewissens. Gelegentlich wird Autonomie verwirrend auch im Sinne dieser moralischen Forderung gebraucht. Autonom handelt danach nur, wer im Einklang mit dem handelt, was er als richtig erkannt hat. Diese Vorstellung von autonom sollte jedoch für die Rechtsordnung keine Rolle spielen. Es ist nicht Aufgabe der Rechtsordnung zu erforschen, was der einzelne als gut oder schlecht erkannt hat, und dann darüber zu wachen, ob eine selbstgewählte Handlung tatsächlich im Einklang mit dieser Erkenntnis steht. Schon gar nicht ist es Inhalt der Autonomie, sich an sittlichen Gesetzen zu

---

[802] *Sack, Ralf*: Das Anstandsgefühl aller billig und gerecht Denkenden und die Moral als Bestimmungsfaktoren der Guten Sitten, NJW 1985, 761

orientieren, die mit welchen Gründen auch immer als "objektiv" vorgegeben dargestellt werden. Inhalt der Autonomie ist vielmehr die Selbstbestimmung, die Freiheit als Willkür, die eben auch die Freiheit einschließt, etwas Falsches zu tun, sogar die Freiheit, etwas zu tun, was man selbst als falsch erkennt. Soweit es das Recht betrifft, geht es um diesen Inhalt der Autonomie. Jedem muß grundsätzlich das Recht eingeräumt werden, persönliche Entscheidungen selbst zu treffen. Jedem muß es daher freistehen, sich vor den Augen anonymer Voyeure nackt zu räkeln, sich von anderen werfen zu lassen oder für eine Zeit freiwillig unter totaler Überwachung zu leben. Denn eine Selbstaufgabe der Autonomie, die eine paternalistische Intervention rechtfertigen könnte, ist in solchen Aktivitäten nicht zu sehen.

D. Pornographie

Die Pornographie ist in jüngster Zeit Gegenstand erhitzter politischer Debatten gewesen, die auch in Gesetzesentwürfen ihren Ausdruck gefunden haben. Die Reglementierung erotischer und sexueller Schriften und Darstellungen hat eine lange Tradition. Obwohl in Deutschland wie in anderen westlichen Industriestaaten die restriktiven Bestimmungen nach langer Diskussion Anfang der 70er Jahre gelockert wurden, hat die grundsätzliche Frage, ob und wann sexuelle Darstellungen reglementiert oder verboten werden dürfen, nichts an ihrer Aktualität eingebüßt.

1. Der Begriff der Pornographie

Eine Definition des Begriffs "Pornographie" erweist sich als außerordentlich schwierig. Hier zeigt sich einmal mehr der Einfluß des sozio-kulturellen Wandels auf dem Gebiet der Sexualmoral und die Abhängigkeit von ideologischen Vorgaben. Etymologisch geht Pornographie auf die griechischen Wörter "Pornoae" (= Hure) und "Graphia" (= Schreiben) zurück, Pornographie ist also das Schreiben über eine Hure. Der Begriff ist negativ besetzt[803] und dient der Stigmatisierung bestimmter sexueller Darstellungen.

Die Schwierigkeiten bei der Definition von Pornographie treten auch im juristischen Sprachgebrauch auf. *Potter Stewart*, Richter am US-amerikanischen Supreme Court, bekannte 1964 in der vergleichbaren Debatte um den Begriff des Obszönen, er könne diesen zwar nicht definieren, erkenne aber, was obszön sei, wenn er es sähe.[804] In Deutschland wie in den USA haben sich Juristen gleichwohl um eine klare Definition bemüht. Vor Einführung des Begriffs "Pornographie" durch die Neufassung des § 184 StGB richtete sich diese Vorschrift gegen "unzüchtige Schriften". Nach der Rechtsprechung galten als unzüchtig alle Schriften, Tonträger, Abbildungen und Darstellungen, die geeignet waren, das Scham- und Sittlichkeitsgefühl des normal empfindenden Menschen in geschlechtlicher Hinsicht zu verletzen.[805] Oder es wurde darauf abgestellt, daß geschlechtliche Vorgänge in aufdringlicher, vergröbernder oder aufreißerischer Weise geschildert und damit Belange der Gemeinschaft gestört oder ernsthaft gefährdet werden.[806]

Der Gesetzgeber wollte durch die Neufassung des § 184 StGB auch eine neue Definition von rechtlich relevanten sexuellen Darstellungen erreichen. Der Begriff Pornographie sollte solche Darstellungen erfassen, die ausschließlich oder überwiegend auf die Erregung eines sexuellen Reizes beim Betrachter abzielen und dabei die Grenzen des sexuellen Anstandes eindeutig überschreiten. Diese Definition sollte, wie der Sonderausschuß des Bundestages festhielt, den neueren Pornographiebegriff der Sexual- und Literaturwissenschaft und der Rechtsprechung des BGH und des US-amerikanischen Supreme Courts in sich vereinigen. Danach muß der pornographische

---

[803] So auch *Littwin, Frank*: Grundrechtschutz gegen sich selbst, 88

[804] Jacobellis vs. Ohio, 378 U.S. 184, 197 (1964)

[805] Leipziger Kommentar/*Laufhütte*, 3. Aufl, § 184 Anm. 3; *Dreher, Eduard*: Kurzkommentar Strafgesetzbuch, 32. Aufl., 1970, § 184 Nr. 2 A

[806] BGHSt 24, 40

Charakter der Schrift ausschließlich selbst anhaften, wobei einzelne Äußerungen oder Darstellungen unter Berücksichtigung des Gesamtinhalts der Schrift zu sehen sind. Auf begleitende Umstände soll es, anders als beim Begriff der unzüchtigen Schrift, nicht mehr ankommen.[807] Neben der Stimulierungstendenz und der Anstandsverletzung wurden noch weitere Kriterien für die Bestimmung von Pornographie herausgebildet. Typisch sei eine "unrealistische Darstellung", in der sexuelle Vorgänge "aufdringlich vergröbernd" oder "verzerrt" geschildert werden. Ein weiteres Kriterium soll die Isolierung sexueller Vorgänge sein, die ohne Sinnzusammenhang mit anderen Lebensbereichen dargestellt werden und dabei den Menschen "auf ein physiologisches Reiz-Reaktions-Wesen" reduzieren.[808] Typisch für die Pornographie sei auch die Aufdringlichkeit.[809] Auch werde der Mensch zum bloßen (auswechselbaren) Objekt geschlechtlicher Begierde degradiert. [810] Weiter wird behauptet, in pornographischen Darstellungen werde das Wesen der Sexualität verfälscht und die Sexualität entmenschlicht dargestellt.[811] Sexualpartner würden dabei als austauschbar dargestellt.[812]

So überzeugend diese Kriterien zunächst erscheinen mögen, bei genauerer Prüfung begegnen sie erheblichen Bedenken.[813] Das Wesen menschlicher Sexualität ist nicht objektiv erfaßbar, zumindest aber schwer zu bestimmen. Irreale Darstellungen sind häufig gerade Charakteristika künstlerischer Beschäftigung mit Sexualität. Einzeldarstellungen der bildenden Kunst beinhalten oft eine Isolierung des Sexuellen, die gerade gewollt ist. Treffend formuliert *Friedrich-Christian Schroeder*: "Man kann schlecht verlangen, daß Leda unter dem Schwan noch Laute spielt oder durch ein gelangweiltes Gesicht die 'menschlichen Bezüge' zum Ausdruck bringt."[814]

Einen in klarer Weise wertenden Begriff dessen, was Pornographie sei, wird von einigen Feministinnen vertreten, die Pornographie als einen Verstoß gegen die Menschenwürde von Frauen begreifen. Diese Definition ermöglicht eine Argumentationsweise, die an den ontologischen Gottesbeweis des Mittelalters erinnert. Wie damals versucht wurde, aus dem Begriff Gottes seine Existenz abzuleiten, wird heute versucht, aus dem Begriff der Pornographie, der mit einem Verstoß gegen die Menschenwürde gleichgesetzt wird, die Verwerflichkeit der Pornographie wegen des Verstoßes gegen die Menschenwürde abzuleiten.

Der auf die US-amerikanischen Feministinnen *Andrea Dworkin* und *Catharine McKinnon* zurückgehende und auch in Deutschland Aufsehen erregende Entwurf eines Gesetzes, das zivilrechtliche Unterlassungs- und Schadensersatzansprüche gegen Hersteller und Verbreiter von Pornographie ermöglichen soll, enthält in § 2 folgende Definition:

---

807 Leipziger Kommentar/*Laufhütte*: § 184 Rn 10
808 OLG Karlsruhe, NJW 1974, 2016
809 BGHSt 23, 40 43, 44
810 *Dreher, Eduard*: Kurzkommentar Strafgesetzbuch, 34. Auf., 1974, § 184 Anm. 2 A a; ebenso: OLG Düsseldorf, NJW 1974, 1474, 1475
811 SchönkeSchröder/*Lenkner* § 184 Rn 4
812 LG Berlin UFITA 1980, 204, 206
813 *Schroeder, Friedrich Christian*: Pornographie, Jugendschutz und Kunstfreiheit, 20 f
814 *Schroeder, Friedrich Christian*: Pornographie, Jugendschutz und Kunstfreiheit, 21

"Pornographie ist sexuelle Gewalt gegen Frauen durch wirklichkeitsnahe, deutlich sexuelle Erniedrigung in Bildern und/oder Worten, die eines oder mehrere der folgenden Elemente enthält:

1. Frauen werden als entmenschlichte Sexualobjekte dargestellt, die Schmerz oder Erniedrigung genießen.
2. Frauen werden in der Weise dargestellt, daß sie eine Vergewaltigung sexuell genießen.
3. Frauen werden in der Weise als Sexualobjekte dargestellt, daß sie gefesselt, aufgeschlitzt, verstümmelt, geschlagen oder auf andere Weise körperlich mißhandelt, beschädigt oder zerstückelt, in Einzelteilen oder mit abgetrennten Körperteilen gezeigt werden.
4. Frauen werden in Szenen als Sexualobjekte bei der Penetration durch Tiere oder Sachen gezeigt.
5. Frauen werden in Szenen der Erniedrigung, Körperverletzung, Folter oder Demütigung oder als schmutzig, minderwertig, blutend oder verstümmelt gezeigt in einem Zusammenhang, der dies als sexuell erscheinen läßt.
6. Frauen werden als Sexualobjekte dargestellt, die für Unterdrückung, Eroberung, Verletzung, Ausbeutung, Besitz oder Gebrauch durch Männer zur Verfügung stehen, oder die in Positionen oder Posen von Gefügigkeit und Unterordnung im Verhältnis zu Männern präsentiert werden.

Als Frauen im Sinne dieses Gesetzes gelten alle Menschen weiblichen Geschlechts. Werden Männer und Transsexuelle in der unter Satz 1 Nr. 1 – 6 beschriebenen Weise dargestellt, so handelt es sich ebenfalls um Pornographie im Sinne dieses Gesetzes."[815]

Entgegen einem ersten Eindruck führt die Aufzählung verschiedener Erscheinungsformen sexueller Darstellung keineswegs zu mehr Klarheit, da die Formulierungen sehr vage und unterschiedlicher Interpretation zugänglich sind.[816] Was der eine, wenn er es abgebildet sieht, als Erniedrigung des oder der Abgebildeten oder seiner selbst und seines Geschlechts begreift, ist für einen anderen Ausdruck sexueller Selbstbestimmung. Auch die klare Umschreibung in der Aufzählung enthält Bereiche der Sexualität, die Ausdruck sexueller Selbstbestimmung sein können. Die Penetration mit Gegenständen z. B. kann durchaus Ausdruck sexueller Selbstbestimmung sein – die Verkäuflichkeit von Vibratoren ist wohl kaum darauf zurückzuführen, daß diese ausschließlich als Werkzeuge für Zwang eingesetzt werden.

---

[815] *Baer, Susanne/Slupik, Vera*: Entwurf eines Gesetzes gegen Pornographie, KJ 1988, 171, 172
[816] Vgl. *Renk, Heidemarie*: Zivilrecht als Instrument gegen Sexismus, KJ 1988, 182, 184 f

2. Pornographie in der deutschen Rechtsordnung

Seit 1974 wird Besitz von und Handel mit sogenannter "einfacher Pornographie" in Deutschland nicht mehr strafrechtlich verfolgt. Gleichwohl gibt es rechtliche Sondervorschriften über bestimmte sexuelle Darstellungen. Zum Verständnis der rechtlichen Bewertung der Pornographie ist ein Rückblick auf die Gesetzesentwicklung hilfreich, bevor auf die straf- und ordnungsrechtlichen Sondernormen eingegangen wird.

a. Gesetzesentwicklung

Bereits bald nach Erfindung der Buchdruckerkunst ergingen im 16. Jahrhundert erste Vorschriften über Zensur, die vornehmlich die Kirchen und ihre Lehren schützen sollten. Schon der 1564 veröffentlichte Index librorum prohibitorum enthielt zahlreiche Verbote erotischer Literatur und unzüchtiger Darstellungen. In der Aufklärungszeit entsprach die Zensur erotischer Erzeugnisse dem Ideal der "guten Policey", die der Erziehung und Vervollkommung des Menschen diente. Man wollte Veröffentlichungen immer weitergehend zulassen, gleichzeitig aber Auswüchse verhindern. Der Fokus auf sexuelle Darstellungen war somit auch eine Folge zunehmender Pressefreiheit. Die Verschärfung der Zensur durch die Karlsbader Beschlüsse 1819 richtete sich auch gegen alles, "was die Moral und die guten Sitten beleidigt". Die Verbreitung und Ausstellung unzüchtiger Darstellungen wurde 1849 durch die Druckschriftenverordnung verboten. Dieses Verbot wurde 1851 unter dem Titel "Verbrechen und Vergehen gegen die Sittlichkeit" in das preußische Strafgesetzbuch übernommen und lebte nach Verabschiedung des Deutschen Strafgesetzbuches bis zur Neuregelung durch das 4. Strafrechtsreformgesetz von 1973 unverändert als § 184 StGB fort. Auch das Feilhalten, Herstellen, Vorrätighalten, Ankündigen und Anpreisen zum Zwecke der Verbreitung war ab 1900 unter Strafe gestellt. Deutschland trat auch der 1923 in Genf geschlossenen internationalen Übereinkunft zur Bekämpfung der Verbreitung und des Vertriebs unzüchtiger Veröffentlichungen bei. In der Folgezeit wurde die gesetzliche Einschränkung erotischer und sexueller Darstellungen vornehmlich mit dem Schutz der Jugend begründet. 1926 erging das "Gesetz zur Bewahrung der Jugend vor Schund- und Schmutzschriften", welches 1935 zugunsten einer umfassenden Zensur aufgehoben wurde, da der nationalsozialistische Staat "nicht allein [...] die Jugend, sondern [...] das gesamte Volk vor schädlichen Schriften" schützen wollte.[817]

Nach dem Krieg wollte die christdemokratische Regierung mit dem Gesetzentwurf von 1962 das Verbot "unzüchtiger Schriften" noch verstärken. Doch zu dieser Zeit gab es längst eine gesellschaftliche Gegenentwicklung zur staatlichen Restriktion. Seit Anfang der 60er Jahre vermehrte sich in Deutschland die Kritik am Verbot "unzüchtiger Schriften".[818] Der Alternativ-Entwurf eines Strafgesetzbuches wollte den gesamten Bereich der Pornographie entkriminalisieren. Die schließlich erfolgte Neuregelung war ein Kompromiß. Trotz weitgehender Freigabe des Handels mit "einfacher Pornographie" verblieb mit § 184 StGB eine strafrechtliche Sondernorm. Der Handel und

---

[817] RGBl I, 1935, 541

[818] Vgl.: *Boxdorfer, Dietrich*: Pornographie – sozialethische Unerträglichkeit oder strafwürdige Sozialschädlichkeit?, MDR 1971, 445 ff

Genuß der "einfachen Pornographie" unterliegt bestimmten Beschränkungen, während "harte Pornographie", worunter pädophile, sodomitische und Gewaltpornographie verstanden wird, ganz verboten blieb. Die Regelung basierte auf der Auffassung, pornographische Erzeugnisse seien nicht schlechthin gemeinschaftsschädlich, zumindest sei dies nicht zu belegen.[819] Die Genfer Konvention gegen die Verbreitung und Veröffentlichung unzüchtiger Schriften wurde seitens der Bundesrepublik aufgekündigt. In der DDR hingegen blieben bis zu ihrem Ende "pornographische Schriften" nach § 121 StGB DDR verboten.

b. Pornographie im Strafrecht

Für die rechtliche Bewertung der Pornographie ist § 184 StGB die zentrale Norm. In dieser unübersichtlichen, sieben Absätze langen Vorschrift wird zwischen sogenannter "einfacher" und "harter" Pornographie unterschieden.

Die Absätze 1 und 2 betreffen die einfache Pornographie. Uneinheitlich und im einzelnen umstritten sind die Rechtsgüter, die durch diese Absätze geschützt werden sollen. Rechtsgut ist nach allgemeiner Auffassung einmal die ungestörte (sexuelle) Entwicklung von Jugendlichen, zum anderen der Schutz vor ungewollter Konfrontation mit Pornographie.[820] Vereinzelt wird als Schutzzweck daneben auch der Schutz der Sexualverfassung genannt, die mit Ehe und Familie auf eine Verschmelzung von Eros und Sexus gerichtet sei.[821]

Diese Arbeit kann und soll nicht erörtern, ob und wann sexuelle Darstellungen die Entwicklung von Jugendlichen negativ beeinflussen. Es bestehen Zweifel, ob Pornographie zu Störungen der Entwicklung Jugendlicher führt.[822] In jedem Fall ist die Konzentration des Jugendschutzes auf "Pornographie", wie sie zur Zeit erfolgt, insoweit fragwürdig, als eine Auseinandersetzung mit Gewaltdarstellungen nicht mit gleicher Intensität geführt wird.[823] Gleichwohl soll im folgenden als legitim unterstellt werden, sexuelle Darstellungen aus Gründen des Jugendschutzes zu beschränken.

Weiteres Schutzgut ist ausweislich der Gesetzesmaterialien das Interesse Erwachsener, mit Pornographie nicht konfrontiert zu werden, sofern sie dies nicht wünschen. Die Kommentarliteratur nennt dieses Schutzgut ohne nähere Begründung[824] und auch in den Gesetzesmaterialien fehlt eine tiefergehende Erläuterung, warum man mit Pornographie nicht ungewollt konfrontiert werden soll. Dies wird offensichtlich für nicht weiter begründungsbedürftig und evident einsichtig gehalten.

Der amerikanische Rechtstheoretiker *Ronald Dworkin*, der sich entschieden gegen ein Verbot von Pornographie wendet, hält bestimmte Beschränkungen der öffentlichen Werbung und Darbietung für gerechtfertigt. Ausgangspunkt seiner Argumentation ist

---

[819] BT-Drucks. 6/1552, 33

[820] SchönkeSchröder/*Lenkner*, § 184 Rn 3; *Schroeder, Friedrich Christian*: Systematische Stellung und Rechtsgut der Sexualstraftaten nach dem 4. StrRG, in: FS Welzel, 859 ff

[821] TröndleFischer/*Tröndle*: § 184 Rn 4

[822] Systematischer Kommentar/*Horn* § 184 Rn 1a

[823] *Mahrenholz, Ernst Gottfried*: Brauchen wir einen neuen Pornographie-Begriff?, ZUM 1998, 525

[824] Leipziger Kommentar/*Laufhütte*, § 184 Rn 1; Systematischer Kommentar/*Horn* § 184 Rn 1a

das Recht des Individuums auf seine moralische Unabhängigkeit. Ein Verbot der Pornographie würde diesem Recht zuwiderlaufen. Auf der anderen Seite aber fühlten sich viele Menschen durch öffentliche Darbietung von Pornographie gestört. Einer der Gründe dafür wäre das Bedürfnis, die eigene Sexualität als wesentlichen Bestandteil menschlicher Entwicklung vor besonders drastischer Beeinflussung zu schützen. Auch dieses Bedürfnis gründe im Verlangen nach moralischer Unabhängigkeit. Das Interesse am Zugang zur Pornographie müßte gegen das Interesse an Nichtkonfrontation abgewogen werden. Solange Einschränkungen der Pornographie als Ergebnis dieser Abwägung keinem Verbot gleichkämen, seien sie legitim.[825]

§ 184 Abs. 3 StGB enthält ein absolutes Verbot der "harten" Pornographie, also von pornographischen Schriften, Ton- und Bildträgern, Abbildungen und anderen Darstellungen (§ 13 Abs. 3 StGB), "die Gewalttätigkeiten, den sexuellen Mißbrauch von Kindern oder sexuelle Handlungen von Menschen mit Tieren zum Gegenstand haben." Strafbar ist, wer harte Pornographie (1) verbreitet, (2) öffentlich ausstellt, anschlägt, vorführt oder sonst zugänglich macht oder (3) herstellt, bezieht, liefert, vorrätig hält, anbietet, ankündigt, anpreist oder einführt oder auszuführen unternimmt.

Mit pädophiler Pornographie, Sodomie und sogenannter "Gewaltpornographie" werden drei sehr unterschiedliche Bereiche sexueller Darstellung zusammengefaßt. Es verwundert schon, wenn die Darstellung sexueller Handlungen mit Kindern und mit Tieren vom Gesetz im gleichen Atemzug genannt wird. Bis zur Strafschärfung der pädophilen Pornographie durch das 27. Strafrechtsänderungsgesetz 1993 waren beide Bereiche auch mit dem gleichem Strafmaß bedroht.

Das Verbot der Darstellung pädophiler Pornographie ist in der Vergangenheit vorrangig mit dem Jugendschutz begründet worden. Da die Gefahr der Beeinträchtigung der seelischen Entwicklung junger Menschen bei der Konfrontation mit Kinderpornographie gravierender sei als bei einfacher Pornographie, könne nur ein absolutes Verbot dem Jugendschutz ausreichend Rechnung tragen. Außerdem ist der Gesetzgeber davon ausgegangen, daß pädophile Pornographie bei Personen mit den entsprechenden Neigungen zum "Auslöser" für entsprechendes Verhalten werden könne. In der Begründung zum 27. Strafrechtsänderungsgesetz, welches das strafrechtliche Verbot von Kinderpornographie erweiterte und verschärfte, kam es zu einer Neuorientierung. Nicht mehr die Wirkungen der Pornographie auf den Betrachter, sondern die Verletzung von sexueller Entwicklung und körperlicher Unversehrtheit der Kinder bei Herstellung der Pornographie stehen nunmehr im Vordergrund. Zwar dienen diesem Schutz bereits die §§ 173 – 180 StGB, die auch erheblich härtere Strafen androhen als § 184 StGB. Doch trage auch der Händler und Erwerber eine erhebliche Mitverantwortung für die Herstellung pädophiler Pornographie, ähnlich der kriminalitätsfördernden Wirkung der Hehlerei.[826]

Es überzeugt, wenn nunmehr die Verletzung des Kindes bei der Herstellung von pädophiler Pornographie in den Vordergrund rückt. Sexuelle Handlungen mit Kindern sind

---

825 *Dworkin, Ronald*: A Matter of Principle, 335 ff; vgl. auch *ders.*: Freedoms Law, 214 ff

826 *Schroeder, Friedrich-Christian*: Das 27. Strafrechtsänderungsgesetz – Kinderpornographie, NJW 1993, 2581

immer eine Verletzung der Selbstbestimmung. Diese Verletzung erfolgt nicht nur bei der Herstellung, sie wird durch die Verbreitung entsprechender Aufnahmen fortgesetzt. Auch die Verwendung unrechtmäßig erlangter Tonbandaufnahmen im Strafprozeß wird mit dem Argument abgelehnt, dadurch werde die Grundrechtsverletzung noch verstärkt und fortgesetzt.

Dieser Gedanke ist zwar ein wichtiger, er kann jedoch nicht der einzige Grund für das Verbot von Kinderpornographie sein. Hinzu kommt die Gefahr, daß pädophile Pornographie zu entsprechendem Verhalten anhalten kann. Diese Gefahr ist Grund genug, auch solche Kinderpornographie zu verbieten, die kein tatsächliches Geschehen wiedergibt. Da mit körperlicher Integrität und ungestörter Entwicklung von Kindern ein sehr hohes Rechtsgut bedroht wird, sind weitgehende Maßnahmen zur Gefahrenabwehr berechtigt.

§ 184 Abs. 3 StGB stellt auch sogenannte "Gewaltpornographie" unter Strafe. Die Rechtsprechung legt den Begriff der Gewalttätigkeit dahingehend aus, daß die Entfaltung physischer Kraft unmittelbar gegen eine Person erforderlich ist. Eine bloße Bedrohung ohne gleichzeitige Gewaltanwendung reicht nicht. Eine Frau mit vorgehaltener Pistole zum Oralverkehr zu zwingen, stellt nach dieser Auslegung keine Gewalt dar.[827] Andererseits ist die Abbildung von Sexualpraktiken nach § 184 StGB strafbar, bei denen – wie beim Sadomasochismus – die Betroffenen der Anwendung von (leichter) Gewalt in bestimmten Grenzen zugestimmt haben.[828] Als Begründung wird für das Verbot der Gewaltpornographie der Jugendschutz und die Förderung von Gewalttätigkeiten bei entsprechend veranlagten Menschen genannt.

Das Verbot der Gewaltpornographie in seiner jetzigen Fassung vermag nicht zu überzeugen. Im Zentrum der Überlegungen über Pornographie müssen die Autonomie und die sexuelle Selbstbestimmung stehen.[829] Darstellungen, welche die sexuelle Selbstbestimmung leugnen, sollten ins Visier genommen werden. Der Zwang zu bestimmten sexuellen Handlungen ist auch dann eine eklatante Verletzung von Autonomie und sexueller Selbstbestimmung, wenn sie "nur" durch Drohung erwirkt wird. Auf der anderen Seite ist "Gewaltanwendung" im Rahmen sadomasochistischer Praktiken ein Ausdruck sexueller Selbstbestimmung. Dies kann allerdings nur dann gelten, wenn klar ist, daß die Anwendung leichter Gewalt einverständlich in der Situation eines gespielten Dominanz-Subordinationsverhältnisses stattfindet. Keineswegs darf der vorgeschobene Verweis auf einverständliche sadomasochistische Praktiken als Rechtfertigung für die Darstellung der Verletzung sexueller Selbstbestimmung mit Gewalt akzeptiert werden. Statt des Begriffs der Gewaltanwendung sollte daher die (verherrlichende) Verletzung von Autonomie und sexueller Selbstbestimmung Ansatzpunkt eines absoluten Verbots sein. Ein solches absolutes Verbot ließe sich damit begründen, daß ein Verhalten propagiert werde, welches der Achtung vor Autonomie und Selbstbestimmung zuwiderlaufe. In diesem Sinne ist der feministischen Pornographiekritik

[827] BGH NJ 1980, 65, 66
[828] OLG Karlsruhe, MDR 1977, 864
[829] So auch *Mahrenholz, Ernst Gottfried*: Brauchen wir einen neuen Pornographie-Begriff?, ZUM 1998, 525, 527

zuzustimmen. Gleichwohl ist sehr sorgfältig zu untersuchen, ob tatsächlich eine Verletzung von Autonomie und sexueller Selbstbestimmung vorliegt. Diese darf nicht bei bestimmten ungewöhnlichen Sexualpraktiken einfach unterstellt werden.

Letztlich gilt nach § 184 Abs.3 StGB auch für Darstellungen von sexuellen Handlungen von Menschen mit Tieren (Sodomie) ein absolutes Verbot. Dieses Abbildungsverbot überrascht, wurde doch 1969, also drei Jahre vor der Neufassung der Pornographievorschrift, die Strafbarkeit der Sodomie durch das erste Strafrechtsreformgesetz[830] aufgehoben. Die Gesetzesmaterialien sind wenig ergiebig. Die Sachverständigenäußerungen, die zum absoluten Verbot führten, sind teils mißverstanden, teils völlig unbelegt.[831] Die Einbeziehung sodomitischer Darstellungen beruht wohl mehr auf einem allgemeinen Unbehagen als auf stichhaltigen Erkenntnissen. Die Kommentarliteratur referiert das Verbot kommentarlos[832] und beschäftigt sich allenfalls mit der Frage, ob auch sexuelle Handlungen an toten Tieren gemeint sind.[833] Tatsächlich ist das Verbot sodomitischer Schriften nicht zu begründen und deshalb als Verstoß gegen das Selbstbestimmungsrecht verfassungswidrig.[834] Der Jugendschutz allein kann kein absolutes Verbot rechtfertigen, sondern nur die Einschränkung des Vertriebs. Auch der Tierschutz kann kein Verbot sodomitischer Pornographie begründen. Sollte bei der Herstellung tatsächlich gegen Bestimmungen des Tierschutzgesetzes verstoßen worden sein, so reichen eben diese Vorschriften für Sanktionen aus. Nicht jede Form der Sodomie verstößt indes gegen Tierschutzbestimmungen. Sodomitische Darstellungen, bei denen die sexuelle Selbstbestimmung und Autonomie der beteiligten Menschen verletzt wird, dürfen natürlich verboten werden. Der Grund dafür ist aber die Verletzung der sexuellen Selbstbestimmung und nicht die Beteiligung von Tieren.

c. Sexuelle Darstellungen im Ordnungswidrigkeitenrecht

Flankierend zur strafrechtlichen Regelung der Pornographie dient § 119 OWiG dem Schutz vor ungewollter Konfrontation mit sexuellen Handlungen, Darstellungen, Schriften oder Gegenständen. Es handelt sich auch hierbei um abstrakte Gefährdungstatbestände, bei dessen Eingreifen die Belästigung oder Verletzung von Empfindlichkeiten vermutet wird. § 119 OWiG ist gewissermaßen eine Ersatzregelung dafür, daß sich § 184 StGB auf pornographische Schriften beschränkt und daß er für diese Schriften kein allgemeines Ausstellungsverbot in der Öffentlichkeit vorsieht. Bei § 119 Abs. 1 OWiG sind sexuelle Darstellungen Ansatzpunkt der Sanktion. Danach handelt ordnungswidrig, wer öffentlich Schriften, Tonträger oder Bildspeicher, Datenspeicher, Abbildungen oder Darstellungen sexuellen Inhalts an Orten ausstellt, an-

---

[830] BGBl I, 645

[831] *Schroeder, Friedrich Christian*: Pornographie, Jugendschutz und Kunstfreiheit, 10

[832] Leipziger Kommentar/*Laufhütte*, § 184 Rn 3; SchönkeSchröder/*Lenkner* § 184 Rn 56; TröndleFischer/*Tröndle*, § 184 Rn 37

[833] dagegen: Leipziger Kommentar/*Laufhütte*, § 184 Rn 3; dafür: SchönkeSchröder/*Lenkner* § 184 Rn 56; TröndleFischer/*Tröndle*, § 184 Rn 37

[834] So auch: *Beisel, Daniel*: Die Verfassungswidrigkeit des Verbots von Schriften sodomitischen Inhalts, ZUM 1986, 859 ff

schlägt, vorführt oder sonst zugänglich macht, an denen dies grob anstößig wirkt. Die Auslegung dieser Vorschrift bereitet in der Praxis große Schwierigkeiten, einmal wegen des normativen Begriffs der groben Anstößigkeit, aber auch wegen der schwierigen Abgrenzung zur Pornographie.[835] Unter Abbildungen oder Darstellungen mit sexuellem Inhalt werden solche verstanden, die objektiv erkennbar auf das Geschlechtliche bezogen sind, den geschlechtlichen Vorgang betonen und damit einen sexuellen Reiz ausüben können. Dies sei beispielsweise bei einer blickfangmäßigen Hervorhebung der Genitalien der Fall oder bei bestimmten Körperhaltungen.[836] Umstritten ist, ob auch Aufklärungsbücher, wissenschaftliche oder künstlerische Werke darunter fallen.[837] Dieser Tatbestand soll gewisse Randbereiche abdecken, die von § 184 StGB nicht erfaßt sind, weil die Schrift nicht pornographisch ist oder weil sie zwar pornographischer Natur ist, sie jedoch an einem Ort ausgestellt wird, welcher Minderjährigen nicht zugänglich ist.[838] Schriften sexuellen Inhalts können die Empfindungen von Menschen auch dann verletzen, wenn sie nicht "pornographisch" im strafrechtlichen Sinn sind. So heißt es im Bericht des Bundestagssonderausschusses zum Entwurf des 4. StRRG, es sei

> "Personen, die jegliche Darstellungen von Sexualität ausschließlich dem Intimbereich vorbehalten wissen wollen, nicht zuzumuten, in der Öffentlichkeit ungewollt mit entsprechenden Abbildungen konfrontiert zu werden."[839]

Das Verbot greift jedoch nur, wenn die Konfrontation an Orten geschieht, an denen dies "grob anstößig" wirkt. Damit hat der Gesetzgeber einen Zusammenhang zwischen der Darstellung und dem Ausstellungsort hergestellt. Obszöne Darstellungen dürfen dort gezeigt werden, wo mit ihnen zu rechnen ist – wie beispielsweise in Vergnügungsvierteln. Unzulässig sind jedoch sexuelle Darstellungen an öffentlichen Plätzen und Straßen, die jedermann benutzt und an denen man sie nicht vermutet. Insbesondere in der Nähe von Kirchen, Friedhöfen oder Schulen sollen sexuelle Darstellungen grob anstößig wirken.[840]

Die ständige und unvermeidbare Konfrontation mit sexuellen Darstellungen, welche die Schwelle zur Pornographie noch nicht überschritten haben, empfinden viele als mindestens so gravierend und störend wie die eigentliche Pornographie.[841] Es gibt kaum eine Werbung ohne sexuelle Motive; Illustrierte und Tageszeitungen veröffentlichen ständig neue Nacktaufnahmen; auch in Filmen und im Fernsehen gehört die Darstellung des Sexuellen längst zum Alltag. Sicher ist die Abgrenzung, die § 119

---

[835] RebmannRothHerrmann, § 119 Rn 15
[836] Karlsruher Kommentar/*Kurz*, § 119 Rn 30
[837] So: RebmannRothHerrmann/, § 119 Rn 18; dagegen: Karlsruher Kommentar/*Kurz*, § 119 Rn 30
[838] *Göhler, Erich*: OWiG, Kommentar, § 119 Rn 25
[839] BT-Drucks 6/3521
[840] Karlsruher Kommentar/*Kurz*, § 119 Rn 32
[841] Vgl.: *Mahrenholz, Ernst Gottfried*: Brauchen wir einen neuen Pornographiebegriff?, ZUM 1998, 525

Abs. 3 OWiG durch den Bezug auf den Ort macht, schwierig zu treffen: Wieviel Konfrontation mit Sexualität ist demjenigen, der diese Konfrontation nicht will, zuzumuten? Nach welchen Kriterien richtet sich, ob die öffentliche Darstellung sexueller Motive legitim oder anstößig ist? Grundsätzlich bleibt jedoch festzuhalten, daß der Bereich des Sexuellen einen sehr persönlichen, intimen Bereich betrifft und daß es daher durchaus verständlich und gerechtfertigt ist, wenn Menschen mit diesem Bereich nicht direkt konfrontiert werden wollen. Wie bereits hinsichtlich der Pornographie unter Verweis auf die Argumentation *Dworkins*[842] ausgeführt, sind Einschränkungen, die den Zugang zu sexuellen Darstellungen nicht so sehr erschweren, daß er kaum noch möglich ist, keine illegitime Einschränkung der Autonomie, sondern im Gegenteil ein Gebot des Respekts vor der Autonomie desjenigen, der eine öffentliche Konfrontation mit Sexualität nicht will. Dabei müssen die Interessen am leichten Zugang mit denen der Konfrontationsvermeidung abgewogen werden. Es wäre durchaus legitim, die Begrenzungen öffentlich wahrnehmbarer sexueller Darstellungen enger zu ziehen, als dies zur Zeit geschieht – nicht weil sexuellen Darstellungen ein intrinsischer Unwert anhaftet, sondern weil niemandem ein bestimmter Inhalt gegen seinen Willen aufgezwungen werden darf. Die Feinabstimmung, wann, wo und unter welchen Umständen sexuelle Darstellungen aus der Öffentlichkeit verbannt werden sollen, ist jedoch nicht Thema dieser Untersuchung.

3. Politische und gesellschaftliche Kontroversen über Pornographie

Die erbitterten politischen und gesellschaftlichen Debatten um die gesetzliche Neuregelung Ende der 60er und Anfang der 70er Jahre, die schließlich zur weitgehenden Freigabe des Handels mit "einfacher Pornographie" führte, erscheinen fast als Kulturkampf. Die evangelische und katholische Kirche warnten eindringlich vor der Bedrohung der Öffentlichkeit durch Pornographie.[843] Man befürchtete, bisherige Moralvorstellungen würden erschüttert und das öffentliche Leben einer weitgehenden Sexualisierung ausgeliefert. Ob im Gesetzgebungsprozeß, im rechtswissenschaftlichen Schrifttum oder in der Presse und öffentlichen Auseinandersetzung, überall prallten damals konservative und liberale Vorstellungen mit unversöhnlicher Härte aufeinander.[844] Unter die Diskussion um Pornographie hat die weitgehende Freigabe keineswegs einen Schlußstrich gezogen, im Gegenteil. Auch heute noch sehen konservative Gegner in der Pornographie den Ausdruck des moralischen Verfalls und eine Gefährdung der sittlichen Ordnung. Seit Beginn der 80er Jahre hat sich auch der Feminismus verstärkt des Themas angenommen. Dabei zeigt sich sowohl eine tiefe Spaltung innerhalb der Frauenbewegung als auch eine bemerkenswerte Übereinstimmung bestimmter feministischer und konservativer Forderungen. Erneute Aktualität hat die Diskussion in den 90er Jahren durch neue technische Möglichkeiten der Verbreitung von Porno-

---

[842] *Dworkin, Ronald*: A Matter of Principle, 335 ff; vgl. auch *ders.*: Freedoms Law, 214 ff

[843] Vgl.: Kirchenkanzlei der Evangelischen Kirche in Deutschland (Hrsg.): Denkschrift zu Fragen der Sexualethik, Rn 77, 43; *Kunst, Hermann; Wilkens, Erwin; Wrange, Horst* u.a.: Das Gesetz des Staates und die sittliche Ordnung, 18 ff

[844] *Baumann, Jürgen*: Der lange Weg des 4. Strafrechtsreformgesetzes, ZRP 1971, 129 ff

graphie, wie das Internet und das Satellitenfernsehen, bekommen.[845] An der eigentlichen Grundfrage nach der Berechtigung von staatlichen Einschränkungen der Pornographie hat sich durch die technische Entwicklung jedoch nichts geändert.

a. Konservative Pornographiekritik

Die Gegner der Freigabe "einfacher Pornographie" befürchteten eine Herabsetzung der sexuellen Kontrolle und damit die Zunahme ungesteuerter Aktivität. Auch wurde befürchtet, die sexuelle Triebrichtung werde durch Pornographie negativ beeinflußt. Dies könnte zu Sexualkriminalität führen. Pornographie würde zu gravierenden Persönlichkeitsstörungen führen und partnerschaftliche Beziehungen beeinträchtigen. Schließlich – und hierin sahen gerade die christlichen Kirchen eine große Gefahr der Pornographie – werde die Einstellung zum Sexualleben und zu sexualethischen Normen negativ beeinflußt. Die Sexualverfassung sei eine herausragende kulturelle Leistung. Ihr Leitmotiv sei, den Sexus nicht zu isolieren, sondern in der personalen Liebesbeziehung zwischen Ich und Du aufgehen zu lassen. Pornographie propagiere das genaue Gegenteil, es reduziere den Menschen auf ein Triebwesen. Das Bild vom "mündigen Bürger", der selbst über den Konsum von Pornographie entscheiden müsse, beruhe auf einer Idealfigur der Aufklärung, die vom optimistischen Glauben an den Menschen getragen war. Dieses Bild werde jedoch der Beeinflussung des Menschen in der hochindustrialisierten Massengesellschaft nicht gerecht.[846] Die Ablehnung der Pornographie aus konservativ-moralischen Motiven ist nicht verstummt. Auch heute noch sehen Konservative in der Freigabe der einfachen Pornographie einen verhängnisvollen Fehler. Es sei nach den Gesetzen des Marktes nicht nur die Nachfrage nach Pornographie befriedigt, sondern auch neue geweckt worden.[847]

b. Feministische Antipornographiebewegung

Bestrebungen zu einer Verschärfung der rechtlichen Regelungen bezüglich sexueller Darstellungen hat es von einem Teil der Frauenbewegung gegeben. Bahnbrechend waren hierfür die Veröffentlichungen von zwei amerikanischen Feministinnen. Die Juraprofessorin *Cathrine McKinnon* vertrat in ihrem Buch "Nur Worte" die These, die Bedeutung der Pornographie erschöpfe sich nicht in der Darstellung oder in den Worten (daher der ironisch gemeinte Titel "Nur Worte"). Dieser Ansatz ist nur vor dem Hintergrund der US-amerikanischen Diskussion verständlich, welche Pornographie als Ausdruck der Meinungsfreiheit sieht. Die Auseinandersetzung findet vor der klassischen Unterscheidung liberaler Theorien in Äußerungen und Handlungen statt. Äußerungen dürfen danach als Ausdruck der Meinungsfreiheit keiner staatlichen

---

[845] Vgl.: *Becker, Jürgen*: Pornographie ohne Grenzen – Einführung, ZUM 1994, 125 ff; *Kleist, Thomas*: Informationsfreiheit für Pornographie?, ZUM 1994, 142 ff; *Meyrat, Pierre*: Grenzenlose Technik: Die Medienzukunft kennt keine Barrieren, ZUM 1994, 129 ff; *Ramberg, Klaus*: Erfahrungen bei der Strafverfolgung der Verbreitung von Pornographie via Satellit, ZUM 1994, 140 ff

[846] *Dreher, Eduard*: Die Neuregelung des Sexualstrafrechts eine geglückte Reform?, JR 1974, 45, 54 f m. w. N.

[847] *Merkl, Gerhard*: Pornographie ohne Grenzen, Statement, ZUM 1994, 127 f

Restriktion unterliegen. Handlungen, die direkt auf andere einwirken, dagegen schon. Folge dieser Unterscheidung ist, daß in den USA auch sogenannter "Hate-Speech", wie beispielsweise rassistische Hetze, durch die Meinungsfreiheit geschützt wird. Diese Unterscheidung in Äußerungen und Handlungen ist vielfach angezweifelt worden. Insbesondere die "Sprechakttheorie" *John Austins* versuchte darzustellen, daß bereits durch Äußerungen gehandelt werde. Das deutsche Recht ist der Unterscheidung in Äußerungen und Taten nicht so verpflichtet, wie dies in den USA der Fall ist. Es gibt unzählige Strafvorschriften wie etwa § 130 StGB (Volksverhetzung) oder § 131 (Gewaltdarstellung), die bereits an die Äußerung bestimmter Inhalte Sanktionen knüpfen.

McKinnon erläutert, daß Pornographie in vielfältiger Weise mit Handlungen verbunden sei. Sie ermögliche Masturbation und damit eine tatsächlich vollzogene Handlung. Zur Produktion von Pornographie seien Handlungen notwendig. Sie sei gleichbedeutend mit Gewalt gegen Frauen und einer Mißachtung der weiblichen Würde. Weiter meint sie, durch Pornographie würde männliche Überlegenheit propagiert. Sie führt aus:

> "Pornographie, aus feministischer Sicht, ist eine Form von erzwungenem Sex, eine Spielweise sexueller Politik, eine Institution geschlechtlicher Ungleichheit. Von diesem Standpunkt aus ist Pornographie keine harmlose Phantasie oder eine verdorbene oder verwirrte Fehlvorstellung von ansonsten natürlicher und gesunder Sexualität. Zusammen mit Vergewaltigung und Prostitution, zu denen sie beitragen, institutionalisiert Pornographie die Sexualität der männlichen Überlegenheit, welche die Erotisierung von Über- und Unterordnung mit der sozialen Konstruktion von männlich und weiblich verbindet. Geschlecht ist sexuell. Pornographie macht die Bedeutung dieser Sexualität. Männer behandeln Frauen als die, welche sie in ihnen sehen. Pornographie konstruiert, wen sie in ihnen sehen. Männliche Macht über Frauen bedeutet, daß die männliche Sicht auf Frauen definiert, wer sie sein können. Pornographie ist diese Sicht."[848]

Auch die Schriftstellerin *Andrea Dworkin* sieht in Pornographie einen Ausdruck der Unterdrückung von Frauen durch Männer.[849] *Dworkin* wie *McKinnon* gehen weiter von einer Korrelation von Pornographie und bestimmten sexuellen Gewaltverbrechen aus. Zugespitzt wurde formuliert, Pornographie sei die Theorie, Vergewaltigung die Praxis sexueller Gewalt. Sichere empirische Belege für die Korrelation von Pornographiekonsum und sexueller Gewalt gibt es allerdings nicht. Gleichwohl haben die Thesen dieser Autorinnen ein breites Echo gefunden. Auch in Deutschland wurden die Thesen aufgegriffen und insbesondere durch die von *Alice Schwarzer* herausgegebene

[848] *McKinnon, Catarine*: Feminism Unmodified, 148

[849] *Dworkin, Andrea*: PorNographie: Männer beherrschen Frauen; *dies.*: Against the Male Flood: Censorship, Pornography and Equality, Harvard Women's Law Journal, 8 (1985)

Zeitung "Emma" publik gemacht. Für *Schwarzer* ist Pornographie "Kriegspropaganda gegen Frauen".

Zum großen Aufsehen, welches die feministische Antipornographiebewegung gefunden hat, trug sicher auch bei, daß ihre Forderungen im Ergebnis dem Wunsch vieler Konservativer entsprachen, sexuelle Darstellungen weitergehend einzuschränken.

c. Liberalfeministische Verteidigung der Pornographie

Allerdings zeigt gerade die Diskussion um Pornographie und sexuelle Darstellungen, wie stark sich die verschiedenen Ausrichtungen der Frauenbewegung widersprechen. Während *McKinnon* und *Dworkin* in den USA und *Schwarzer* in Deutschland für einen Feminismus stehen, der Pornographie als Schauplatz des Geschlechterkampfes begreift, in den es "zu Gunsten" von Frauen einzugreifen gilt, gibt es andere Feministinnen, die gerade die Befreiung der sexuellen Darstellung von Reglementierungen zu ihrem Ziel machen. Lange hatte die Hoffnung auf die befreiende Wirkung befreiter Sexualität, von der die sogenannte "sexuelle Revolution" getragen wurde, auch die Einstellung der Frauenbewegung zur Pornographie bestimmt. Feministinnen erhofften sich den Abbau sexueller Rollenklischees und die Förderung des sexuellen Selbstbewußtseins von Frauen.[850] Dem antipornographischen Feminismus wird vorgeworfen, die Forderung nach sexueller Gleichheit zu einem Standpunkt der Bevormundung zu machen. Frauen seien nicht nur Opfer, die Schutz vor Sexualität brauchten, sondern Menschen, die ebenfalls die Freiheit haben sollten, Sexualität zu erkunden. Pornographie könne Bestandteil dessen sein, was Frauen erkunden wollen.[851] In den USA besteht eine ganze Reihe feministischer Organisationen, die sich gegen jede Reglementierung sexueller Darstellungen wehren.[852] Auch sie beziehen im politischen Diskurs ausdrücklich Stellung und begreifen eine gesetzliche Einschränkung sexueller Darstellungen als illegitime, paternalistische Bevormundung:

> „Es ist nicht das Ziel des Feminismus, das Recht des einzelnen zu beschneiden, eigene Entscheidungen zu treffen oder die Welt der sexuellen Darstellungen auszumerzen [...] Frauen sind genauso verschieden wie alle anderen Bürger in einer Demokratie [....] Es ist das Recht und die Verantwortung einer jeden Frau, dasjenige sexuelle Material zu lesen, anzuschauen oder herzustellen, das ihr gefällt, ohne daß der Staat 'zu ihrem eigenen Besten' interveniert. Wir sind der Ansicht, daß echter Feminismus

---

[850] *Ertel, Henner*: Erotika und Pornographie, 12

[851] *Eisenstein, Zillah R*: The Female Body, 173

[852] Z.B.: Feminist Civil Liberties Union, Feminists Against Censorship, Feminist Anti-Censorship Taskforce oder Feminists for Free Expression, vgl.: *Strossen, Nadine*: Zur Verteidigung der Pornographie,14 ff

Individuen ermutigt, ihre Entscheidungen selbst zu treffen. Das ist der große Vorteil, Feministin in einer freien Gesellschaft zu sein."[853]

Die New Yorker Juraprofessorin *Drucilla Cornell* stimmt der Analyse von Antipornographie-Aktivistinnen zu, Pornographie sei keine Randerscheinung, sondern ein die Kultur prägendes, allgegenwärtiges Phänomen, welches ein bestimmtes Geschlechterverständnis propagiere. Der Unterteilung der Welt in Mächtige und Ohnmächtige, in "fuckers" und "fuckees", in sexuell Aktive und Passive will sie aber nicht das Verbot entsprechender Darstellungen entgegensetzen. Vielmehr soll das Milieu der Pornoindustrie verändert werden. Die Selbsthilfeorganisationen von Pornodarstellerinnen, die nicht als bloße Opfer zu betrachten sind und auch nicht so betrachtet werden wollen, seien zu stärken. Diese Stärkung würde dazu führen, daß sich auch die durch Pornographie vermittelten Bilder und Vorstellungen des Geschlechterverhältnisses verändern.[854] Der Allgegenwärtigkeit der sexuellen Darstellung, welche die Geschlechterrollen entwerfen, will *Cornell* durch die Verbannung von Pornographie in bestimmte Zonen verhindern. Dadurch könnte man vor der ungewollten Konfrontation geschützt werden.[855]

Zu den genannten liberalen Feministinnen gesellen sich Vertreter der Schwulen- und Lesbenbewegung, die sexuelle Darstellung als wichtigen Beitrag zur Emanzipation und zur Ausformung eines eigenen Selbstbewußtseins sehen.

4. Stellungnahme

Es gibt bislang keine stichhaltigen Belege dafür, daß Pornographie oder sexuelle Darstellungen an sich sexuelle Gewalt fördern. Sofern überhaupt ein negativer Einfluß auszumachen ist, so geht er von der Abbildung von Gewalt und nicht von der sexuellen Darstellung aus. Schwerpunkt der Diskussion um Pornographie ist jedoch die Darstellung von Sexualität und nicht von Gewalt. Der feministischen These, Pornographie sei per se die Darstellung von Gewalt gegen Frauen, kann nicht gefolgt werden. Auch ist festzuhalten, daß nicht jede Form der Gewalt eine Verletzung der sexuellen Selbstbestimmung ist.

Bei den rechtlichen Regelungen zu Pornographie und sexuellen Darstellungen ist zwischen dem absoluten Verbot und Beschränkungen des Vertriebs und der Darbietung zu unterscheiden.

Das absolute Verbot "harter" Pornographie hält einer kritischen Überprüfung nur teilweise stand. Nicht alles, was in Deutschland unter "harte Pornographie" fällt, ist auch tatsächlich die Darstellung eines Verstoßes gegen die sexuelle Selbstbestimmung. Was erwachsenen Menschen in freier Selbstbestimmung zu tun erlaubt ist, muß auch abgebildet werden dürfen. Umgekehrt darf die Darstellung eines Verstoßes gegen die sexu-

---

[853] *Ad Hoc Commitee of Feminists for Free Expression*: Brief an Mitglieder des Rechtsausschusses des Senats vom 14.02.1992, in: *Strossen, Nadine*: Zur Verteidigung der Pornographie, 239

[854] *Cornell, Drucilla*: Die Versuchung der Pornographie, 55 ff

[855] *Cornell, Drucilla*: Die Versuchung der Pornographie, 112 ff

elle Selbstbestimmung (z. B. eines Kindesmißbrauchs oder einer Vergewaltigung) verboten werden, wenn sie der sexuellen Stimulierung dienen soll. Durch die sexuelle Stimulierung partizipiert der Betrachter an dem Mißbrauch. Insoweit ist die Analyse *McKinnons* richtig. Wegen der Funktionsweise des Marktes, der Interdependenz von Angebot und Nachfrage, gehen von der sexuellen Erregung an der Verletzung der sexuellen Selbstbestimmung anderer durchaus Gefahren für weitere und neue Verletzungen aus – selbst wenn sich der Beitrag des betroffenen Betrachters auf die Nachfrage beschränkt.

Berechtigt ist das absolute Verbot pädophiler Pornographie. Beim sexuellen Mißbrauch erleidet das Kind einen Schaden, zumindest ist die Wahrscheinlichkeit einer nachhaltigen psychischen Schädigung sehr groß.[856] Einen umfassenden Schutz von Kindern kann nur ein umfassendes Verbot entsprechender Darstellungen gewährleisten; nur so ist auch eine Verleitung oder Anstiftung entsprechend veranlagter Menschen zu entsprechenden Verbrechen und Vergehen zu vermeiden, nur so ist zu verhindern, daß die Nachfrage zu erneuter Produktion derartiger Machwerke führt.

So berechtigt das Verbot von Kinderpornographie auch ist, es erscheint zynisch, daß im gleichen Satz des § 184 StGB auch sexueller Verkehr mit Tieren genannt wird. Eine einleuchtende Begründung des Verbots sodomitischer Darstellungen jenseits eines gefühligen "Tierschutzes" und des ästhetischen Widerwillens einer überwiegenden Mehrheit ist nicht zu erkennen. Soweit Belange des Tierschutzes berührt werden, reichen die entsprechenden Regelungen des Tierschutzgesetzes aus.

Dem Verbot der "Gewaltpornographie" liegt ein an sich richtiger Gedanke zugrunde: daß nämlich sexuelle Selbstbestimmung (meist) durch die Verwendung von Gewalt verletzt wird. Insoweit enthält auch die feministische Pornographiekritik einen richtigen Ansatz. Gleichwohl geht die bestehende Formulierung mit dem Merkmal der Gewaltanwendung an dem eigentlichen Kernpunkt aller Gedanken zur Pornographie – nämlich der sexuellen Selbstbestimmung und der Autonomie – vorbei. Offensichtliche Verletzungen der Autonomie, wie Drohungen mit Gewalt, unterfallen nicht dem Verbot, einvernehmliche Gewalt im Rahmen sadomasochistischer Praktiken dagegen schon. Insoweit ist der Widerwille vor sadomasochistischen Praktiken in § 184 Abs. 3 StGB stärker zum Ausdruck gekommen als die Achtung vor der Autonomie. Absolut verbieten kann und muß man nur Werke, in denen die Verletzung der Autonomie der sexuellen Selbstbestimmung der sexuellen Stimulierung dienen soll.

Was die sogenannte "einfache" Pornographie angeht, so hat *Ronald Dworkins*[857] treffend analysiert, daß Menschen ein "Recht auf Pornographie" als Ausfluß der Anerkennung ihrer Autonomie haben. Durch ein absolutes Verbot einfacher Pornographie würde der Staat die Autonomie und damit auch die Menschenwürde seiner Bürger verletzen.

---

[856] Zweifel hieran äußert *Lautmann, Rüdiger*: Sexualdelikte – Straftaten ohne Opfer?, ZRP 190, 44, 46 f; dagegen zu Recht: *Arntzen, Friedrich*: Sexualdelikte – Straftaten ohne Opfer?, ZRP 190, 287

[857] *Dworkin, Ronald*: A Matter of Principle, 335 ff

Hingegen erfordert die Frage, ob und inwieweit Pornographie und sexuelle Darstellungen beschränkt werden dürfen, eine schwierige Abwägung. Ausgangspunkt ist, daß das Geschlechtliche für den Menschen von fundamentaler Bedeutung und die Kanalisierung des Sexuellen eine das ganze Leben bestimmende Aufgabe ist. So ist es auch nicht verwunderlich, daß sich die Kunst immer wieder sexueller Themen zugewandt hat. Würde man alle Gemälde und Plastiken mit sexuellem Bezug aus den Kunstmuseen entfernen, so blieben erschreckend leere Hallen übrig. Doch genauso wie die Zuwendung der Kunst zum Sexuellen hat es auch Bilderstürmer gegeben, die eben diese Werke zerstört haben. Freizügige Gemälde wurden übermalt. In vielen Kulturen ist die Darstellung des Sexuellen tabuisiert, und es gibt entsprechende Bildverbote. Abbildungen sexueller Motive unterscheiden sich von argumentativer Auseinandersetzung dadurch, daß direkt der Sexualtrieb angesprochen wird. In dieser Wirkung entziehen sie sich der Kontrolle. Selbst wer sich sexuellen Reizen nicht aussetzen will, wird durch entsprechende Darstellungen gefesselt. Pornographie hat selbst dann etwas Anziehendes, wenn sie (rational) als Mittel zur sexuellen Stimulierung abgelehnt wird. Die "Doppelmoral", die darin gesehen wird, daß sich die "moralische" Entrüstung über Pornographie oft mit einem erstaunlichen Interesse daran paart, hat hier ihren Ursprung. Verbote sexueller Abbildungen lassen sich als "Odysseus-Verträge" der Mehrheit verstehen. Gemäß der griechischen Sage wußte Odysseus, daß er dem Lockruf der Sirenen nicht widerstehen würde. Deshalb ließ er sich an den Schiffsmast fesseln und wies seine Mannschaft an, in der bevorstehenden Situation der Versuchung seinen Willen zu ignorieren. Der Begriff "Odysseus-Vertrag" wird immer dann verwandt, wenn Menschen sich damit einverstanden erklären, daß andere sich ihnen in den Weg stellen, damit sie später einer Versuchung nicht nachgeben können – auch wenn sie dies im Vollbesitz ihrer geistigen Kräfte tun würden.[858] Auch für sexuelle Darstellungen gilt, daß Menschen es sich durch entsprechende Regeln erschweren, den damit verbundenen Reizen nachzugeben. Es ist verständlich, daß Menschen der ständigen Konfrontation mit dem Sexuellen und der Auseinandersetzung mit ihren Trieben überdrüssig sind. Letztlich sind beides, Abbildungen wie Bildverbote, zwei Seiten der gleichen Medaille, nämlich des Ringens des Menschen mit seiner Sexualität. Bei diesem Ringen muß jedem ausreichend Raum gegeben werden – der Darstellung und dem Bedürfnis, nicht damit konfrontiert zu werden. Beide Interessen müssen gegeneinander abgewogen werden. Es ist nicht zu verhindern und soll auch nicht verhindert werden, daß Menschen sexuellen Reizen ausgesetzt werden. Die kulturbedingte Üblichkeit entsprechender Darstellungen führt zur Abstumpfung oder besonderer Sensibilität gegenüber sexuellen Reizen – wobei nicht nur von entblößten primären Geschlechtsorganen ein solcher Reiz ausgehen kann. Die Feineinstellung der Abwägung ist daher nicht losgelöst vom kulturellen Kontext möglich.

Die deutsche Rechtsordnung hat mit dem Begriff der (einfachen) Pornographie eine Grenzziehung vorgenommen. Niemand soll ungewollt mit Pornographie konfrontiert werden. Bei allen Schwierigkeiten der Definition des Begriffs Pornographie scheint diese Grenzziehung nachvollziehbar. Eine weitere Grenze wurde in § 119 Abs. 3

---

[858] Anders allerdings *Enderlein, Wolfgang*: Rechtspaternalismus und Vertragsrecht, 29 f, der den Odysseusvertrag als weichen Paternalismus einordnet.

OWiG gezogen, der praktisch jedoch nur die sexuellen Darstellungen im Umkreis von Kirchen, Schulen und Friedhöfen einschränkt. Auch diese Grenzziehung ist – bei allen Abgrenzungsschwierigkeiten – nachzuvollziehen. Ein weitergehendes Zurückdrängen sexueller Motive aus der Öffentlichkeit wäre solange legitim, wie jeder, der es will, Zugang zu entsprechenden Darstellungen hätte.

E. Schlußbemerkungen zu Rechtsordnung und Sexualität

Die eigene Geschlechtlichkeit ist von herausgehobener Bedeutung für die Persönlichkeitsentwicklung. Auf Grund des Zusammenhangs von Sexualität und Fortpflanzung können sexuelle Aktivitäten einschneidende Folgen für das weitere Leben haben. Darin liegt wohl auch der Grund der Bemühungen von Moral, Religion und auch dem Recht, die Sexualität in einer bestimmten Weise zu kanalisieren. Allenfalls die individuelle Entscheidung zur sexuellen Askese wurde geduldet, sonst sollte sich Sexualität in einem festgelegten Rahmen abspielen. Infolge der modernen Verhütungsmethoden besteht heute kein zwingender Zusammenhang zwischen sexueller Aktivität und Fortpflanzung mehr. Das hat sicher entscheidend dazu beigetragen, daß die Sexualität heute als ein Bereich angesehen wird, über den jeder Mensch selbst entscheiden soll. Der Staat hat dies zu akzeptieren.

Angesichts der Bedeutung der Sexualität für die eigene Persönlichkeit ist jedoch paternalistischer Schutz dort gerechtfertigt, wo Menschen ihre Geschlechtlichkeit irreversibel zerstören. Dies heißt zwar nicht, daß er Menschen immer zwingen dürfte, die körperlichen Voraussetzungen ihrer Geschlechtlichkeit unverändert zu lassen. Doch ist es legitim, zu prüfen, ob die in irreversiblen körperlichen Eingriffen liegende Zerstörung von Grundvoraussetzungen der Autonomie bei einer an der Selbstbestimmung orientierten Abwägung mit den erstrebten Zwecken wirklich gerechtfertigt ist.

Auch handelt es sich bei der Sexualität um einen besonders sensiblen, leicht verletzbaren Bereich. Angesichts dieser Verletzbarkeit und der gravierenden psychologischen Folgen von solchen Verletzungen besteht ein erhöhter Schutzbedarf für die sexuelle Selbstbestimmung. Hier ist der Staat gefragt. Regelungen, die diesem Schutz dienen, sind daher zulässig. Dazu gehört auch der Schutz vor Zwangslagen, in denen die "Zustimmung" der Betroffenen kein Ausdruck sexueller Selbstbestimmung ist.

Doch der Mensch als autonome Person muß frei sein, auf dem Gebiet des Geschlechtlichen zu tun, was er (und sein Sexualpartner) will. Es muß ihm gestattet sein, die Reize seiner Geschlechtlichkeit zum Tausch anzubieten, zum Tausch gegen die materielle Sicherheit in einer langfristigen monogamen Beziehung oder zum Tausch gegen materielle Vorteile mit wechselnden Partnern. Es muß ihm zugestanden werden, seine Einstellung zur Sexualität zu ändern; vom Zölibat zur Promiskuität zu wechseln oder umgekehrt; nach sexuellen Erfahrungen mit vielen Partnern zu einem streng monogamen Geschlechtsleben zu wechseln oder umgekehrt; nach homosexuellen Erfahrungen heterosexuell zu werden oder umgekehrt.

Die Vorstellung eines Teils des Feminismus, die Sexualität sei ein "politischer" Begriff, ist durchaus richtig, wenn auch aus anderen Gründen als den dafür angegebenen. Politisch ist die Frage nach der Sexualität nicht, weil man bestimmten mißliebigen Erscheinungsformen den Stempel aufdrücken dürfte, Ausdruck "patriarchalischer Herrschaftsstrukturen" zu sein, die deshalb reglementiert oder unterdrückt werden müßten, sondern weil das Verhalten eines Staates zur Sexualität ein Lackmustest für den Umgang mit der Autonomie seiner Bürger ist. Das Gebiet der Sexualität ist ein Bereich unterschiedlicher, häufig völlig konträrer Auffassungen und Empfindungen:

was für den einen erregend ist, ist für den anderen abstoßend; die sexuellen Praktiken des einen hält ein anderer für widerwärtig. Vielen Homosexuellen ist die Heterosexualität, vielen Heterosexuellen die Homosexualität unverständlich. Vielen monogam lebenden Eheleuten ist es unverständlich, wie Prostituierte ihre Geschlechtlichkeit um materieller Vorteile willen Fremden feilbieten. So mancher Prostituierten ist es unverständlich, wie man sich in eine Ehe begeben kann, in der man nicht nur sexuell, sondern auch in manch anderer Hinsicht viel von seiner Freiheit aufgibt. Manche Menschen können sich Geschlechtsverkehr nur als eheliches Sakrament vorstellen und halten vor- und außerehelichen Geschlechtsverkehr für unmoralisch. Andere leben ihr ganzes Leben ihre Sexualität aus, ohne verheiratet zu sein.

Hier ist es wichtig, daß der Staat Zurückhaltung wahrt, daß er jedem Menschen seine Vorstellungen von Sexualität zugesteht. Es soll in diesem Zusammenhang nicht abschließend geklärt werden, inwieweit die staatliche Förderung einer Kanalisation der Sexualität in der monogamen Ehe als Keimzelle der Familie legitim ist, weil diese Organisationsform erstrebenswerte soziale Auswirkungen hat. Selbst wenn die Ehe privilegiert wird, darf dies nicht heißen, daß andere Formen sexueller Bindung und Orientierung verboten und unterdrückt werden dürfen – egal ob dies ein religiös motiviertes zölibatäres Leben oder eine lustfixierte Promiskuität ist.

Der Staat darf den Menschen jedoch davor schützen, daß ihm andere ihre Vorstellungen von Sexualität aufzwingen oder aufdrängen. Aus diesem Grund sind Regelungen legitim, die verhindern, daß Dritte ungewollt mit aggressiver Zurschaustellung des Geschlechtlichen konfrontiert werden. Einigen Regelungen zu Prostitution und Pornographie liegt insofern ein richtiger Gedanke zugrunde.

Eine besondere Gefahr geht für die sexuelle Selbstbestimmung von einigen Strömungen des Feminismus aus. Die Fokussierung darauf, daß bzw. ob und wann Sexualität Ausdruck oder Stütze patriarchalischer Strukturen ist, führt zu einer ideologischen Verkürzung, welche der Mannigfaltigkeit der Sexualität nicht gerecht wird. Welcher Bereich sollte dem Menschen noch zu seiner eigenen und freien Entscheidung bleiben, wenn nicht die Sexualität? Die Verteidigung sexueller Selbstbestimmung, die sich traditionell gegen das konservative Ansinnen nach einer Beschränkung auf heterosexuelle, eheliche Sexualität richtete, muß sich wegen der Angriffe von seiten bestimmter Ausprägungen des Feminismus erneut bewähren.

Die Achtung der Autonomie des einzelnen im Hinblick auf seine Sexualität hat nichts mit Lob auf ein ausschweifendes oder freizügiges Sexualleben oder mit Ressentiments gegenüber den traditionellen Vorstellungen heterosexueller Einehe zu tun. Es ist eine achtenswerte Entscheidung, wenn ein Mensch seine Sexualität einer monogamen Bindung unterwirft – und nur vor dem Hintergrund sexueller Selbstbestimmung ist es wirklich eine freie Entscheidung. Unter dem Schlagwort der "Liberalisierung" werden viele Rechtsänderungen gezählt, welche keine zwingende Folge der Achtung personaler Autonomie sind. Es waren rechtspolitische Zweckmäßigkeitserwägungen und ein gewandeltes gesellschaftliches Verständnis von Ehe, die zu verschuldensunabhängigen Unterhaltspflichten nach einer Ehescheidung und zur Straflosigkeit des Ehebruchs geführt haben. Auch die alte Rechtslage war keine Verletzung der Autonomie – zumindest soweit grundsätzlich die Möglichkeit der Scheidung bestand. Man kann die Ehe durchaus als freiwillig abgegebenes Versprechen der gegenseitigen (geschlechtlichen) Treue verstehen, verbunden mit einem "Vertragsstrafeversprechen". Auch sonst wird in einer vertraglichen Bindung, bei der die Parteien für den Fall der Nichteinhaltung der Pflichten eine Vertragsstrafe vereinbaren, kein Verstoß gegen das Selbstbestimmungsrecht gesehen.

Jeder Zwang im Bereich des Geschlechtlichen aber verletzt Würde und Autonomie des Betroffenen: die Vergewaltigung genauso wie rechtliche Bestimmungen, die ein "moralisches" Maß an die Sexualität legen. Das Verbot sodomitischer Darstellungen und die rechtliche Gängelung entgeltlicher Sexualität sind als eine unzulässige Einmischung des Staates in die freiwilligen und autonomem Entscheidungen der Betroffenen abzulehnen. Abgesehen von gravierenden geschlechtsverändernden Eingriffen ist für eine paternalistische Argumentation im Bereich der Sexualität kein Platz.

VI. Schlußbemerkungen

Die Grenze der Geltung eines jeden Prinzips ist dort erreicht, wo es sich selbst aufhebt. Dies gilt nicht nur für Prinzipien mit sozialem Bezug wie Marktwirtschaft, Demokratie oder Toleranz. Es gilt auch für die Autonomie des einzelnen. Das Recht muß die Selbstzerstörung der Autonomie nicht dulden.

Das Prinzip eines autonomieorientierten Paternalismus läßt sich nicht methodisch zwingend aus der Verfassung ableiten. Doch dieses Prinzip kann die verschiedenen Streitigkeiten über die Reichweite und Verbindlichkeit der Autonomie, die sich im ganzen Rechtssystem und insbesondere in der Grundrechtsdogmatik zeigen, in einer Weise lösen, die den Verfassungsprinzipien der Freiheitsorientierung und Sozialstaatlichkeit gerecht wird. Dem immer wieder vorkommenden Verweis auf das Sittengesetz oder die Sittenwidrigkeit kann so ein Inhalt gegeben werden, welcher weder des Rekurses auf umstrittene ethische oder religiöse Wertungen und Traditionen bedarf, noch der inhaltlichen Beliebigkeit der mehrheitlich anerkannten Moral eine rechtsverbindliche Kraft zuerkennt.

Liberale Theoretiker konzentrieren sich bei der Rechtfertigung paternalistischer Maßnahmen zumeist auf die übergangene Entscheidung. Dabei wird mit unterschiedlicher Akzentuierung akzeptiert, daß bei fehlendem freien Willen oder auch bei mangelnder Rationalität der Entscheidung eingegriffen werden dürfe. Dies ist zwar insoweit richtig und wichtig, als bei schwerwiegenden Entscheidungen die Freiwilligkeit und Überlegenheit der Entscheidung zu überprüfen und weich-paternalistische Eingriffe daher gerechtfertigt sind. Doch ein autonomieorientierter Paternalismus geht über dieses Stadium hinaus und konzentriert sich dann auf die selbstschädigende Handlung und ihre Auswirkung auf die Autonomie der Person. Die Entscheidung tritt dabei in den Hintergrund.

Der autonomieorientierte Paternalismus schützt die Freiheit des Betroffenen. Er greift nur ein, wenn die Grundvoraussetzungen der Freiheit gefährdet oder verletzt werden. Es geht ihm nicht darum, wie Freiheit ausgeübt wird, sondern nur darum, Freiheit zu bewahren. Jedes Eingreifen zum Wohl des Betroffenen, welches weitergehende Ziele als die Bewahrung seiner Autonomie hat, ist eine unzulässige Bevormundung. Gemessen an diesem Maßstab sind zahlreiche paternalistische Vorschriften der deutschen Rechtsordnung unzulässig. Durch die Drogengesetzgebung, die Behinderung von Organspenden oder die Reglementierung bestimmter Erscheinungsformen der Sexualität greift der Staat sehr tiefgreifend in Angelegenheiten ein, über die das Individuum frei verfügen können muß.

Doch auch die Gesetze, die sich mit dem autonomieorientierten Paternalismus nicht vereinbaren lassen, stützen in gewisser Weise dieses Konzept, da sie sich auf Bereiche beziehen, die von großer Bedeutung für die Autonomie sind. Bestimmte Drogen können tatsächlich die Grundvoraussetzungen der Autonomie zerstören. Deshalb ist staatlicher Schutz gegen bestimmte Rauschmittel geboten, auch wenn das BtMG weit über das Ziel hinausschießt. Eine Organspende ist tatsächlich ein sehr gewichtiger und unter Umständen auch risikoreicher Eingriff. Es ist daher geboten, solche Spenden nur bei geringem Risiko zuzulassen und die Entscheidung auf ihre Freiwilligkeit hin zu überprüfen. Die Reglementierung bestimmter Erscheinungsformen der Sexualität hat ihren Ursprung in einer Zeit, in der es noch keine so weitgehenden Möglichkeiten der Verhütung gab. Damals waren geschlechtliche Aktivitäten mit schwerwiegenden Folgen verbunden. Hinzu kommt, daß die Sexualität einen sehr sensiblen Kernbereich der Persönlichkeit betrifft und daher in besonderer Weise vor Zwang und ungewollter Verletzung geschützt werden sollte.

Gleichsam nebenbei schützt der autonomieorientierte Paternalismus die personale Autonomie, indem die zahlreichen Versuche hinfällig werden, das Dogma eines konsequenten Antipaternalismus zu umgehen und Freiheitseinschränkungen durch den Verweis auf die gesellschaftlichen Auswirkungen bestimmter Handlungen zu begründen. Der Rechtsmoralismus, der die stabilisierende Wirkung einer allgemeinverbindlichen Moral hervorhebt, oder sozialutilitaristische Argumentationen bewerten den einzelnen nach seiner Funktion für die Gemeinschaft. Auch mit dem Verweis auf soziale Folgekosten geht vielfach eine sehr weitgehende Unterordnung des einzelnen unter Gemeinschaftsbelange einher. Auf diese Weise leistet der dogmatische Antipaternalismus (ungewollt) einem kollektivistischen Denken Vorschub, das mit der Achtung vor der personalen Autonomie gänzlich unvereinbar ist.

Im autonomieorientierten Paternalismus finden Autonomie und Paternalismus zu einer Synthese, in der beide Prinzipien im dreifachen Sinne *Hegels* "aufgehoben" sind. Die Autonomie ist bewahrt, weil sie geschützt wird. Sie ist aber auch überwunden, weil die Möglichkeit der Selbstaufhebung nicht zugelassen wird. Auch der Paternalismus wird bewahrt, indem die Autonomie selbst zum zentralen Wohl erhoben wird, das zu schützen ist. Er wird aber auch überwunden, da jede anders begründete Bevormundung abgelehnt wird. Damit werden beide Prinzipien schließlich auf eine höhere Stufe gestellt. Erst indem die Momente in Einklang gebracht werden, erlangt die personale Autonomie Stabilität, da sie vor der Bedrohung der Selbstzerstörung geschützt wird, und die paternalistische Fürsorge bekommt die richtige Orientierung, da die Autonomie das herausragende Wohl eines Menschen ist.

Literaturverzeichnis

Abouna, G. M.: Negative impact of trading in human organs on the development of transplantation in the Middle East, Transplantation Proceedings 1993 (25), 2310-2313

Alternativkommentar zum Strafvollzugsgesetz, Hrsg.: *Feest, Johannes*, 4. Aufl., Neuwied 2000

Aristoteles: Philosophische Schriften in sechs Bänden, Band III: Nikomachische Ethik, Übers.: *Rolfes, Eugen*, Band IV: Politik, Übers.: *Rolfes, Eugen*, Hamburg 1995

Arleff, Wilfried Peter: Die Prostitution im geltenden und im zukünftigen Strafrecht – Zugleich ein Beitrag zur Bestimmung der Grenzen staatlicher Strafbefugnis, Diss, Köln 1973

Arndt, Hans-Wolfgang; Olshausen, Henning von: Forum: Grenzen staatlicher Zwangsbefugnisse gegenüber Untersuchungshäftlingen, JuS 1975, 143-150

Arntzen, Friedrich: Sexualdelikte – Straftaten ohne Opfer?, ZRP 1980, 287 f

Arzt, Gunther: Die Delikte gegen das Leben, ZStW 83 (1971), 1-80

Arzt, Gunther: Recht auf den eigenen Tod?, JR 1986, 309-314

Arzt, Gunther; Weber, Ulricht: Strafrecht – Besonderer Teil, LH 1: Delikte gegen die Person, 3. Aufl., Bielefeld 1988

Augustinus, Aurelius: Vom Gottesstaat (De civitate dei), Übers.: *Thimme, Wilhelm*, Einleitung: *Andresen, Carl*, 3. Aufl., München 1991

Baer, Susanne; Slupik, Vera: Entwurf eines Gesetzes gegen Pornographie, Kritische Justiz 1988, 171-181

Bar, Ludwig von: Gesetz und Schuld im Strafrecht, Band III: Die Befreiung von Schuld und Strafe durch das Strafgesetz, Berlin 1909

Bauer, Christine: Heroinfreigabe, Möglichkeiten und Grenzen einer anderen Drogenpolitik, Hamburg 1992

Baumann, Jürgen u.a.: Alternativ-Entwurf eines Strafgesetzbuches (AE StGB), Besonderer Teil: Straftaten gegen die Person, Erster Halbband, Tübingen 1970

Baumann, Jürgen u.a: Alternativentwurf eines Gesetzes über Sterbehilfe (AE Sterbehilfe), Entwurf eines Arbeitskreises von Professoren des Strafrechts und der Medizin sowie ihrer Mitarbeiter, Stuttgart – New York 1986

Baumann, Jürgen: "Glücklichere Menschen" durch Strafrecht? Erwiderung auf die Kritik von Dreher am 4. StrRG, JR 1974, 370-373

Baumann, Jürgen: Der lange Weg des 4. Strafrechtsreformgesetzes, ZRP 1971, 129-133

Baumann, Jürgen: Die Bedeutung des Artikeils 2 GG für die Freiheitsbeschränkungen im Strafprozeß, in: *Bockelmann, Paul; Gallas, Wilhelm* (Hrsg.): Festschrift für Eberhard Schmidt, Göttingen 1961, 525-550

Baumann, Jürgen: Zwangsweise Lebenserhaltung im Strafvollzug, ZRP 1978, 35f

Baumbach, Adolf; Hefermehl, Wolfgang: Wettbewerbsrecht, Gesetz gegen den unlauteren Wettbewerb, Zugabeverordnung, Rabattgesetz und Nebengesetze, 21. Aufl., München 1999

Becker, Jürgen: Pornographie ohne Grenzen – Einführung, ZUM 1994, 125-128

Beckert, Frauke: Strafrechtliche Probleme um Suizidbeteiligung und Sterbehilfe unter besonderer Berücksichtigung historischer und ethischer Aspekte, Aachen 1996

Beisel, Daniel: Die Verfassungswidrigkeit des Verbots von Schriften sodomitischen Inhalts, ZUM 1996, 859-861

Beling, Ernst: Rechtswissenschaft und Rechtsphilosophie, Augsburg 1923

Belz, Reiner; Mußmann, Eike: Polizeigesetz für Baden-Württemberg mit Erläuterungen und ergänzenden Vorschriften, Taschenkommentar, 5. Aufl., 1996

Bemmann, Günter: Zur Fragwürdigkeit der Zwangsernährung von Strafgefangenen, in: *Kohlmann, Günter* (Hrsg.): Festschrift für Ulrich Klug, Band II – Strafrecht, Prozeßrecht, Kriminologie, Strafvollzugsrecht, Köln 1983, 563-569

Berner, Georg; Köhler, Gerd Michael: Polizeiaufgabengesetz, 16. Aufl., München – Berlin 2000

Berz, Ulrich: Die Bedeutung der Sittenwidrigkeit für die rechtfertigende Einwilligung, GA 1969, 145-152

Beulke, W.; Schröder, S: Anmerkung zum Beschluß des BGH vom 25.9.1990, NStZ 1991, 393

Binding, Karl: Handbuch des Strafrechts, Band 1, Leipzig 1885

Binding, Karl; Hoche, Alfred: Die Freigabe der Vernichtung lebensunwerten Lebens, Ihr Maß und ihre Form, Leipzig 1920

Birnbacher, Dieter: Selbstmord und Selbstmordverhütung aus ethischer Sicht, in: *Leist, Anton* (Hrsg.): Um Leben und Tod, Moralische Probleme bei Abtreibung, künstlicher Befruchtung, Euthanasie und Selbstmord, Frankfurt a.M. 1990, 395-422

Birnbacher, Dieter: Tun und Unterlassen, Stuttgart 1995

Bock, Nadine: Rechtliche Voraussetzungen der Organentnahme von Lebenden und Verstorbenen, Eine juristische Untersuchung, basierend auf den medizinischen Grundlagen der Organtransplantation, unter besonderer Berücksichtigung der aktuellen rechtspolitischen und rechtsethischen Diskussion, Frankfurt a.M. – Berlin – Bern – New York – Paris – Wien 1999

Bockelmann, Paul: Strafrecht des Arztes, Stuttgart 1968

Böhm, Alexander: Nochmals: Grenzen staatlicher Zwangsbefugnisse gegenüber Untersuchungshäftlingen, JuS 1975, 287-289

Böhmer, Emil D.: Die zivil- und strafrechtliche Rechtsprechung zum Verkehrsrecht, JZ 1977, 170 f

Böllinger, Lorenz: Grenzenloses symbolisches Strafrecht, Zum Cannabis-Beschluß des Bundesverfassungsgerichts, Kritische Justiz 1994, 405-420

Böllinger, Lorenz: Verfassungsrechtliche und kriminalpolitische Aspekte eines Ausstiegs aus repressiver Drogenpolitik, in: *Neumeyer, Jürgen; Schlaich-Walch, Gudrun* (Hrsg.): Zwischen Legalisierung und Normalisierung, Ausstiegsszenarien aus der repressiven Drogenpolitik, Marburg 1992, 147-167

Bottke, Wilfried: Das Recht auf Suizid und Suizidverhütung, GA 1982, 346-361

Bottke, Wilfried: Probleme der Suizidbeteiligung, GA 83, 22-37

Bottke, Wilfried: Suizid und Strafrecht, Berlin 1982

Boxdorfer, Dietrich: Pornographie – sozialethische Unerträglichkeit oder strafwürdige Sozialschädlichkeit, MDR 1971, 445-450

Brändel, Oliver C.: Über das Recht, den Zeitpunkt des eigenen Todes selbst zu bestimmen, ZRP 1985, 85-92

Breithaupt, Walter: Die guten Sitten, JZ 1964, 283-285

Bringewat, Peter: "Tötung auf Verlangen" und der sog. "erweiterte Selbstmord", JuS 1975, 155-158

Bringewat, Peter: Die Strafbarkeit der Beteiligung an fremder Selbsttötung als Grenzproblem der Strafrechtsdogmatik, ZStW 87 (1975), 623-649

Brühl, Albrecht: Drogenrecht, Information für Betroffene und Helfer, München 1992

Brühl: Zum Problem der Sterilisation, JR 1951, 495-498

Brunn, Johann Heinrich von: Probleme des Zwangs zum Gurtanlegen, DAR 1974, 141-146

Bryde, Brun-Otto: Die Kontrolle von Schulnoten in verwaltungsrechtlicher Dogmatik und Praxis, DÖV 1981, 195-204

Bubnoff, Eckhart: Rechtsfragen zur homologen Organtransplantation aus der Sicht des Strafrechts, GA 1968, 65-81

Bundesminister der Justiz (Hrsg.): Tagungsberichte der Strafvollzugskommission, Band. 7, Bonn 1967

Büttner, Thomas: Eine verfassungsrechtliche Bewertung des Betäubungsmittelstrafrechts, Zum Cannabis-Beschluß des Bundesverfassungsgerichts, Frankfurt a.M. – Berlin – Bern – New York – Paris – Wien 1997

Callies, Rolf-Dieter; Müller-Dietz, Heinz: Strafvollzugsgesetz, Beck'scher Kurz-Kommentar, 8. Aufl., München 2000

Camus, Albert: Der Mensch in der Revolte, Essays, Hamburg 1953

Camus, Albert: Der Mythos von Sisyphos, Ein Versuch über das Absurde, Hamburg 1959

Carter, Rosemary: Justifying Paternalism, Canadian Journal of Philosophy VII (1977), 133-145

Chatzikostas, Konstantinos: Die Disponibilität des Rechtsgutes Leben in ihrer Bedeutung für die Probleme von Suizid und Euthanasie, Frankfurt a. M. 2001

Chong, Hyon-Mi: Sterbehilfe und Strafrecht, ein deutsch-koreanischer Vergleich, Freiburg i. Br. 1998

Cohen, Elliot D.: Paternalism That Does Not Restrict Individuality: Criteria and Applications, Social Theory and Practice 12 (1986), 309-335

Cornell, Drucilla: Die Versuchung der Pornographie, Vorwort: *Vinken, Barbara*, Übers.: *Vogelvelt, Vincent*, Berlin 1997

Cudd, Ann E.: Taking Drugs Seriously - Liberal Paternalism and the Rationality of Preferences, Public Affairs Quarterly 4(1), 1990, 17-31

Czinczoll, Rupert: Solidaritätspflichten bei der Selbsttötung, Bonn 1984

Descartes, René: Meditationes de Prima Philosophia – Meditationen über die Erste Philosophie, lateinisch-deutsch, Übers.: *Schmidt, Gerhart*, Stuttgart 1986

Dellwo, Karl-Heinz: Wie ich die Zwangsernährung erlebte, in: Ärztegruppe Berlin (W.) für eine ausreichende medizinische Versorgung in den Haftanstalten, Marburger Bund, Landesverband Berlin, Vereinigung Berliner Strafverteidiger (Hrsg.): Zur Zwangsernährung verpflichtet? Ein Ratgeber bei medizinischen und juristischen Fragen, Berlin 1981, 42-44

Denninger, Erhard: Der Präventions-Staat, Kritische Justiz 1988, 1-15

Denninger, Erhard; Lisken, Hans: Handbuch des Polizeirechts, 2. Aufl., München 1996

Detering, Jutta: Forum: § 216 StGB und die aktuelle Diskussion um die Sterbehilfe, JuS 1983, 418-423

Deutsch, Erwin: Das Transplantationsgesetz vom 5.11.1997, NJW 1998, 777-782

Deutsch, Erwin: Zum geplanten strafrechtlichen Verbot des Organhandels, ZRP 1994, 179-181

Deutsch, Erwin: Die rechtliche Seite der Transplantation, ZRP 1982, 174-177

Deutsche Bischofskonferenz: Das Lebensrecht des Menschen und die Euthanasie, Erklärung vom 1.06.1975, in: *Koch, Hans-Georg*: Landesbericht Bundesrepublik Deutschland, Dokumentation, in: *ders; Albin Eser* (Hrsg.) Materialien zur Sterbehilfe, Eine internationale Dokumentation, Freiburg i.Br. 1991,160-165

Deutsche Sektion der Internationalen Juristen-Kommission (Hrsg.): Lebensverlängerung aus medizinischer, ethischer und rechtlicher Sicht, Rechtsstaat in der Bewährung, Band 30, Heidelberg 1994

Deutscher Juristentag: Tagungsverlauf des 56. Deutschen Juristentages, NJW 1986, 3063-3075

Devlin, Lord P.: The Enforcement of Morals, Maccabaean Lecture in Jurisprudence of the British Academy 1959, Oxford 1959

Dickersbach, Alfred: Sittenwidrigkeit im Gewerberecht, WiVerw 1986, 1-21

Discher, Thomas: Die Peep-Show-Urteile des BVerwG – BVerwG 65, 274, und BVerwG, NVwZ 1990, 668, JuS 1991, 642-649

Doehring, Karl: Die Gesunderhaltung des Menschen im Spannungsverhältnis zwischen Staatsfürsorge und Individualentscheidung, in: *Fürst, Walter; Herzog, Roman; Umbach, Dieter* (Hrsg.): Festschrift für Wolfgang Zeidler, Band 2, Berlin - New York 1987, 1553-1565

Dölling, Dieter: Fahrlässige Tötung bei Selbstgefährdung des Opfers, GA 1984, 71-94

Dreher, Eduard: Die Neuregelung des Sexualstrafrechts eine geglückte Reform, JR 1074, 45-57

Dreher, Eduard: Strafgesetzbuch und Nebengesetze, Beck'scher Kurz-Kommentar, 32. Aufl., München 1970

Dreher, Eduard: Strafgesetzbuch und Nebengesetze, Beck'scher Kurz-Kommentar, 34. Aufl., München 1974

Dreher, Eduard: Strafgesetzbuch und Nebengesetze, Beck'scher Kurz-Kommentar, 37. Aufl., München 1977

Duden Etymologie, Herkunftswörterbuch der deutschen Sprache, Hrsg.: *Drosdowski, Günther*, 2. Aufl., Mannheim – Wien – Zürich 1989

Düring, Günter: Der Grundrechtssatz von der Menschenwürde, in: *Schmitt-Glaeser, Walter* (Hrsg.): Gesammelte Schriften 1952-1983, Berlin 1984

Dumoulin, Jean-Francois: Organtransplantation in der Schweiz, Das Recht am Scheideweg zwischen Leben und Tod, Bern 1998

Dworkin, Andrea: Against the Male Flood: Censorship, Pornography and Equality, Harvard Women's Law Journal 8 (1985), 25

Dworkin, Andrea: PorNographie, Männer beherrschen Frauen, Übers.: *Fischer, Erika*, Vorwort: *Schwarzer, Alice*, Köln 1979

Dworkin, Gerald (Ed.): Mill's On Liberty, Critical essays, Lanham – New York – Boulder – Oxford 1997

Dworkin, Gerald (Ed.): Morality, Harm, and the Law, Boulder – San Francisco – Oxford 1994

Dworkin, Gerald: Markets and Morals: The Case for Organ Sales, in: *ders* (Ed.): Morality, Harm, and the Law, Bouleder – San Francisco – Oxford 1994

Dworkin, Gerald: Paternalism, in: *Sartorius, Rolf* (Ed.): Paternalism, Minneapolis, Minnesota 1983, 19-34

Dworkin, Gerald: Paternalism: Some Second Thoughts, in: *Sartorius, Rolf* (Ed.): Paternalism, Minneapolis, Minnesota, 105-112

Dworkin, Ronald.: A Matter of Principle, Cambridge/Mass 1985

Dworkin, Ronald: Bürgerrechte ernstgenommen, Übers.: *Wolf, Ursula*, Frankfurt a.M. 1984

Dworkin, Ronald: Die Grenzen des Lebens, Abtreibung, Euthanasie und persönliche Freiheit, Übers.: *Höbel, Susanne, Holfelder-von der Tann, Cornelia; Schmaltz, Wiebke, Ueberle-Pfaff, Maja,* Hamburg 1994

Dworkin, Ronald: Freedoms Law – The Moral Reading of the American Constitution, Cambridge/Mass 1996

Edelmann, Hervé: Ausgewählte Probleme bei der Organspende unter Lebenden, VersR 1999, 1065-1069

Eid, Volker: Geschichtliche Aspekte des Euthanasieproblems, in: *ders.* (Hrsg.) Euthanasie oder Soll man auf Verlangen töten?, 2. Aufl. Mainz 1985, 12-24

Eisenstein, Zilla R.: The Female Body and the Law, Berkeley – Los Angeles – London 1988

Enderlein, Wolfgang: Rechtspaternalismus und Vertragsrecht, München 1996

Endriß, Rainer: Verteidigung im Betäubungsmittelverfahren, Erläuterungen, Muster, Texte, Bonn 1998

Endriß, Rainer; Malek, Klaus: Betäubungsmittelstrafrecht, 2. Aufl., München 2000

Engisch, Karl: Die Strafwürdigkeit der Unfruchtbarmachung mit Einwilligung, in: *Geerds, Friedrich; Nauke, Wolfgang* (Hrsg.): Beiträge zur gesamten Strafrechtswissenschaft, Festschrift für Hellmuth Mayer, Berlin 1966, 399-417

Engisch, Karl: Euthanasie und die Vernichtung lebensunwerten Lebens in strafrechtlicher Beleuchtung, Stuttgart 1948

Engisch, Karl: Konflikte, Aporien und Paradoxien bei der rechtlichen Beurteilung der ärztlichen Sterbehilfe, in: *Jeschek, Hans-Heinrich; Lüttger, Hans* (Hrsg.): Festschrift für Dreher, Berlin – New York 1977, 309-330

Erman, Walter (Begr.): Bürgerliches Gesetzbuch, Handkommentar mit AGBG, EGBGB, ErbbauVO, HausratsVO, HaustWG, ProdHG, SachenRBerG, SchulRAnpG, VerbKG, Hrsg.: *Westermann, Peter*, 10. Aufl, Köln 2000

Ertel, Henner: Erotika und Pornographie, Repräsentative Befragung und psychophysiologische Langzeitstudie zu Konsum und Wirkung, München 1990

Eschen, Klaus: § 101 StVollzG – Darf/muß ein Arzt einen hungernden Gefangenen zwangsernähren?, in: Ärztegruppe Berlin (W.) für eine ausreichende medizinische Versorgung in den Haftanstalten, Marburger Bund, Landesverband Berlin, Vereinigung Berliner Strafverteidiger (Hrsg.): Zur Zwangsernährung verpflichtet? Ein Ratgeber bei medizinischen und juristischen Fragen, Berlin 1981, 81-87

Eser, Albin: Freiheit zum Sterben – kein Recht auf Tötung, Ein Beitrag zum strafrechtlichen Thema des 56. Deutschen Juristentages 1986 in Berlin, JZ 1986, 786-795

Eser, Albin: Sterbehilfe und Euthanasie in rechtlicher Sicht, in: *Eid, Volker* (Hrsg.) Euthanasie oder Soll man auf Verlangen töten?, 2. Aufl. Mainz 1985, 45-70

Eser, Albin; *Koch, Hans-Georg* (Hrsg.): Materialien zur Sterbehilfe, Eine internationale Dokumentation, Beiträge und Materialien aus dem Max-Planck-Institut für Ausländisches und Internationales Strafrecht Freiburg, Band S 25, Freiburg i.Br. 1991

Feinberg, Joel: Legal Paternalism, in: *Sartorius, Rolf* (Ed.): Paternalism, Minneapolis, Minnesota 1983, 3-18

Feinberg, Joel: The Moral Limits of the Criminal Law, Volume III: Harm to Self, Oxford – New York 1986

Feuerbach, Paul Johann Anselm: Lehrbuch des gemeinen in Deutschland geldenden Peinlichen Rechts, Nachdruck der Ausgabe Giessen 1801, Goldbach 1996

Fielenbach, Martin: Gefahr der Abnutzung des Art. 1 I GG durch Anwendung auf bloße Geschmacklosigkeiten, NJW 2000, Heft 39, XXVIII

Fink, Udo: Selbstbestimmung und Selbsttötung, Verfassungsrechtliche Fragestellungen im Zusammenhang mit Selbsttötungen, Köln – Bonn – Berlin – München 1992

Fischer, Kai: Die Zulässigkeit aufgedrängten staatlichen Schutzes vor Selbstschädigung, Frankfurt a.M. – Berlin – Bern – New York – Paris – Wien 1997

Foot, Philippa: Euthanasie, in: *Leist, Anton* (Hrsg.): Um Leben und Tod, Moralische Probleme bei Abtreibung, künstlicher Befruchtung, Euthanasie und Selbstmord, Frankfurt a.M. 1990, 285-315

Forkel, Hans: Verfügungen über Teile des menschlichen Körpers, Ein Beitrag zur zivilrechtlichen Erfassung der Transplantation, JZ 1974, 593-597

French, Dolores; Lee, Linda: Kurtisane, Mein Leben als Prostituierte, Übers.: *Bilitewski, Helga*, Vorwort: HYDRA e.V., Hamburg 1992

Friebe, D.: Soll im kommenden Strafgesetzbuch Unterstützung des Selbstmordes unter Strafe gestellt werden?, GA 1959, 163-175

Gallas, Wilhelm: Strafbares Unterlassen im Fall einer Selbsttötung, JZ 1960, 649-655

Geddert-Steinacher, Tatjana: Menschenwürde als Verfassungsbegriff, Aspekte der Rechtsprechung des Bundesverfassungsgerichts zu Art. 1 Abs. 1 Grundgesetz, Berlin 1990

Geiger, W.: Die Rolle des Staates im Bereich des Straßenverkehrswesens, Einige verfassungsrechtliche Bemerkungen zu Positionen und Maßnahmen des Staates im Bereich des Straßenverkehrswesens, DAR 1976, 319-325

Geilen, Gerd: Neue juristisch-medizinische Grenzprobleme, JZ 1968, 145-152

Geilen, Gerd: Suizid und Mitverantwortung, JZ 1974, 145-154

Geißl, Günter: Zwangsmaßnahmen auf dem Gebiet der Gesundheitsvorsorge im Strafvollzug und im Vollzug der Untersuchungshaft, München 1980

Geppert, Klaus: Die gegenwärtige gesetzliche Regelung der Zwangsernährung von Gefangenen (§ 101 Strafvollzugsgesetz), Jura 1982, 177-191

Geppert, Klaus: Freiheit und Zwang im Strafvollzug – Gedanken zur ärztlichen Zwangsbehandlung von Strafgefangenen, Recht und Staat in Geschichte und Gegenwart 462/463, Tübingen 1976

Gern, Alfons: Menschenwürde und gute Sitten, NJW 1983, 1585-1590

Giesen, Dieter: Ethische und rechtliche Probleme am Ende des Lebens, JZ 1990, 929-947

Göbel, Alfred: Die Einwilligung im Strafrecht als Ausprägung des Selbstbestimmungsrechts, Frankfurt a.M. – Bern – New York – Paris 1992

Göhler, Erich: Gesetz über Ordnungswidrigkeiten, 12. Aufl., München 1998

Gössel, Karl Heinz: Strafrecht – Besonderer Teil, Band 1: Delikte gegen immaterielle Rechtsgüter des Individuums, Heidelberg 1987

Götz, Volkmar: Allgemeines Polizei- und Ordnungsrecht, 12. Aufl., Göttingen 1995

Graalmann-Scherer, Kirsten: Die Priveligierung des Freiers im Straf- und Ordnungswidrigkeitenrecht, GA 1995, 349-359

Gromius, Andreas: Forum: Noch einmal Peep-Show und Menschenwürde, JuS 1985, 174-176

Gropp, Walter: Zur Freiverantwortlichkeit des Suizids aus juristischer Sicht, in: *Pohlmann, H.; Schöch, H; Venzlaff, U.* (Hrsg.): Suizid zwischen Medizin und Recht, Stuttgart – Jena – New York 1996, 13-31

Gusy, Christoph: "Gute Sitten" als Grenze der Gewerbefreiheit, GewArch 1984, 151-157

Gusy, Christoph: Polizeirecht, 4. Aufl., Tübingen 2000

Gusy, Christoph: Sittenwidrigkeit im Gewerberecht, DVBl 1982, 984-989

Gutmann, Thomas: Gesetzgeberischer Paternalismus ohne Grenzen? Zum Beschluß des Bundesverfassungsgerichts zur Lebendspende von Organen, NJW 1999, 3387-3389

Gutmann, Thomas: Lebendspende von Organen – nur unter Verwandten?, ZRP 1994, 111-114

Gutmann, Thomas: Probleme einer gesetzlichen Regelung der Lebendspende von Organen, MedR 1997, 147-155

Häberle, Peter: Die Wesensgehaltgarantie des Art. 19 Abs. 2 Grundgesetz, Zugleich ein Beitrag zum institutionellen Verständnis der Grundrechte und zur Lehre vom Gesetzesvorbehalt, 3. Aufl., Heidelberg 1983

Hamann, Andreas; *Lenz, Helmut*: Das Grundgesetz für die Bundesrepublik Deutschland vom 23. Mai 1949, Ein Kommentar für Wissenschaft und Praxis, 3. Aufl. Neuwied – Berlin 1970

Hamdorf, Kai; *Lernestedt, Claes*: Die Kriminalisierung des Kaufs sexueller Dienste in Schweden, Kritische Justiz 2000, 352-375

Hansmann, Henry: The Economics and Ethics of Markets for Human Organs, Journal of Health Politics, Policy and Law 14 (1989), 57-85

Hanssen, Christian: "Trennung der Märkte", Rechtsdogmatische und rechtspolitische Probleme einer Liberalisierung des Drogenstrafrechts, Frankfurt a.M. – Berlin – Bern – New York – Paris – Wien 1999

Hart, Herbert Lionel Adolphus: Law, liberty and morality, Oxford 1963

Hart, Herbert Lionel Adolphus: Recht und Moral, Übers., Einleitung und Hrsg: *Hoerster, Norbert*, Göttingen 1971

Hartung, Fritz: Schlägermensur und Strafrecht, NJW 1954, 1225-1228

Hassemer, Winfrid: Theorie und Soziologie des Verbrechens, Ansätze zu einer praxisorientierten Rechtsgüterlehre, Frankfurt a.M. 1973

Hegel, Georg Wilhelm Friedrich: Werke in 20 Bänden, auf der Grundlage der Werke von 1832-1845 neu editierte Auflage, Redaktion: *Moldenhauer, Eva, Michel; Karl Markus*, Band 7: Grundlinien der Philosophie des Rechts, Frankfurt a.M. 1986

Herzberg, Dietrich: Der Fall Hackethal: Strafbare Tötung auf Verlangen?, NJW 1986, 1635

Herzberg, Dietrich: Zur Strafbarkeit der Beteiligung am frei gewählten Selbstmord, dargestellt am Beispiel des Gefangenensuizids und der strafrechtlichen Verantwortung der Vollzugsbeamten, Zugleich ein Beitrag zu § 101 StrVollzG, ZStW 91 (1979), 557-589

Herzberg, Rolf Dietrich: Sterbehilfe als gerechtfertigte Tötung im Notstand?, NJW 1996, 3043-3049

Hesse, Hans Albrecht: Der Schutzstaat - Rechtssoziologische Skizzen in dunkler Zeit, Baden-Baden 1994

Heuer, Stefanie; Conrads, Christoph: Aktueller Stand der Transplantationsgesetzgebung 1997, MedR 1997, 195-202

Hiersche, H.-D.; Hirsch, G.; Graf-Baumann, T: Rechtliche Fragen der Organtransplantation, 3. Einbecker Workshop der Deutschen Gesellschaft für Medizinrecht, Berlin – Heidelberg – New York – London – Paris – Tokyo 1990

Hill, Thomas E: Gewicht und Bedeutung der Autonomie, Übers.: *Käthe Trettin*, in: *Nummer-Winkler, Gertrud* (Hrsg.): Weibliche Moral, Frankfurt a.M. – New York 1991, 270-283

Hillgruber, Christian: Der Schutz des Menschen vor sich selbst, München 1992

Hinrichs, Ulrike: "Big Brother" und die Menschenwürde, NJW 2000, 2173-2176

Hippel, Eike von: Unfallrecht: Vorbeugen ist besser als heilen, JZ 1977, 706-710

Hippel, Robert von: Deutsches Strafrecht, Band 2: Das Verbrechen, Berlin 1930

Hirsch, Hans Joachim: Behandlungsabbruch und Sterbehilfe, in: *Küper, Wilfried* (Hrsg.): Festschrift für Lackner, Berlin – New York 1987, 597-620

Hirsch, Hans Joachim: Hauptprobleme einer Reform der Delikte gegen die körperliche Unversehrtheit, ZStW 83 (1971), 140-176

Hirsch, Hans Joachim: Einwilligung und Selbstbestimmung, in: *Stratenwerth, Günter; Kaufmann, Arthur, Geilen, Gerd* u.a. (Hrsg.): Festschrift für Hans Welzel, 775-800, Berlin – New York 1974

Hirsch, Günter: Der sterbende Mensch, Rechtliche Grenzen der ärztlichen Behandlungspflicht, ZRP 1986, 239-242

Hobbing, Peter: Strafwürdigkeit der Selbstverletzung: Der Drogenkonsum im deutschen und brasilianischen Recht, Frankfurt a.M. – Bern 1982

Hoerster, Norbert: Grundsätzliches zur Strafwürdigkeit der Gefälligkeitssterilisation, JZ 1971, 123-126

Hoerster, Norbert: Noch einmal: Peep-Show und Menschenwürde, zu Wildanger-Hofmeister, JuS 1983, 407, JuS 1983, 647

Hoerster, Norbert: Rechtsethische Überlegungen zur Freigabe der Sterbehilfe, NJW 1986, 1786-1792

Hoerster, Norbert: Rechtsethische Überlegungen zur Sterbehilfe, in: *Gosse, Walter; Hoffmann, Herbert; Wirtz, Hans Gert* (Hrsg.): Aktive Sterbehilfe? Zum Selbstbestimmungsrecht des Patienten, Trier 1997, 51-69

Hoerster, Norbert: Sterbehilfe im säkularen Staat, Frankfurt a. M. 1998

Hoerster, Norbert: Zur Bedeutung des Prinzips der Menschenwürde, JuS 1983, 93-96

Höfling, Wolfram: Forum: "Sterbehilfe" zwischen Selbstbestimmung und Integritätsschutz, JuS 2000, 111-118

Höfling, Wolfram: Menschenwürde und gute Sitten, NJW 1983, 1583-1585

Hofmann, Hasso: Die versprochene Menschenwürde, AöR 118 (1993), 353-377

Hohmann, Ralf: Betäubungsmittelstrafrecht und Eigenverantwortlichkeit? (Besprechung von BGH MDR 1991, 77), MDR 1971, 1117 f

Hohmann, Ralf: Rationalität statt Mythenbildung, Neue Kriminalpolitik 1992, 10

Honig, Richard: Die Einwilligung des Verletzten, Teil 1: Die Geschichte des Einwilligungsproblems und die Methodenfrage, Mannheim 1919

Horstkotte, Hartmuth: Kuppelei, Verführung und Exhibitionismus nach dem Vierten Gesetz zur Reform des Strafrechts, JZ 1974, 84-90

Hösch, Ulrich: Café Pssst – Abschied von der Unsittlichkeit der Prostitution?, GewArch 2001, 112-120

Hufen, Friedhelm: In dubio pro dignitate, Selbstbestimmung und Grundrechtsschutz am Ende des Lebens, NJW 2001, 849-857

Humboldt, Wilhelm von: Ideen zu dem Versuch, die Grenzen der Wirksamkeit des Staates zu bestimmen, Stuttgart 1967

Husen, Jan-Hinnerk: Hungerstreik im Justizvollzug, ZRP 1977, 289-292

Illhardt, Franz Joseph: Wem gehört der Mensch? Erwägungen über Besitzrechte am eigenen Körper, Dortmund 1996

Isensee, Josef: Das Grundrecht auf Sicherheit, Zu den Schutzpflichten des freiheitlichen Verfassungsstaats, Schriftenreihe der Juristischen Gesellschaft e.V.; Band 79, Berlin - New York 1983

Jagusch, Heinrich: Der Sicherheitsgurt – Nutzen und Zumutung, NJW 1977, 940-941

Jahn, Ralf: (Nicht-) Raucherschutz als Grundrechtsproblem, DÖV 1989, 850-855

Jakobs, Günther: Literaturbericht Ostendorf, Heribert: Das Recht zum Hungerstreik, ZStW 95 (1983), 677-684

Jakobs, Günther: Zum Unrecht der Selbsttötung und der Tötung auf Verlangen, Zugleich zum Verhältnis von Rechtlichkeit und Sittlichkeit, in: *Haft, Fritjof; Hassemer, Winfried; Neumann, Ulrich; Schroth, Ulrich* (Hrsg.): Strafgerechtigkeit, Festschrift für Arthur Kaufmann, Heidelberg 1993, 459-472

Jankowski, Markus: Organspende und Organhandel aus ökonomischer Sicht, Wissenschaftliche Arbeit zur Erlangung des Grades eines Diplom-Volkswirtes an der Fakultät für Wirtschaftswissenschaften und Statistik der Universität Konstanz, Konstanz 1998

Jescheck, Heinz-H.: Lehrbuch des Strafrechts, Allgemeiner Teil, 4. Aufl., Berlin 1988

Joachimski, Jupp: Betäubungsmittelgesetz, Boorberg Taschenkommentar, 6. Aufl., Stuttgart – München – Hannover – Berlin – Weimar – Dresden 1996

Jung, Heike: Stereotaktik und Kastrationsgesetz, NJW 1973, 2241-2243

Kant, Immanuel: Werkausgabe in 12 Bänden, Hrsg: *Wischedel, Wilhelm*, Band VII: Kritik der praktischen Vernunft, Grundlegung zur Metaphysik der Sitten, Band VIII: Die Metaphysik der Sitten, Band XI: Schriften zur Anthropologie, Geschichtsphilosophie, Politik und Pädagogik 1, 7. Aufl., Frankfurt a. M. 1996

Kant, Immanuel: Eine Vorlesung über Ethik, Hrsg.: *Gerhardt, Gert*, Frankfurt a.M. 1990

Karlsruher Kommentar zum Gesetz über Ordnungswidrigkeiten, Hrsg.: *Boujoung, Karlheinz*, 2. Aufl., München 2000

Kass, Leon R.: Organs for sale? Propriety, property and the price of progress, The Public Interest 107 (1992), 65-86

Kaufmann, Arthur: Die eigenmächtige Heilbehandlung, ZStW 73 (1961), 241-384

Kaufmann, Arthur: Euthanasie – Selbsttötung – Tötung auf Verlangen, MedR 1983, 121-125

Kaufmann, Arthur: Rechtsfreier Raum und eigenverantwortliche Entscheidung dargestellt am Problem des Schwangerschaftsabbruchs, in: *Schroeder, Friedrich-Christian; Zipf, Heinz* (Hrsg.): Festschrift für Reinhart Maurach, Karlsruhe 1972, 327-345

Kautzky, Rudolf: Die Freiheit des Sterbenden und die Pflicht des Arztes, in: *Eid, Volker* (Hrsg.): Euthanasie oder Soll man auf Verlangen töten?, 2. Aufl. Mainz 1985, 25-44

Kelker, Brigitte: Die Situation von Prostituierten im Strafrecht und ein freiheitliches Rechtsverständnis, Betrachtungen der Situation nach dem 26. Strafrechtsänderungsgesetz, KritV 1993, 289-312

Kersting, Wolfgang: Die politische Philosophie des Gesellschaftsvertrages, Darmstadt 1996

Kevorkian, Jack: A Controlled Auction Market is a Practical Solution to the Shortage of Transplantable Organs, Medicine and Law 11 (1992), 47-55

Kioupis, Dimitrios: Notwehr und Einwilligung, Eine individualistische Betrachtung, Baden-Baden 1992

Kirchberg, Christian: Zur Sittenwidrigkeit von Verwaltungsakten, NVwZ 1983, 141-143

Kirchenamt der Evangelischen Kirche in Deutschland; Sekretariat der Deutschen Bischofskonferenz (Hrsg.): Gott ist ein Freund des Lebens, Herausforderungen und Aufgaben beim Schutz des Lebens, 5. Aufl. Gütersloh 1991

Kirchenamt der Evangelischen Kirche in Deutschland; Sekretariat der Deutschen Bischofskonferenz (Hrsg.): Organtransplantation, Erklärung der Deutschen Bischofskonferenz und des Rates der Evangelischen Kirche in Deutschland. Hannover 1990

Kirchenkanzlei der Evangelischen Kirche in Deutschland (Hrsg.): Denkschrift zu Fragen der Sexualethik, Erarbeitet von einer Kommission der EKD, Gütersloh 1971

Kirste, Güter: Zuviel Paternalismus ist schädlich, Leser-Zuschrift zu Thomas Gutmann, "Probleme einer gesetzlichen Regelung der Lebendspende von Organen" (MedR 1997, 147-155), MedR 1998, 266

Kleinig, John: Paternalism, Totowa, N.J. 1984

Kleist, Thomas: Informationsfreiheit für Pornographie? Instrumente des nationalen und des europäischen Medienrechts als Schranken der Technik, ZUM 1994, 142-146

Klingner, Klaus: Für einen rationalen Umgang mit Drogenkonsumenten, Zur Umsetzung des § 31A BtMG durch eine bundeseinheitliche Richtlinie, NJW 1994, 2977-2979

Klinkenberg, Henning: Die Rechtspflicht zum Weiterleben und ihre Grenzen, JR 1978, 441-445

Kloepfer, M:: Grundrechtstatbestand und Grundrechtsschranken in der Rechtsprechung des Bundesverfassungsgerichts, in: *Stark, Christian* (Hrsg.): Festgabe zum 25jährigen Bestehen des Bundesverfassungsgerichts, Band II, 405

Knemeyer, Franz-Ludwig: Polizei- und Ordnungsrecht, Lehr- und Arbeitsbuch mit Anleitungen für die Klausur, Systematik des Polizeirechts, 5. Aufl., München 1993

Kniesel, Michael: Nach der Entscheidung des BVerfG zur Strafbarkeit weicher Drogen: Anfang vom Ende der Drogenpolitik durch Strafrecht, ZRP 1994, 352-358

Knippel, Siegmund: Gurtanlegezwang – kein Grundrechtsproblem, NJW 1977, 939-940

Koch, Hans-Georg: Landesbericht Bundesrepublik Deutschland, in: *ders.; Eser, Albin* (Hrsg.): Materialien zur Sterbehilfe, Eine internationale Dokumentation, Freiburg i. Br. 1991, 33-189

Koch, Tom: Normative and prescriptive criteria: The efficacy of organ transplantation allocation protocols, Theoretical Medicin 17 (1996), 75ff

Kongregation für Glaubenslehre: Declaration de Euthanasia, Acte Apostolicae Sedis 72 (1980), 542-552

Kohler, Josef: Thatbestandsmerkmal und Strafbarkeitsbedingung, GA 49 (1903), 1, 6

Köhler, Michael.: Grundsatzkritik des Betäubungsmittelstrafrechts, in: *Neumeyer, Jürgen; Schlaich-Walch, Gudrun* (Hrsg.): Zwischen Legalisierung und Normalisierung, Ausstiegsszenarien aus der repressiven Drogenpolitik, Marburg 1992, 168-178

Köhler, Michael: Freiheitliches Rechtsprinzip und Betäubungsmittelstrafrecht, ZStW 104 (1992), 3-64

Köhler, Michael: Rechtsgut, Tatbestandsstruktur und Rechtswidrigkeitszusammenhang, MDR 1992, 740-741

Kohlhaas, Max: Neue Rechtsprobleme der Organtransplantation, NJW 1971, 1870-1872

Kohlhaas, Max.: Anmerkung zu OLG Hamburg, JR 1973, 389f

Kohlrausch, Eduard; Lange, Richard: Strafgesetzbuch mit Erläuterungen und Nebengesetzen, 42. Aufl., Berlin 1961

Köhne, Michael: Big Brother und die Menschenwürde: Viel Lärm um nichts, NJW 2000, Heft 39 XXVIII

König, Peter: Strafbarer Organhandel, Frankfurt a.M – Berlin - Bern – New York – Wien 1999

Körner, Hans Harald: Betäubungsmittelgesetz, Arzneimittelgesetz, Kurzkommentar, 4. Aufl., München 1994

Koslowski, Peter: Versuch zu einer philosophischen Kritik des gegenwärtigen Sozialstaats, in: *ders.; Kreuzer, Philipp; Löw,Richard* (Hrsg.): Chancen und Grenzen des Sozialstaats, CIVITAS-Resultate Band 4, Tübingen 1993

Krey, Volker: Strafrecht Besonderer Teil, Studienbuch in systematisch-induktiver Darstellung, Band 1: Besonderer Teil ohne Vermögensdelikte, 10. Aufl., Stuttgart – Berlin – Köln 1996

Kühn, Christoph Hermann: Das neue Transplantationsgesetz, MedR 1998, 455-461

Kühn, Christoph Hermann: Die Motivationslösung, Neue Wege im Recht der Organtransplantation, Berlin 1998

Kühne, Hans-Heiner: Prostitution als bürgerlicher Beruf?, ZRP 1975, 184-189

Kühne, Hans-Heiner: Strafrechtliche Aspekte der Suicid-Abwendung in Strafanstalten, NJW 1975, 671

Kunst, Hermann; Wilkens, Erwin; Wrange, Horst; Forster, Karl; Mikat, Paul; Wöste, Wilhelm: Das Gesetz des Staates und die sittliche Ordnung, Hrsg.: *Dietzfelbinger, D. Herrmann; Döpfner, Julius*, Gütersloh – Trier 1971

Kutzer, Klaus: Rechtliche und rechtspolitische Aspekte einer verbesserten Schmerzbekämpfung in Deutschland, in: *Eser, Albin, Kullmann, Hans Josef; Meyer-Großner, Lutz; Odersky, Walter; Voss, Rainer* (Hrsg.): Straf- und Strafverfahrensrecht, Recht und Verkehr, Recht und Medizin, Festschrift für Hannskarl Salger, Köln – Berlin – Bonn – München 1995, 663-674

Kutzer, Klaus: Wir brauchen keine neuen Gesetze zur Sterbehilfe, In besonderen Ausnahmefällen könnte eine Tötung auf Verlangen straffrei sein, ZRP 1997, 117-119

Laber, Jörg: Der Schutz des Lebens im Strafrecht, Frankfrut a. M. 1997

Lackner, Karl; Kühl, Kristian: Strafgesetzbuch mit Erläuterungen, 23. Aufl. München 1999

Land, W.: Lebendspende von Organen - derzeitiger Stand der internationalen Debatte, Zeitschrift für Transplantationsmedizin 1993, 56-63

Larenz, Karl; Wolf, Manfred: Allgemeiner Teil des Deutschen Bürgerlichen Rechts, 8. Aufl., München 1997

Laskowski, Silke Ruth: Die Ausübung der Prostitution, Ein verfassungsrechtlich geschützter Beruf im Sinne von Art. 12 Abs. 1 GG, Hamburg 1997

Laufs, Adolf: Arztrecht, 5. Aufl., München 1993

Laufs, Adolf: Der ärztliche Heilauftrag aus juristischer Sicht, Heidelberg 1989

Laufs, Adolf: Rechtsfragen der Organtransplantation, in: *Hiersche, H.-D.; Hirsch, G.; Graf-Baumann, T*: Rechtliche Fragen der Organtransplantation, 3. Einbecker Workshop der Deutschen Gesellschaft für Medizinrecht, Berlin – Heidelberg – New York – London – Paris – Tokyo 1990, 57-73

Lautmann, Rüdiger: Sexualdelikte – Straftaten ohne Opfer, ZRP 1980, 44-49

Leipziger Kommentar zum Strafgesetzbuch: Hrsg.: *Jescheck, Hans-Heinrich; Ruß, Wolfgang; Willms, Günther*, 11. Aufl., Berlin 1992 ff

Lenckner, Theodor: Wertausfüllungsbedürftige Begriffe im Strafrecht und der Satz „nullum crimen sine lege", JuS 1968, 249-257 u. 304-310

Leo, Ulrich: Die strafrechtliche Kontrolle der Prostitution, Bestandsaufnahme und Kritik, Dissertation, Köln 1995

Linck, Joachim: Doping und staatliches Recht, NJW 1987, 2545-2551

Linck, Joachim: Gesetzliche Regelung von Sektionen und Transplantationen, Zu einer Initiative des Berliner Gesetzgebers, JZ 1973, 759-765

Linck, Joachim: Zwangsernährung von Untersuchungsgefangenen, NJW 1975, 18-21

Lindemann: Körper und Name des Menschen, Ein Beitrag zur Auslegung der Art. 1 und 2 GG, DVBl 1957, 37-41

Lisken, Hans: Freispruch für „Gurtmuffel" - ein Polizeiproblem?, NJW 1985, 3053-3056

Liszt, Franz von: Lehrbuch des Deutschen Strafrechts, 4. Aufl., Berlin 1891

Littwin , Frank: Grundrechtschutz gegen sich selbst, Frankfurt a.M. – Berlin – Bern – New York – Paris – Wien 1993

Lobe, Adolf: Einführung in den Allgemeinen Teil des Strafgesetzbuches, Berlin – Leipzig 1933

Locke, John: Zwei Abhandlungen über die Regierung, Hrsg.: *Euchner, Walter*; Übers.: *Hoffnamm, Hans Jörn*, 6. Aufl., Frankfurt a.M. 1995

Lombroso, Cesare; *Ferrero, Guglielmo*: Das Weib als Verbrecherin und Prostituierte, Anthropologische Studien, gegründet auf einer Darstellung der Biologie und Psychologie des normalen Weibes, Übers.: *Kurella, H*; Hamburg 1894

Loose, Udo; Schwägerl, Friedrich: Prostitution als Problem der öffentlichen Sicherheit und Ordnung, BayVBl 1992, 228-235

Lorenz, Dieter: Recht auf Leben und körperliche Unversehrtheit, in: *Isensee, Josef; Kirchhof, Paul* (Hrsg.): Handbuch des Staatsrechts der Bundesrepublik Deutschland, Band VI, Freiheitsrechte, Heidelberg 2001, § 128, 3-39

Löw, Richard: Die moralische Dimension von Organtransplantationen, Scheidewege, Jahresschrift für skeptisches Denken 17 (1987/88)

Löwe, Ewald; *Rosenberg, Werner*: Die Strafprozeßordnung und das Gerichtsverfassungsgesetz, Großkommentar, Hrsg.: *Ries, Peter,* Band 2, §§ 112-212b StPO, 23. Aufl. Berlin – New York 1978

Löwe, Ewald; *Rosenberg, Werner*: Die Strafprozeßordnung und das Gerichtsverfassungsgesetz, Großkommentar, Hrsg. *Ries, Peter*, Band 2, §§ 112-197 StPO, 24. Aufl., Berlin – New York 1989

Löwe, Ewald; *Rosenberg, Werner*: Die Strafprozeßordnung und das Gerichtsverfassungsgesetz, Großkommentar, Hrsg. *Ries, Peter*, Band 2, §§ 112-136a StPO, 25. Aufl., Berlin – New York April 1997

Luhmann, Niklas: Die Gewissensfreiheit und das Gewissen, AöR 90 (1965), 257-286

Lüthge-Bartholomäus, Renate: Die polizeirechtliche Schließung von "Massagesalons", NJW 1975, 1871-1873

Lutterotti, Markus von: Der Arzt und das Tötungsverbot, MedR 1992, 7-14

Mahrenholz, Ernst Gottfried: Brauchen wir einen neuen Pornographie-Begriff? – Zur Auslegung des § 3 Abs. 1 Nr. 4 RStV, ZUM 1998, 525-529

Maier, Joachim: Der Verkauf von Körperorganen, Zur Sittenwidrigkeit von Übertragungsverträgen, Heidelberg 1991

Mani, M. K.: Renal transplantation in India, Transplantation Proceedings 1992 (24), 1828

Marshall, Patricia A.; Thomasma, David C.; Daar, Abdallah S.: Marketing Human Organs: The Autonomy Paradox, Theoretical Medicine 17 (1996), 1-18

Martens, W.: Schutz des einzelnen im Polizei- und Ordnungsrecht, DÖV 1976, 457-463

Matouschek, Erich: Gewandelte Auffassung über Sterben und Tod, Heidelberg 1991

Maunz, Theodor; Düring, Günter (Hrsg.:) Kommentar zum Grundgesetz, München 2000

Maurer, Hartmut: Die medizinische Organtransplantation aus verfassungsrechtlicher Sicht, DÖV 1980, 7-15

McKinnon, Catharine: Nur Worte, Übers.: *Baer, Susanne*, Frankfurt a.M. 1994

McKinnon, Catharine: Feminism Unmodified: Discourses on Life and Law, Cambridge 1987

Merkel, Reinhard: Tödlicher Behandlungsabbruch und mutmaßliche Einwilligung bei Patienten im apallischen Syndrom, Zugleich eine Besprechung von BGH NJW 1995, 204, NZStW 107 (1995), 545-575

Merkl, Gerhard: Pornographie ohne Grenzen – Statement, ZUM 1994, 127-128

Messmer, Hermann: Haschischverbot und Gleichbehandlung, ZRP 1970, 80-82

Metzner, Richard: Gaststättengesetz, Kommentar, 5. Aufl. München 1995

Meyrat, Pierre: "Grenzenlose Technik: Die Medienzukunft kennt keine Barrieren – Ausblick auf die stürmische Entwicklung der Satelliten-Technik", ZUM 1994, 129-132

Mezger, Eduard: Strafrecht – Ein Lehrbuch, München 1949

Michale, Walter: Recht und Pflicht zur Zwangsernährung bei Nahrungsverweigerung in Justizvollzugsanstalten, Frankfurt a.M. 1983

Michel, Elmar; *Kienzle, Werner*: Das Gaststättengesetz, Kommentar, 12. Auf., Köln – Berlin – Bonn – München 1995

Mill, John Stuart: Über die Freiheit, Übers.: *Lemke, Bruno*, Stuttgart 1988

Millett, Kate: Das verkaufte Geschlecht, Die Frau zwischen Gesellschaft und Prostitution, 4 Frauenstimmen zum Thema, Übers.: *Schlüter, Herbert*, München 1973

Möllering, Jürgen: Schutz des Lebens, Recht auf Sterben, Zum rechtlichen Problem der Euthanasie, Stuttgart 1977

Morus, Thomas: Utopia, Ein wahrhaft goldenes Büchlein von der besten Staatsverfassung und von der neuen Insel Utopia, nicht minder heilsam als kurzweilig zu lesen, Übers.: *Ritter, Gerhard*, Stuttgart 1983

Müller, Klaus: Der Aufopferungsanspruch im Zusammenhang mit der Gurtanlegepflicht, NJW 1983, 593-599

Müller, Thomas: Die Lehre vom rechtsfreien Raum im Lichte des Suizids, Eine strafrechtsdogmatische, rechts- und moralphilosophische Studie am Grenzbereich des Rechts, Aachen 1999

Müller-Emmert, Adolf: Kuppelei, Prostitutionsförderung und Zuhälterei als Straftaten gegen die sexuelle Selbstbestimmung, DRiZ 1974, 93-95

Münch, Ingo von,; *Kunig, Philip* (Hrsg.): Grundgesetz Kommentar, Band 1: Präambel, Art. 1-19, 5. Aufl. München 2000

Münch, Ingo von: Grundrechtsschutz gegen sich selbst?, in: *Stödter, Rolf, Thieme, Werner* (Hrsg.): Hamburg Deutschland Europa. Beiträge zum deutschen und europäischen Verfassungs-, Verwaltungs- und Wirtschaftsrecht. Festschrift für Hans Peter Ipsen zum 70. Geburtstag, Tübingen 1977, 113-128

Münchener Kommentar zum Bürgerlichen Gesetzbuch, Hrsg. *Rebmann, Kurt*, Band I: Allgemeiner Teil (§§ 1-240), Redakteur: *Säcker, Jürgen*, 3. Aufl., Berlin 1993

Nestler-Tremel, Cornelius: Anmerkung, StrV 1992, 273-278

Neumann, Ulfried: Abgrenzung von Teilnahme am Selbstmord und Tötung in mittelbarer Täterschaft – BGHSt 32, 38, JuS 1985, 677-682

Neumann, Ulfried: Die Strafbarkeit der Suizidteilnahme als Problem der Eigenverantwortlichkeit des "Opfers", JA 1987, 244-256

Niedermair, Harald: Körperverletzung mit Einwilligung und die Guten Sitten, Zum Funktionsverlust einer Generalklausel, München 1998

Niestroj, Christa: Die rechtliche Bewertung der Selbsttötung und die Strafbarkeit der Suizidbeteiligung, Göttingen 1983

Nietzsche, Friedrich: Götzen-Dämmerung oder wie man mit dem Hammer philosophiert, Frankfurt a.M. 1985

Nöldeke, Werner; *Weichbrodt, Stefan*: Hungerstreik und Zwangsernährung – Muß § 101 Strafvollzugsgesetz reformiert werden?, NStZ 1981, 281-285

Nomos Kommentar zum Strafgesetzbuch: Gesamtredaktion: *Neumann, Ulfried; Puppe, Ingeborg; Schild, Wolfgang*, 9. Lieferung, Baden-Baden 2001

Nozick, Robert: Anarchie Staat und Utopie, Übers.: *Vetter, Hermann*, München 1978

Nußbaum, Anja: The Right to Die, Die rechtliche Problematik der Sterbehilfe in den USA und ihre Bedeutung für die Reformdiskussion in Deutschland, Berlin 2000

Olshausen, Henning von: Menschenwürde im Grundgesetz: Wertabsolutismus oder Sebstbestimmung?, NJW 1982, 2221-2224

Ostendorf, Heribert: Das Recht zum Hungerstreik, Ergebnisse der gleichnamigen Habilitationsschrift, GA 1984, 308-329

Ostendorf, Heribert: Das Recht zum Hungerstreik, Verfassungsmäßige Absicherung und strafrechtliche Konsequenzen, Frankfurt a.M. 1983

Otto, Harro: Die Bedeutung der eigenverantwortlichen Selbstgefährdung im Rahmen der Delikte gegen überindividuelle Rechtsgüter, Jura 1991, 443-445

Otto, Harro: Grundkurs Strafrecht, Die einzelnen Delikte, 5. Aufl., Berlin – New York 1998

Otto, Harro: Recht auf den eigenen Tod? Strafrecht im Spannungsverhältnis zwischen Lebenserhaltungspflicht und Selbstbestimmung, Gutachten für den 56. Deutschen Juristentag, München 1986

Pelzl, Stephan: An der Grenze von Leben und Tod, Euthanasie und Strafrecht, Kritische Justiz 1994, 179-199

Platon: Werkausgabe in 7 Bänden, Hrsg. u. Übers.: *Apelt, Otto,* Band II: Phaidon, Band V: Der Staat, Band VII: Die Gesetze, Hamburg 1993

Popp, Stephan: Die Sittenwidrigkeit der Tat im Sinne von § 226a StGB, Nürnberg 1993

Präsidium des Deutschen Ärztetages: Stellungnahme zur Zwangsernährung von Häftlingen vom 7.12.1974, DÄBl. 1974, 3660f

Ramberg, Klaus: Erfahrungen bei der Strafverfolgung der Verbreitung von Pornographie via Satellit, ZUM 1994, 140-142

Rautenberg, Cristoforo: Prostitution: Das Ende der Heuchelei ist gekommen!, NJW 2002, 650-652

Rawls, John: Eine Theorie der Gerechtigkeit, Übers.: *Vetter, Herrmann*, 9. Aufl., Frankfurt a.M. 1996

Rebmann, Kurth; Roth, Werner; Herrmann, Siegfried (Hrsg.): Gesetz über Ordnungswidrigkeiten, Kommentar, 3. Aufl., 4. Lieferung, Stuttgart - Berlin - Köln April 2000

Redeker, Martin: Peep-Show und Menschenwürde - ein Beitrag zur Interpretation von Art. 1 Abs. 1 GG, BayVBl 1985, 73-78

Rehbach, Bernd: Bemerkungen zur Geschichte der Selbstmordbestrafung, Einige rechtshistorische Aspekte der Sterbehilfe, DtRiZ 1986, 241-247

Reitelmann, A.: Transplantation von Körperorganen - Vorschlag einer gesetzlichen Regelung, Arztrecht 1970, 3

Renk, Heidemarie: Zivilrecht als Instrument gegen Sexismus? Kritik des PorNo-Gesetzentwurfes von EMMA, Kritische Justiz 1988, 182-189

Ringel, Erwin: Neue Gesichtspunkte zum präsuizidalen Syndrom, in: *ders.*: Selbstmordverhütung, 3. Aufl., Eschborn 1984, 51

Robbers, Gerhard: Euthanasie und die Folgen für unsere Rechtsgemeinschaft, in: *Gosse, Walter; Hoffmann, Herbert; Wirtz, Hans Gert* (Hrsg.): Aktive Sterbehilfe? Zum Selbstbestimmungsrecht des Patienten, Trier 1997, 71-88

Ronellenfitsch, Michael: Das besondere Gewaltverhältnis, DÖV 1981, 933-941

Rother, Werner: Sittenwidriges Rechtsgeschäft und sexuelle Liberalisierung, AcP 172 (1972), 498-519

Roth-Stielow, K.: Die „guten Sitten" als aktuelles Auslegungsproblem, JR 1965, 210-212

Roxin, Claus: Die Mitwirkung beim Suizid - ein Tötungsdelikt?, in: *Jeschek, Hans-Heinrich; Lüttger, Hans* (Hrsg.): Festschrift für Dreher, Berlin - New York 1977, 331-355

Roxin, Claus: Verwerflichkeit und Sittenwidrigkeit als unrechtsbegründende Merkmale im Strafrecht, JuS 1964, 373-381

Roxin, Claus: Zur strafrechtlichen Beurteilung der Sterbehilfe, in: *Roxin, Claus; Schroth, Ulrich* (Hrsg.): Medizinstrafrecht, Im Spannungsfeld von Medizin, Ethik und Strafrecht, Stuttgart – München - Hannover – Berlin – Weimar – Dresden 2000, 87-112

Rudolphi, Hans-Joachim: Anmerkung, JZ 1991, 572-574

Rüping, Hinrich: Individual- und Gemeinschaftsinteresssen im Recht der Organtransplantation, GA 1978, 129-137

Sachs, Michael: Organentnahme bei lebenden Personen (Transplantationsgesetz), JuS 2000, 393-395

Sack, Rolf: Das Anstandsgefühl aller billig und gerecht Denkenden und die Moral als Bestimmungsfaktoren der guten Sitten, NJW 1985, 761-769

Sartorius, Rolf (Ed): Paternalism, Minneapolis, Minnesota 1983

Sartre, Jean-Paul: Das Sein und das Nichts, Versuch einer phänomenologischen Ontologie, Hamburg 1962

Sasse, Ralf: Zivil- und strafrechtliche Aspekte der Veräußerung von Organen Verstorbener und Lebender, Frankfurt a.M. 1996

Sax, Walter: "Tatbestand" und Rechtsgutverletzung, Überlegungen zur Neubestimmung von Gehalt und Funktion des "gesetzlichen Tatbestandes" und des "Unrechtstatbestandes", JZ 1976, 80-85

Sax. Walter: Zur rechtlichen Problematik der Sterbehilfe durch vorzeitigen Abbruch einer Intensivbehandlung, Überlegungen zum "Unterlassen durch Tun", zum "Schutzzweck der Norm" und zur "scheinbaren Rechtsgutsverletzung, JZ 1975, 137- 151

Schäfer, Jürgen Heiner: Probleme der Intensivbehandlung bei hungerstreikenden Gefangenen, in: Ärztegruppe Berlin (W.) für eine ausreichende medizinische Versorgung in den Haftanstalten, Marburger Bund, Landesverband Berlin, Vereinigung Berliner Strafverteidiger (Hrsg.): Zur Zwangsernährung verpflichtet? Ein Ratgeber bei medizinischen und juristischen Fragen, Berlin 1981, 39-41

Scheerer, Sebastian: Vorwort, in: *Bauer, Christine*: Heroinfreigabe, Möglichkeiten und Grenzen einer anderen Drogenpolitik, Hamburg 1992

Schild, Wolfgang.: Die strafrechtsdogmatischen Konsequenzen des rechtsfreien Raums, JA 1978, 449-456, 570-573, 631-638

Schilling, Georg: Abschied vom Teilnahmeargument bei der Mitwirkung zur Selbsttötung, JZ 1979, 159-167

Schittek, Lothar: Das "Recht" auf Selbsttötung, BayVBl 1990, 137-139

Schittek, Lothar: Prostitution als Selbstverwirklichung?, NVwZ 1988, 804-805

Schlaudraff, Udo (Hrsg.); Evangelische Akademie Loccum: Transplantationsgesetzgebung in Deutschland, Streit um mehr als ein Gesetz, Loccumer Protokolle 54/94, Rehburg-Loccum 1995

Schlink, Bernhard; Pieroth, Bodo: Grundrechte, Staatsrecht II, 17. Aufl. Heidelberg 2001

Schlippe, Gunnar von: Selbstmord, Theologische Betrachtung, in: *Kunst, Hermann; Herzog, Roman; Schneemelcher, Wilhelm* (Hrsg.): Evangelisches Soziallexikon, 2. Aufl., Stuttgart 1975, 2287-2290

Schlund, G. H.: Sicherheitsgurt und Mitverschulden, DAR 1978, 215-220

Schmackpfeffer, Petra: Frauenbewegung und Prostitution, Über das Verhältnis der alten und neuen deutschen Frauenbewegung zur Prostitution, Oldenburg 1989

Schmidhäuser, Eberhard: Selbstmord und Beteiligung am Selbstmord in strafrechtlicher Sicht, in: *Stratenwerth, Günter; Kaufmann, Armin; Geilen, Gerd* u.a. (Hrsg.): Festschrift für Hans Welzel, 775-800, Berlin – New York 1974

Schmidt, Eberhard: Schlägermensur und Strafrecht, JZ 1954, 369-375

Schmidt, Eberhard: Strafrechtspflege in Gefahr, Freiheitsrechte und staatliche Ordnung, Betrachtungen zur Lage, ZStW 80 (1968), 567-581

Schmitt, Rudolf: Euthanasie aus der Sicht des Juristen, JZ 1979, 462-467

Schmitt, Rudolf: Strafrechtlicher Schutz des Opfers vor sich selbst? Gleichzeitig ein Beitrag zur Reform des Opiumgesetzes, in: *Schroeder, Friedrich-Christian; Zipf, Heinz* (Hrsg.): Festschrift für Reinhart Maurach, 113-126, Karlsruhe 1972

Schmitt, Rudolf: § 226a StGB ist überflüssig, in: *Stree, Walter; Lenckner, Theodor; Cramer, Peter; Eser, Albin* (Hrsg.): Gedächtnisschrift für Horst Schröder, München 1978, 263-272

Schmitt-Glaeser, Walter: Big Brother is watching you – Menschenwürde bei RTL2, ZRP 2000, 395-402

Schneider, Hartmut: Haschisch im sanktionsfreien Raum – das Konsumverhalten im Lichte der Entscheidung des Bundesverfassungsgerichts, Eine Bewertung des Cannabis-Beschlusses des BVerfG vom 9.3.1994; die Schleswig-Holsteinische Richtlinie zur Umsetzung des § 31A BtMG vom 13.5.1993 in der Vorreiterrolle, StrV 1994, 390-393

Schöch, Heinz: Menschenwürdiges Sterben und Strafrecht, Alternativentwurf eines Gesetzes über die Sterbehilfe (AE-Sterbehilfe), ZRP 1986, 236-239

Schoeller, Birgit: Vorschlag für eine gesetzliche Regelung der Organspende vom lebenden Spender, Frankfurt a.M. – Berlin – Bern – New York – Paris – Wien 1994

Schönke, Adolf; Schröder, Horst: Strafgesetzbuch, Kommentar, 26. Aufl., München 2001

Schöttler, Rudolf: Von der Abtreibung zur Sterbehilfe – eine liberale Stellungnahme, ZRP 1992, 132-136

Schreiber, Hans-Ludwig: Behandlungsabbruch und Sterbehilfe, in: Deutsche Sektion der Internationalen Juristen-Kommission (Hrsg.): Lebensverlängerung aus medizinischer, ethischer und rechtlicher Sicht, Heidelberg 1994, 129-146

Schreiber, Hans-Ludwig: Die rechtliche Zulässigkeit der Organentnahme, Der Internist 1974, 551

Schroeder, Friedrich Christian: Das 27. Strafrechtsänderungsgesetz – Kinderpornograpie, NJW 1993, 2581-2583

Schroeder, Friedrich Christian: Pornographie, Jugendschutz und Kunstfreiheit, Heidelberg 1992

Schroeder, Friedrich Christian: Systematische Stellung und Rechtsgut der Sexualstraftaten nach dem 4. StrRG, in: *Stratenwert, Günter; Kaufmann, Arthur; Geilen, Gerd* u.a. (Hrsg.): Festschrift für Hans Welzel, Berlin – New York 1974

Schroeder, Friedrich-Christian: Gegen die Spendenlösung bei der Organgabe, ZRP 1997, 265-267

Schroth, Ulrich: Stellungnahme zu dem Artikel von Seidenath, Bernhard: Lebendspende von Organen, MedR 1999, 67f

Schroth, Ulrich: Die strafrechtlichen Tatbestände des Transplantationsgesetzes - Aporien einer paternalistischen Gesetzgebung, Juristische Zeitschrift 23, 1997, 1149-1154

Schwabe, Jürgen: Der Schutz des Menschen vor sich selbst, JZ 1998, 66-75

Seebode, Manfred: Freispruch für "Gurtmuffel", Bemerkungen über die Freiheit, sich selbst zu schützen, JR 1986, 265-269

Seidenath, Bernhard: Lebendspende von Organen – Zur Auslegung des § 8 Abs. 1 S.2 TPG, MedR 1998, 253-256

Siebel, Andreas: Drogenstrafrecht in Deutschland und Frankreich, Verfassungsmäßigkeit und Auswirkungen der Drogenprohibition, Frankfurt a.M. – Berlin – Bern – New York – Paris – Wien 1997

Simson, Gerhard: Die Suizidtat, Eine vergleichende Betrachtung, München 1976

Singer, Peter: Altruism and commerce: A defence of Titmuss against Arrow, Phil Publ Affairs 1973, 314-320

Singer, Reinhard: Vertragsfreiheit, Grundrechte und der Schutz des Menschen vor sich selbst, JZ 1995, 1133-1141

Sitzmann, Valentin: Zur Strafbarkeit sado-masochistischer Körperverletzungen, GA 1991, 71-81

Soergel, Hans-Theodor (Begr.): Bürgerliches Gesetzbuch mit Einführungsgesetz und Nebengesetzen, 13. Aufl., Stuttgart – Berlin – Köln 1999

Solschenizyn, Alexander: Der Archipel Gulag, Übers.: *Peturnig, Anna*, Bern 1974

Sommer, Berthold: Grundrechtlust und Grundrechtpflicht, in: *Umbach, Dieter C.* (Hrsg.): Das wahre Verfassungsrecht, Gedächtnisschrift Friedrich G. Nagelmann, Baden-Baden 1984, 243-247

Sonnen, B.-R.: Zwangsernährung bei Hungerstreik von Gefangenen, JA 1977, 483f

Sophokles: Antigone, Tragödie, Übers.: *Kuchenmüller, Wilhelm*, Stuttgart 1986

Spaemann, Robert: Verantwortung, in: *ders.; Geach, Peter T.; Inciarte, Fernando*: Persönliche Verantwortung, Köln 1981, 11-32

Starck, Christian: Das "Sittengesetz" als Schranke der freien Entfaltung der Persönlichkeit, in: *Leibholz, Gerhard; Faller, Hans Joachim; Mikat, Paul; Reis, Hans* (Hrsg.): Menschenwürde und freiheitliche Rechtsordnung, Festschrift für Willi Geiger, Tübingen 1974, 259-276

Starosta, Thomas: Zur Sittenwidrigkeit von Veranstaltungen i. S. des § 33a GewO mit geschlechtlichem Charakter, GewArch 1985, 290-294

Stern, Klaus: Das Staatsrecht der Bundesrepublik Deutschland, Band III/1, Allgemeine Lehren der Grundrechte, Grundlagen und Geschichte, nationaler und internationaler Grundrechtskonstitutionalismus, juristische Bedeutung der Grundrechte, Grundrechtsberechtigte, Grundrechtsverpflichtete, München 1988

Sternberg-Lieben, Detlev: Die objektiven Schranken der Einwilligung im Strafrecht, Tübingen 1997

Sternberg-Lieben, Detlev: Gentherapie und Strafrecht, JuS 1986, 673-680

Stober, Rolf: Die Entwicklung des Gewerberechts in den Jahren 1982/1983, NJW 1984, 2499-2510

Stober, Rolf: Grundrechtsschutz und Wirtschaftstätigkeit, Berlin – Köln – Bonn – München 1989

Stoeckle, Bernhard: Selbsttötung, Moraltheologische Beurteilung, in: Görres-Gesellschaft (Hrsg.): Staatslexikon, Recht, Wirtschaft, Gesellschaft, Band 4, 7. Aufl., Freiburg – Basel – Wien 1988, 1159-1160

Stratenwerth, Günter: Strafrecht Allgemeiner Teil I - Die Straftat, 3. Aufl. Köln – Berlin – Bonn – München 1981

Streicher, Karl: Gurtanlegezwang - Grundrechtsverletzung?, NJW 1977, 282-285

Strossen, Nadine: Zur Verteidigung der Pornographie, Über die Freiheit des Wortes, Sex und die Rechte der Frauen, Übers.: *Keen, Ruth*, Zürich 1997

Stühler, Hans-Ulrich: Prostitution und Baurecht, NVwZ 2000, 990-993

Stühler, Hans-Ulrich: Prostitution und öffentliches Recht (unter besonderer Berücksichtigung des Baurechts), NVwZ 1997, 891-897

Suber, Peter: Paternalism, in: *Gray, Christopher B.* (Ed.): Philosophy of Law, An Encyclopedia, Band II, Garland 1999, 632-635

Systematischer Kommentar zum Strafgesetzbuch, Hrsg.: *Rudolphi, Hans-Joachim; Horn, Eckard; Samson, Erich; Günther, Hans-Ludwig*, 7., teilweise 8. Aufl., 36. Lieferung, Neuwied – Kriftel April 2001

Thamm, Bernd Georg: Drogenfreigabe – Kapitulation oder Ausweg? Pro und Contra zur Liberalisierung von Rauschgiften als Maßnahme zur Kriminalitätsprophylaxe, Bonn 1989

Thomas von Aquin: Summa theologica, Recht und Gerechtigkeit, theologische Summe II-II, Fragen 57-79, Übers. und Anmerkungen: *Utz, Arthur F.*; Nachfolgefassung von Band 18 der deutschen Thomasausgabe, Bonn 1987

Tilch, Horst (Hrsg.): Deutsches Rechtslexikon, Band 2, 2. Aufl. 1992

Titmuss, Richard M.: The Gift Relationship, From Human Blood to Social Policy, London 1970

Tröndle, Herbert: Sterbehilfe als rechtliches Problem, ZStW 99 (1987), 25-48

Tröndle, Herbert: Zwangsernährung und Rechtsstaat, in: *Gössel, Karl Hein; Kaufmann, Hans*: Festschrift für Kleinknecht, München 1985, 411-428

Tröndle, Herbert; Fischer, Thomas: Strafgesetzbuch und Nebengesetze, Beck'scher Kurz-Kommentar, 50. Aufl., München 2001

Uhlenbruck, Wilhelm: Recht auf den eigenen Tod? Strafrecht im Spannungsverhältnis zwischen Lebenserhaltungpflicht und Selbstbestimmung, ZRP 1986, 209-217

Urbancyk, Lothar: Sind freiwillige Sterilisationen strafbar?, NJW 1964, 425-428

Valdés, Ernesto Garzón: Kann Rechtspaternalismus ethisch gerechtfertigt werden?, Zeitschrift für Rechtstheorie 18 (1987), 273-290

VanDeVeer, Donald: Paternalistic Intervention, The Moral Bounds of Benevolence, Princeton, New Jersey 1986

Vogel, Klaus: Gefahrenabwehr, Allgemeines Polizeirecht (Ordnungsrecht) des Bundes und der Länder, Begründet von *Drews, Bill* unter dem Titel "Preußisches Polizeirecht", fortgeführt mit dem Titel "Allgemeines Polizeirecht" von *Wacke, Gerhard*, 9. Aufl., Köln –Berlin – Bonn – München 1986

Wagner, Joachim: Die Neuregelung der Zwangsernährung, Zur politischen Genese einer rechtlichen Fehlkonstruktion, ZRP 1976, 1-5

Wagner, Joachim: Selbstmord und Selbstmordverhinderung, Zugleich ein Beitrag zur Verfassungsmäßigkeit der Zwangsernährung, Karlsruhe 1975

Walzer, Michael: Sphären der Gerechtigkeit, Ein Plädoyer für Pluralität und Gleichheit, Übers.: *Herkommer, Hanne*, Frankfurt a.M. – New York 1994

Wartburg, Walter von: Drogenmißbrauch und Gesetzgeber, Methodik und Möglichkeiten einer optimalen Kontrolle des Mißbrauchs von Drogen und Arzneimitteln, Basel 1974

Wassermann, Rudolf: Das Recht auf den eigenen Tod, DRiZ 1986, 291-297

Weber, Klaus: Betäubungsmittelgesetz, Verordnungen zum BtMG, Kommentar, München 1999

Weigend, Thomas: Strafrechtliche Pornographieverbote in Europa, ZUM 1994, 133-140

Weigend, Thomas: Über die Begründung der Straflosigkeit bei Einwilligung des Betroffenen, ZStW 98 (1986), 44-72

Weinkauf, Hermann: Der Naturrechtsgedanke in der Rechtsprechung des Bundesgerichtshofes, NJW 1960, 1689-1696

Weis, Kurt: Freitod in Unfreiheit - Die Zuschreibung von Verantwortung für Gewalt, Hungerstreik und Selbstmord im Gefängnis, ZRP 1975, 83-92

Wellmann, Karl-Georg: Die Rechtspflicht zum Weiterleben, Stellungnahme zu dem Beitrag von Klingenberg (JR 1978, 441), JR 1979, 182-183

Weltärztebund: Deklaration vom 10.10.1975 in Tokio, DÄBl 1975, 2956

Wesel, Uwe: Prostitution als Beruf, NJW 1999, 2865-2866

Wessels, Johannes; Hettinger, Michael: Strafrecht, besonderer Teil/1: Straftaten gegen Persönlichkeits- und Gemeinschaftswerte, 22. Aufl., Heidelberg 1999

Wildanger-Hofmeister, Renate: Das Peep-Show-Urteil und die Menschenwürde, zu Hoerster, (JuS 1983, 93 ff), JuS 1983, 407f

Wilms, Heiner; Jäger, York: Menschenwürde und Tötung auf Verlangen, ZRP 1988, 41-46

Wimmer, August: Das Recht auf den eigenen Tod?, FamRZ 1975, 438-440

Woesner, Horst: Generalklausel und Garantiefunktion der Strafgesetze, NJW 1963, 273-276

Wolf, Jean-Claude: Aktive und passive Euthanasie, ARSP 1993, 393-415

Wolf, Jean-Claude: Paternalismus, Moralismus und Überkriminalisierung, in: *Grözinger, Gerd* (Hrsg.): Recht auf Sucht, Drogen – Markt – Gesetze, Berlin 1991, 38-65

Wolf, Jean-Claude: Paternalismus, Studia Philosophica 49 (1992), 49-59

Wolffgang, Hans-Michael; Ugowski, Patrick J.: Das Dilemma mit den Nieren, Jura 1999, 593-599

Wulffen, Erich: Der Sexualverbrecher, Ein Handbuch für Juristen, Polizei- und Verwaltungsbeamte, Mediziner und Pädagogen, 11. Aufl., Berlin 1928

Würgner, Joachim: Prostitution und Menschenwürdeprinzip – Reflexionen über die Ethisierung des Rechts am Beispiel des gewerblichen Ordnungsrechts, NVwZ 1988, 600-602

Zieger, Matthias: Stellungnahme zum Gesetz zur Änderung des § 101 StVollzG (Zwangsernährung), StV 1985, 127-129